RAUM — ZEIT — INNSBRUCK

Höhenflüge und Abgründe

SCHRIFTENREIHE DES
INNSBRUCKER STADTARCHIVS
BAND 16

Universitätsverlag
Wagner

Herausgeber: Stadtarchiv Innsbruck
Schriftleitung, Redaktion und Konzeption: Mag. Dr. Matthias Egger

Für den Inhalt sind allein die Verfasserinnen und Verfasser verantwortlich.

© 2021 by Universitätsverlag Wagner, Erlerstraße 10, A-6020 Innsbruck
E-Mail: mail@uvw.at
Internet: www.uvw.at

Umschlagabbildung: Bruchlandung eines einmotorigen Doppeldeckers der Type Albatros L 30 a vom Bayerischen Luft Lloyd, München, in den Thaurer Feldern. Stadtarchiv Innsbruck, Nachlass Raoul Stoisavljevic.
Umschlaggestaltung nach Entwürfen von Stefan Rasberger, www.labsal.at
Satz und Umschlag: Karin Berner
Lektorat: Mag. Anton Wagner

Gedruckt auf umweltfreundlichem, chlor- und säurefrei gebleichtem Papier.

Bibliographische Information der Deutschen Nationalbibliothek
Die Deutsche Nationalbibliothek verzeichnet diese Publikation in der Deutschen Nationalbibliografie; detaillierte bibliografische Daten sind im Internet über http://dnb.dnb.de abrufbar.

ISBN 978-3-7030-6559-0

Alle Rechte vorbehalten. Kein Teil des Werkes darf in irgendeiner Form (Druck, Fotokopie, Mikrofilm oder in einem anderen Verfahren) ohne schriftliche Genehmigung des Verlages reproduziert oder unter Verwendung elektronischer Systeme verarbeitet, vervielfältigt oder verbreitet werden.

Inhaltsübersicht

Hansjörg Rabanser
„In tiefster Dankbarkeit gedenken wir ..." –
die Gutenbergfeier 1900 in Innsbruck 5

Tanja Chraust
Erste Einblicke in den Nachlass des Innsbrucker Luftfahrtpioniers
Raoul Stoisavljevic 49

Matthias Egger
„Der Gesundheitszustand unseres Lagers ließ viel zu wünschen übrig."
Eine Analyse der Totenliste des Kriegsgefangenenlagers Krasnojarsk
1914–1919 67

Stefan Dietrich
Tödliche Begegnung mit Hitler? Die Tragödie des Dr. Rudolf Priester –
auf den Spuren eines Gerüchts, das Innsbruck bewegt(e) 111

Sabine Pitscheider
Der Bau der Patscherkofelbahn 1927/28 – ein Finanzskandal 131

Günter Amor
Der Goetheweg. Ein Gratwanderweg an der Innsbrucker Nordkette
im Wandel der Zeit. Eine Dokumentation 177

Miszellen

Anton Tantner
Michael Hermann Ambros und das Innsbrucker Fragamt.
Eine Miszelle zur Geschichte des Suchens und Findens in Tirol 203

Lukas Morscher
„G'waltwolferl" – der Fall des Wolfgang Fischbacher 213

Serie

Hanna Fritz
„Innsbrucker Gaststätten – sie standen einmal ..."
Gasthof Schöne Aussicht (Stettnerhof) 229

„In tiefster Dankbarkeit gedenken wir ..." – die Gutenbergfeier 1900 in Innsbruck

Hansjörg Rabanser

„Das Wetter begünstigte das Schauspiel vom Anfang bis zum Schluss." So lautete der abschließende Satz eines ausführlichen Zeitungsartikels, der am 27. Juni 1900 in den *Innsbrucker Nachrichten* erschienen war und sich der Feier anlässlich des 500. Geburtstages von Johannes Gensfleisch (um 1400–1468), genannt Gutenberg,[1] in Mainz widmete. Detailliert wird darin von den Kranzniederlegungen am Gutenberg-Denkmal berichtet, von den huldigenden Reden und Festkantaten, den Theaterstücken, Ausstellungen und Festmählern zu Ehren des Altmeisters der „Schwarzen Kunst". Im Zentrum des Berichts steht allerdings der feierliche Festumzug unter der künstlerischen Leitung des Architekten Conrad Sutter (1856–1927), der mit 3.000 kostümierten Teilnehmern, 42 thematisch gestalteten Wägen und 800 geschmückten Pferden alle bisherigen Gutenbergfeiern, die jemals in einer europäischen Stadt zelebriert wurden, in den Schatten stellte.[2] Die Wetterlage jener Juni-Tage gestaltete sich in Innsbruck ebenfalls stabil, denn es war trocken bzw. nur mäßig bewölkt und es herrschten angenehme Temperaturen vor.[3] Allerdings hätte das Wetter – ganz im Gegensatz zu Mainz mit seinem grandiosen Festumzug im Freien – hier keine gravierenden Auswirkungen auf den Verlauf der Gutenbergfeier gehabt, denn diese fand in einem Festsaal auf dem Messegelände statt.

Dank der Überlieferung und Dokumentation der zahlreich begangenen Gutenbergfeiern in Europa ist relativ gut belegt, dass die Art und Weise bzw. die (ideologische) Ausrichtung der Feierlichkeiten je nach Örtlichkeit und Region verschieden aussahen, von politischen bzw. konfessionellen Gegebenheiten geprägt waren sowie von lokalen Traditionen und Möglichkeiten bzw. auch dem historischen Kenntnisstand und Interesse an der Materie abhingen. Eine besondere „Gewichtung" ist bei der Inns-

---

[1] Die Literatur zu und über Gutenberg ist mittlerweile inflationär. In diesem Beitrag wurden für biografische Aspekte die folgenden Darstellungen herangezogen: Stephan Füssel, Johannes Gutenberg, Reinbek bei Hamburg ⁵2013; Sabina Wagner, Bekannter Unbekannter – Johannes Gutenberg, in: Stadt Mainz – Kulturdezernat und Amt für Öffentlichkeitsarbeit (Hrsg.), Gutenberg. aventur und kunst. Vom Geheimunternehmen zur ersten Medienrevolution, Ausstellungskatalog Gutenberg-Museum, Bischöfliches Dom- und Diözesanmuseum und Landesmuseum Mainz, Mainz 2000, 114–143.
[2] Vgl. Innsbrucker Nachrichten, 27.06.1900, 4f. – Zur Mainzer Gutenberg-Feier allgemein vgl. Monika Estermann, „O werthe Druckerkunst / Du Mutter aller Kunst". Gutenbergfeiern im Laufe der Jahrhunderte, Ausstellungskatalog Gutenberg-Museum Mainz, Mainz 1999, 201–211; Hermann Fillitz (Hrsg.), Der Traum vom Glück. Die Kunst des Historismus in Europa, Bd. 2: Katalog zur Ausstellung im Künstlerhaus Wien und der Akademie der Bildenden Künste in Wien, Wien 1997, 618f.
[3] Vgl. die meteorologischen Beobachtungen der Universität Innsbruck zum 23.–25. Juni 1900: Innsbrucker Nachrichten, 25.06.1900, 6.

brucker Gutenbergfeier nicht auszumachen, denn sie stellte in erster Linie eine gesellige Zusammenkunft des grafischen Gewerbes dar, eine Gedenkfeier aus „Pflicht der Dankbarkeit"[4]. Politische oder konfessionelle Schlagseiten wurden vermieden und gewisse heikle Themen, wie die aktuellen wirtschaftlichen Bedingungen der Angestellten oder die Zensur, auffallenderweise ausgespart.

Bevor die Jubelfeier zu Ehren des Altmeisters der Druckkunst detailliert dargestellt wird, sei auf einige Aspekte hingewiesen, die in der Folge eine Rolle spielen oder aber für das Verständnis dienlich sind. So wird zu Beginn der legendäre Zwist zwischen Gutenberg und Fust erklärt, die Lage des Druckerhandwerks im 19. Jahrhundert bzw. um 1900 behandelt und auch auf die Geschichte des Kronlandvereins Tirol bzw. des Gesangsvereins *Typographia* eingegangen, dem bei der Feier eine bedeutende Rolle zukam. Einen weiteren Aspekt bilden Gutenbergfeiern vor 1900.

Das „verdrängte Genie" Gutenberg

Am Mittwoch, dem 3. Dezember 1856, wurde im k. k. Nationaltheater in Innsbruck das Schauspiel *Johannes Guttenberg* aufgeführt. Das Stück aus der Feder der Schriftstellerin und Schauspielerin Charlotte Birch-Pfeiffer (1800–1868)[5] war anlässlich der Einweihung des Mainzer Gutenberg-Denkmals des dänischen Bildhauers Bertel Thorvaldsen (1768–1844) im Jahr 1837[6] uraufgeführt, damals jedoch aufgrund der tendenziösen Ausrichtung der Figuren vorwiegend als „literarische Zudringlichkeit" empfunden und nicht mit Wohlwollen aufgenommen worden.[7] Wie das Innsbrucker Publikum auf das Schauspiel – es dauerte von 19.00 bis 21.00 Uhr – reagierte, ist nicht überliefert. Das Stück entführte die Besucher in drei „Abteilungen" in die Welt des Johannes Gutenberg: Der erste Teil war mit „Guttenberg in Strassburg" übertitelt, der zweite Teil widmete sich unter dem Motto „Guttenberg in Mainz" der bahnbrechenden Erfindung der beweglichen Lettern und schließlich spitzte sich das Drama im dritten Abschnitt „Guttenberg am Wanderstabe" zu und thematisierte die Verdrängung des Meisters durch seine Kompagnons Fust und Schöffer. Genau dieser Umstand war in der Mainzer Aufführung beanstandet worden.

Da der Zwist zwischen Gutenberg und seinen Kollegen in der Folgezeit und somit auch bei der Tiroler Gutenbergfeier Erwähnung fand, sei ein kurzer Blick auf diese Affäre

---

[4] Passage aus der Rede von Rudolf von Scala, die in der Folge noch zur Gänze zitiert wird.
[5] Vgl. Neue Deutsche Biographie, Bd. 2: Behaim – Bürkel, Berlin 1971, 252f. – Zum Theaterstück in Innsbruck vgl. Tiroler Landesmuseum Ferdinandeum (TLMF), W 3893/104 (Theaterzettel); Innsbrucker Nachrichten, 03.12.1856, 1937 (Ankündigung).
[6] Laut einem Dankschreiben des Museumsausschusses vom 14. Dezember 1837 an Karl Müller, Faktor der Wagner'schen Buchdruckerei, ist belegbar, dass dieser dem Ferdinandeum eine Gedenkmünze zur Errichtung des Gutenberg-Denkmals in Mainz aus dem Jahr 1837 geschenkt hat. Vgl. TLMF, Museumsakten (MA) 1837, Nr. 117. – Leider befindet sich die Medaille heute nicht mehr in der Münzsammlung, da sie mit großer Wahrscheinlichkeit aufgrund des mangelnden Tirol-Bezugs im Laufe der Zeit veräußert worden ist (Auskunft von Dr. Claudia Sporer-Heis, Historische Sammlungen).
[7] Zum Stück in Mainz vgl. Estermann, O werthe Druckerkunst, 124.

Abb. 1: Theaterzettel zum Schauspiel „Johannes Guttenberg" von Charlotte Birch-Pfeiffer, das am 3. Dezember 1856 im k. k. Nationaltheater in Innsbruck aufgeführt wurde. Quelle: TLMF, Bibliothek, W 3893/104.

geworfen: Gutenberg, der 1448 von Straßburg in seine Heimatstadt Mainz zurückgekehrt war, war sich bewusst, dass er die hohen Entwicklungskosten seines Projekts zur Umsetzung des Drucks mit beweglichen Lettern nicht alleine bestreiten konnte. Er suchte deshalb nach zahlungskräftigen Geschäftspartnern und fand einen solchen im Mainzer Bürger, Goldschmied und Geschäftsmann Johannes Fust (um 1400–1466),[8] der ihm mit einem zweifachen Darlehen unter die Arme griff und das junge Unternehmen finanziell stützte. Nach dem Druck der 42-zeiligen Bibel im Jahr 1454 spielte Fust mit dem Gedanken, sich von Gutenberg zu trennen und eine eigene Druckerei zu betreiben. Da es im Zuge der komplizierten Abwicklungsmodalitäten zu Differenzen bezüglich der Rückzahlungen, möglicher Zinsen und Gegenrechnungen gekommen war, entwickelte sich die für lange Zeit tradierte Meinung, Fust habe Gutenberg in seiner geschäftlichen Kaltschnäuzigkeit verraten und dessen Innovation an sich gerissen. Hauptquelle für die Affäre bildet das sogenannte Notariatsinstrument des Notars Ulrich Helmasperger von 1455, das der Forschung zwar schon früh bekannt war, doch erst 2008 einer nüchternen und unvoreingenommenen Untersuchung unterzogen wurde. Diese offenbarte, dass nicht der Prozess die Trennung von Gutenberg und Fust verursachte, sondern dieser Wunsch bei Fust – wie erwähnt – bereits schon länger bestanden hatte. Beide Parteien waren jedoch angehalten, ihre finanziellen Beteiligungen und die in Verbindung damit erfolgten Kredite und daraus resultierenden Zinszahlungen nachzuweisen und dem Gericht vorzulegen. Daraus entstand schließlich der Konflikt.

---

[8] Zur geschäftlichen Zusammenarbeit bzw. dem angeblichen Zerwürfnis mit Johannes Fust vgl. Füssel, Johannes Gutenberg, 43–47; Wagner, Bekannter Unbekannter, 130–135.

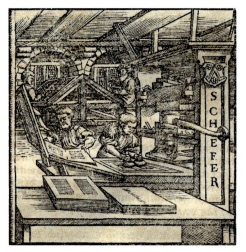

Abb. 2: Ein Blick in die Druckerwerkstatt des Peter Schöffer. An der Presse ist deutlich der Schriftzug „SCHEFER" sowie dessen Wappen zu erkennen. Holzschnitt aus: Gemeiner Loblicher Eÿdgnoschaft Stetten, Landen und Völckern Chronic von Johannes Stumpf (1500–1577/78), Zürich 1586. Quelle: TLMF, Bibliothek, W 230, fol. XXIIr.

Johannes Fust machte sich tatsächlich selbständig und gewann als Drucker den aus Gernsheim stammenden und bei Gutenberg zuvor als Geselle dienenden Peter Schöffer (um 1430–1502/03)[9]. Die Partner versahen ihre Werke mit einem Druckervermerk und ihrem Allianzsignet, sodass die Drucke eindeutig diesen zuzuschreiben sind. Auf diese Weise avancierte Peter Schöffer nach dem Tod von Fust (1466) und Gutenberg (1468) zum Mainzer Meisterdrucker, dessen Ruf und Bedeutung über frühe Berichte zum Buchdruck weitertradiert wurden, sodass sich mit der Zeit die Vorstellung durchsetzte, der Ruhm der Druckkunst gebühre in erster Linie Fust und Schöffer.

Gutenberg war jedoch nicht in Vergessenheit geraten und vor allem im Laufe des 18. Jahrhunderts häuften sich die Stimmen, dass dieser der eigentliche Innovator und nur durch das schmachvolle Vorgehen seines ehemaligen Geschäftspartners bzw. Gehilfen auf berechnende Weise verdrängt und seines Verdienstes beraubt worden sei.

Nur ein Jahr nach den Gutenbergfeiern 1740 legte der Göttinger Geschichtsprofessor Johann David Köhler (1684–1755) seine Schrift *Hochverdiente und aus bewährten Urkunden wohlbeglaubigte Ehren-Rettung Johann Guttenbergs, eingebohrnen Bürgers zu Mayntz [...]* (Leipzig 1741) vor.[10] Er versuchte darin vor allem eine Neudeutung der bereits bekannten Dokumente, wie etwa des erwähnten Helmasperger-Notariatsinstruments, anhand dessen Köhler jedoch die Opferrolle Gutenbergs herausarbeitete: Fust und Schöffer hätten die finanzielle Notlage Gutenbergs vor der Fertigstellung des ersten Bibeldrucks ausgenutzt.

Gutenberg als vergessenes Genie, das um seine Verdienste schmählich betrogen worden war – dieses Bild hatte sich nach 1740 etabliert und war im öffentlichen Erinnern vorherrschend geworden. Daran konnten auch neuere Forschungen zu Gutenberg im Speziellen und zum Buchdruck allgemein sowie verbesserte historische Methoden und

---

[9] Zu Peter Schöffer d. Ä. vgl. Füssel, Johannes Gutenberg, 85–91; Christoph Reske, Die Buchdrucker des 16. und 17. Jahrhunderts im deutschen Sprachgebiet. Auf der Grundlage des gleichnamigen Werkes von Josef Benzing (Beiträge zum Buch- und Bibliothekswesen 51), Wiesbaden ²2015, 637f.; Cornelia Schneider, Mainzer Drucker – Drucken in Mainz (II), in: Stadt Mainz (Hrsg.), Gutenberg. aventur und kunst, 212–235, hier 220–224.

[10] Zu Köhler und seinem Werk vgl. Estermann, O werthe Druckerkunst, 109–114; Füssel, Johannes Gutenberg, 84.

ein bedeutend kritischeres und differenzierteres Bewerten der Quellen zu Gutenbergs Leben in der zweiten Hälfte des 19. Jahrhunderts nicht viel ändern, sodass sich der „Opfer-Mythos" noch bis ins 20. Jahrhundert hartnäckig hielt.

Rahmenbedingungen im Druckerhandwerk am Ende des 19. Jahrhunderts

Im Jahr 1900 existierten in Innsbruck vier Buchdruckereien: Die älteste Offizin war jene der *Wagner'schen Universitätsbuchdruckerei* (Erlerstraße Nr. 7) im Besitz von Eckart (von) Schumacher (1867–1927); die zweitälteste war die *Druckerei Felician Rauch* (Innrain Nr. 6), geleitet von Karl Pustet (1839–1910). Als dritte Offizin fungierte die *Marianische Vereinsbuchhandlung und Buchdruckerei AG* (Maria-Theresien-Straße Nr. 40) unter Heinrich von Wörndle (von ihm wird im Rahmen der Gutenbergfeier noch die Rede sein) und schließlich gab es noch die Druckerei des Anton Edlinger (Museumstraße Nr. 22).[11] Die Dominanz von Wagner wird bei einem Blick auf die Mitarbeiterzahlen deutlich: Um 1907 beschäftigte Wagner 112 Personen, 1913 bereits 142. In der Druckerei Rauch waren zwischen 1907 und 1914 50 Mitarbeiter angestellt, in der Vereinsbuchdruckerei um 1906 wiederum 40 bzw. 60 im Jahr 1914. Die *Druckerei Alois Koppelstätter* in Wilten beschäftigte am Vorabend des Ersten Weltkriegs hingegen lediglich zehn Personen.[12]

Die Mischung aus Konkurrenzkampf, Gewinnstreben, einem Überangebot an Arbeitskräften sowie wirtschaftlichen Krisen – etwa durch den Krieg von 1866 oder den Börsenkrach von 1873 – zwang die Prinzipalen, immer vehementer auf Sparsamkeit zu pochen. Sie gingen bei der Wahl ihrer Angestellten mit der nötigen Vorsicht vor, sodass sich die Postensuche für die Bewerber als aussichtsloses Unterfangen herausstellte. Gelang eine Anstellung, dann meist unter schlechten Bedingungen sowie mit einer geradezu verzweifelten Anhänglichkeit, teilweise auch Unterwürfigkeit gegenüber dem Prinzipal.[13] Die immer prekärer werdende Situation der Mitarbeiter führte zu immer heftigeren Protesten, wobei nicht nur Lohnerhöhungen, sondern auch Arbeits-

---

[11] Vgl. Adressbuch der Landeshauptstadt Innsbruck mit einem Verzeichnis der sämmtlichen Handel- und Gewerbetreibenden Nordtirols, Innsbruck 1899, 76. – In Wilten befand sich ab 1890 noch die *Druckerei Schlechtleitner*, ab 1899 *Druckerei Alois Koppelstätter*, und im nahen Martinsbühel bei Zirl (vermutlich ab 1885) die *Klosterdruckerei* bzw. der später so genannte *Katholische Verein der Kinderfreunde*. Vgl. Hellmut Buchroithner, Die Entwicklung des graphischen Gewerbes in Innsbruck, iur. Dipl., Universität Innsbruck 1961, 25–27; Anton Durstmüller d. J./Norbert Frank, 500 Jahre Druck in Österreich. Die Entwicklungsgeschichte der graphischen Gewerbe von den Anfängen bis zur Gegenwart. Bd. II: Die österreichischen graphischen Gewerbe zwischen Revolution und Weltkrieg 1848 bis 1918, Wien 1985, 489.
[12] Vgl. Durstmüller/Frank, 500 Jahre Druck, 484, 486f., 489.
[13] Die „Anhänglichkeit" konnte weit gehen und gar die Religion betreffen. So trat der aus Sachsen stammende Heinrich Miller, Oberfaktor der Wagner'schen Buchdruckerei, zum katholischen Glauben über. Da die Bildung nichtkatholischer Gemeinden in Tirol untersagt war und eine Gleichberechtigung der Konfessionen abgelehnt wurde, sah Miller seine Stellung offenbar gefährdet. Vgl. Durstmüller/Frank, 500 Jahre Druck, 472.

zeitverkürzungen sowie eine Verbesserung der Arbeitsbedingungen gefordert wurden. Diese Bestrebungen begleiteten das Druckerhandwerk durch das gesamte 19. Jahrhundert, intensivierten sich seit 1875 zusehends und führten zu ersten sozialversicherungstechnischen Vereinigungen und genossenschaftlich organisierten Zusammenschlüssen.

Bereits im Mai 1826 hatten die Innsbrucker Buchdrucker eine Kranken- und Viatikumskasse[14], 1854 als neuen Zweig davon eine Invalidenversicherung, 1862 eine Kasse für durchreisende Kollegen und 1887 eine Witwen- und Waisen-Unterstützung ins Leben gerufen, um den Mitgliedern und Angehörigen sowie auswärtigen Kollegen der eigenen Berufsgruppe in Notzeiten mit den nötigen Mitteln unter die Arme greifen zu können. Das Bestreben der Innsbrucker Buchdruckergehilfen, die einzelnen Kassen durch die Vereinigung in einer Körperschaft zu konzentrieren, führte 1868 zur Gründung des *Vereins Gutenberg*, der es sich zum Ziel machte, für die Fortbildung der Mitglieder zu sorgen, die eigenen Interessen gegenüber den Arbeitgebern zu stärken und durch gesellige Veranstaltungen den Zusammenhalt zu intensivieren. Aus den einzelnen Unterstützungsorganisationen war somit ein Verein geworden, der deutlich Ansätze einer gewerkschaftlichen Tätigkeit zeigte. Aus diesem Grund wurde die Vereinsarbeit immer wieder von Agitationen der Prinzipalen und Schikanen der Behörden auf eine schwere Probe gestellt, wie 1871 die Versuche zur Gründung des Unterstützungsvereins für Buchdrucker und Schriftgießer in Tirol und Vorarlberg zeigen.[15] In Anlehnung an die Beschlüsse des ersten Buchdruckertages am 15. August 1868 in Wien[16] ging der Verein Gutenberg an die Arbeit, die Gründung eines Kronlandvereins zu versuchen. Nachdem ein solcher bereits in mehreren Ländern der Habsburgermonarchie bestand, wurde auch für Tirol ein solcher in Erwägung gezogen. Mitte des Jahres 1871 wurden die ersten Statuten bei den Behörden eingereicht, doch erst der dritte Entwurf wurde genehmigt und am 9. März 1872 der neue Verein konstituiert. Der damit obsolet gewordene Verein Gutenberg wurde Ende 1874 aufgelöst. Nach anfänglichen größeren und kleineren Schwierigkeiten konnte der Kronlandverein Tirol seine Tätigkeit entfalten und die Interessen der Buchdruckgehilfen den Zeiten entsprechend vertreten.

---

[14] Beim sogenannten Viatikum handelt es sich um die Auszahlung eines Taggeldes an wandernde Gehilfen. Vgl. Durstmüller/Frank, 500 Jahre Druck, 60.

[15] Zur Geschichte des Vereins der Buchdrucker und Schriftgießer allgemein vgl. Durstmüller/Frank, 500 Jahre Druck, 476f.; Ernst Müller, Festschrift zum vierzigjährigen Jubiläum des Vereines der Buchdrucker und Schriftgießer für Tirol und Vorarlberg 1872–1912, Innsbruck 1912; Ernst Müller, Vom Unterstützungsverein zur Gewerkschaft. Ein Rückblick auf das Werden und Wirken der Graph. Gewerkschaft in Tirol und Vorarlberg in den Jahren 1872–1947. Festschrift zum 75jährigen Jubiläum der Buchdrucker-Gewerkschaft Tirol-Vorarlberg, Innsbruck 1947; Ernst Müller, 80 Jahre Buchdruckergewerkschaft in Tirol. 70 Jahre Buchdruckergesangsverein „Typographie" Innsbruck, Innsbruck 1952. – Zu den Statuten des Vereins vgl. Statuten des Unterstützungs-Vereines für Buchdrucker in Innsbruck, Innsbruck 1863 (genehmigt: 13.11.1863); Statuten des Unterstützungs-Vereines für Buchdrucker und Schriftgießer in Innsbruck, Innsbruck 1876; Statuten des Kronlands-Vereins für Buchdrucker in Tirol und Vorarlberg, Innsbruck 1872 (genehmigt: 09.03.1872).

[16] Die Buchdruckertage stellten für die grafischen Arbeiter aus allen Teilen der Monarchie ein wichtiges Mittel zur Kontaktaufnahme und zum gegenseitigen Austausch dar. Vgl. Durstmüller/Frank, 500 Jahre Druck, 65.

Neben der Organisation der üblichen Unterstützungseinrichtungen sorgte sich der Verein um die Einführung des Zehn- bzw. Neunstundentages (1885 bzw. 1895) und kämpfte in zähen Tarifverhandlungen um eine adäquate Entlohnung (wöchentlicher Minimallohn zwischen sieben und dreizehn Gulden) sowie die Rechte der Mitarbeiter und deren Angehöriger.[17] Die Mitgliederzahl mehrte sich zunehmend, vor allem auch durch den Beitritt der Kollegen aus Südtirol und Vorarlberg. Eine zusätzliche Stärkung erfolgte letztlich durch die Gründung des Verbandes der österreichischen Kronlandvereine am 23. Dezember 1894 beim Verbandstag in Wien, denn dieser sorgte nicht nur für eine Zentralisierung der Unterstützungskassen, sondern wachte auch darüber, dass die erkämpften Tarife und Rechte für sämtliche Kronländer ihre Gültigkeit besaßen und umgesetzt wurden.

Doch nicht nur die Mitarbeiter sahen sich veranlasst, sich gemeinschaftlich zu organisieren, sondern auch die Prinzipalen. 1894 kam es zur Gründung der Vereinigung der Buchdruckereibesitzer von Tirol und Vorarlberg und 1899/1900 wurde der Reichsverband österreichischer Buchdruckereibesitzer ins Leben gerufen. Als erster Obmann des Tiroler Zweigvereins fungierte Anton Edlinger.

Die Jahre 1899 und 1900[18] standen für die Mitarbeiter des Druckerhandwerks unter keinem guten Stern. 1899 hatten die Verhandlungen um einen neuen Lohntarif zu keinem Ergebnis geführt, sodass ein österreichweiter Buchdruckerstreik drohte. Eine aus je sechs Prinzipalen und Gehilfen bestehende Kommission konnte sich erst am 8. Dezember 1899 auf ein befriedigendes Tarifabkommen einigen. Es kam in der Folge zu einer Erhöhung des Minimallohnes um einen Gulden, verbunden mit dem Versprechen, in den Druckorten Innsbruck, Bregenz, Brixen, Bozen und Meran das Minimum nach drei Jahren erneut um eine Krone zu erhöhen.

Das Folgejahr 1900 startete für die grafischen Gewerbe in Tirol jedoch mit wirtschaftlichen Depressionen und wachsender Arbeitslosigkeit, die durch die Einführung neuer technischer Möglichkeiten verstärkt wurde: Die erste Linotype in der Druckerei Edlinger sorgte für Proteste der grafischen Mitarbeiter und schürte die Furcht vor Entlassungen,[19] vor allem, nachdem auch weitere Druckereien im Land sich solche Maschinen bestellt hatten, etwa die Bozner Druckereien *Ferrari* (1901) und *Görlich* (1903). Der erste Typograph[20] kam bei *Pötzelberger* in Meran zum Einsatz. 1902 wur-

---

[17] Zu den Neuerungen bei Lohn und Arbeitszeit vgl. Durstmüller/Frank, 500 Jahre Druck, 69, 477 (Angaben für Tirol).
[18] Zu den Entwicklungen in den Jahren 1899–1900 vgl. Durstmüller/Frank, 500 Jahre Druck, 475–479; Müller, Festschrift, 30f.; Müller, 80 Jahre, 9. – Zu den gesellschaftlichen Verhältnissen in Tirol um 1900 vgl. Irmgard Plattner, Fin de Siècle in Tirol. Provinzkultur und Provinzgesellschaft um die Jahrhundertwende, Innsbruck–Wien 1999, 45–87.
[19] Vgl. Durstmüller/Frank, 500 Jahre Druck, 488; Udo Kolb, Das Graphische Gewerbe in Tirol (Beiträge zur alpenländischen Wirtschafts- und Sozialforschung 180), Innsbruck 1977, 30f. – Linotype: eine Zeilensetz- und Gießmaschine, die 1884 vom Uhrmacher Ottmar Mergenthaler (1854–1899) erfunden wurde. Vgl. Helmut Hiller/Stephan Füssel, Wörterbuch des Buches. Mit Online-Aktualisierung, Frankfurt am Main [7]2006, 208.
[20] Typograph: eine Zeilensetz- und Gießmaschine, die 1888 von Rogers & Bright in den USA erfunden wurde und wegen ihrer niederen Kosten weit verbreitet war. Vgl. Hiller/Füssel, Wörterbuch, 330.

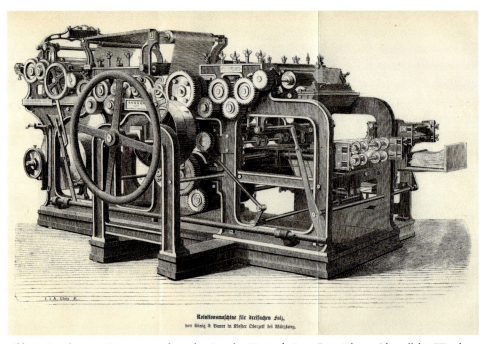

Abb. 3: Ansicht einer Rotationsmaschine der Anstalt „König & Bauer" im Kloster Oberzell bei Würzburg. Aus: Carl August Franke, Katechismus der Buchdruckerkunst, Leipzig ⁵1886. Quelle: TLMF, Bibliothek, W 11504, zwischen 134–135.

den auch bei *Lampe* in Innsbruck (Offizin seit 1901) zwei Typographen aufgestellt, vier davon bei Wagner (1904) und eine weitere Maschine bei *Teutsch* in Bregenz. Eine noch bedeutendere Neuerung des Jahres 1900 stellte die Anschaffung der ersten Rotationsmaschine dar; Wagner war die erste Druckerei in Innsbruck, die eine solche in Betrieb nahm.[21] Die Bemühungen des Kronlandvereins Tirol konnten jedoch Schlimmeres verhindern, die Arbeitsplätze im Großen und Ganzen sichern und somit die Ängste zerstreuen. Auch im lithografischen Gewerbe kam es zu Veränderungen, denn am 28. Jänner 1899 hatte sich der freie Unterstützungs-Clubs der Lithographen und Steindrucker aufgelöst.[22] In besonderer Feierlaune befand sich das Handwerk damit nicht.

---

[21] Als Vergleich: In den 90er-Jahren des 19. Jahrhunderts verfügte Wagner über drei Buchdruckschnellpressen, zwei Buchdruckhandpressen, eine Steindruckhandpresse, zwei Gießmaschinen und eine Stereotypie-Anlage. Vgl. Durstmüller/Frank, 500 Jahre Druck, 482. – Noch dazu fiel 1900 der Zeitungsstempel, sodass Wagner im Laufe der Jahre die Auflage der *Innsbrucker Nachrichten* von 3.400 auf 24.000 Stück täglich steigern konnte. Vgl. Eckart Schumacher von Marienfrid (Hrsg.), Beiträge zur Familiengeschichte, Innsbruck 1924, 86.

[22] Vgl. Konrad Fischnaler, Innsbrucker Chronik mit Bildschmuck nach alten Originalen und Rekonstruktions-Zeichnungen, Bd. 4: Verwaltungs- und Kultur-Chronik […], Innsbruck 1930, 179. – Ab ca. 1876 waren in Innsbruck vier Steindruckereien tätig: Czichna, Kravogl, Lanzinger und Redlich. Vgl. Durstmüller/Frank, 500 Jahre Druck, 491.

Der Gesangsverein Typographia

Der Kronlandverein Tirol vergaß trotz seiner vielfältigen Tätigkeitsgebiete nicht auf den geselligen Aspekt, denn bereits in den 60er-Jahren des 19. Jahrhunderts finden sich Belege dafür, dass sich sangesfreudige Buchdruckergehilfen nach dem Vorbild der damals beliebten Männergesangsvereine[23] zu einem Chor zusammenschlossen und im Rahmen diverser Veranstaltungen Lieder darbrachten. Die als *Lustige Blase der Gutenbergjünger* betitelte Gesangsgruppe löste sich 1879 allerdings auf, sodass es 1881 zur Gründung einer neuen Gruppierung kam, die ab 1882 offiziell die Bezeichnung Typographia führte.[24] Der Wahlspruch – er stammte von Buchdruckerfaktor Julius Seidler (1856–1911)[25] – lautete: „Mit Sang in unserer Berge Pracht sei, Gutenberg, stets dein gedacht".[26] Der erste öffentliche Auftritt erfolgte am 25. Dezember 1883 im Rahmen der Christbaumfeier der Buchdrucker. In der Folge kam der Club nicht nur bei etwaigen örtlichen Feierlichkeiten zum Einsatz, sondern reiste auch zu diversen Buchdruckerversammlungen und -feiern im In- und Ausland; er begleitete auch die verstorbenen Berufsmitglieder auf ihrem letzten Gang. Schon bald entwickelten sich aus dem Gesangsclub weitere Splittergruppen, etwa der *Deklamationsclub*, eine Theatergruppe, ein Soloquartett, ein Kegelclub und die Gruppe der *Zwiebelfische*, eine Tischgesellschaft, die sich nach den durcheinandergeratenen Buchstaben (die im Druckerhandwerk als Zwiebelfische bezeichnet wurden) benannt hatte; auch diese kamen bei den Feiern immer wieder zum Einsatz. Letztlich ist auch seit 1907 die Herausgabe einer humoristischen Zeitschrift belegt, nämlich der *Typographischen Faschings-Bomben*, die in der Offizin Wagner gedruckt wurden.[27]

Am 10. Oktober 1897 erhielt der Gesangsclub im Gasthaus Altwirt in Igls eine eigene Fahne zugeeignet. Diese war vom Wagner'sche-Buchdruckerei-Besitzer und Ehrenmitglied Eckart von Schumacher (1867–1927)[28] finanziert worden. Dessen Gattin Margarethe Schumacher, geborene Kapferer (* 1870), fungierte als Fahnenpatin, was ihr der Verein jährlich mit einem Ständchen zum Namenstag vergalt.[29] Einen weiteren Höhepunkt stellte die 50-Jahr-Feier des Gesangsclubs gemeinsam mit dem 60-Jahr-Jubiläum

---

[23] Zu Männergesangsvereinen allgemein vgl. Plattner, Fin de Siècle, 144–158.
[24] Zur Geschichte des Gesangsclub Typographia allgemein vgl. J. P., Fünfzig Jahre Typographia Innsbruck, in: Arbeiter-Zeitung, 05.09.1932, 5; Müller, Festschrift, 19; Müller, Vom Unterstützungsverein, 21, 29, 107–109; Müller, 80 Jahre, 26–31.
[25] Julius Seidler: * 19.06.1856 in Tarnów in Galizien (heute Polen); 20.09.1873: Lehrlingsaufnahme in der Druckerei Wagner; 15.09.1877: Ledigsprechung; zwischen 1877 und 1897: Drucker bei Wagner (ab. ca. 1897 Faktor); 1898/99: Leitung des Gesangsclubs Typographia; † 26.07.1911 (Grab in St. Nikolaus erhalten). Zur Aufnahme und Lossprechung vgl. TLMF, W 15672, 219, 225.
[26] Müller, 80 Jahre, 26.
[27] Ausgaben der Faschingszeitung (von 1907 bis 1967 mit Lücken) finden sich etwa in den Beständen der Bibliothek des TLMF.
[28] Eckart von Schumacher: * 22.12.1867 in Innsbruck; 1898–1916: Leitung der Druckerei Wagner; † 21.04.1927 in Innsbruck. Vgl. Verena Feichter, Die Firma Wagner unter Eckart Schumacher, in: Wolfgang Meighörner/Roland Sila (Hrsg.), Druckfrisch. Der Innsbrucker Wagner-Verlag und der Buchdruck in Tirol, Ausstellungskatalog Tiroler Landesmuseum Ferdinandeum, Innsbruck 2014, 100–107; Schumacher von Marienfrid (Hrsg.), Beiträge, 59–77.
[29] Das Programm zur Fahnenübergabe findet sich unter: TLMF, FB 137151/1. Es zeigt auf dem Deckblatt ein Doppelporträt des Fahnenspenders und der Fahnenpatin.

Abb. 4: Die Fahnenpaten Eckart und Margarethe Schumacher auf dem Programm zur feierlichen Fahnenübergabe am 10. Oktober 1897 in Igls. Quelle: TLMF, Bibliothek, FB 137151/1.

der Buchdruckergewerkschaft Gau Tirol dar, welche am 13./14. August 1932 in den Innsbrucker Stadtsälen begangen wurde. Eine Faschingsunterhaltung am 28. Jänner 1938 bildete den letzten öffentlichen Auftritt des Vereins, der in der Folge aufgelöst werden musste, doch trotz Verbots illegal bis 1945 weiterbestand. Gleich nach dem Zweiten Weltkrieg wurde der Gesangsclub wieder tätig; in der Generalversammlung am 26. Oktober 1945 konnten bereits 20 aktive Sänger gezählt werden. Kam das Vereinsleben der Typographia damit 1945 langsam wieder in Schwung, stand es im Gutenbergjahr 1900 natürlich in voller Blüte und erwartungsgemäß wurde dem Gesangsclub im Zuge der Feierlichkeiten eine zentrale Rolle zugesprochen. 1898/99 hatte Julius Seidler den Verein geleitet, im Jubiläumsjahr sollte Karl Simon (Leitung: 1900–1902) diese Tätigkeit innehaben.[30]

Gutenbergfeiern in Tirol (1864/1893/1898)

Mangels eines genauen Geburtsdatums Gutenbergs und angesichts der Tatsache, dass dem Namenstag ursprünglich weitaus mehr Bedeutung geschenkt worden war, bildete der 24. Juni (hl. Johannes der Täufer) den jährlichen Feiertag für das Buchdruckergewerbe. Dies gilt bis heute und wird vor allem durch die Herausgabe des Gutenberg-Jahrbuchs an diesem Tag zelebriert. Wenngleich Quellenbelege fehlen, so darf angenommen werden, dass auch die Innsbrucker Buchdrucker jährlich diesen Tag (teils mit leichten Abweichungen) im engen Kreise der Mitarbeiter begingen. Einzelne Feste sind durch erhalten gebliebene Liedertexte, Einladungen, Plakate oder Zeitungsberichte überliefert. In der Folge sollen die Tiroler Gutenbergfeiern in der zweiten Hälfte des 19. Jahrhunderts anhand von drei Beispielen beleuchtet werden.

Innsbruck – 1864: Ein einfach gestaltetes, aus zwei Blatt bestehendes Druckwerk mit Liedertexten zeugt davon, dass am 23. Juni 1864 in Innsbruck eine Gutenbergfeier abgehalten wurde. Allerdings dürfte sich diese nur im „privaten" Rahmen der Vereinsbuchdruckerei abgespielt haben, denn die Lieder wurden zu diesem Anlass von deren Mitgliedern vorgetragen bzw. wurde der Druck in der eigenen Offizin hergestellt. Die Liedertexte lauten:[31]

---

[30] Vgl. Müller, 80 Jahre, 31.
[31] Lieder, welche bei der Gutenberg-Feier von den Mitgliedern der Vereins-Buchdruckerei in Innsbruck am 23. Juni 1864 vorgetragen werden, Innsbruck 1864. Etwa zu finden unter: TLMF, FB 135921/60.

*Lieder, welche bei der Gutenberg-Feier von den Mitgliedern
der Vereins-Buchdruckerei in Innsbruck am 23. Juni 1864 vorgetragen werden.*

1. Stosst an! Typographia soll leben! hurra hoch!
Brüder reichet einander aus Freundschaft die Hand,
Es knüpfet uns Alle ein künstlerisch Band!
Frei ist die Kunst! Frei ist der Mann!

2. Stosst an! Meister Gutenberg lebe! hurra hoch
Er hat die Wahrheit an's Licht gebracht, Und Lug und Trug
zu Schande gemacht! Frei ist die Kunst! Frei ist der Mann!

3. Stosst an! Alles Edle soll leben! hurra hoch!
Wer die Würde der Kunst aus dem Auge verlor,
Ist ein Wicht; der ihn schätzt, ein erbärmlicher Thor!
Frei ist die Kunst! Frei ist der Mann!

4. Stosst an! Was wir lieben soll leben! hurra hoch
In Liebe vereinigt sich jegliche Macht, D'rum sei auch
mit Liebe der Liebe gedacht! Frei ist die Kunst! Frei ist der Mann!

5. Stosst an! Unsre Farben sie leben! hurra hoch!
Purpur, Gold, Blau und Silber der Kaiser uns gab
Und schwarz drucken stets unsre Lettern sich ab!
Frei ist die Kunst! Frei ist der Mann!

6. Stosst an! Typographia soll leben! hurra hoch!
Es blühen die Edlen zum spätesten Ziel Und zeugen
der würdigen Söhne noch viel! Frei ist die Kunst! Frei ist der Mann!

7. Stosst an! Vereins-Buchdruckerei lebe! hurra hoch!
Und Herren und Frauen, welche zu Ehren –
Unserem Meister ein Gläschen Wein leeren!
Sie leben hoch! Ja drei Mal hoch!

– – –

Mel[odie]: Gaudeamus igitur.

1. Wo wir in dem Festgewand Immer uns auch
finden, Klinge hoch das Vaterland, Das als Brüder treu
uns band, :|: Immer uns soll binden, :|:

2. Unsrer Fürsten edlem Stamm Heil und Glück
und Segen, Für das Hohe er erflamm', Bau dem Schlech-
ten Wehr und Damm, :|: Trotz den Schicksalschlägen. :|:

3. Allen Landen, allen Gau'n Sei der Gruss geboten;
Warme Liebe und Vertrau'n, Hilf' zum Heben und zum
Bau'n, :|: Schürz' sich so der Knoten. :|:

4. Unserer Frauen Huld und Zucht, Keusche Sitt'
und Minne, Hoch sie, trotz der Jahre Flucht, Trage
Blüthe, trage Frucht, :|: Wie von Anbeginne. :|:

5. Deutsche Kraft und deutscher Fleiss Fort in
kühner Richtung, Deutsches Wissens edler Preis, Deutscher
Thaten edles Reis, :|: Deutsche Kunst und Dichtung. :|:

6. Jedes Alter, jeder Stand Lass nicht lang' sich
mahnen, Fest zu halten an dem Band, Wie die Pfeile
in der Hand :|: Unsres Ururahnen. :|:

7. Dort der Vater aus dem Blau Schaut auf unsern
Reigen; Schönster Stein in seinem Blau Lächelt ihm die
deutsche Au, :|: Er lässt uns nicht beugen. :|:

Die Lieder bemühen deutlich die häufig ins Gedächtnis gerufenen Bilder: Gutenberg und seine Erfindung als Weg aus Unwissenheit und Ignoranz hin zu Bildung und Freiheit. Der Altmeister wird zum Erfinder der Press(e)-Freiheit und einem Begründer der Aufklärung; daraus resultieren Freiheit, Wohlstand und Ordnung.

Innsbruck – 1893: Das großformatige Plakat, welches zur Gutenbergfeier am 25. Juni 1893 lud, machte durch eine reiche Farbpalette auf sich aufmerksam (vgl. Abb. 5) und galt diesmal allen Buchdruckern und interessierten Gästen. Die Festivität war vom Verein der Buchdrucker und Schriftsetzer für Tirol und Vorarlberg initiiert worden, der zu einem gesellig-unterhaltsamen Nachmittag ins Adambräu lud. Die *Innsbrucker Nachrichten* vom 26. Juni berichteten hierzu:[32]

> (Gutenbergfeier.) Die vom Verein der Buchdrucker und Schriftsetzer für Tirol und Vorarlberg gestern Nachmittag im Adambräu veranstaltete Gutenbergfeier nahm einen sehr animierten Verlauf. Die vortrefflichen Gesangsvorträge der Typographia abwechselnd mit den Weisen der wackeren Wiltner Musikkapelle, und allerlei Belustigungen, wie das Lanzenstechen, das Taubenschießen, das Auftreten einer „Riesendame," und der originelle „Fischfang" unterhielten die fröhlichen Jünger der schwarzen Kunst und ihre Gäste aufs angenehmste. Den Schluss der schönen Feier bildete ein Tänzchen im Saal.

Wie der Zeitungsbericht deutlich vor Augen führt, bot die Gutenbergfeier den passenden Anlass für eine ungezwungene Zusammenkunft der Berufskollegen, untermalt mit Musik, Gesang, diversen Gesellschaftsspielen und kulinarischen Genüssen.

Das Jahr 1893 erlaubte der Tiroler Druckerriege, ihren Meister Gutenberg bzw. das Handwerk auch noch auf eine andere Art und Weise ins rechte Licht zu rücken,

---

[32] Innsbrucker Nachrichten, 26.06.1893, 3.

denn vom 17. Juni bis zum 9. Oktober fand auf dem heutigen Messegelände im Stadtteil Saggen die erste Tiroler Landesausstellung statt. Das grafische Gewerbe punktete dabei mit einer Ausstellung von historischen Werken der Tiroler Druckgeschichte und aktuellen Druckerzeugnissen bzw. Buchbinderarbeiten, wie der dazu verfasste Katalog aufzeigt.[33]

Brixen – 1898: Zu den in Innsbruck zelebrierten Feiern des Druckerhandwerks reisten nicht selten auswärtige Kollegen bzw. Gesangsvereine an, um (durch Darbietungen und Geschenke) die nötigen Ehren zu erweisen und Kontakte zu intensivieren. Aus diesem Grund besuchte auch der Gesangsclub Typographia immer wieder Feste im In- und Ausland, so etwa zu Pfingsten 1898, als die Sänger nach Brixen fuhren, wo die Südtiroler Kollegen am 29. und 30. Mai des 430. Todestags von Gutenberg gedachten. Entgegen dem Anlass gestalteten sich die Feiern aber als geselliges und feuchtfröhliches Beisammensein, wie das Programm verrät: Der Sonntag, 29. Mai, begann in Brixen um 13.00 Uhr mit einem Festbankett im Gasthof Goldener Stern und setzte sich mit einem Festkonzert im dortigen Gastgarten fort. Am Folgetag versammelten sich die Feiernden bereits wieder um 8.00 Uhr im Gasthausgarten zum Goldenen Lamm, spazierten dann gemeinsam nach Vahrn und wieder zurück und versammelten sich zum „Rendezvous und Abschied" im Gasthaus Goldener Schlüssel. Umrahmt und untermalt wurde das Beisammensein von mehreren Musikstücken und Gesangsdarbietungen. Das Programm und die Liedertexte der *Sänger-Fahrt von Innsbruck nach Brixen* wurden in einer kleinen, achtseitigen Broschüre festgehalten und blieben auf diese Weise erhalten.[34]

Abb. 5: Farbenprächtig präsentiert sich das Plakat zur Gutenbergfeier am 25. Juni 1893 im Adambräu in Innsbruck. Quelle: TLMF, Bibliothek, FB 4773.

---

[33] Eintragungen zum polygrafischen Gewerbe mit der Auflistung der teilnehmenden Drucker, Buchbinder, Lithografen und Fotografen sowie die Ausstellungsstücke finden sich in: Katalog der Historischen Abtheilung der Tiroler Landesausstellung Innsbruck 1893, Innsbruck 1893, 23–25, 30–33. Vgl. des Weiteren: Durstmüller/Frank, 500 Jahre Druck, 475; Ludwig Rapp, Die schwarze Kunst auf der Landesausstellung, in: Neue Tiroler Stimmen, 01.09.1893, 1f., und 02.09.1893, 1f.; Carl Unterkircher, Chronik von Innsbruck, Innsbruck 1897, 554f.

[34] Gesangsclub „Typographia" (Hrsg.), Sänger-Fahrt von Innsbruck nach Brixen zum Gutenbergfeste der Südtiroler Collegen. Pfingsten 1898, Innsbruck 1898.

Die große Gutenbergfeier von 1900

Für das Buchdruckerhandwerk stand das Jahr 1900 ganz im Zeichen des 500. Jubiläums der Geburt von Johannes Gutenberg. Mehr oder weniger prachtvoll-pompöse Feierlichkeiten mit Festumzügen waren nicht nur in Mainz geplant, sondern auch in Leipzig, München, Berlin, Straßburg oder Magdeburg. Allerdings zeigte sich an vielen weiteren Orten die Tendenz, den Gestus der Feiern eher schlicht zu halten und diese nicht mehr auf die breite Öffentlichkeit, sondern auf die einschlägigen Berufsgruppen abzustimmen. Sie erhielten damit den Charakter von Innungs- oder Betriebsfesten.[35]

Die Innsbrucker Buchdrucker wollten es den Kollegen in Europa gleichtun, waren sich jedoch bewusst, dass sie keine pompöse Zeremonie umsetzen konnten, weshalb sie sich in bewährter Weise auf einen gemeinsamen, feierlich gestalteten Abend in Stil eines Saalfestes mit Reden und musikalisch-gesanglichen Darbietungen beschränkten. Als passende Lokalität wurde die Restauration der Ausstellungshalle in Innsbruck gewählt, die anlässlich der Tiroler Landesausstellung 1893 geschaffen worden war und den nötigen Raum für die zahlreich geladenen Festgäste bot. Mit der Organisation, Vorbereitung und Umsetzung der Feierlichkeiten war das „hiezu gewählte Comité, welches aus Principalen und Gehilfen bestand", zuständig.[36] Eine maßgeblich entscheidende Rolle kam dabei dem Kronlandverein Tirol zu, der damals unter der Leitung von Franz Otter[37] stand.[38] Inwiefern die Vorbereitungen von den dem Druckerhandwerk nahestehenden Berufen – etwa den Buchbindern, Buchhändlern oder Lithografen – begleitet wurden, ist nicht bekannt. Nur für den 1894 gegründeten Drucker- und Maschinen-

---

[35] Groß angelegte Feste und Festumzüge fanden in erster Linie in jenen Städten statt, die auf eine bedeutende politische und/oder kulturelle Tradition verweisen konnten, wobei Ablauf, Gestaltung und Inhalt wesentlich von der jeweiligen gesellschaftlichen Situation bzw. dem Mit- und Gegeneinander der Stände, Zünfte und Vereine geprägt waren. Vgl. Estermann, O werthe Druckerkunst, 190–219; Werner Telesko, Der Triumph- und Festzug im Historismus, in: Hermann Fillitz (Hrsg.), Der Traum vom Glück. Die Kunst des Historismus in Europa, Bd. 1: Beiträge, Aufsatzband zur Ausstellung im Künstlerhaus Wien und der Akademie der Bildenden Künste in Wien, Wien 1997, 290–296.

[36] Die vollständige Textstelle lautet: „Wie in allen Sectionen des Vereines, so wurde auch in der Section Innsbruck die 500jährige Gedenkfeier unseres Altmeisters Gutenberg in einem grösseren Stile abgehalten. Das hiezu gewählte Comité, welches aus Principalen und Gehilfen bestand, war eifrigst bemüht, den Abend zu einer glänzenden Kundgebung für den Erfinder der Buchdruckerkunst zu gestalten. Die Festrede hielt Herr Prof. Rudolf v. Scala, die Begrüssungsrede Herr Anton v. Schumacher. Daran reihten sich die Gesangsvorträge der ‚Typographia' und die lebenden Bilder, sowie verschiedene Musikpiecen. Das gesammte Programm wurde von dem sehr zahlreich erschienenen Publikum mit Beifall aufgenommen und wird den Collegen dieser Festabend in steter Erinnerung bleiben." Jahres-Bericht des Unterstützungs-Vereines für Buchdrucker und Schriftgiesser in Tirol und Vorarlberg über das neunundzwanzigste Verwaltungsjahr 1900, Innsbruck [1901], 7.

[37] Franz Otter: * in Wilten; 07.10.1878: Lehrlingsaufnahme in der Druckerei Wagner; 07.10.1882: Ledigsprechung; zwischen 1882 und 1897: bei Wagner tätig; 1891/92: auch in der Offizin Rauch belegt; 1897–1902, 1910–1914 und 1915–1919: Leitung des Kronlandvereins Tirol bzw. der späteren Buchdruckergewerkschaft für Tirol-Vorarlberg. – Zur Aufnahme und Lossprechung vgl. TLMF, W 15672, 228, 235. Zu den Einträgen im Rauch'schen Lehrlingsbuch vgl. TLMF, FB 49933, 90f. Zur Leiterfunktion im Verein vgl. Müller, Festschrift, 63; Müller, Vom Unterstützungsverein, 116; Müller, 80 Jahre, 22.

[38] In den Chroniken des Vereins der Buchdrucker und Schriftgießer fand das Ereignis stets Erwähnung: Vgl. Müller, Festschrift, 32; Müller, Vom Unterstützungsverein, 24f.; Müller, 80 Jahre, 9.

„In tiefster Dankbarkeit gedenken wir …" – die Gutenbergfeier 1900 in Innsbruck

Abb. 6: Detail der Neujahrsentschuldigungskarte der Stadt Innsbruck mit einer Ansicht der Gebäude anlässlich der Tiroler Landesausstellung von 1893. Am linken Bildrand ist die Restauration zu erkennen, in der die Gutenberg-Feier von 1900 stattfand. Lithographische Anstalt von Carl Alexander Czichna nach einer Zeichnung von C. Wilhelm Steinsky (1866–1937). Quelle: TLMF, Bibliothek, W 23544.

meisterclub[39] liegt eine Information vor; dieser entschuldigte eine unterstützende Teilnahme aufgrund prekärer finanzieller Verhältnisse:

> Der von dem Innsbrucker Maschinenmeisterclub bei der Generalversammlung gestellte Antrag, die 500jährige Gedenkfeier unseres Altmeisters Gutenberg unter Zuziehung der Mitglieder aus dem ganzen Vereinsgebiete in der Centrale Innsbruck zu feiern, wurde dem Centralausschuss zur weiteren Berathung und eventuellen Durchführung überwiesen. Leider musste derselbe nach eingehender Erwägung zu dem Schlusse kommen, dass eine solche Feier, so schön sie auch wäre, mit Rücksicht auf die Cassenverhältnisse undurchführbar sei. Die übrigen Generalversammlungsbeschlüsse wurden in der ersten Sitzung durchgeführt.[40]

Im Vorfeld wurde die Gutenbergfeier von den Medien kaum beachtet; in diesen fehlen die üblichen Ankündigungen, Annoncen oder Berichte. Erst am (Vor-)Tag der Festveranstaltung übertrafen sich die Zeitungen mit Artikeln, die dem Altvater der

---

[39] Vgl. Müller, Festschrift, 26; Müller, Vom Unterstützungsverein, 103–105.
[40] Jahres-Bericht, 4.

Druckkunst oder der Veranstaltung selbst einige Zeilen widmeten. Im *Boten für Tirol und Vorarlberg* vom 23. Juni 1900[41] erschien unter dem Titel „Die Erfindung der Buchdruckerkunst. Zum 500. Geburtstage Johann Gutenbergs" ein umfangreicher Artikel, der auf einem Vortrag von Theodor Ebner (1856–1915) basierte.[42] Der Beitrag ging auf die Person Gutenbergs ein, nannte die wenigen gesicherten Daten und verzichtete auch nicht auf einige verklärende Züge, indem dem strebsamen Meister die „Frau Sorge" zur Seite gestellt wurde und natürlich auch die Affäre „Fust" Erwähnung fand. Bezüglich der Auswirkungen der neuen Erfindung verlor Ebner nur wenige Worte, denn er resümierte: „Ueber die welthistorische Bedeutung der epochemachenden Erfindung Gutenbergs heute noch Worte verlieren, hieße Eulen nach Athen tragen."[43]

Die *Innsbrucker Nachrichten* konterten am selben Tag mit einem Feuilleton aus der Feder von Ernst Hagen.[44] Der Inhalt des Artikels „Gutenberg und seine Erfindung. Eine Studie zur Feier des 500. Geburtstages Gutenbergs, 24. Juni." gestaltete sich allerdings ähnlich: Gutenberg sei ein Heros, so Hagen, und wie es Heroen gebührt, so sei die Gestalt in mystisches Dunkel gehüllt. Die fehlenden historischen Nachweise hätten zu Legendenbildungen geführt, womit versucht worden sei, Gutenberg den ihm gebührenden Rang abzuringen. Interessanterweise vermerkte Hagen, dass sich eigentlich Straßburg als „Wiege der Buchdruckerkunst" rühmen dürfe, da Gutenberg dort seine innovativen Entdeckungen in Angriff genommen habe. Abschließend erwähnt auch dieser Beitrag die Affäre „Fust" und endet mit einem Loblied auf Gutenberg.[45] Letztendlich wurde in derselben Zeitungsausgabe auch noch an die Abendveranstaltung erinnert:[46]

> (Gutenberg-Feier.) Wir machen nochmals auf den Festabend aufmerksam, der heute in der Ausstellungsrestauration zur Ehren des 500. Geburtstages Gutenbergs, dessen Erfindung das deutsche Volk und die ganze civilisirte Welt so unendlich viel verdankt, stattfinden wird. Die lebenden Bilder werden nach Entwürfen unseres vaterländischen Künstlers E[dmund] v. Wörndle gestellt und werden vom Maler Burger geleitet. Festkarten, die im Dreifarbendruck von der Wagner'schen Universitäts-Buchdruckerei sehr geschmackvoll hergestellt wurden, sind in der Wagner'schen Univ.-Buchhandlung um 1 Krone erhältlich.

Die Feierlichkeiten zu Ehren des Altvaters der Druckkunst fanden reges Interesse und wurden von der Presse dementsprechend ausführlich behandelt. Vergleichsweise kurz, überblicksartig und zusammenfassend gestaltete sich dabei der Artikel, der am 25. Juni 1900 im *Boten für Tirol und Vorarlberg* erschien:[47]

---

[41] Vgl. Bote für Tirol und Vorarlberg, 23.06.1900, 1243f.
[42] Es handelt sich dabei wohl um Theodor Ebner: * 09.08.1856 in Esslingen am Neckar; Redakteur, Schriftsteller; † 18.05.1915 in Ulm.
[43] Bote für Tirol und Vorarlberg, 23.06.1900, 1244.
[44] Zu Ernst Hagen konnten keine Daten ausfindig gemacht werden.
[45] Vgl. Innsbrucker Nachrichten, 23.06.1900, 1–3.
[46] Innsbrucker Nachrichten, 23.06.1900, 2.
[47] Bote für Tirol und Vorarlberg, 25.06.1900, 1255f.

Die Gutenberg-Feier, welche die Buchdruckereibesitzer und Buchdruckergehilfen am Samstag aus Anlass des 500. Geburtstages Gutenbergs in der festlich geschmückten Halle der Restauration auf dem Ausstellungsplatze veranstalteten, verlief in jeder Hinsicht schön und würdig. Dieselbe war von Vertretern aller Kreise der Innsbrucker Gesellschaft, der k. k. Statthalterei, der politischen Bezirksbehörde, der Universität und sämmtlicher anderen Lehranstalten, des Landesausschusses, der Handels- und Gewerbekammer, des Gemeinderathes von Innsbruck und des Gemeindeausschusses von Wilten etc. besucht. Sowohl die Vorträge des Gesangsclub „Typographia" als jene des „städt[ischen] subv[entionierten] Orchesters" fanden wohlverdienten reichen Beifall. Von den drei von dem akad[emischen] Maler Herrn Edmund von Wörndle componierten, von dem akad. Maler Herrn F[ranz] Burger gestellten lebenden Bildern „Gutenbergs erster Druck", „Der erste Druck in Nordtirol" (St. Georgenberg), „Apotheose Gutenbergs", waren, namentlich die ersten zwei, künstlerisch vollendet. Den begleitenden Text zu denselben hat in wirklich poetischer Sprache der Director der Vereinsbuchhandlung und Buchdruckerei Herr H[einrich] v. Wörndle verfasst. Der Festabend wurde mit einer Ansprache des Ehrenpräsidenten des Festcomités, Herrn Handelskammerpräsidenten Anton v. Schumacher, eröffnet, in welcher er in kurzen prägnanten Worten die Bedeutung der Erfindung der Buchdruckerkunst hervorhob und dann fortfuhr: „Auch wir Buchdrucker Innsbrucks haben uns zum Feste gerüstet und haben besondern Anlass dazu, da Tirol das erste der Länder Oesterreichs war, in dem eine Buchdruckerpresse aufgeschlagen wurde. Wir betrachten aber das Fest nicht nur als ein Fest des Berufes und der Arbeit, sondern auch als ein Fest der durch die Buchdruckerkunst so sehr geförderten Bildung, und deshalb ergieng unser Ruf an die gebildeten Kreise der Stadt. Und mit Befriedigung sieht der Festausschuss an dem so zahlreich besuchten Feste, dass derselbe ein freundliches Echo gefunden hat. Ich begrüße Sie daher mit doppelt freudigem Herzen und danke für Ihr Erscheinen. Es ist mir unmöglich, den Vertretern der Behörden, Anstalten und Corporationen, die unser Fest beehrt haben, einzeln zu danken. Ich bitte Sie daher, sich damit zu begnügen, dass ich Sie insgesammt nochmals herzlich willkommen heiße."
Die Festrede hielt Herr Professor Dr. v. Scala.[48] Derselbe schilderte eingangs die politischen und socialen Verhältnisse des 15. Jahrhunderts, die zu allseitiger Fortentwicklung drängten, betonte, dass, wie unsicher auch die meisten Daten über das Leben und Streben Gutenbergs sind, doch das Eine gewiss ist, dass vor nun 450 Jahren der erste Druck seiner Bibel erschien, hob die Bedeutung der

---

[48] Rudolf Prosper Alois von Scala: * 11.07.1860 in Wien; Althistoriker und Germanist; ab 1885 an der Universität Innsbruck tätig, wo er durch seine Habilitation im Fach Alte Geschichte die eigenständige Entwicklung des Faches begründete; ab 1896 ordentlicher Professor für Alte Geschichte ebendort; 1903–1904 bzw. 1910–1911: Dekan; 1907–1908: Rektor; 1917: Berufung nach Graz; seit 1898 verheiratet mit Marie Pauline Viktoria von Bülow (1866–1944), der Tochter von Otto von Bülow, Gesandter beim Heiligen Stuhl in Rom; † 09.12.1919 in Graz. Vgl. Österreichisches Biographisches Lexikon 1815–1950, Bd. X, Wien 1994, 10f.

Erfindung Gutenbergs, einer deutschen Erfindung, hervor und schloss mit einer begeisterten Ovation für Gutenberg und seine Erfindung. Der meisterhaften Rede folgte minutenlanger begeisterter Beifall und Herr Präsident v. Schumacher dankte dem Redner namens des Festcomités und der ganzen Festversammlung für dessen glänzende Ansprache, welcher die Versammlung mit lautloser Stille und gespanntem Interesse bis zum Schlusse gefolgt war. Ueber Antrag des Festcomités und im Einverständnisse der Festversammlung wurde namens derselben ein Beglückwünschungstelegramm an die Feststadt Mainz, wo in diesen Tagen der 500. Geburtstag Gutenbergs in besonders feierlicher Weise begangen wird, abgesendet. Um Mitternacht hatte die schöne Feier ihr Ende erreicht.

Die *Innsbrucker Nachrichten* vom 25. Juni 1900 berichteten deutlich umfangreicher von den Feierlichkeiten, weshalb dieser Artikel den ausführlichsten Bericht zu den Darbietungen und Reden darstellt. Anhand dieser Beschreibung soll in der Folge der Ablauf des Abends im Detail rekonstruiert werden.[49]

Gutenberg-Gedenkfeier. Die Buchdruckerei-Besitzer und Buchdruckergehilfen Innsbrucks begingen Samstag abends in der festlich geschmückten Ausstellungsrestauration eine Gedenkfeier zur Erinnerung an die vor 500 Jahren erfolgte Geburt des Erfinders der Buchdruckerkunst, Johannes Gensfleisch genannt Gutenberg. Das Local war bis auf das allerletzte Plätzchen mit Vertretern der schwarzen Kunst und allen jenen, die mit ihr enger zusammenhängen besetzt. Unter den Festgästen bemerkten wir den Rector der Universität Prof. R. v. Hacker mit Gemahlin[50] und zahlreiche Universitätsprofessoren, Vertreter der Statthalterei, des Landesausschusses, der polit[ischen] Bezirksbehörden, der Innsbrucker Handels- und Gewerbekammer, des Gemeinderathes der Stadt Innsbruck (Vicebürgermeister Dr. Erler)[51] und jenes von Wilten (Bürgermeister Ingenieur Tschamler)[52] und sämmtlicher Lehranstalten. Auch der ehemalige preußische Gesandte beim Vatican, v. Bülow,[53] der Schwiegervater des Univ.-Prof. Dr. v. Scala, beehrte das Fest mit seinem Besuche.

---

[49] Innsbrucker Nachrichten, 25.06.1900, 3f. In der Folge wird, wenn nicht anders angegeben, aus diesem Zeitungsartikel zitiert.
[50] Viktor Ritter von Hacker: * 21.10.1852 in Wien; 1895–1906: Vorstand der Innsbrucker Chirurgischen Klinik; † 20.05.1933 in Graz. Vgl. Raimund Margreiter, Geschichte der Innsbrucker Chirurgischen Universitätsklinik, Innsbruck–Wien 2012, 25–30; Sepp Mitterstiller, 100 Jahre Chirurgische Klinik in Innsbruck, in: Tiroler Heimat. Jahrbuch für Geschichte und Volkskunde 34 (1971), 17–38, hier 24–28. Zur Verleihung der Rektorenwürde vgl. Bote für Tirol und Vorarlberg, 31.10.1899, 2104. Zur Bestellung nach Graz vgl. Innsbrucker Nachrichten, 16.2.1903, 3f.
[51] Eduard Erler: * 25.09.1861 in Innsbruck; 1. Vizebürgermeister Innsbrucks; † 01.11.1949 in Innsbruck. Vgl. Tiroler Tageszeitung, 04.11.1949, 4.
[52] Ing. Rudolf Tschamler: * 10.05.1840 in Hof (Mähren); ab 1895 Vorsteher von Wilten; † 07.05.1901 in Innsbruck. Vgl. Wilhelm Eppacher, Rudolf Tschamler, der Gestalter von Neu-Wilten, in: Amtsblatt der Landeshauptstadt Innsbruck 24 (1961) 2, 2.
[53] Otto von Bülow: * 28.12.1827 in Frankfurt am Main; Diplomat, u. a. Gesandter am Heiligen Stuhl in Rom (1892–1898); † 22.11.1901 in Rom. Vgl. Tobias C. Bringmann, Handbuch der Diplomatie,

Neben den Mitgliedern des Buchdruckerhandwerks – den Druckereibesitzern, Faktoren, Schriftsetzern, Linotypensetzern, Typografen, Gehilfen und Lehrlingen – sowie den benachbarten Disziplinen (Buchbinder, Papierfabrikanten etc.), die den Großteil der Festgäste ausmachten, fanden sich vor allem Vertreter der Landes- und Stadtpolitik sowie der Wirtschaft ein. Auch die Universität, diverse Bildungseinrichtungen und der Kunstsektor waren in gebührender Weise vertreten. Auffallend war jedoch das Fehlen kirchlicher Vertreter, obgleich angenommen werden darf, dass die (auch religiös) meist konservativ eingestellten Prinzipalen auf deren Einladung bestanden hatten. Noch dazu war mit der Teilnahme der Marianischen Vereinsbuchdruckerei eine ultrakonservative, von der Kirche gestützte Druckerei bei den Feierlichkeiten federführend. Ein Grund für das „Verschweigen" von (möglicherweise teilnehmenden) Geistlichen mag wohl in der ansonsten meist konfliktbeladenen Beziehung zwischen Presse und Klerus (etwa in puncto Zensurmaßnahmen) zu suchen sein.

Abb. 7: Das einzige Gutenberg-Denkmal Österreichs wurde am 17. Dezember 1900 am Lugeck in Wien enthüllt. Es war durch die k. k. Kunsterzgießerei geschaffen worden. Der Entwurf stammte von Bildhauer Hans Bitterlich (1860–1949), den Sockel entwarf der Architekt Max Fabiani (1865–1962). Foto: Rabanser.

Die Feier begann mit dem Lothringer Marsch von Ganne[54], sehr effectvoll aufgeführt vom städtisch unterstützten Orchester unter Leitung des tüchtigen Kapellmeisters Heller[55], der das ganze bereits bekannt gegebene musikalische Programm trefflich durchführte und so lauten, anhaltenden Beifall fand, dass er jeder Programmnummer ein Stück zugeben musste.

1815–1963. Auswärtige Missionschefs in Deutschland und Deutsche Missionschefs im Ausland von Metternich bis Adenauer, Berlin 2001, 82.

[54] Louis Gaston Ganne: * 05.04.1862 in Buxières-les-Mines (Département Allier); Komponist und Dirigent; sein *Marche Lorraine* erfreute sich besonderer Beliebtheit; † 13.07.1923 in Paris. Vgl. Die Musik in Geschichte und Gegenwart. Allgemeine Enzyklopädie der Musik. Personenteil 7: Fra – Gre, Stuttgart ²2002, Sp. 495–498.

[55] Paul Heller, Kapellmeister des städtischen Orchesters, wohnte in der Herzog-Friedrich-Straße Nr. 19. Vgl. Adressbuch der Landeshauptstadt Innsbruck und der Gemeinde Wilten. Neujahrs-Entschuldigung 1901, Innsbruck 1901, 73.

Nach der musikalischen Einleitung schritt Anton von Schumacher, ehemals Leiter der Wagner'schen Universitätsbuchdruckerei und Ehrenpräsident des Festkomitees, zur Rednertribüne, um die zahlreichen Gäste zu begrüßen und in einer kurzen Festrede auf den Abend einzustimmen:

> Hiernach ergriff Herr Anton v. Schumacher als Ehrenpräsident des Festcomités das Wort zur Begrüßung der Festgäste und hielt folgende mit großem Beifall aufgenommene Rede:
> Wenn man einen Blick auf das weite, fast unübersehbare Gebiet der Erfindungen wirft, so gewahrt man deren zwei, die in Bezug auf die Entwicklung der Menschheit riesengroß über alle anderen hervorragen, die aus dem Bereich der materiellen Welt tief hineinragen in das Gebiet des Geistes: es ist die Erfindung von Wort- und Lautzeichen und die Erfindung der Buchdruckerkunst. Es scheint uns jetzt allerdings eine sehr einfache Sache, aus den Lettern Wörter zusammenzusetzen und die Wortbilder zu vervielfältigen. Die Menschheit brauchte jedoch mit Ausnahme vielleicht des fernsten Ostens, was jedoch für die culturelle Entwicklung belanglos war, Jahrtausende, bis sie den Schritt von der Schrift zum Drucke gemacht hat. Wenn auch die Erfindung der Schrift den geistigen Verkehr auf Entfernungen ermöglichte, so war es doch ein kleiner Kreis Auserwählter, auf den er sich naturgemäß beschränkte. Erst durch die Erfindung der Buchdruckerkunst war es möglich, dass Gemeingut der Menschheit wurde, was ihre gottbegnadeten Geister an Gedankenarbeit vollbracht haben. Ohne die Erfindung Gutenbergs wäre der befruchtende geistige Wechselverkehr nie und nimmer in dem Maße möglich gewesen, dass die Menschheit auf die Höhe der Erkenntnis sich emporgearbeitet hätte, auf der sie gegenwärtig steht. Das ist in groben Zügen die Bedeutung der Erfindung Gutenbergs, des schlichten deutschen Meisters, der vor 500 Jahren zu Mainz das Licht der Welt erblickte und dessen Gedächtnisfeier in allen Gauen Oesterreichs und Deutschlands, wo die Buchdruckerkunst blüht, dieses Jahr besonders festlich begangen wird. Auch wir Buchdrucker Innsbrucks haben uns zum Feste gerüstet und haben besonders Anlass dazu, da Tirol das erste der Länder Oesterreichs war, in dem die Buchdruckerpresse aufgeschlagen wurde. Wir betrachten aber das Fest nicht nur als ein Fest des Berufes und der Arbeit, sondern auch als ein Fest der durch die Buchdruckerkunst so sehr geförderten Bildung, und deshalb ergieng unser Ruf an die gebildeten Kreise der Stadt. Und mit Befriedigung sieht der Festausschuss an dem so zahlreich besuchten Feste, dass derselbe ein freundliches Echo gefunden hat. Ich begrüße Sie daher mit doppelt freudigem Herzen und danke für Ihr Erscheinen. Es ist mir unmöglich, den Vertretern der Behörden, Anstalten und Corporationen, die unser Fest beehrt haben, einzeln zu danken. Ich bitte Sie daher, sich damit zu begnügen, dass ich Sie insgesammt nochmals herzlich willkommen heiße.

Die knappen Begrüßungsworte Schumachers wiesen auf die Erfindung des Buchdrucks mit beweglichen Lettern hin und bezeichneten im selben Atemzug die vorausgegangenen Errungenschaften im Fernen Osten als geradezu „belanglos". In China war der Druck mit Tonstempeln bereits im 11. Jahrhundert bekannt, in Korea benutzte man seit dem 13. Jahrhundert Zeichen aus Bronze oder anderweitigen Metallen. Der erste fernöstliche Metallletterndruck ist für das Jahr 1377 gesichert. Allerdings konnte bis heute kein Nachweis erbracht werden, ob und wann die Erfindung über Handelswege nach Europa gelangt sein könnte, weshalb das durchdachte und technisch vom ostasiatischen Verfahren abweichende Letternsystem Gutenbergs und die folgende Wirkkraft desselben als Initialzündung des Buchdrucks angesehen werden.[56]

Dass Tirol zu jenen Regionen Österreichs zählte, in denen der Buchdruck bereits früh in Erscheinung getreten war, mag an der geografischen Lage liegen, denn kurz nach Gutenbergs Innovation machten sich deutsche Drucker in den Süden auf, um vorwiegend in Italien ihre Künste anzupreisen. Allerdings darf man sich keine stetig in Tirol installierte Druckerei vorstellen, wie Schumachers Worte aufgefasst werden könnten, sondern eher das Wirken von Wanderdruckern. Schumacher spielte hierbei sicherlich auf Albert Kunne aus Duderstadt (Niedersachsen) an, der die erste bis dato bekannte Inkunabel[57] im Gebiet der Grafschaft Tirol geschaffen hatte. Diese war am 6. September 1475 in Trient entstanden und behandelt die Geschichte des angeblichen jüdischen Ritualmordes am später seliggesprochenen Knaben Simon von Trient.[58]

Abb. 8: Anton von Schumacher (1836–1918). Fotografie von Friedrich Bopp (1842–1884), Innsbruck. Quelle: TLMF, Bibliothek: W 4173.

---

[56] Vgl. Frank Bösch, Mediengeschichte. Vom asiatischen Buchdruck zum Computer, Frankfurt am Main ²2011, 26–34; Füssel, Johannes Gutenberg, 16.

[57] Mit den Begriff Inkunabel – lat. *incunabula*: Windel, Wiege, deshalb auch Wiegendruck genannt – wird ein Frühdruck bezeichnet, der in der Zeit seit der Erfindung der Buchdruckkunst durch Gutenberg bis zum Jahr 1500 hergestellt worden ist. Vgl. Hiller/Füssel, Wörterbuch, 167f.

[58] Vgl. Hansjörg Rabanser, 470 Jahre Buchdruck in Innsbruck. Zum Jubiläum 1548/49–2018/19, in: Der Schlern 93 (2019), 4–23, hier 4 (mit weiteren Literaturangaben zum Druckwerk und dem Wanderdrucker). – Die Inkunabel *Historia Simonis pueri [...]* wurde von Matthias (oder: Giovanni Maria) Tiberinus verfasst und von Hermann Schindeleyp verlegt. Originalausgaben finden sich in: Universitätsbibliothek München, 2 Inc. Germ. 23 bzw. TLMF, FB 273/4 (*Hystoria Completa [...]*, 1476). Eine 1475 in Venedig gedruckte Version des Buches findet sich unter: Biblioteca Civica di Rovereto (BCR), Ar III 1 10. Vgl. Anna Gonzo/Walter Manica, Gli incunaboli della Biblioteca civica e dell'Accademia degli Agiati di Rovereto (Patrimonio storico e artistico del Trentino 20), Trient 1996, 139f.

Abb. 9: Gutenberg präsentiert Fust seine beweglichen Drucktypen. Relief am Sockel des Gutenberg-Denkmals in Mainz. Foto: Rabanser.

An die einführenden Worte Schumachers schloss sich eine weitere musikalische Darbietung des Gesangsclubs Typographia an:

> Der Gesangsclub „Typographia" trug hierauf den Männerchor „O Welt, du bist so wunderschön" von Gericke[59] unter Leitung des Chormeisters Alex[ander] Hummel[60] vor und bewies, welche große Fortschritte der genannte Gesangsclub in den letzten Jahren gemacht hat. Stürmischer Beifall lohnte den exacten Vortrag.

---

[59] Wilhelm Gericke: * 18.04.1845 in Schwanberg (Steiermark); Dirigent; † 27.10.1925 in Wien. Vgl. Österreichisches Biographisches Lexikon 1815–1950, Bd. I, Wien 1957, 425f.

[60] Alexander Hummel: * 1843; Musikvereinslehrer für Klarinette, Chorregent und Organist von Mariahilf sowie Chorleiter der Typographia; Bruder von Joseph Friedrich Hummel (1841–1919), dem Gründer des Mozarteums in Salzburg; verheiratet mit Maria Moser und wohnhaft in der Sternwartestraße Nr. 1; † am 30.07.1915 um 16.00 Uhr mit 74 Jahren als Witwer in der Pfarre Mariahilf und dort am 01.08. bestattet. Vgl. Pfarre Mariahilf, Totenbuch V (1915–1949), 5. Vgl. außerdem Gisela Pellegrini, Joseph Friedrich Hummel der erste Direktor der öffentlichen Musikschule Mozarteum in Salzburg. Zu seinem zwanzigjährigen Todestag am 29. August 1939, in: Mitteilungen der Gesellschaft für Salzburger Landeskunde 79 (1939), 81–128, hier 84 (Anm. 12). – Ernst Müller irrt, wenn er den Tag von Hummels Bestattung auf den 04.07.1915 datiert. Vgl. Müller, 80 Jahre, 28.

Nachdem sodann die Ouverture zur Oper „Die verkaufte Braut" von Smetana[61] verklungen war, betrat Herr Univ.-Professor Dr. Rudolf v. Scala die Rednerbühne und hielt mit ungemein klarer, bis im entlegensten Winkel deutlich vernehmbarer Stimme folgende interessante Festrede:

Der Althistoriker und Germanist Rudolf Prosper Alois von Scala (1860–1919), der seit 1885 an der Universität Innsbruck tätig und ab 1896 als ordentlicher Professor für Alte Geschichte angestellt war, wies bereits zu Beginn seiner Festrede darauf hin, dass er aufgrund des nicht gesicherten Geburtsjahres Gutenbergs bedeutend lieber dessen gesicherten Bibel-Erstdruck als Jubiläum begehen würde. Nichtsdestotrotz, so der Redner weiter, sei die Errungenschaft unbestritten und allemal eine Feier wert. Scala schlug einen weiten Bogen von den politischen und vor allem wirtschaftlichen Verhältnissen im Heiligen Römischen Reich, dem Aufstieg der Großkapitalisten und der zunehmenden Bedeutung des Patriziats bzw. des Handwerkerstandes bis zu den wenigen gesicherten biografischen Daten Gutenbergs und den Grundlagen seiner Erfindung.

Geehrte Festgenossen! Eine gute Sitte unseres Lebens heischt von uns, zeitweilige Ueberschau zu halten über die Gaben der Vergangenheit und die Errungenschaften der Gegenwart, deren Wurzeln sich so tief in die Vergangenheit senken: durch Gedenkfeiern üben wir die Pflicht der Dankbarkeit und werden uns recht bewusst, wie wir in allen unseren vielgepriesenen Culturergebnissen auf den Schultern vergangener Geschlechter stehen, wie wir überall anknüpfen an der Väter Erbe. So sind Gedenkfeiern echt geschichtlicher Betrachtung und Dankbarkeit entsprungen: so liegt nahe der innere Zusammenhang, der den Festausschuss veranlasste, sich an die hiesige Hochschule zu wenden und einen Historiker aufzufordern, ein Bild der Zeit Gutenbergs zu geben. Wenn die geehrte Versammlung die 500jährige Gedenkfeier Johann Gutenbergs nach dem Muster von dessen Geburtsstadt Mainz am Vorabend seines Namenstages begeht und ich das Geburtsjahr 1400 als unbeglaubigt ansehe und das 450jährige Gedächtnis des ersten sicher beglaubigten Gutenberg'schen Druckwerkes, der 36zeiligen Bibel mit Missaltypen[62] feiere, so sind wir einig in dem Hauptpunkt, dass wir

---

[61] Bedřich Smetana: * 02.03.1824 in Litomyšl (Tschechien); Komponist; seine berühmteste Oper *Die verkaufte Braut (Prodaná nevěsta)* wurde am 30. Mai 1866 im Interimstheater in Prag uraufgeführt; † 12.05.1884 in Prag. Vgl. Die Musik in Geschichte und Gegenwart. Allgemeine Enzyklopädie der Musik. Personenteil 15: Schoo – Stran, Stuttgart ²2006, Sp. 926–951; Kurt Honolka, Bedřich Smetana, Reinbek bei Hamburg ⁴1995, 63–74.
[62] Im Jahr 1900 war zwar bereits bekannt, dass die 1454 in Mainz geschaffene, 42-zeilige und 1.282 Seiten umfassende Heilige Schrift als der erste Bibeldruck Gutenbergs zu gelten hat, doch nach wie vor – und noch lange Zeit – herrschte die Meinung vor, die zwischen 1458 und 1460 entstandene, 36-zeilige und 1768 Seiten umfassende Bibel nehme diesen Status ein. Zur 42-zeiligen Bibel vgl. Stephan Füssel (Hrsg.), Die Gutenberg-Bibel von 1454. Faksimile-Ausgabe, 2 Bde., Köln 2018; Anne-Wiebke Kuhnen, Die Erfindung des Drucks mit beweglichen Lettern und die Gutenberg-Bibel, in: Christina Strunck (Hrsg.), Geschichte der Buchkunst. Vom Pergament zum E-Book. Eine Einführung (Imhof-Kulturgeschichte), Petersberg 2013, 40–44, hier 43f. Zur 36-zeiligen Bibel vgl. Füssel, Johannes Gutenberg, 67–71.

den Namen Gutenbergs, den wir allzeit im Herzen tragen, heute freudig auf unsere Lippen treten lassen, ehrend und feiernd, Gerechtigkeit übend gegen den viel Verfolgten, der im Leben sich stets gegen habgierige Geldgeber zu wehren hatte, der nach seinem Tode nicht einmal seinen ehrlichen Namen, geschweige denn seinen Entdeckerruhm behalten durfte.
Eine Zeit des äußeren Machtniederganges stellt zweifelsohne das 15. Jahrhundert für das deutsche Reich dar. Der deutsche Orden ist schon von seiner glänzenden Höhe herabgestiegen, da er in Preußen als Germanisator, als mächtiger Vertreter deutschen Wesens gewirkt hatte. Die gewaltigen Handelsstädte des Nordens, in der Hansa[63] vereinigt, sind aus den skandinavischen, zum Theil auch aus den russischen Gebieten verdrängt. Die Schöpfung des burgundischen Reiches zwischen Frankreich und Deutschland hat deutsches Städtewesen zu Gunsten französischer Lebensführung zurückgedrängt; die Türkengefahr im Osten hat einen Reichstag um den andern beschäftigt, aber Konstantinopel gieng trotzdem verloren, eine herbe Sühne für „arbeitsunfähige" Reichstage.[64]
Aber die materiellen Fortschritte sind mit der noch fortdauernden Ausbreitung des deutschen Volkes im Steigen begriffen.
Auf den Messen der Champagne und in Troyes wie in Venedig in dem herrlichen Kaufhause der Deutschen, dem Fondaco dei Tedeschi,[65] drängen sich deutsche Kaufleute und lagern deutsche Waren: Deutschland ist der Mittelpunkt des Welthandels geworden. Und wie blühen im Lande die Städte empor! Wie weiß der Italiener Enea Silvio[66] begeistert von ihnen zu sprechen: „Deutschland ist niemals reicher, niemals herrlicher gewesen als heutzutage. Das deutsche Volk steht an Größe und Macht allen anderen voran." Aus den stolzen Bergen, den Weingärten, reichen Feldern, aus den ummauerten Städten leuchtet diesem Reisenden die Herrlichkeit dieses Landes entgegen und er denkt mit Freuden der Rheinstadt Mainz mit ihren prachtvollen öffentlichen Gebäuden, des lieblichen Domes, freilich auch mit weniger Freude der engen Straßen.
Städtische Industrien waren in den meisten Orten emporgewachsen, der Handel hatte an dem rheinischen Goldgulden eine Einheit für ein ganzes Gebiet

---

[63] Die Hanse war eine Vereinigung von Kaufleuten und Städten vom Niederrhein bis zum Baltikum, die sich der Organisation, dem Ausbau und der Sicherung des Handels widmete. Vgl. Klaus Wriedt, Hanse, in: Lexikon des Mittelalters, Bd. IV, München–Zürich 1989, Sp. 1921–1926.

[64] Am 29.05.1453 wurde Konstantinopel durch die Osmanen unter der Führung von Sultan Mehmed II. Fatih („der Eroberer"; 1432–1481) eingenommen; das Byzantinische Reich ging damit zu Ende. Vgl. Brigitte Moser/Michael W. Weithmann, Kleine Geschichte Istanbuls, Regensburg ²2012, 78–89; Steven Runciman, Die Eroberung von Konstantinopel 1453, München 2012.

[65] Zum Fondaco dei Tedeschi, der Niederlassung und Herberge deutscher Kaufleute in Venedig, vgl. Thorsten Droste, Venedig. Die Stadt in der Lagune – Kirchen und Paläste, Gondeln und Karneval, Ostfildern ³2008, 137f.

[66] Enea Silvio Piccolomini/Papst Pius II.: * 18.10.1405 in Corsignano (heute Pienza); Humanist, Historiker und Schriftsteller; ab 1458 Papst; † 14.08.1464 in Ancona. Vgl. Volker Reinhardt, Pius II. Piccolomini. Der Papst, mit dem die Renaissance begann. Eine Biographie, München 2013. – Zu Piccolominis Bericht bezüglich seines ersten Kontakts mit gedruckten Werken vgl. Füssel, Johannes Gutenberg, 46f., 139; Stadt Mainz (Hrsg.), Gutenberg. aventur und kunst, 338f.

gewonnen. Und wie versprechen die erhaltenen Ziffern für die unaufhaltsame vorwärtsdrängende Entwicklung, die Cöln von 37 Millionen Handelsumsatz auf 210 Millionen führt, den Zinsfuß von 10% auf 4% fallen lässt, neue Silbervorräthe durch Ausbeutung der Bergwerke namentlich im Harz wie später in Tirol schafft und kaufmännisches Capital bei 100 werbenden Tagen mit 450% verzinst. Das kaufmännische Leben ist der Mittelpunkt dieser unaufhaltsam emporstrebenden Entwicklung, die die alten Zünfte capitalistisch gestaltet, das Kleingewerbe trotz allem Widerstreben herabdrückt und die Großcapitalisten trotz Beschränkung in der Anschaffung von Rohstoffen und im Vertrieb der Erzeugnisse, trotz Beschränkung der Gesellschaften auf Capitalien nicht über 10.000 rheinische Goldgulden und Bekämpfung von Ringen (Cartellen) mächtig emporwachsen lässt. Die Familie des Barchentwebers Fugger,[67] der 1367 in Augsburg eingewandert ist, ist ein Beispiel ungeheurer Erwerbskraft, die dem deutschen Volke bei erhöhter Gelegenheit des Verdienstes und gleichbleibenden Bedürfnissen innewohnt. Freilich finden wir gegenüber dieser Reichthumsansammlung auch Verarmung eines Theiles der städtischen Bevölkerung (Hamburg 20%) angesichts der steigenden Preise Bedrückung der Bauern, die zu Kleinhäuslern auf den vierten Theil der ehemaligen Bauernhöfe herabsanken. Aber das Ventil zur Abhilfe, die der Staat, damals leisten kann, bietet in hervorragender Weise die Möglichkeit emporzukommen, der Auftrieb von unten. Wo immer regsame Arme kraftvoll sich rühren, Fleiß mit Geschick sich paart, dort ringt man sich in Arbeit empor. Geschickte Handwerker werden zu Künstlern, geistige Bildung schafft neue geistige Arbeiter, die Materielles hervorbringen und der Wert der Arbeit im allgemeinen wird mächtig gehoben und geadelt. Weit hinaus ins Land und bis tief ins Volk leuchtet das Licht von den neugegründeten Hochschulen.

Und der Mensch hält Umschau um sich und Einkehr in sich; er entdeckt die Natur und bildet sie in Farben nach wie auf den Bildern Memlings[68], uns herrliche Mondlandschaften entgegenleuchten. Er entdeckt den Menschen und schafft ihn in derber Naturtreue nach wie auf den Bildern van Eycks[69]. Und man hat in künstlerisch schaffenden Kreisen das Bedürfnis, sich an die weitere Oeffentlichkeit zu wenden und Bilder zu vervielfältigen: 1423 datiert der erste Holzschnitt, 1446 der erste Kupferstich.[70] Die Schätze der Vergangenheit wer-

---

[67] Zur Kaufmannsfamilie Fugger, deren Aufstieg mit dem Weber Hans Fugger 1367 startete, vgl. Hermann Kellenbenz, Fugger, in: Lexikon des Mittelalters, Bd. IV, München–Zürich 1989, Sp. 1010–1012.

[68] Hans Memling: * um 1433 in Seligenstadt am Main; niederländischer Maler rheinländischer Abstammung; † 11.08.1494 in Brügge. Vgl. Lexikon der Kunst. Malerei – Architektur – Bildhauerkunst, Bd. 8, Erlangen 1994, 122–125.

[69] Jan van Eyck: * um 1390 in Maaseyck; niederländischer Maler; † 09.07.1441 in Brügge. Vgl. Lexikon der Kunst. Malerei – Architektur – Bildhauerkunst, Bd. 4, Erlangen 1994, 206–211.

[70] Der früheste datierte Einblattholzschnitt aus dem Kloster Buxheim bei Memmingen zeigt eine Darstellung des hl. Christophorus und datiert in das Jahr 1423. Vgl. Füssel, Johannes Gutenberg, 9–11; Walter Koschatzky, Die Kunst der Graphik. Technik, Geschichte, Meisterwerke, München ⁴1978,

den immer begieriger gesammelt, nicht allein Fürsten wie Kurfürst Ludwig III. von der Pfalz[71] für seine *Bibliotheca Palatina* sammeln Handschriften, auch Private werden leidenschaftliche Büchersammler und pilgern nach Cöln, dem Mittelpunkt für den Vertrieb von Handschriften oder nach Hagenau zu dem großen Buchhändler Lauber[72].

Jede Zeit schafft sich die ihr nothwendigen Productionsmittel selbst. Nur eine Zeit der höchsten Gährung, die hier durch die tiefgreifende Umwandlung der Naturalwirtschaft zur Goldwirtschaft hervorgebracht wurde, hatte es nöthig, auf eine Erhöhung des Gedankenumsatzes zu sinnen. Und so hat auch diese Zeit ihren Genius zur richtigen Stunde geschaffen: Hans Gensfleisch, genannt Gutenberg (vom Hause seiner Mutter geb. Wyrich).

Wie gerne ließen wir uns diesen schöpferischen Geist menschlich näher treten. Wie gerne würden wir Gutenbergs Gestalt vor uns auftauchen lassen! Doch leider müssen wir gestehen, dass seine herkömmliche Gestalt, wie sie auch auf dem Denkmal zu Mainz erscheint, eine Schöpfung der Einbildungskraft ist, dass seine Persönlichkeit nur aus etlichen Zügen geschlossen werden kann, ja dass wir noch den habgierigen Geldgebern Dank schuldig sind, die den Anlass zu verschiedenen Processen gegen Gutenberg und so Anlass zur Erhaltung wertvoller Nachrichten in den Processacten gegeben haben! Der Zwiespalt der Geschlechter und Zünfte in Mainz mag ihn hinausgetrieben haben, wenigstens lebt er schon 1434 in Straßburg. Dort finden wir ihn in der Nähe des Klosters St. Arbogast mit der Goldschmiedekunst beschäftigt, mit der Anfertigung von Spiegeln für die Heiligenfahrt nach Aachen, mit der Mittheilung seiner Kunstfertigkeit an die Theilnehmer der von ihm gegründeten Handelsgesellschaft.[73]

Von rasch zugreifendem Wesen muss Gutenberg gewesen sein, denn als die im Frieden zwischen Patriziern und Fürsten auch den Gensfleisch von der Stadt Mainz zugesicherte Rente unserem Henne nicht ausgezahlt wird, fasst er in

---

71; Valérie Lienhart, Hochdruckverfahren. Herstellung und Druck von Holzschnitten und Blockbüchern, in: Christina Strunck (Hrsg.), Geschichte der Buchkunst, 28–34, hier 28f. – Die ersten gedruckten Kupferstiche auf Papier stammen aus den 1430er-Jahren vom sogenannten Meister der Spielkarten aus dem oberrheinischen Gebiet. Der früheste datierte Kupferstich weist das Jahr 1446 auf. Vgl. Koschatzky, Kunst der Graphik, 111; Nadine Vierthaler, Tiefdruckverfahren. Die Technik von Kupferstich und Radierung, in: Christina Strunck (Hrsg.), Geschichte der Buchkunst, 45–51, hier 46.

71 Ludwig III. „der Bärtige" von der Pfalz: * 23.01.1378; ab 1410 Pfalzgraf bei Rhein, Herzog von Bayern und Kurfürst von der Pfalz; seine Büchersammlung bildete den Grundstock zur Bibliotheca Palatina in Heidelberg, deren Bestände heute zu großen Teilen in der Vatikanischen Bibliothek aufbewahrt werden; † 30.12.1436 in Heidelberg. Vgl. Lexikon des Mittelalters, Bd. V, München–Zürich 1991, Sp. 2195.

72 Diebold Lauber: * vor 1427; Leiter der Schreibwerkstatt und des Handschriftenhandels in Hagenau (Elsass); † nach 1471. Vgl. Neue Deutsche Biographie. Bd. 13, Berlin 1982, 694f.; Reinhard Wittmann, Geschichte des deutschen Buchhandels, München ³2011, 20.

73 Anfang 1438 trafen Gutenberg und der reiche Straßburger Patrizier Hans Riffe eine Geschäftsvereinbarung zur Herstellung der Aachener Pilgerspiegel (Pilgerabzeichen), eines beliebten Pilgerandenkens im Zuge der alle sieben Jahre stattfindenden Aachener Heiltumsfahrt. Gutenberg entwickelte eine serielle Herstellung des Massenartikels mittels Gussverfahren; es bildete u. a. die Basis zum späteren Typenguss. Vgl. Wagner, Bekannter Unbekannter, 125–128.

Straßburg das arme Rathschreiberlein und lässt schwören, dass ihm sein Anspruch gezahlt werde; freilich lässt er seinen guten Fang los und verzichtet sogar auf die Erfüllung des Eides, als sich der Rath von Straßburg ins Mittel leg. Als dann die entsetzlichen Söldnerscharen der Armagnaken[74], die der Volkswitz „Arme Gecken" getauft, mordend, brennend, spießend in deutsche Lande fallen und auch vor Straßburg auftauchen, da erscheint auch unser Henne Gensfleisch unter den Vertheidigern der Stadt.

War der Vortrag Scalas bis hierher wortwörtlich wiedergegeben worden, so beschränkte sich der Zeitungsartikel in der Folge auf eine überblicksartige Zusammenfassung des weiteren Inhalts. Allerdings lässt sich auch anhand der Kurzbeschreibung erkennen, dass Scala in seinen Ausführungen den populären

Abb. 10: *Pure Phantasie und kein reales Abbild. Das Gutenberg-Denkmal in Mainz wurde 1837 vom dänischen Bildhauer Bertel Thorvaldsen (1768–1844) geschaffen. Foto: Rabanser.*

Vorwurf des Betrugs durch Fust und Schöffer heranzog und zum wiederholten Mal die Opferrolle Gutenbergs betonte, ja gar von dessen „bitteren Schicksale[n]" sprach. Die Schlusspassage des Vortrags – ab „Sie ist der Menschheit Lehrerin […]" – wurde allerdings wieder im originalen Wortlaut angeführt und lobte die Druckkunst, welche Wissenschaft und Handwerk in sich vereine, als vermittelndes Element zum Abbau von gesellschaftlichen Standesgrenzen.

Redner gibt nun eine Uebersicht der weiteren, zum Theile bitteren Schicksale Gutenbergs und hebt besonders hervor, wie die umfassende Thätigkeit der Goldschmiedekunst ihn besonders befähigt hat, den Druck mit beweglichen Metalltypen zu erfinden: heißt doch auch schon dort die Form des Prägens, der Prägestock oder die Pila, die „Matrize"!
Zum Schlusse feiert der Redner nach einer kurzen Uebersicht über die Ausbreitung der Druckerkunst die Weltmacht der „deutschen Kunst". Sie ist der Menschheit Lehrerin geworden, die alle in schwerem Geisteskampfe errungenen leuchtenden Gedanken nicht allein unverlierbar feststellt, sondern sie auch

---

[74] Armagnacs: französische Partei des frühen 15. Jahrhunderts, benannt nach deren Führer Graf Bernhard VII. von Armagnac (um 1360–1418), welche die Bourguignons, die Anhänger Herzog Philipps des Kühnen von Burgund (1342–1404), bekämpften. Vgl. Jean Favier, Armagnacs et Bourguignons, in: Lexikon des Mittelalters, Bd. I, München–Zürich 1980, Sp. 962f.

in raschestem Umsatze, den Fortschritt der Menschheit beschleunigend, sofort Tausenden und aber Tausenden mittheilt. Sie ist Trösterin geworden der Einsamen, denen Enttäuschung über Enttäuschung das Herz verwundet hat, die im herben Weltkampf den Glauben an das Gute im Menschen verloren haben und dann wieder von geistigen Großthaten hören, denen so im tiefen Schmerz der Trost aufdämmert, dass trotz alledem die Menschheit vorwärts schreitet auf mühseliger Bahn und aufwärts. Sie trägt den Zauber nicht bloß der Poesie, auch der anderen Künste in die weitesten Kreise. Sie ermöglicht erst durch die Oeffentlichkeit den modernen Staat mit seinen socialen Aufgaben. Sie, in der Wissenschaft und Arbeit sich brüderlich die Hände reichen, schafft den größtmöglichen Ausgleich der Stände. In tiefster Dankbarkeit gedenken wir so des Meisters, dem unsterbliches Verdienst gebürt.

Gutenberg führt in seinem Wappen den gelben Bettler mit der Gugel, der großen Mütze, der auf einem Stock gestützt, eine Schüssel bittend weit von sich hält.[75] Uns dünkt diese wie ein Sinnbild, als ob Gutenberg, der im Leben mühselig sich durchgerungen und seines Geistes Kraft nur unter unsäglichen Mühen in That umsetzen konnte, dem andere Völker seine gewaltige Erfindung streitig machten, nun bei der Nachwelt wirbt um die Anerkennung, die ihm eine neidische Zeitgenossenschaft zum Theil versagt hat. So wollen wir ihm heute in seine aufgehaltene Schüssel den reichsten Lohn, nimmer verklingende Dankbarkeit und Anerkennung weihen.

Heil der „deutschen Kunst" und ihren Jüngern, den Pionnieren der Wissenschaft, Kunst und allgemeinen Bildung! Heil dem Wohlthäter der Menschheit: Henne Gensfleisch, genannt „Gutenberg".

Frenetischer Applaus war der Lohn für die ausführlichen Schilderungen des Universitätsprofessors Dr. Rudolf von Scala. Auch das Lob des Ehrenpräsidenten Anton von Schumacher war diesem sicher:

Lauter, stürmischer Beifall brauste nach Schluss der gedankentiefen Festrede durch den Saal. Ehrenpräsident Anton v. Schumacher sprach überdies noch namens der Festversammlung Herrn Professor Dr. v. Scala den wärmsten Dank aus.

Nach dem rein verbalen Heraufbeschwören von Zeit, Person und Erfindung Gutenbergs im Festvortrag folgte nun eine optische Umsetzung durch drei Lebende Bilder[76]. Es handelte sich dabei um statische Arrangements historischer Szenen durch Kulissen

---

[75] Zum Wappen der Familie Gensfleisch, das sich beispielsweise auch im Wappenbuch der Bruderschaft St. Christoph auf dem Arlberg findet, vgl. Stadt Mainz (Hrsg.), Gutenberg. aventur und kunst, 52f., 60f.

[76] Zu Lebenden Bildern allgemein vgl. Anno Mungen, Das Bild im Bild. Lebende Bilder als Medium der Kunst und Unterhaltung, in: Ingrid Bodsch (Hrsg.), Feste zur Ehre und zum Vergnügen. Künstlerfeste des 19. und frühen 20. Jahrhunderts, Ausstellungskatalog StadtMuseum Bonn und Künstler-Verein Malkasten Düsseldorf, Bonn 1999, 43–60.

und stumme Darsteller in entsprechenden Kostümen, die dem dargestellten Moment bzw. der Szene eine gewisse Realität verleihen sollten, obwohl diese dennoch künstlich bzw. künstlerisch umgesetzt war. Die Entwürfe hierzu lieferte kein Geringerer als der Künstler Edmund von Wörndle (1827–1906)[77], während der Maler Franz Burger (1857–1940)[78] für die praktische Umsetzung verantwortlich zeichnete. Ergänzend wurden die Bilder durch eigens geschaffene Texte erklärt, die wiederum aus der Feder Heinrichs von Wörndle (1861–1919)[79] stammten, des Schriftstellers und Direktors der Marianischen Vereinsbuchhandlung und Buchdruckerei AG. Am Festabend trug sie der Schriftsetzer Ferdinand Bayer (1876–1916)[80] vor. Im Zeitungsbericht hieß es dazu:[81]

Einen Glanzpunkt des Festes bildeten weiter die lebenden Bilder zur Ehrung des Erfinders und Meisters der schwarzen Kunst. Das erste ungemein stimmungsvolle, sehr schön gestellte Bild stellte dar, wie Gutenberg mit seinen Leuten auf der Handpresse das erste Blatt der berühmten 36zeiligen Bibel herstellte, und es seinen Geschäftsteilhabern, die ihn später so schnöde betrogen, vorwies. Das

---

[77] Edmund von Wörndle von Adelsfried: * 28.07.1827 in Wien; Landschaftsmaler und Radierer; † 03.08.1906 in Innsbruck. Vgl. Alois Lanner, Tiroler Ehrenkranz. Männergestalten aus Tirols letzter Vergangenheit, Innsbruck–Wien–München 1925, 142f.; Monika Oberhammer, Der Landschaftsmaler Edmund von Wörndle zu Adelsfried (1827–1906), phil. Diss., Universität Innsbruck 1969 (ohne Erwähnung von Wörndles Arbeiten für die Gutenbergfeier); Constantin von Wurzbach, Biographisches Lexikon des Kaiserthums Österreich, enthaltend die Lebensskizzen der denkwürdigen Personen, welche seit 1750 in den österreichischen Kronländern geboren wurden oder darin gelebt und gewirkt haben, Bd. 57, Wien 1889, 222–224.

[78] Franz Burger: * 30.05.1857 in Matrei in Osttirol; Maler, Zeichner, Restaurator und ab 1897 Professor an der Staatsgewerbeschule in Innsbruck; † 27.07.1940 in Innsbruck. Vgl. Österreichisches Biographisches Lexikon 1815–1950. Bd. I, Wien 1957, 128. – Zu den Dekorationen von 1900 vgl. Kerstin Pfeiffer, Franz Burger. Leben und Werk. Exkurs über das Innsbrucker Riesenrundgemälde „Die Schlacht am Berg Isel, 13. Aug. 1809", phil. Diss., Universität Innsbruck 1987, 46.

[79] Heinrich Richard von Wörndle von Adelsfried: * 16.10.1861 in Hötting als Sohn des Malers Edmund von Wörndle; Schriftsteller und Direktor der Marianischen Vereinsbuchhandlung und Buchdruckerei AG (1896–1907); † 25.03.1919 in Innsbruck. Vgl. Austrier-Blätter 18 (1949), 451; Karl Klaar, Gründung und Fortschritt der Firma Mar. Vereinsbuchhandlung und Buchdruckerei A.G. Innsbruck. Die Jahre 1856–1936, Innsbruck 1936, 50f.; Victor A. Reko/Heinrich Bohrmann (Hrsg.), Biographien und Bibliographie der deutschen Künstler und Schriftsteller in Oesterreich-Ungarn ausser Wien. (Mit Nachtrag für Wien.) (Deutsch-österreichisches Künstler- und Schriftsteller-Lexikon 2), Wien 1906, 310; Tiroler Anzeiger, 05.04.1919, Beilage: Literatur und Wissenschaft, 6.

[80] Ferdinand Johann Bayer: * 15.01.1876 als lediges Kind der Modistin Pauline Bayer in Wilten; 17.01.1876: Taufe; die Eltern der Mutter lebten zu diesem Zeitpunkt ebenfalls in Innsbruck, stammten jedoch aus Mainz. Bayer wurde laut dem Ausding- und Ledigsprechungsbuch der Druckerei Wagner am 14.03.1891 rückwirkend ab dem 28.4.1890 für eine vierjährige Setzerlehre aufgenommen und am 27.4.1894 losgesprochen. Er ist in der Druckerei Wagner zwischen 1894 und 1900 als Schriftsetzer mit Sicherheit belegt. Er fungierte des Weiteren als Archivar des Zentralausschusses des Vereins der Buchdrucker und Schriftsetzer für Tirol und Vorarlberg. Am 26.11.1900 heiratete der in St. Nikolaus wohnhafte Bayer in Pradl seine Auserwählte Maria Anna Hummer (* 06.08.1883) und wohnte mit dieser in der Pembaurstraße Nr. 29/IV in Pradl, wo Bayer am 11.05.1916 um 12.30 Uhr an Tuberkulose starb; am 13.05. wurde er in Pradl bestattet. Vgl. Pfarre Wilten, Taufbuch 1869–1886, Bd. 12, fol. 57; Pfarre Pradl, Traubuch 1896–1919, Bd. 1, fol. 28; Pfarre Pradl, Totenbuch 1884–1926, Bd. 3, fol. 151. Zur Aufnahme und Lossprechung vgl. TLMF, W 15672, 255, 263.

[81] Innsbrucker Nachrichten, 25.06.1900, 4.

Abb. 11: Von den Lebenden Bildern der Gutenberg-Feier in Innsbruck gibt es keine Abbildungen. Sie könnten jedoch ähnlich gestaltet gewesen sein wie der Wagen der Buchdrucker beim Festumzug anlässlich der Silberhochzeit des Kaiserpaares am 27. April 1879 in Wien, der unter der Regie des Künstlers Hans Makart (1840–1884) stand. Quelle: TLMF, Bibliothek, W 27717/27.

Abb. 12: Noch gute Freunde, bald Gegner: Gutenberg, Schöffer und Fust in der Druckerwerkstatt. Erinnerungsblatt von 1840. Druck nach einer Chromolithografie (?) von Ludwig Theodor Zöllner (1796–1860) und Gustav Schlick (1804–1869) in Dresden nach einem Entwurf von Johann Niemann. Quelle: TLMF, Historische Sammlungen, HG 1378.

treffliche Bild, das den Meister am ersten Ziel einer epochalen Erfindung zeigte, machte in Anbetracht der traurigen Schicksale des Heros unter den Erfindern einen tief ergreifenden Eindruck, wozu der vom Schriftsetzer Ferdinand Bayr [sic] mit anerkennenswertem Verständnis und großer Deutlichkeit gesprochene Prolog, H. v. Wörndles, den wir morgen im vollen Wortlaut wiedergeben werden, nicht wenig beitrug.

Die „Begleitworte zu den lebenden Bildern beim Gutenbergfest in Innsbruck" wurden in den *Innsbrucker Nachrichten* vom 26. Juni abgedruckt, aber noch 1900 erschienen die Verse im Selbstverlag Wörndles als eigenständige Publikation – seltsamerweise nicht in der eigenen, sondern in der Wagner'schen Druckerei.[82] Der Prolog und die Erklärungen zum ersten Bild lauteten:[83]

„Gott grüß' die Kunst!" Nach Handwerks Brauch und Sitte,
Lasst mich mit altem Handwerksspruch Euch grüßen,
Die Ihr durch Euer Kommen uns geehret, –
Die Ihr gekommen, mit der Zunft vereinet
Zu feiern das Gedächtnis eines Mannes,
Der eig'ner Kraft und eig'nem Geiste folgend
Inmitten einer Welt voll Krieg und Wirren,
Mit kühnem Muthe eig'ne Bahn gegangen.
– Nicht ahnte er, dass das, was er ersonnen,
Was er trotz Missgunst und der Menschen Neiden
In mühevollem, jahrelangen Ringen
Der Mitwelt gab, die Mitwelt überdauern,
Und siegesfrüh den Erdkreis werd' durchschreiten;
Nicht mocht' er ahnen, dass, was er erfunden,
Ein Träger der Cultur, des Geisteslebens,
Dem Blitze gleich, der leuchtend durch die Wolken
Von Gottes Hand geschleudert, Funkengarben
Ausstreut und des Himmels Licht verkündet,
In fernen Zeiten noch in hehrem Glanze
Werd' des Erfinders Ruhm und Ehre künden!
Fünfhundert Jahre sind seitdem vergangen
Im Lauf der Welt, – im Lauf der Zeitenstürme,
Doch ob so manches Reich auch fiel in Trümmer:
„Sein Reich lebt fort – und
        Gutenberg, sein Namen!"

---

[82] Vgl. Innsbrucker Nachrichten, 26.06.1900, 4f. – Zum Sonderdruck vgl. Heinrich von Wörndle, Begleitworte zu den lebenden Bildern beim Gutenbergfest in Innsbruck, Innsbruck [1900]. Etwa zu finden unter: TLMF, FB 2106/202.

[83] Zitiert nach: Innsbrucker Nachrichten, 26.06.1900, 4.

I. Bild.

(Gutenbergs erster Druck zu Mainz.)

Zum gold'nen Mainz, um dessen graue Mauern,
Des alten Rheinstroms grüne Fluten spielen,
Wend' ich den Blick, die schöne Stadt zu grüßen,
Die Gutenberg als Heimat durfte nennen;
In seiner Ahnen altererbtem Hause,
Schwand ihm der Jugend Traum, ward er zum Manne,
Ward er zum Denker, ward er zum Erfinder.
– So wie im Felsenhorste rauh gebettet,
Der junge Aar den Fittig lernt zu rühren,
In Sturm und Wetter mählig großgezogen,
Bis ihn die immer mehr erstarkten Schwingen,
Vom Nest empor zum blauen Aether tragen,
Wo er sich baden darf im Sonnenglanze,
So ward es uns'rem Heros auch beschieden:
Der Keim der Kunst, ihm in das Herz gesenket,
Als ein Geschenk, als hehre Himmelsgabe,
Musst selber brechen sich die Bahn zum Lichte!
Manch junger Tag stieg auf vom fernen Osten
Und grüßte mit der Morgensonne Strahlen
Den bleichen Mann, der dort in seiner Kammer
Durchwacht die Nacht in rastlos ems'gem Streben:
Ihn floh der Schlaf, und achtlos ihm entschwanden
Der Tage und der Nächte ungezählte Stunden,
Da seine Hand in nimmermüdem Fleiße
Half das, was sein Genie allein ersonnen,
Dem Menschenwillen dienstbar zu gestalten. –
Und als der kühne, stolze Wurf gelungen,
Wie mochte da des Meisters Herz sich freuen,
Da er den Männern, die ihm treu zur Seite,
Sein Zunftswerk mit Rath und That gefördert,
Durft' sonder Zagen seine Schöpfung weisen:
Johannes Fust, der edle Peter Schöffer,
Sie dürfen als der Schwarzkunst wack're Pathen,
Mit Gutenberg wohl Ruhm und Ehre theilen. –
So ward das Werk zur That mit Gottes Hilfe,
Ein Werk gar selt'ner Art, das dem Erfinder
Verdienten Preis für alle Zeiten sichert.

„In tiefster Dankbarkeit gedenken wir …" – die Gutenbergfeier 1900 in Innsbruck 37

Die in den *Innsbrucker Nachrichten* vom 25. Juni gegebene Beschreibung des zweiten Bildes gestaltete sich folgendermaßen:[84]

> Das zweite Bild stellte den ersten Druck in Nordtirol im Stifte St. Georgenberg dar und entzückte durch die treffliche Gruppierung der Drucker und Mönche, die das erste Exemplar des Druckwerkes eines fahrenden Gesellen bewunderten.

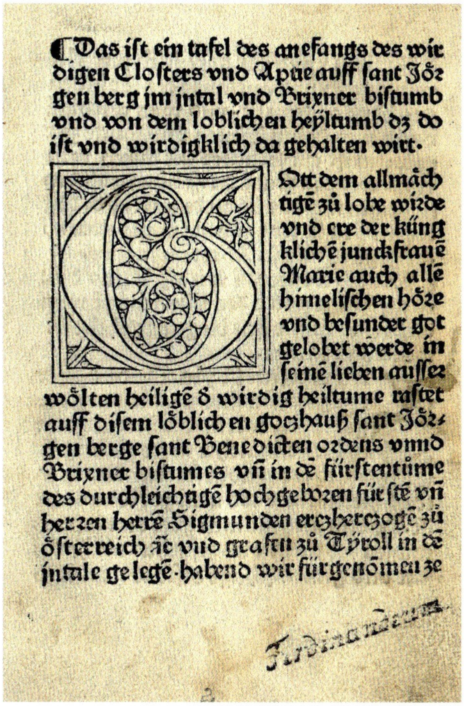

Damit hatte Heinrich von Wörndle in raffinierter Weise eine Thematik mit Lokalkolorit aufgegriffen: Unter dem Titel *Das ist ein tafel des anefangs des wirdigen Closters und Aptie auff sant Jörgenberg im intal [...]* war nach dem 10. Mai 1480 in der Offizin des Anton Sorg (um 1430–1493) in Augsburg ein Druck zum Heiltumsverzeichnis des Benediktinerklosters St. Georgenberg im Unterinntal entstanden. Als Autor wird Abt Kaspar Augsburger (Amtszeit: 1469–1491) angenommen, weshalb die Inkunabel – wenn auch nicht ganz korrekt, da nicht lokal hergestellt – als das älteste bis dato bekannte Druckwerk Nordtirols angesehen wird.[85]

Abb. 13: Der Druck des Heiltumsverzeichnisses des Klosters St. Georgenberg entstand 1480 in der Offizin des Anton Sorg in Augsburg. Quelle: TLMF, Bibliothek, FB 3491/3.

---

[84] Innsbrucker Nachrichten, 25.06.1900, 4.
[85] Zum Original der Inkunabel vgl. TLMF, FB 3491/3. Vgl. des Weiteren: Gert Ammann (Hrsg.), Heiltum und Wallfahrt, Ausstellungskatalog Tiroler Landesausstellung, Innsbruck 1988, 205f.; Thomas Naupp, Zur Geschichte der Bibliothek der Abtei St. Georgenberg-Fiecht, in: Bayerische Benediktinerakademie (Hrsg.), 850 Jahre Benediktinerabtei St. Georgenberg-Fiecht 1138–1988 (Studien und Mitteilungen zur Geschichte des Benediktiner-Ordens und seiner Zweige, Ergänzungsband 31), St. Ottilien 1988, 337–390, hier 360–362; Thomas Naupp, St. Georgenberg-Fiecht – Benediktinerstift im Unterinntal, in: Gold und Silber. Sakrale Kostbarkeiten aus Tirol – Stiftungen und Stiftsbesitz, Ausstellungskatalog Museum Stift Stams, Stift Stams 2004, 102–126, hier 103f.; Walter Neuhauser, Buchgeschichtliche Beziehungen zwischen Schwaben und Tirol, in: Wolfram Baer/Pankraz Fried (Hrsg.), Schwaben – Tirol. Historische Beziehungen zwischen Schwaben und Tirol von der Römerzeit bis zur Gegenwart. Beitragsband zur Ausstellung im Zeughaus Augsburg, Rosenheim 1989, 435–443, hier 438; Südtiroler Landesmuseum Schloss Tirol/Tiroler Landesmuseum Ferdinandeum (Hrsg.), Eines Fürsten Traum. Meinhard II. – Das Werden Tirols, Ausstellungskatalog Tiroler Landesausstellung Schloss Tirol – Stift Stams, Dorf Tirol–Innsbruck 1995, 485; Franz Waldner, Quellenstudie zur Geschichte der Typographie in Tirol bis zum Beginn des XVII. Jahrhunderts. Ein Beitrag zur Tiroler Culturgeschichte, in: Zeitschrift des Ferdinandeums für Tirol und Vorarlberg 32 (1888), 1–122, hier 22f.; Gerhard Weiss, Abt Caspar Augsburger von St. Georgenberg (1469 bis 1491). Humanist und Diplomat unter Sigmund dem Münzreichen, in: Veröffentlichungen des Tiroler Landesmuseum Ferdinandeum 50 (1970), 219–238, hier 231–238.

Da im Jahr 1900 die Herstellung durch Anton Sorg noch nicht bekannt war, wurde das Werk einem fahrenden Drucker zugeschrieben, der dieses vor Ort im Kloster geschaffen haben soll. Dies verdeutlicht auch der beigegebene Text:[86]

II. Bild.

(Als Caspar Augsburger von Georgenberg empfängt
von einem fahrenden Buchdrucker die Georgenberger:
Inkunabel 1480.)

Und wieder flog des Krieges rothe Fackel
Um's goldne Mainz und blut'ge Flammengarben
Verheerten was des Bürgers Fleiß geschaffen:[87]
Doch brachte Heil, was Unheil war erschienen.
Was Gutenberg der Vaterstadt gegeben,
War eifersüchtig wie ein Schatz gehütet,
Allein der Krieg zersprengte diese Bande;
Des Meisters Jünger flohen in die Gaue,
Mit ihnen zog nach allen Himmelsstrichen
Des Meisters Kunst und fand in allen Zonen
Bald wieder gastlich schaffensfrohe Stätte.
Wie sich auf Felsengrund der Same klammert,
Und Fuß fasst und gedeiht und Blüthe bringt,
Von Sonnenschein und Bergesthau befruchtet,
So ward es auch der „schwarzen Kunst" beschieden:
Sie fasste Wurzel, blühte und gedieh
Im Alpenbann, in uns'rer Berge Frieden.
An Stift Georgenbergs weltferner Klause,
Wo im Convent Sanct Benedictus Söhne
Gelehrsamkeit und schöne Künste üben
Unter Abt Caspars mildem Regimente,
Den Herzog Sigmund sich zum Rath erkoren,
Heischt Einlass einst ein wandernder Geselle:
Der will den Klosterbrüdern seine Künste zeigen!
Sein Rucksack birgt kunstreich geschnitt'ne Lettern
Und eigenartig vielerlei Geräthe.

---

[86] Zitiert nach: Innsbrucker Nachrichten, 26.06.1900, 4f.
[87] Damit wird auf die Mainzer Stiftsfehde von 1461/62 verwiesen, ein kriegerischer Konflikt um den Mainzer Erzbistumsstuhl. Vgl. Wolfgang Dobras, Gutenberg und seine Stadt. Mainzer Geschichte im 15. Jahrhundert, in: Stadt Mainz (Hrsg.), Gutenberg. aventur und kunst, 18–28, hier 27f.

Verwundert sehen die Mönche sein Beginnen,
Wie er hantiert und emsig Zeil' um Zeile
In seiner Handpress' Kisten reiht zusammen.
Da freut der Abt sich und er lädt zu Gaste
Den Fremdling, lässt ihm weisen eine Zelle,
Allwo er rüstig mag die Arbeit fördern.
Und als so manche Woche dann verstrichen,
Hält froh der Abt das erste Buch in Händen
Darin des Klosters Anfang und sein Wachsen
Wie seiner Heiligthümer Ruhm verzeichnet;
Mit Staunen schau'n der Abt und seine Brüder,
Der Vogt, Herr Frundsberg[88], und des Herzogs Räthe
Das selt'ne Werk des fahrenden Gesellen.
Was sonst des Klosters sprachgewandter Scriptor
Mit Kiel und Pinsel oft im Lauf von Jahren
Auf pergament'ne Blätter mochte schreiben,
Das zeigte sich in zierlicher Vollendung,
Erfüllt vom Zauber unbekannter Kräfte,
Dem Menschengeist und fesselte das Sinnen
Gleich einem Gruß aus weltentrückten Höhen.
– So fand im Schoos der heimatlichen Berge
Die Druckkunst gut Asyl und freie Stätte.
Wohl ist verschollen des Gesellen Namen
In der Jahrhundert' eilendem Getriebe,
Doch was er schuf, es blieb bis heut erhalten
Als erster Markstein Gutenberg'schen Geistes,
Im Land Tirol, ein Schatz der Väter,
Noch von der Enkel Dankbarkeit behütet.

Zum dritten Lebenden Bild heißt es im Artikel der *Innsbrucker Nachrichten* in äußerst kurzen und knappen Worten:[89]

> Das dritte und letzte Bild war eine Apotheose auf den hehren Meister und stand an Schönheit den beiden vorangegangenen kaum nach.

Der Text zur Apotheose Gutenbergs war vom Verfasser erwartungsgemäß pathetisch und feierlich gestaltet worden:[90]

---

[88] Es handelt sich bei diesem vermutlich um Thomas von Freundsberg († 1497). Vgl. Albert Jäger, Der Übergang Tirols und der österreichischen Vorlande von dem Erzherzoge Sigmund an den Röm. König Maximilian von 1478–1490. Ein Bruchstück aus der Geschichte der Tiroler Landstände, Wien 1874, 71.
[89] Innsbrucker Nachrichten, 25.06.1900, 4.
[90] Zitiert nach: Innsbrucker Nachrichten, 26.06.1900, 5.

III. Bild.

(Gutenbergs Apotheose).

Es war das Samenkorn gelegt im Gaue:
So wie am Stock die blätterreiche Rebe
Treibt weit und immer weiter ihre Ranken,
Willkomm'ne Frucht als süße Gabe spendend,
Zog Gutenbergs Erfindung durch die Thäler
An Etsch und Inn sich Heimatrecht erwerbend.
Manch' Jünger seiner Kunst stand auf und folgte
Getreu des Meisters eingeschlag'nen Bahnen
Und von gerechtem Stolz erfüllet zählen
Wir manche Namen aus vergang'nen Zeiten,
Die wir mit Fug die Unsern dürfen nennen:
Piernsieder, Höller, Fätz und Dingenauer,
Johannes Paur und wie ansonst sie heißen;[91]
Noch blüht so manches Haus in unsern Tagen,
Dess' Ursprung reicht zurück gar viel' Jahrzehnte!
„Gott grüß' die Kunst!" war Losung und Devise
Für alle Mann, für Meister und Gesellen:
Darum ward stark die Zunft in unsern Bergen,
Sie wuchs empor, gedieh zu reicher Blüte
Und steht erstarket heute gleich dem Baume
Der weit die Aeste ob dem Lande breitet.
– Doch nicht die Jünger uns'rer Kunst allein
In dieses Baumes Schatten sich erquicken:
Vereint mit ihnen Hand in Hand geleget
Geh'n Wissenschaft und edle Geisteskünste.
Was der Gelehrte aus des Wissens Borne
Der Mitwelt beut in regem Bienenfleiße,
Und was des Künstlers Stift in Schildereien
Entwirft, die Werke bildnerisch zu schmücken,
Was Poesie, die hehre Himmelstochter

---

[91] Zu den genannten Druckern – Josef Piernsieder (tätig: 1521–1527); Ruprecht (oder Rupert) Höller († um 1580); Donatus Fetius († 1597); Gallus Dingenauer († um 1587/1589) und Hans Paur († 1602) – vgl. Hansjörg Rabanser, Die Literatur- und Quellenlage zur „Puechdruckereÿ" in Nordtirol. Ein Arbeits- und Erfahrungsbericht mit einer Zeittafel und einer Quellensammlung im Anhang, in: Roland Sila (Hrsg.), Der frühe Buchdruck in der Region. Neue Kommunikationswege in Tirol und seinen Nachbarländern (Schlern-Schriften 366), Innsbruck 2016, 71–142, hier 90–111. – Die Erwähnung der angeführten Drucker lässt den Schluss zu, dass sich Wörndle bei der Abfassung des Textes mit Sicherheit an der Druckgeschichte von Franz Waldner (1843–1917) orientierte, der diese auch nur bis zu Hans Paur behandelte. Vgl. Waldner, Quellenstudie, 32 (1888), 1–122, und 34 (1890), 165–255.

Zum Kranze windet, Liebesgaben streuend,
Was Menschengeist im Handel und im Wandel
Für's Menschenleben praktisch ausgestaltet –
All das will helfen innig stets befreundet
Der „schwarzen Kunst", um Gutenberg zu ehren,
Der uns die lebensvolle Kunst gegeben:
Sie alle huldigen heute im Vereine
Der gold'nen Rheinstadt edlem, großem Sohne,
Sie legen ihm des Dankes Zoll zu Füßen
Und schmücken seine hohe Denkerstirne
Mit des Verdienstes unverwelktem Lorbeer!
So klinge zu des Meisters Ehrentage
Der Festgruß aus in freudigem Gelöbnis:
Zu ehren stets die Kunst, für die wir schaffen,
Zu folgen treu auf uns'res Meisters Pfaden,
Nicht rasten und nicht rosten allerwege,
Und uns'res Vaters würdig uns zu zeigen!
„Gott grüß' die Kunst!" soll immerdar uns bleiben
Für alle Zeiten Losung und Devise!

Abb. 14: Eine Apotheose Gutenbergs im Kleinen: Der Altmeister der Druckkunst diente immer wieder als beliebtes Sujet für Exlibris, wie auf dem vorliegenden für Ludwig Meyer nach einer Zeichnung von A. Baerwald, Berlin. Quelle: TLMF, Bibliothek, EL 8960.

Der Bericht in den *Innsbrucker Nachrichten* vom 25. Juni ging schließlich noch auf einige Details zur Ausführung und Ausstattung der Lebenden Bilder ein und setzte mit Informationen zum weiteren Ablauf der Feier fort:[92]

> Die für die Bilder nöthigen Costüme hatten unser künftiger Theaterdirector Julius Laska[93] und die Direction Rauter-Weiß des Pradler Theaters[94] in liebenswürdiger Weise mit größter Bereitwilligkeit beigestellt.
> Das Hauptverdienst um die, es sei nochmals gesagt, wahrhaft prächtigen Bilder, gebürt dem akademischen Maler Franz Burger, der die Bilder entwarf, mehr als acht Tage an den dazu nöthigen Decorationen arbeitete und das ganze Arrangement in seine Hand nahm.
> Auch die übrigen Programmpunkte wurden sowohl von Seite des städtischen Orchester als auch von Seite des Gesangsclub Typographia gut vorbereitet durchgeführt, so dass man sagen kann, dass die Gedenkfeier des großen Mannes würdig war, dem sie gegolten.
> Aus Brixen, Bozen und Meran waren Begrüßungstelegramme, und aus Sellrain vom Herrn Anft[95], dem Senior der Tiroler Buchdrucker, ein Festgruss eingelaufen. Ueber Antrag des Ehrenpräsidenten von Schumacher wurde an die Feststadt Mainz, den Geburtsort Gutenbergs ein Drahtgruss abgesandt.
> Mit einem Frühschoppen in der Restauration Hellenstainer in Wilten[96] fand das Fest gestern seinen Abschluss. Bei dieser Nachfeier wurde Hrn. Anton Hofer[97],

---

[92] Innsbrucker Nachrichten, 25.06.1900, 4.
[93] Julius Laska: * 28.01.1850 in Linz; Schauspieler, Theaterdirektor und Regisseur; 1900–1903: Leiter des Stadttheaters Innsbruck; † 24.08.1933 in Linz-Urfahr. Vgl. Österreichisches Biographisches Lexikon 1815–1950. Bd. V, Wien 1972, 33f. Man vgl. auch das Feuilleton Zwei Komiker (Sebastian Stelzer und Julius Laska.), in: Innsbrucker Nachrichten, 18.03.1903, 1–4.
[94] Rauter & Weiss, Direktoren-Duo des Bauerntheaters in Pradl: Ferdinand Rauter: * 1810; ab 1884 im Besitz der Pradler Bühne; † 20.02.1905. Vgl. Innsbrucker Nachrichten, 20.02.1905, 3; Hugo Klein, Vom Pradler Bauerntheater, in: Berglandkalender 1928, Innsbruck 1927, 71–81, hier 72, 77; Bote für Tirol und Vorarlberg, 20.02.1905, 347f., bzw. 23.02.1905, 4. – Josefine Weiss: * 23.12.1854; Tochter von Ferdinand Rauter; Schauspielerin, Theaterschriftstellerin und Schauspielleiterin (führte das Theater nach dem Tod des Vaters bis 1917 fort); † 19.10.1932. Vgl. Anna Maria Achenrainer, Josefine Weiss und das Pradler Bauerntheater, in: Alpenbote 12 (1956), 77–81; Klein, Vom Pradler Bauerntheater, 76f.; Tiroler Anzeiger, 20.10.1932, 6.
[95] Karl Anft wurde 1907 für sein 50-Jahr-Berufsjubiläum ausgezeichnet; er befand sich damals schon im Ruhestand. Vgl. Müller, Festschrift, 62.
[96] Das Gasthaus Hellenstainer in der Andreas-Hofer-Straße Nr. 6 erhielt seinen Namen durch die seit 1891 wirkenden Besitzer Ernst und Anna Hellenstainer. Es brannte kurz nach den Gutenberg-Feierlichkeiten am 08.09.1900 ab, wurde am 01.04.1975 vollends geschlossen und schließlich abgebrochen. Vgl. Konrad Fischnaler, Innsbrucker Chronik mit Bildschmuck nach alten Originalen und Rekonstruktions-Zeichnungen. I. Historische Chronik, Innsbruck 1929, 89; Hugo Klein, Alt-Innsbrucker Gaststätten. Historische Plaudereien (Schlern-Schriften 222), Innsbruck 1962, 65–67; Peter Walder-Gottsbacher, Vom Wirtshaus zum Grand-Hotel. Ein Spaziergang zu Innsbrucks historischen Gaststätten (Veröffentlichungen des Innsbrucker Stadtarchivs, Neue Folge 28), Innsbruck 2002, 126f.
[97] Anton Hofer war laut Lehrlingsbuch der Druckerei des Felician Rauch seit Dezember 1841 in der Offizin als Setzer angestellt und erhielt am 09.06.1842 ein Zeugnis darüber. In einem weiteren Eintrag vom 10.04.1858 ist er ebendort noch belegt. Am 25.06.1900 (einen Tag nach der Gutenberg-Feier)

Abb. 15: Fragment einer Speisekarte des Gasthofs Hellenstainer in der Andreas-Hofer-Straße Nr. 6–8 in Innsbruck mit einer Ansicht desselben. Quelle: TLMF, Bibliothek, W 23027.

Schriftsetzer in der Vereinsdruckerei hier, die ihm für 40jährige Dienstleistung verliehene Verdienstmedaille überreicht. Herr [Heinrich] v. Wörndle, Director der Vereinsdruckerei, richtete an den Jubilar eine Ansprache, worauf die Sänger mit dem Motto einfielen, die dann auch noch verschiedene Chöre vortrugen.

So weit der ausführliche Zeitungsbericht mit der Beschreibung der Innsbrucker Gutenbergfeier von 1900, welche die Festlichkeit nur bis zu einem gewissen Grad fassbar macht, da von der Veranstaltung selbst und vor allem von den Lebenden Bildern leider keine Fotografien existieren; zumindest sind bis heute keine bekannt geworden. Den Darbietungen und Kulissen war, wie jeglicher ephemeren Kunst, nur ein kurzes Dasein beschieden.

Wie die Darstellung zeigt, wurde die Gutenbergfeier von keinen besonderen politischen oder konfessionellen Ausrichtungen beeinflusst. Die Reden konzentrierten sich in erste Linie auf den Jubilar und seine Erfindung, verwiesen auf die Mühen und

---

wurde Hofer beim Frühschoppenkonzert die Verdienstmedaille für 40 Jahre treue Dienste überreicht. 1902 feierte Hofer sein 50-Jahr-Berufsjubiläum als Schriftsetzer in der Vereinsbuchdruckerei. Zu den Einträgen im Rauch'schen Lehrlingsbuch vgl. TLMF, FB 49933, 37, 61. Vgl. außerdem: Jahres-Bericht, 7; Müller, Festschrift, 62.

Sorgen Gutenbergs sowie dessen Durchsetzungsvermögen, sodass die bahnbrechende Neuerung letztlich doch zum Erfolg führte. Dies vor allem für die Nachwelt, deren Bildung und Denken durch den Buchdruck deutlich erleichtert bzw. beeinflusst worden waren. Anton von Schumacher hob diesen Aspekt in seiner Rede deutlich hervor und verwies darauf, dass die Veranstaltung ein „Fest des Berufes und der Arbeit" war. Damit leitete er auf die aktuelle Situation des Druckerhandwerks über, das er – wohl aufgrund des Festcharakters nur umrissen – deutlich geschönt darstellte, etwa wenn er behauptete, dass in Österreich und Deutschland „die Buchdruckerkunst blüht". Auch die Verse zu den Lebenden Bildern priesen das Handwerk als florierend und verglichen dieses mit einem Baum mit starken, weit verzweigten Ästen. Damit blieben jegliche negativen Erscheinungen, Einflüsse oder aktuellen Bezüge ausgeblendet: Kein Wort wurde den zeitlichen Umständen gewidmet, der wirtschaftlichen Depression, der misslichen Arbeitssituation, den kämpferischen Verhandlungen zwischen Angestellten und Prinzipalen, den Streiks und Entlassungen. Ebenso verschwiegen wurden die Ängste und Sorgen der Mitarbeiterinnen und Mitarbeiter, die Anstellungsstopps und Entlassungen angesichts neuer mechanischer Entwicklungen und des Ankaufs bzw. der Einrichtung von Rotationsmaschinen, Typographen oder Linotypen. Dabei hätten die Redner diese neuen technischen Mittel zum Anlass nehmen und einen Vergleich mit Gutenbergs Innovation anstellen können, denn schließlich war auch diese damals nicht von allen gutgeheißen und gebilligt, sondern äußerst kritisch gesehen worden.[98] Ein weiterer Aspekt, der im Zuge der Veranstaltung offenbar nicht zur Sprache kam, war die Zensur, dabei hatten die Drucker mit den kirchlichen und weltlichen Behörden, die sich der Visitation von Buchmärkten und -läden sowie der Prüfung von Offizinen und Verlagskatalogen widmeten, häufig Gefechte zu führen. Auch dass die Entwicklung und Ausbreitung der Reformation ohne den Buchdruck undenkbar gewesen und die Geschichte wohl anders verlaufen wäre, war für die Redner kein zentrales Thema. Durch die Teilnahme der Marianischen Vereinsbuchhandlung und Buchdruckerei AG, der Druckstätte für Ultrakonservative und den Klerus, der in der Aktiengesellschaft die größten Anteile hielt,[99] war diesbezüglich möglicherweise auch eine gewisse Beeinflussung gegeben. Deren Leiter Heinrich von Wörndle war für die Texte der Lebenden Bilder verantwortlich, dessen Vater wiederum hatte die Konzeptionsarbeit der Innsbrucker Gutenbergfeier inne; dass beide die „heiklen" Themen ausklammerten, ist nur zu verständlich. Allerdings muss abschließend explizit darauf hingewiesen werden, dass die Schilderungen des Festes und der Inhalt der Reden nur anhand der Presseberichte vorliegen. Inwiefern diese etwaige geäußerte oder angedeutete kritische Töne gar nicht aufgriffen, gänzlich ignorierten oder letztendlich nicht abdrucken wollten oder durften, sei dahingestellt.

---

[98] Man vgl. hierzu etwa das Zensuredikt des Erzbischofs von Mainz, Berthold von Henneberg (um 1441/42–1504), unter: Füssel, Johannes Gutenberg, 140.
[99] Vgl. Buchroithner, Entwicklung, 17; Durstmüller/Frank, 500 Jahre Druck, 487.

Ein poetischer Gruß zur Gutenbergfeier

Neben den zu den Lebenden Bildern verfassten Versen von Wörndles ist ein weiteres literarisches „Echo" auf das Gutenberg-Jahr 1900 überliefert, denn der Schriftsteller Josef Mayr-Günther (1844–1907) widmete den Buchdruckern zu diesem Anlass das Gedicht „Zur Gutenbergfeier". Der Abdruck erfolgte in der literarisch-politischen, nationalliberal und antiklerikal ausgerichteten Zeitung *Der Scherer*, die zwischen 1899 und 1906 in Innsbruck erschien. Es sei hier zur Gänze wiedergegeben:[100]

Zur Gutenbergfeier
Den Jüngern der „schwarzen Kunst" gewidmet von J. Mayr-Günther.

Es ragt ein stolzes Denkmal zu Mainz am deutschen Strom;
Weit schaut es hinaus in die Lande über Berg und Burg und Dom.
Sagt, war es ein kühner Degen, der gesiegt in heißer Schlacht?
War es ein Lenker des Volkes, der es frei und glücklich gemacht?

Sagt, war's ein geweihter Sänger, der unser Herz bewegt,
Dess Lied hinaus über Sorgen und Elend des Lebens uns trägt?
Sind Worte der Weisheit erklungen dereinst aus seinem Mund,
Dass man ihn jetzo feiert auf weitem Erdenrund?

Wohl war's ein gewalt'ger Degen, ein Wetterstrahl in der Schlacht
Die geschlagen wird von der Menschheit gegen die Fürsten der Nacht.
Wohl war's ein Lenker der Seinen zur Freiheit und zum Licht,
Wenn auch eine Kanzlerkette die Brust ihm zierte nicht.

Wohl war es ein Sänger der Freiheit, der viele Ketten zerschlug,
Die um das Volk geschmiedet Jahrtausendalter Trug.
Wohl war es ein Mann der Weisheit, der auch in die Hütte gebracht
Das erlösende Wort des Geistes, trotz Bann und Uberacht.

Drum ragt sein stolzes Denkmal mit Recht am deutschen Strom
Weitschauend über die Lande über Berg und Burg und Dom.
Vor *seiner* Kunst entfliehen muß Nacht und Nebel und Dunst;
Heil Gutenberg dem Meister! Heil seiner schwarzen Kunst!

---

[100] Josef Mayr-Günther, Zur Gutenbergfeier, in: Der Scherer, 01.07.1900, 10. – Josef Mayr-Günther: * 02.12.1844 in Innsbruck; Schriftsteller; † 02.12.1907 in Innsbruck. Vgl. Österreichisches Biographisches Lexikon 1815–1950, Bd. V, Wien 1972, 432f.

Abb. 16: Belesenheit, Bildung und Aufklärung dank des Buchdrucks. Doppelseitig bedruckter Kalender zum Jahr 1906, herausgegeben von der Wagner'schen Universitäts-Buchdruckerei und -Buchhandlung in Innsbruck. Die romantisierenden Szenen zeigen möglicherweise Gutenberg und Fust in der Druckerei (links) bzw. den lesenden Gutenberg (rechts). Quelle: TLMF, Bibliothek, W 26744.

Abb. 17: Blick in die Gutenbergstraße in Saggen. Fotografie um 1950. Quelle: Stadtarchiv Innsbruck, Ph/G-11636.

Mayr-Günther bemüht ein häufig zitiertes Bild: Obwohl kein politisch einflussreicher Kanzler oder schlagkräftiger Kriegsmann, so ist Gutenberg doch ein Heros, der als Befreier von Verbohrtheit und Scheuklappendenken sowie als weiser „(Licht-)Bringer" gefeiert wird, dank dem Bildung und (Gedanken-)Freiheit für die breite Masse erst möglich wurden.[101]

Die Gutenberg-Straße im Saggen

Nicht unerwähnt soll bleiben, daß auch der Gemeinderat von Innsbruck aus diesem Anlaß unserem Altmeister ein Denkmal setzte, allerdings nicht aus Bronze oder Marmor; im schönsten Viertel der Stadt im Saggen, wurde einer neuangelegten Straße der Name Gutenbergs verliehen[102]

– so der Eintrag in einer chronikartigen Darstellung des Vereins der Buchdrucker und Schriftsetzer von Tirol und Vorarlberg aus dem Jahr 1947. Tatsächlich wurde in der Gemeinderatssitzung vom 24. November 1900 der folgende Beschluss getätigt: „Ueber Ansuchen der Genossenschaft der Buchdrucker in Innsbruck wurde die erste nördliche Parallelstraße zur Kaiser-Franz-Josef-Straße auf dem Saggen nach dem Erfinder der Buchdruckerkunst Gutenbergstraße genannt."[103] Die besagte Straße wurde zwischen 1899 und 1902 angelegt, doch erst nach 1903 verbaut.[104]

Epilog: Ein originaler Gutenberg-Druck in Innsbruck

Ein Detail zum Abschluss: Am 31. Oktober 1978 konnten alle interessierten Innsbruckerinnen und Innsbrucker „das schönste und wertvollste Buch der Welt" bewundern, nämlich die 42-zeilige Gutenberg-Bibel von 1454 – jedoch nur als Faksimile-Druck.[105] Die Buchhandlung *Tyrolia* veranstaltete gemeinsam mit dem Münchner *Idion-Verlag* an ebendiesem Tag im Festsaal der Tiroler Handelskammer einen Vortragsabend zum Thema „Gutenberg und sein Meisterwerk. Die 42zeilige Bibel". Eine

---

[101] In dieselbe Kerbe schlägt das Gutenberg-Denkmal in Straßburg, welches 1840 durch den Bildhauer Pierre-Jean David (1788–1856), genannt David d'Angers, geschaffen worden war und auf dem der Dargestellte ein Blatt mit dem biblischen Zitat „Et la lumière fut." (Und es ward Licht) präsentiert. Vgl. HB Verlags- und Vertriebs-Gesellschaft mbH (Hrsg.), Elsaß – Straßburg (HB Kunstführer 65), Hamburg 1997, 29.
[102] Müller, Vom Unterstützungsverein, 25.
[103] Die Ratsprotokolle des Jahres 1900 haben sich im Innsbrucker Stadtarchiv nicht erhalten. Vgl. stattdessen: Beschlüsse des Gemeinderathes der Landeshauptstadt Innsbruck im Jahre 1900, Innsbruck 1902, 112. Vgl. außerdem Herbert O. Glattauer, Innsbrucker Straßennamen erzählen, Innsbruck 1994, 58; Josefine Justic, Innsbrucker Straßennamen. Woher sie kommen und was sie bedeuten, Innsbruck–Wien 2012, 64.
[104] Vgl. Veronika Gruber, Die bauliche Entwicklung Innsbrucks im neunzehnten Jahrhundert (1780–1904) (Veröffentlichungen des Innsbrucker Stadtarchivs, Neue Folge 7), Innsbruck 1976, 59.
[105] Die Einladung zur Präsentation findet sich unter: TLMF, FB 50829.

„Tonbildpräsentation" ermöglichte es des Weiteren, den historischen Hintergrund zur Entstehung der Bibel mitzuerleben sowie die handwerklichen Techniken des Druckens und Buchbindens kennenzulernen. Im Zentrum stand allerdings die Faksimile-Ausgabe des Idion-Verlags, die nach dem zweibändigen Original aus der Staatsbibliothek Preußischer Kulturbesitz in Berlin angefertigt worden war und den ersten 12-Farben-Lichtdruck auf Pergament in der Geschichte der Druckkunst darstellte. Selbst der Bucheinband war getreu kopiert worden, sodass eine „buchbinderische Meisterleistung" vorlag, wie es im Werbeprospekt heißt. Damit nicht genug, erwartete die Besucherinnen und Besucher an diesem Abend noch eine Besonderheit, denn es wurde außerdem ein Originalblatt der Gutenberg-Bibel ausgestellt. Aus welcher Sammlung dieses stammte, ist allerdings nicht angeführt.

Erste Einblicke in den Nachlass des Innsbrucker Luftfahrtpioniers Raoul Stoisavljevic

Tanja Chraust

Im Sommer 2020 wurde dem Stadtarchiv Innsbruck der Nachlass des Innsbrucker Flugpioniers Raoul Stoisavljevic (1887–1930) angeboten. Bei der Durchsicht der Unterlagen stellte sich heraus, dass bedauerlicherweise wichtige Bestände fehlen. Trotzdem entschloss man sich, diesen Teilnachlass zu übernehmen,[1] weil der in Innsbruck geborene Raoul Stoisavljevic[2] nicht nur im Ersten Weltkrieg zu den Fliegerassen Österreich-Ungarns zählte,[3] sondern auch eine entscheidende Rolle bei den Anfängen des Innsbrucker Flughafens spielte und somit sein Wirken für einen Teilaspekt der Innsbrucker Stadtgeschichte von wesentlicher Bedeutung ist.[4]

Der am 29. Juli 1887 in Innsbruck geborene Raoul Stoisavljevic[5] war der Sohn von Mladen Stoisavljevic (1852–1908),[6] einem aus Dabcier im Bezirk Bjelovar (Militärgrenze) gebürtigen k. u. k. Artillerieoffizier,[7] und der gebürtigen Innsbruckerin Adelheid Hohenauer, der Tochter des Innsbrucker Baumeisters und Hausbesitzers Anton Hohenauer und dessen Frau Maria, geb. Kölle.[8] Nach Absolvierung der Volksschule in

---

[1] Der Teilnachlass ist unter der Signatur Stadtarchiv Innsbruck (StAI), 06.76 verzeichnet.
[2] Vgl. Karl Meindl, Raoul Stojsavljevic, k. u. k. Feldpilot und Tiroler Flugpionier, Dokumentation – Teil I, o. O. 1996, 6–7; Jörg C. Steiner, Heldenwerk 1914–1918. Die Träger der Goldenen Tapferkeitsmedaille und Goldenen Tapferkeitsmedaille für Offiziere im Ersten Weltkrieg, Wien 2010, 182. Die kroatische Schreibweise des Familiennamens ist „Stojsavlević". Während der Vater wie auch der Großvater von Raoul Stoisavljevic die kroatische Schreibweise verwendeten, unterzeichnete Raoul hingegen jeweils mit „Stoisavljevic". Doch in seinen militärischen Personaldokumenten lautet die Bezeichnung „Stojsavljević".
[3] Vgl. Thomas Albrich, Hauptmann Raoul Stoisavljevic (Flik 1, 13, 17, 16), in: Thomas Albrich/Nikolaus Hagen (Hrsg.), Österreich-Ungarns Fliegerasse im Ersten Weltkrieg 1914–1918, Innsbruck 2019, 99–107, hier 99–106.
[4] Vgl. Tanja Chraust, Das Innsbrucker Flugwesen von seinen Anfängen bis zum Ende des Zweiten Weltkriegs (Veröffentlichungen des Innsbrucker Stadtarchivs, Neue Folge 31), Innsbruck 2004, 69–70, 92–94, 145–149 und 158.
[5] Vgl. Matriken Tirol online, Evangelische Pfarrgemeinden, Innsbruck-Christuskirche, Taufbuch 1919–1927_EV-TB3-0155.jpg, 148, Zl. 27. https://apps.tirol.gv.at/bildarchiv/ (Abrufdatum: 03.04. 2019); Peter Stoisavljevic, Zum 60. Todestag am 2. September 1930 in Memoriam k. u. k. Major und Feldpilot a. D. Raoul Stoisavljevic geb. am 28. Juli 1887 verunglückt am 2. September 1930 in Ausübung seines Pilotenberufes, Innsbruck 1990, o. S. In der zum 60. Todestag erschienenen kleinen Gedenkschrift wurde irrtümlich der Tag der Geburt von Raoul Stoisavljevic mit 28. Juli 1887 angegeben.
[6] Vgl. Meindl, Raoul Stojsavljevic, 1.
[7] Vgl. L. Thoma, Vor 50 Jahren verunglückte der österreichische Flugpionier Major Raoul Stoisavljevic, in öfh Nachrichten 2 (1980), 3–7, hier 1.
[8] Vgl. Meindl, Raoul Stoisavljevic, 2.

Abb. 1: Raoul Stoisavljevic im Führersitz der einmotorigen Etrich „Taube". Quelle: StAI, 06.76.03.

 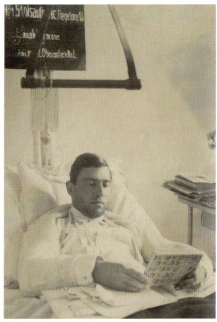

Abb. 2: Raoul Stoisavljevic in der Uniform der k. u. k. Luftfahrtruppen, die durch das Kragenabzeichen in Form eines stilisierten Ballons deutlich zu erkennen ist. Quelle: StAI, 06.76.03. – Abb. 3: Die schwere Oberschenkelverletzung, die sich Hauptmann Raoul Stoisavljevic im Zuge eines Luftkampfes am 12. Jänner 1918 zugezogen hatte, führte nicht nur zu einem längeren Krankenhausaufenthalt, sondern beendete seinen weiteren Fronteinsatz. Quelle: StAI, 06.76.03.

seiner Geburtsstadt und in Wien trat Raoul in die Fußstapfen seines Vaters und schlug die Militärlaufbahn ein. Diese führte ihn zunächst an die Militär-Unterrealschule in St. Pölten (1898 bis 1902) und sodann von 1902 bis 1905 an die Militär-Oberrealschule in Mährisch-Weißkirchen (= Hranice).[9] Danach besuchte er ab 1905 die Theresianische Militärakademie in Wiener Neustadt, aus der er am 18. August 1908 als Leutnant zum k. u. k. Feldjägerbataillon Nr. 21 in Bruck an der Mur ausgemustert wurde. Der überaus sportliche Raoul Stoisavljevic zählte bald zu den ersten Heeres-Skilehrern der österreichisch-ungarischen Armee.[10] Im März 1913 meldete er sich zur Pilotenausbildung bei der Luftschifferabteilung in Wiener Neustadt an. Der Flugschüler, der auf dem einmotorigen Flugzeug der Type Etrich „Taube" geschult und am 1. Mai 1913 zum Oberleutnant befördert wurde,[11] erwarb am 2. Juli 1913 das internationale Pilotendiplom mit der Nr. 114.[12] Nur wenige Wochen darauf begleitete er als Passagier Oberleutnant Eugen Elsner († 1914) auf dessen Flug von Wien nach Görz. Es war dies der erste Flug eines österreichisch-ungarischen Piloten über die Ostalpen, der in den Fliegerkreisen international höchste Anerkennung fand. Noch vor dem Ausbruch des Ersten Weltkriegs erhielt Raoul Stoisavljevic am 27. April 1914 das Feldpilotenabzeichen.[13] Mit der am 28. Juli 1914 erfolgten Kriegserklärung Österreich-Ungarns an Serbien wurde Oberleutnant Raoul Stoisavljevic zunächst der Fliegerkompanie 1 (Flik 1) in Galizien zugeteilt.[14] In weiterer Folge diente Stoisavljevic bei der Flik 13[15] und der Flik 17,[16] ehe er schließlich zur Flik 16 versetzt wurde,[17] deren Kommando er im November 1915 übernahm. Im Verlauf des Krieges konnte Raoul Stoisavljevic, der mit 1. September 1915 zum Hauptmann ernannt worden war,[18] sein fliegerisches Können und seinen Mut mit insgesamt zehn anerkannten Luftsiegen eindrucksvoll unter Beweis stellen.[19] Damit zählte er zu den erfolgreichsten Fliegern der österreichisch-ungarischen Streitkräfte. In Fliegerkreisen wurde er anerkennend der „kühne Stoi" genannt.[20] Am 12. Jänner 1918 wurde

---

[9] Vgl. Meindl, Raoul Stoisavljevic, 9–13.
[10] Vgl. Meindl, Raoul Stoisavljevic, 13–26.
[11] Vgl. Meindl, Raoul Stoisavljevic, 32–35.
[12] Vgl. Reinhard Keimel, Österreichs Luftfahrzeuge. Geschichte der Luftfahrt von den Anfängen bis Ende 1918, Graz 1981, 384.
[13] Vgl. Albrich, Hauptmann Raoul Stoisavljevic, 99.
[14] Vgl. Albrich, Hauptmann Raoul Stoisavljevic, 99. Im Zuge eines Landeanflugs überlebte er mit viel Glück am 31. Juli 1914 seinen Absturz mit dem Lohner Pfeilflieger (10.14).
[15] Vgl. Albrich, Hauptmann Raoul Stoisavljevic, 99–100. Für seinen Wagemut bei seinen langen Aufklärungsflügen über russisches Gebiet wurde er mit der Bronzenen Militär-Verdienstmedaille sowie mit dem Militärverdienstkreuz 3. Klasse mit Kriegsdekorationen und mit dem deutschen Eisernen Kreuz 2. Klasse ausgezeichnet.
[16] Vgl. Albrich, Hauptmann Raoul Stoisavljevic, 100. Bedingt durch den Kriegseintritt Italiens wurde er von der Ostfront abgezogen und stand ab dem 15. Juli 1915 an der Südfront, und zwar im Tiroler Abschnitt, im Einsatz.
[17] Vgl. Albrich, Hauptmann Raoul Stoisavljevic, 100. Ab 20. September 1915 war er in Seebach bei Villach stationiert.
[18] Vgl. Albrich, Hauptmann Raoul Stoisavljevic, 100.
[19] Vgl. Albrich, Hauptmann Raoul Stoisavljevic, 105.
[20] Vgl. Tanja Chraust, Innsbrucker Flugpioniere. Alfred von Eccher und Raoul Stoisavljevic, in: Tirol – immer einen Urlaub wert 56 (2000), 53–62, hier 55.

sein Flugzeug im Zuge eines Luftkampfes in der Nähe von Seren mehrfach von Kugeln einer italienischen Maschine von der 66. Squadriglia getroffen und er dabei schwer am Oberschenkel verwundet. Trotzdem gelang ihm eine sichere Notlandung in Val Stizzone. Ein längerer Heilungsprozess führte zuerst zur Einweisung in das Reservespital Villach und dann in das Garnisonsspital Innsbruck. Da aufgrund der schweren Beinverletzung ein Fronteinsatz nicht mehr möglich war, wurde ihm am 15. Oktober 1918 die Stelle des Kommandanten der Fliegeroffiziersschule in Wiener Neustadt übertragen. In dieser Funktion war er bis zum Kriegsende tätig. Raoul Stoisavljevic hatte in seinen 70 Flugeinsätzen insgesamt zehn anerkannte Luftsiege erzielt und reihte sich damit unter den erfolgreichsten österreichisch-ungarischen Fliegern des Ersten Weltkriegs auf dem 14. Platz ein.[21] Für seine Kampfeinsätze erhielt er zahlreiche hohe militärische Auszeichnungen, wie das Ritterkreuz des Leopold-Ordens mit der Kriegsdekoration und den Schwertern,[22] welches nur 25 Angehörige der k. u. k. Luftfahrtruppen bekamen,[23] sowie den Orden der Eisernen Krone 3. Klasse ebenfalls mit der Kriegsdekoration und den Schwertern und auch die Goldene Tapferkeitsmedaille für Offiziere.[24] Nach dem Ersten Weltkrieg wirkte er 1919/20 bei der deutsch-österreichischen Fliegertruppe in Wiener Neustadt und in Fischamend und wechselte 1921 zur Polizeiflugstaffel. Danach baute er einen privaten Flugdienst auf der Strecke Wien–Budapest auf und setzte dabei sein selbst gekauftes Flugzeug[25] der Type Bandenburg B.I (Fd) mit der Registrierung A-4[26] ein. Doch diese private Fluglinie war nur von kurzer Dauer, denn das Fluggerät wurde von der Ententekommission beschlagnahmt und schließlich vernichtet.[27] Daraufhin trat der inzwischen zum Major avancierte Raoul Stoisavljevic in das österreichische Bundesheer ein, wo er beim Alpenjägerregiment Nr. 12 in Innsbruck diente.[28] In diesem Jahr heiratete er am 18. September 1922 in Innsbruck Ferdinanda (genannt Dina) Polaczek[29] und am 26. April 1924 kam sein Sohn Peter zur Welt.[30] Im Zusammenhang mit dem Aufbau eines zivilen Flugverkehrs in Europa boten die Pläne des Landes Tirol und der Stadt Innsbruck, eine Luftverkehrsstation in der Tiroler Landeshauptstadt zu errichten, die ideale Gelegenheit, sein enormes fliegerisches Wissen einbringen zu können.[31] So testete er 1924 im Auftrag[32] der im Vorjahr gegründeten *Österreichischen Luftverkehrs A.G.*

---

[21] Vgl. Albrich, Hauptmann Raoul Stoisavljevic, 106.
[22] Vgl. Auszug aus den Akten der Kriegswissenschaftlichen Abteilung der Luftwaffe, 1 (Kopie), Privatarchiv Tanja Chraust, Innsbruck, Bestand Dr. Peter Stoisavljevic.
[23] Vgl. Albrich, Hauptmann Raoul Stoisavljevic, 106.
[24] Vgl. Auszug aus den Akten der Luftwaffe, 1.
[25] Vgl. Albrich, Hauptmann Raoul Stoisavljevic, 106.
[26] Vgl. Gottfried Holzschuh, Handbuch der Österreichischen Luftfahrzeug-Register 1920–2015 (öfh Sonderband 33), Wien 2015, 15.
[27] Vgl. Steiner, Heldenwerk 1914–1918, 183.
[28] Vgl. Albrich, Hauptmann Raoul Stoisavljevic, 106.
[29] Vgl. Innsbrucker Nachrichten, 19.09.1922, 5; StAI, 06.76.01, Trauungsschein, Auszug aus dem Trauungsbuch der evangelischen Pfarrgemeinde, Bd. II, 131, Zahl 45 v. 17.10.1922. In den *Innsbrucker Nachrichten* ist „Dina", die Kurzform von Ferdinanda, angeführt, hingegen steht am Trauungsschein „Ferdinanda".
[30] Vgl. Tiroler Tageszeitung, 02.05.2005, 18.
[31] Vgl. Chraust, Innsbrucker Flugpioniere, 56.
[32] Vgl. Chraust, Innsbrucker Flugpioniere, 70.

(ÖLAG)³³ die Landemöglichkeiten auf dem städtischen Landgut in der Reichenau.³⁴ Noch vor der Eröffnung des ersten Innsbrucker Flughafens hatte er 1925 seinen Militärdienst endgültig beendet,³⁵ um die Funktion des stellvertretenden Flugverkehrsleiters³⁶ auf dem am 1. Juni 1925 offiziell in Betrieb gegangenen Flughafen Innsbruck³⁷ zu übernehmen. Zusätzlich zu dieser Position³⁸ war er noch für weitere Aufgaben wie z. B. für die Streckenleitung der Linienkurse München–Innsbruck³⁹ und Wien–Salzburg–Innsbruck⁴⁰ sowie für die Durchführung von Flugzeug-Höhentransporten verantwortlich.⁴¹ Mit diesen verschiedenen Arbeitsfeldern trug Raoul Stoisavljevic in den Anfangsjahren entscheidend zum Aufbau des Innsbrucker Flugbetriebs bei.⁴² Doch am 2. September 1930 fand sein Fliegerleben ein jähes Ende, als er im Rahmen seiner fliegerischen Tätigkeit tödlich verunglückte.⁴³

Die Flugzeug-Höhentransporte (1926–1928)

Schon bald nach der Inbetriebnahme des Innsbrucker Flughafens hatte sich für Raoul Stoisavljevic neben seiner Tätigkeit als stellvertretender Flughafendirektor und Leiter des Süddeutscher-Aero-Lloyd-Kurses München–Innsbruck ein weiteres Betätigungsfeld eröffnet.⁴⁴ Denn Franz Hailer, der Vorstand der *Süddeutschen Aero Lloyd A.G.*, verfolgte den Plan, Flugzeuge für Höhentransporte einzusetzen, also künftig schwer zugängliche Berghütten mit speziellen Transportflügen aus der Luft zu versorgen. Für die Umsetzung wurde der im Alpenraum gelegene Flughafen Innsbruck auserkoren. Zudem stand mit dem flugerfahrenen Stoisavljevic wohl der dafür am besten geeignete Pilot zur Verfügung. Da dieses Projekt nicht nur beim Deutschen und Österreichischen Alpenverein,⁴⁵ sondern auch beim Flughafenbetreiber, der *Tiroler Flugverkehrs-Gesell-*

---

[33] Vgl. Reinhard Keimel, Flugzeuge. Die Flugzeuge der ÖLAG, Die Geschichte der österreichischen Fluglinie von 1923 bis heute, Wien 1983, 15. Da die zivile Luftfahrt in Österreich erst mit 14.09.1922 wieder zugelassen wurde, dauerte es bis 1923, ehe die Österreichische Luftverkehrs A.G. gegründet wurde. Der Flugbetrieb wurde am 23.05.1923 mit der Strecke Wien–München aufgenommen.
[34] Vgl. Chraust, Innsbrucker Flugpioniere, 70.
[35] Vgl. Albrich, Hauptmann Raoul Stoisavljevic, 106.
[36] Vgl. Chraust, Innsbrucker Flugwesen, 92.
[37] Vgl. Chraust, Innsbrucker Flugwesen, 83.
[38] Vgl. Chraust, Innsbrucker Flugwesen, 92.
[39] Vgl. Chraust, Innsbrucker Flugwesen, 98. Diese vom Süddeutschen Aero Lloyd aufgenommene Streckenführung ging gleichzeitig mit der am 01.06.1925 erfolgten Eröffnung des Innsbrucker Flughafens in Betrieb.
[40] Vgl. Chraust, Innsbrucker Flugwesen, 125–131. Von 01.11. bis 20.11.1926 führte die ÖLAG einen Probebetrieb auf dieser Verbindung durch. Im darauffolgenden Jahr wurde dieser Kurs fix in das ÖLAG-Flugprogramm aufgenommen und in den Sommermonaten bis nach Konstanz verlängert. Ab 1928 erfolgte eine generelle Streckenverlängerung bis nach Zürich.
[41] Vgl. Chraust, Innsbrucker Flugwesen, 145–149.
[42] Vgl. Chraust, Innsbrucker Flugpioniere, 58.
[43] Vgl. Chraust, Innsbrucker Flugwesen, 179–185.
[44] Vgl. Chraust, Innsbrucker Flugwesen, 98.
[45] Vgl. Tanja Chraust, Die ersten Flugzeug-Höhentransporte in Tirol (1926–1929), in: Tirol 82 (Sommer 2013), 57–66, hier 58.

schaft,⁴⁶ auf großes Interesse stieß, kümmerte sich Franz Hailer um ein passendes Fluggerät und Raoul Stoisavljevic hielt Ausschau nach tauglichen Abwurfstellen im Gebirge.⁴⁷ Da sich die Süddeutsche Aero Lloyd A.G. und die *Junkers Luftverkehrs AG* am 6. Jänner 1926 zur *Deutschen Luft Hansa A.-G.* zusammengeschlossen hatten⁴⁸ und dieses Flugunternehmen auch das Projekt „Flugzeug-Höhentransporte" weiterverfolgte, wurde am 27. Jänner 1926 vom Bundesministerium für Handel und Verkehr die erforderliche Genehmigung für die Durchführung dieser Spezialflüge an die Deutsche Luft Hansa erteilt. Diese Berechtigung war jedoch ausschließlich auf den Flughafen Innsbruck beschränkt, untersagte Außenlandungen und legte fest, dass nur speziell geeignete Fluggeräte zum Einsatz kommen durften. Doch aufgrund der schwierigen Wirtschaftslage war an die Neuanschaffung eines geeigneten Flugzeugs nicht zu denken und so musste man sich mit einem alten Kriegsfluggerät aus dem Ersten Weltkrieg zufriedengeben.⁴⁹ Mit der am 30. März 1926 am Innsbrucker Flughafen eingetroffenen und entsprechend adaptierten einmotorigen Maschine⁵⁰ der Type Albatros L 30 a mit dem Kennzeichen D 153⁵¹ wurden Anfang April 1926 vorerst auf dem Flughafengelände die vorgesehenen Probe-Lastenabwürfe mit und ohne Fallschirm von Stoisavljevic durchgeführt.⁵² Nachdem diese erfolgreich abgeschlossen waren, stand am 18. April 1926 der erste Flugzeug-Höhentransport auf dem Programm. Dabei transportierte er eine Gefrierfleischladung vom Flughafen Innsbruck zum Alpengasthof Kühtai (ca. 2.000 Meter Höhe), wo aus geringer Flughöhe diese Fracht abgeworfen wurde. Nach dieser erfolgreichen Premiere folgten bald weitere derartige Transportflüge (z. B. Peter-Anich- und Franz-Senn-Hütte sowie zum Patscherkofel-Schutz- und zum Solsteinhaus). Damit konnte der Flughafen Innsbruck im Frühjahr 1926 zusätzlich zum Linienflugverkehr und dem Rundflugbetrieb eine weitere Geschäftssparte aufbauen. Deshalb stationierte die Deutsche Luft Hansa schon Anfang Juni 1926 ein weiteres, ebenfalls entsprechend umgebautes Kriegsflugzeug⁵³ (Type LVG C VI – Kennzeichen D 12)⁵⁴ zusammen mit dem Piloten Dr. Max Asam auf dem lokalen Flughafen.

Mit diesen beiden Fluggeräten konnten alleine im Sommer 1926 insgesamt 45 derartige Transportflüge von Innsbruck aus abgewickelt werden. Doch deren Erfolg war in

---

46 Vgl. Chraust, Innsbrucker Flugwesen, 77–78. Für die Errichtung und Betreibung des Innsbrucker Flughafens wurde am 01.05.1925 die Tiroler Flugverkehrs-Gesellschaft als offene Handelsgesellschaft mit Sitz in Innsbruck gegründet. Daran war neben dem Land Tirol und der Stadt Innsbruck auch die Tiroler Landesverkehrszentrale beteiligt und als Geschäftsführer fungierte DDr. Heinrich Rohn, der Leiter der Tiroler Landesverkehrszentrale.
47 Vgl. Chraust, Flugzeug-Höhentransporte in Tirol, 5.
48 Vgl. Joachim Wachtel, Die Zeit im Fluge – Geschichte der Lufthansa, Teil I – Lufthansa, die Erste 1926–1945, hg. von Deutsche Lufthansa AG, Frankfurt am Main 2005, 13–14. Bis 1933 war die Schreibweise „Luft Hansa" üblich, danach jedoch „Lufthansa".
49 Vgl. Chraust, Flugzeug-Höhentransporte in Tirol, 58.
50 Vgl. Innsbrucker Nachrichten, 01.04.1926, 2.
51 Vgl. Karl Ries, Recherchen zur Deutschen Luftfahrzeugrolle Teil 1 – 1919–1934, Mainz 1977, 24.
52 Vgl. Innsbrucker Nachrichten, 07.04.1926, 3; Neueste Zeitung (= Abendblatt der Innsbrucker Nachrichten), 11.04.1926, 3.
53 Vgl. Chraust, Flugzeug-Höhentransporte in Tirol, 58.
54 Vgl. Ries, Deutsche Luftfahrzeugrolle, 16.

Abb. 4: Im Führersitz der für Flugzeug-Höhentransporte adaptierten einmotorigen Maschine der Type LVG C VI (Kennzeichen D 12) wartet Raoul Stoisavljevic deren Beladung mit der Kohlelieferung ab. Um die Ware jedoch abwerfen zu können, musste über den Jutesack, in dem sich die Kohle befand, noch ein Drahtbeutel gestülpt werden. Der größte Teil des Frachtgutes war im Flugzeugrumpf untergebracht und ein Restbestand fand noch in einer Spezialvorrichtung unterhalb des Rumpfes Platz. Quelle: StAI, 06.76.03.

erster Linie vom fliegerischen Können und dem Wagemut der beiden Piloten abhängig. Dabei spielte die Wahl der jeweiligen Spezialverpackung eine nicht unerhebliche Rolle. Hatte der Pilot sein Ziel erreicht, wurden unempfindliche Waren aus einer Höhe von fünf bis acht Metern über dem Boden durch eine Falltür am unteren Rumpf ausgeklinkt, während für empfindliche Produkte die Verwendung eines Fallschirms unerlässlich war, um das Gut sanft zu Boden gleiten zu lassen. Zudem kam der jeweiligen besonderen Umhüllung (z. B. Jutesäcke mit Drahtbeutel, Rupfengurten[55] usw.) eine nicht unwesentliche Bedeutung zu. Trotzdem passierte es immer wieder, dass die eine oder andere Lieferung nicht ganz unbeschadet den Boden erreichte.[56] Vereinzelt kam es zu Notlandungen.[57] Doch im Vergleich zu den bisher im Einsatz stehenden Trägern,

---

[55] Dabei handelt es sich um einen Flaschenbehälter mit einem grobgitterartigen Baumwollstoff.
[56] Vgl. Chraust, Flugzeug-Höhentransporte in Tirol, 58–59.
[57] Vgl. Neueste Zeitung, 13.06.1926, 3; Innsbrucker Nachrichten, 16.06.1926, 6; Innsbrucker Nachrichten, 22.06.1926, 5. Innerhalb weniger Tage musste der Pilot Dr. Asam wegen eines Motordefekts bei seiner Maschine einmal auf der Ulfiswiese und einmal in Gries im Sellrain notlanden. Zum Glück verliefen diese Landungen glimpflich.

Abb. 5: Das einmotorige ehemalige Kriegsflugzeug der Type LVG C VI (Registrierung D 184), das für diese Spezialflüge über einen 200 PS starken Benz-Motor verfügte, in Bereitschaft für einen Brettertransport auf dem Innsbrucker Flughafengelände. Quelle: StAI, 06.76.03.

welche mit Lasttieren beschwerliche Fußmärsche von bis zu 24 Stunden zu bewältigen hatten, erfolgte die Anlieferung mittels Flugzeug mit einem deutlichen geringeren Zeitaufwand. Innerhalb einer Flugzeit von maximal einer Stunde konnte der gewünschte Transport (Lebensmitteln, Getränke, Dachpappe und -schindeln sowie Kurzholz, Kohle und Zement) abgewickelt werden.[58] Während der Linienflugverkehr schon mit 20. November 1926 aufgrund fehlender Einrichtungen für einen Winterflugbetrieb eingestellt werden musste,[59] fanden noch bis 20. Dezember 1926 Höhentransporte statt. Nach einer kurzen Unterbrechung wurden sie mit dem 13. Jänner 1927 wieder aufgenommen. Aber bereits im Februar 1927 musste man aus Sicherheitsgründen das erste für Höhentransporte übernommene Flugzeug (Registrierung D 153) außer Dienst stellen. Da jedoch die wirtschaftliche Lage die Anschaffung eines Ersatzgerätes nicht zuließ, wurden die weiteren Transportflüge ausschließlich von Stoisavljevic mit der auf D 12 registrierten Maschine abgewickelt. Als er jedoch am 14. März 1927 nach einigen erfolgreichen Flügen (Alpengasthof im Kühtai, Franz-Senn- und Karlsruher Hütte) bei einer weiteren Lieferung in das Kühtai aufgrund eines starken Schneegestöbers dem Boden zu nahe kam, überschlug sich sein Fluggerät. Während der Pilot bei diesem Unfall nur leichte Verletzungen erlitt, war das Flugzeug ein Totalschaden.

---

[58] Vgl. Chraust, Flugzeug-Höhentransporte in Tirol, 62.
[59] Vgl. Chraust, Innsbrucker Flugwesen, 124–127.

Da sich der Erwerb eines Ersatzgerätes in die Länge zog, mussten die Sondertransporte für einige Wochen ausgesetzt werden. Erst am 19. Juni 1927 erfolgte die Wiederaufnahme, da nun eine alte, aber überholte und mit einem stärkeren Motor ausgestattete Maschine[60] (Type LVG C VI – Registrierung D 184) zur Verfügung stand.[61] Ab 3. Juli 1927 kamen zu den bisherigen Versorgungsflügen für alpine Gasthäuser und hochalpine Schutzhütten auch die Materiallieferungen (vor allem Bretter und Bauholz) zur Errichtung der Seilschwebebahnen auf den Patscherkofel und auf die Nordkette hinzu. Bis zur knapp bemessenen Weihnachtspause (ab 22. Dezember 1927) waren weitere Schutzhütten (z. B. Frischmann-, Berliner, Pfeishütte und das 3.257 Meter hoch gelegene Brandenburger Haus) aus der Luft versorgt worden. Nach einer kurzen Unterbrechung setzten ab 2. Jänner 1928 die Flugzeug-Höhentransporte wieder ein. Doch mit Jahresende kam es zu einer aus wirtschaftlichen Gründen notwendigen Einstellung derselben am Standort Innsbruck.[62] Ausschlaggebend dafür war, dass mit den in der Anfangsphase eingesetzten alten, umgebauten Kriegsfluggeräten die erforderliche Wirtschaftlichkeit einfach nicht zu erreichen war. Immerhin war es gelungen, wenigstens die technische Machbarkeit dieser modernen und sehr zeitsparenden Transportvariante deutlich unter Beweis zu stellen[63] und damit den Grundstein für die heute üblichen Höhentransport-Flüge zu legen.[64]

Stoisavljevic als Pilot der ÖLAG (1928–1930)

Die im Frühjahr 1927 eingeleiteten Änderungen im Bereich des Flughafenbetreibers führten dazu, dass Raoul Stoisavljevic seine bisherigen Tätigkeiten am Flughafen Innsbruck (stellvertretender Flughafenleiter/Streckenleitung der Kurse: München–Innsbruck und Wien–Salzburg–Innsbruck) beendete[65] und mit 1. Jänner 1928 bei der ÖLAG die Stelle eines Flugzeugführers übernahm.[66] Als gegen Jahresende 1928 auch die Flugzeug-Höhentransporte auf dem Flughafen Innsbruck eingestellt wurden,[67] widmete sich Stoisavljevic ausschließlich seiner Aufgabe als ÖLAG-Verkehrspilot. Neben der Absolvierung von Linienflügen[68] führte er auch immer wieder mit den ÖLAG-Maschinen (Type Junkers F 13) Rundflüge am Innsbrucker Flughafen durch.[69]

---

[60] Vgl. Chraust, Flugzeug-Höhentransporte in Tirol, 60.
[61] Vgl. Ries, Deutsche Luftfahrzeugrolle, 25.
[62] Vgl. Chraust, Flugzeug-Höhentransporte in Tirol, 60–62.
[63] Vgl. Süddeutsche Luft Hansa A.G., Höhentransport II. Bericht, München 1928, 1–13, hier 13.
[64] Vgl. Chraust, Flugzeug-Höhentransporte in Tirol, 62.
[65] Vgl. Chraust, Innsbrucker Flugwesen, 158. Neben der Aufgabe als stellvertretender Flughafenleiter übernahm Josef Novy die Streckenleitung des ÖLAG-Kurses.
[66] Vgl. Karl Paulin, Zehn Jahre Innsbrucker Flughafen, in: Neueste Zeitung, 02.06.1935, 5.
[67] Vgl. Chraust, Flugzeug-Höhentransporte in Tirol, 62.
[68] Vgl. Paulin, Zehn Jahre Innsbrucker Flughafen, 5.
[69] Vgl. Paulin, Zehn Jahre Innsbrucker Flughafen, 5; Chraust, Innsbrucker Flugwesen, 133–142. Da die seit dem Frühjahr 1926 im Einsatz stehende Rundflugmaschine „Tirol", welche der Tiroler Flug-

Abb. 6: Ab 1928 führte Raoul Stoisavljevic (hier im Bild) für die ÖLAG Linien- und Rundflüge durch. Für die Passagiere wurden von der ÖLAG eigene Postkarten mit Abbildungen ihrer Flugzeugführer herausgegeben. Quelle: StAI, 06.76.03.

Nachdem Raoul Stoisavljevic bereits mehr als 200.000 Flugkilometer als ÖLAG-Pilot sicher zurückgelegt hatte,[70] hob er am 2. September 1930[71] mit dem einmotorigen ÖLAG-Flugzeug (Type Junkers F 13, Kennzeichen A-3 und Name „Taube")[72] zu seinem vorgesehenen Linienkurs Wien–Salzburg–Innsbruck–Zürich um 9.00 Uhr in der Bundeshauptstadt ab und landete nach dem Zwischenstopp in Salzburg um 12.10 Uhr problemlos am Flughafen Innsbruck. Der Weiterflug nach Zürich erfolgte um 12.25 Uhr, wobei sich bei diesem Streckenabschnitt keine Passagiere mehr an Bord befanden.[73] Um 15.42 Uhr wurde jedoch vom Flughafen Zürich an den Innsbrucker Flughafen die Meldung übermittelt, dass die Junkers F 13 vermisst werde. Nachdem auch bis zum Abend der Verbleib der Maschine ungeklärt war, beteiligten sich am nächsten Tag neben der ÖLAG auch die Deutsche Luft Hansa, die Flugpolizei München und die Verkehrsfliegerschule Schleissheim an der Suche. Doch auch diese Bemühungen führten zu keinem Erfolg.[74] Daher stieg am 4. September 1930 erneut das eigens von der ÖLAG abgestellte Suchflugzeug der Type Junkers F 13 mit der Registrierung A-22[75] zu weiteren Erkundungsflügen auf. An Bord der A-22 befanden sich neben dem

---

verkehrs-Gesellschaft gehörte, am 11. September 1927 aufgrund eines Motordefekts bei der Notlandung auf dem Flughafen Innsbruck schwer beschädigt wurde und künftig nicht mehr zur Verfügung stand, übernahmen die Innsbruck anfliegenden Fluggesellschaften Luft Hansa und ÖLAG die Rundflüge mit ihren Linienmaschinen.

[70] Vgl. Bericht über den Unfall der F 13/A-3, o. O., o. J., 12, Privatarchiv Tanja Chraust, Innsbruck, Bestand Dr. Peter Stoisavljevic; Österreichische Luftverkehrs A.G. (Hrsg.), Statistik 1930 der Österreichischen Luftverkehrs A.G., o. O., o. J., 1–2 und 4. 1930 wurden auf dem gesamten ÖLAG-Streckennetz (Wien–Prag–Dresden–Berlin, Wien–Berlin Express, Wien–Graz–Klagenfurt–Venedig, Wien–Venedig Express, Wien–Graz–Klagenfurt, Wien–Salzburg–Innsbruck–Zürich, Wien–Salzburg–Innsbruck, Salzburg–Klagenfurt–Venedig und Wien–Graz–Agram–Belgrad) 7.969 Passagiere befördert.

[71] Vgl. Bericht über den Unfall, 3.

[72] Vgl. Keimel, Flugzeuge der ÖLAG, 90. Das Flugzeug wurde im März 1924 bei den Junkers-Werken angekauft und trug die Werk-Nr. 575.

[73] Vgl. Bericht über den Unfall, 3.

[74] Vgl. Bericht über den Unfall, 3–4.

[75] Vgl. Bericht über den Unfall, 5; Holzschuh, Luftfahrzeug-Register, 24.

Abb. 7: Am 2. September 1930 hob Raoul Stoisavljevic zu seinem letzten Flug mit der ÖLAG-Kursmaschine A-3 (hier im Bild) vom Flughafen Innsbruck in Richtung Zürich ab. Quelle: StAI, 06.76.03.

ÖLAG-Flugzeugführer Otto Mader auch der damalige Innsbrucker Flugverkehrsleiter Josef Novy[76] sowie der Innsbrucker Fotograf und Diplomoptiker Fritz Nickel[77]. Erst nach einem Hinweis aus der Bevölkerung gelang es diesem Personenkreis am späteren Nachmittag die Unglücksstelle auf einer Höhe von rund 1.750 Meter unterhalb des Klaffen am Ostabhang des Krottenkopfmassivs bei Wallgau in Bayern zu entdecken.[78]

Am darauffolgenden Tag barg die eingetroffene Suchmannschaft den tödlich verunglückten Flugzeugführer Raoul Stoisavljevic und brachte ihn vorerst nach Wallgau. Erst am nächsten Tag (6. September 1930) erfolgte die Überstellung des Leichnams nach Innsbruck, wo dann der tote Pilot auf dem städtischen Westfriedhof aufgebahrt wurde.[79] Zum Hergang des Absturzes wurde laut dem Untersuchungsbericht festgestellt, dass der Pilot aufgrund der bestehenden schwierigen Wetterlage bei seinem Kursabschnitt von Innsbruck nach Zürich nicht die direkte Luftlinie genommen hatte, sondern die Alpen in Richtung Norden bis in das Alpenvorland überqueren wollte, um

---

[76] Vgl. Bericht über den Unfall, 5; Chraust, Innsbrucker Flugwesen, 158–159. Als Alfred von Eccher, der bisherige Flughafenleiter, am 18.10.1928 kündigte, übernahm Josef Novy dessen Funktion.
[77] Vgl. Bericht über den Unfall, 5; Tanja Chraust, Die Innsbrucker Luftfahrt 1910–1965 (Veröffentlichungen des Innsbrucker Stadtarchivs, Neue Folge 34), Erfurt 2007, 78.
[78] Vgl. Bericht über den Unfall, 6
[79] Vgl. Allgemeiner Tiroler Anzeiger, 08.09.1930, 9.

Abb. 8: Teile der abgestürzten A-3-Maschine (hier die Tragfläche) an der Unglückstelle im Krottenkopfmassiv bei Wallgau in Bayern. Für den Piloten Raoul Stoisavljevic kam jede Hilfe zu spät. Quelle: StAI, 06.76.03.

Abb. 9: Der Trauerzug für den überaus beliebten Innsbrucker Flugpionier Raoul Stoisavljevic in der Schöpfstraße in Innsbruck. Quelle: StAI, 06.76.03.

dann von dort über den Bodensee die Kantonshauptstadt anzufliegen. Doch bei dieser Ausweichroute geriet er in Bayern in eine starke Nebelfront und bemerkte viel zu spät den steilen Ostabhang des Krottenkopfmassivs. Sein Versuch, noch mittels einer Linkssteilkurve der drohenden Katastrophe zu entgehen, führte dazu, dass er mit der linken Tragfläche zwei Fichten streifte, wodurch diese abgetrennt wurde und die Maschine abstürzte. Aufgrund des heftigen Aufpralls dürfte Raoul Stoisavljevic sofort ums Leben gekommen sein. Da die unter den Trümmern aufgefundene und unversehrte Borduhr um 13.13 Uhr stehen geblieben ist, wurde dies als Zeitpunkt des Unglücks angenommen.[80]

Der Trauerkondukt am 10. September 1930

Vom Beginn der Suche nach dem Verbleib des Flugzeugs A-3 bis zur Verabschiedung des bekannten und sehr beliebten Piloten berichteten die österreichischen Zeitungen ausführlich über diesen dramatischen Flugunfall und würdigten auch Raoul Stoisavljevics Verdienste um das österreichische Flugwesen.[81] Die ursprünglich für den 9. September 1930 vorgesehene Trauerfeierlichkeit musste jedoch um einen Tag verschoben werden, um der Innsbrucker Garnison, welche sich auf einem Manöver befand, die Teilnahme am Trauerkondukt noch zu ermöglichen.[82] Daher wurde der so tragisch verunglückte Pilot erst am 10. September 1930 in einem feierlichen Begräbnis auf dem städtischen Westfriedhof in Innsbruck zu Grabe getragen. Um auch der lokalen Bevölkerung die Möglichkeit zu geben, sich von dem Innsbrucker Flugpionier verabschieden zu können, bewegte sich der Trauerzug von der Freisingstraße[83] ausgehend über die Anatomiestraße[84], Fischergasse[85], Andreas-Hofer- und Schöpfstraße zum Nordeingang des Friedhofs. Auf diesem Weg bildeten zahlreiche trauernde Menschen ein Spalier, um ihrem Fliegeridol noch die letzte Ehre zu erweisen. An der Spitze des Trauerzugs trug ein Freund des Piloten ein Ehrenkissen mit allen militärischen Auszeichnungen des Ver-

---

[80] Vgl. Bericht über den Unfall, 8–10.
[81] Vgl. Allgemeiner Tiroler Anzeiger, 08.09.1930, 9; Bludenzer Anzeiger, 06.09.1930, 4; Salzburger Volksblatt, 03.09.1930, 1.
[82] Vgl. Allgemeiner Tiroler Anzeiger, 08.09.1930, 9.
[83] Vgl. Chraust, Innsbrucker Flugwesen, 182; Josefine Justic, Innsbrucker Straßennamen. Woher sie kommen und was sie bedeuten, Innsbruck–Wien 2012, 84. Diese Straße ist nach der wohltätigen Adelsfamilie von Freising benannt.
[84] Vgl. Chraust, Innsbrucker Flugwesen, 182; Justic, Innsbrucker Straßennamen, 99. Da sich das Anatomie-Institut der Innsbrucker Universität dort befindet, erhielt diese Straße anfangs den Namen „Anatomiestraße". Diese Bezeichnung blieb bis 1930 bestehen und danach erfolgte in Erinnerung an den Freiheitskämpfer Peter Mayr die neue Namensgebung auf „Peter-Mayr-Straße".
[85] Vgl. Chraust, Innsbrucker Flugwesen, 182; Justic, Innsbrucker Straßennamen, 83–84; Ingrid Bubestinger/Gertraud Zeindl, Zur Stadtgeschichte Innsbrucks, Innsbruck 2008, 101. Die Bezeichnung „Fischergasse" geht auf ein altes Fischerhäuschen zurück. Dieser Name bestand bis 1963 und auf vielfachen Wunsch der Innsbrucker Bevölkerung wurde diese Gasse in Erinnerung an den zwischen 1929 und 1938 wirkenden Innsbrucker Bürgermeister Franz Fischer in „Franz-Fischer-Straße" umbenannt.

storbenen. Ihm folgte ein vierspänniger Trauerwagen mit dem Sarg, auf dem sich der Fliegerhelm und der Säbel des Toten befanden.[86] Unmittelbar dahinter ging die Witwe Dina Stoisavljevic mit ihrem erst sechsjährigen Sohn Peter Stoisavljevic. Neben den übrigen Mitgliedern der Trauerfamilie reihten sich viele Politiker aus Stadt und Land sowie Vertreter des Innsbrucker Flughafens, angeführt von Alfred von Eccher, dem ersten Leiter des Innsbrucker Flughafens, ein. Auch Repräsentanten der am Innsbrucker Flughafen vertretenen Fluggesellschaften, Offiziere des Bundesheeres und Funktionäre des Tiroler Automobilklubs und der Tiroler Heimatwehr folgten dem Sarg. Für die Ehrenwache wurde das Alpenjägerregiment Nr. 12, in dessen Reihen Raoul Stoisavljevic einige Zeit als Kompaniekommandant gedient hatte, abkommandiert.[87] Am Grab wurden seine Verdienste in zahlreichen Reden gewürdigt und die Einsegnung nahm der Militärkurat Josef Seelos vor. Zu Ehren des toten Fliegers wurde auch eine Ehrensalve abgeschossen und zwei ÖLAG-Flugzeuge und eines der Deutschen Luft Hansa umkreisten das Friedhofsgelände.[88]

Das Denkmal am Innsbrucker Flughafen

Anlässlich der Errichtung des ersten Innsbrucker Flughafens wurde zwischen dem Flughafengebäude und den beiden Hangars auch ein Fliegerdenkmal zu Ehren der im Ersten Weltkrieg gefallenen Piloten aufgestellt.[89] Dabei befand sich auf dem oberen Teil des aus Höttinger Breccie bestehenden Gedenksteins das Fliegerabzeichen, bestehend aus einem bronzenen Eichenkranz mit der Rudolfskrone und einem Adler mit weit ausgeschlagenen Flügeln und darunter eine Marmortafel[90] mit folgendem Text: „Unseren im Weltkrieg gefallenen Fliegern".[91] Im Rahmen der offiziellen Einweihung dieser Luftverkehrsstation am 1. Juni 1925 wurden bei der Gedenkstätte zahlreiche Kränze von Vertretern des Landes, der Stadt Innsbruck, der Innsbruck anfliegenden Fluggesellschaften, des Heeres und der Luftstreitkräfte niedergelegt.[92] Am Jahrestag von Stoisavljevics tödlichem Absturz gedachten die Familie sowie Vertreter der Politik, der ÖLAG und Kameraden der ehemaligen 16. Fliegerkompanie seiner am 2. September 1931 auf dem Flughafen Innsbruck in einer Trauerzeremonie.[93] Dabei enthüllte

---

[86] Vgl. Chraust, Innsbrucker Flugwesen, 182.
[87] Vgl. Chraust, Innsbrucker Flugwesen, 182.
[88] Vgl. Allgemeiner Tiroler Anzeiger, 11.09.1930, 5.
[89] Vgl. Chraust, Innsbrucker Flugwesen, 83.
[90] Vgl. Tiroler Tageszeitung, 15.10.1964, 5.
[91] Allgemeiner Tiroler Anzeiger, 02.06.1925, 7.
[92] Vgl. Chraust, Innsbrucker Flugwesen, 83.
[93] Vgl. Neueste Zeitung, 03.09.1931, 3. Darunter befanden sich nicht nur Vertreter der ÖLAG, der Deutschen Luft Hansa und des Bundesministeriums für Handel und Verkehr, sondern auch politische Vertreter des Landes Tirol und der Stadt Innsbruck mit dem damaligen Tiroler Landeshauptmann Dr. Franz Stumpf an der Spitze. Ebenso waren Abordnungen des Bundesheeres, der Gendarmerie sowie Angehörige der ehemaligen 16. Fliegerkompanie und auch der erste Innsbrucker Flughafendirektor Alfred von Eccher vertreten.

Abb. 10: Ein Jahr nach dem tragischen Unglück von Raoul Stoisavljevic wurde am 2. September 1931 auf dem Flughafen Innsbruck eine Gedenkmesse abgehalten. Quelle: StAI, 06.76.03.

der Präsident des *Österreichischen Aero-Clubs* Ulrich Ferdinand Fürst Kinsky (1893– 1938)[94] für den im Vorjahr verunglückten ÖLAG-Piloten auf dem dort befindlichen Fliegerdenkmal eine bronzene Gedenktafel, auf der folgende Worte standen:[95]

> Ihrem unvergeßlichen Kommandanten im Weltkrieg,
> Feldpilot Major Raoul Stoisavlevic, verunglückt in der
> Ausübung seines Berufes als Verkehrspilot am 2. September
> 1930, in treuem Gedenken. Die Kameraden der ehemaligen
> 16. Fliegerkompanie.[96]

Doch mit der Verlegung des Innsbrucker Flughafens durch die französische Besatzungsmacht in den Westen der Stadt und der Eröffnung des neuen Flughafengeländes am 15. Jänner 1948 unter der Bezeichnung „Innsbruck West" war auch das Ende des ersten Innsbrucker Flughafenareals in der Reichenau besiegelt.[97] Im Laufe der Zeit geriet das noch dort befindliche Fliegerdenkmal zunehmend in Vergessenheit und verfiel immer

---

[94] Vgl. Neueste Zeitung, 03.09.1931, 3; Reinhard Keimel, 110 Jahre Österreichischer Aero-Club (FLUG-Informationen, Folge III/IV 2011), Wien 2011, 13. Ulrich Ferdinand Fürst Kinsky übte zwischen 1931 und 1938 die Funktion als Präsident des Österreichischen Aero-Clubs aus.
[95] Neueste Zeitung, 03.09.1931, 3.
[96] Neueste Zeitung, 03.09.1931, 3; Hugo Klein, Innsbrucker Fliegerdenkmal vor der Enthüllung, in: Tiroler Tageszeitung, 15.10.1964, 5.
[97] Vgl. Tanja Chraust, Flughafen Innsbruck. Von den Anfängen bis 2010, Innsbruck 2011, 67–71.

Abb. 11: In Erinnerung an den tödlich verunglückten Flugzeugführer Raoul Stoisavljevic wurde am 2. September 1931 auf dem Flughafen Innsbruck beim dort befindlichen Fliegerdenkmal eine Gedenktafel für ihn enthüllt. Heute befindet sich diese Gedenkstätte im kleinen Park vor dem nordseitigen Flughafenareal an der Kranebitter Allee. Quelle: StAI, 06.76.03.

mehr.[98] Schließlich nahm im Juli 1964 das städtische Kulturamt eine Sanierung und eine geeignete Neuaufstellung dieses Denkmals in Angriff. Als würdiger Platz dafür wurde der kleine Park vor dem Flughafengelände an der Kranebitter Allee auserkoren.[99] Im Frühjahr 1965 wurde dort am Ostrand der Grünanlage das Denkmal umgeben von Birken und Föhren neu aufgestellt.[100] Doch mit der offiziellen Inbetriebnahme der neuen Flughafenbauten auf dem Südteil der Ulfiswiese am 24. April 1965[101] fand diese Erinnerungsstätte immer weniger Beachtung und 1984 verschwanden sogar die beiden vorhandenen Bronzetafeln.[102] Im Zuge einer neuerlichen Sanierung des Denkmals wurde 1987 auf Initiative von Dr. Peter Stoisavljevic eine neue Bronzetafel mit folgenden Worten angebracht:[103] „Zum Gedenken an den Tiroler Flugpionier Major Raoul

---

[98] Vgl. Klein, Innsbrucker Fliegerdenkmal, 5.
[99] Vgl. Wilhelm Eppacher, Ein kühner Pionier des Tiroler Flugwesens, in: Amtsblatt der Landeshauptstadt Innsbruck 28 (1965) 5, 2–3, hier 3.
[100] Vgl. Klein, Innsbrucker Fliegerdenkmal, 5.
[101] Vgl. Chraust, Flughafen Innsbruck, 97–98.
[102] Vgl. Tiroler Tageszeitung, 20.12.1984, 7.
[103] Innsbrucker Stadtnachrichten – Offizielles Mitteilungsblatt der Landeshauptstadt, 15.04.1987, 9.

Stoisavljevic".[104] Als im Jahr 2000 der Innsbrucker Flughafen sein 75-jähriges Bestehen feiern konnte, gedachte man auch des 70. Todestages des bekannten Innsbrucker Flugpioniers Raoul Stoisavljevic. Daher lud Flughafendirektor Mag. Reinhold Falch im Namen der *Tiroler Flughafenbetriebsgesellschaft m.b.H.* am 27. September 2000 den Sohn des Innsbrucker Flugpioniers, Herrn Dr. Peter Stoisavljevic,[105] und dessen Frau Herta[106] zu einer kleinen Gedenkfeier beim Denkmal ein.[107]

Ein Wunsch zum Schluss

Raoul Stoisavljevic, der im Ersten Weltkrieg zu den führenden Feldpiloten der österreichisch-ungarischen Streitkräfte zählte[108] und mit der Inbetriebnahme des ersten Innsbrucker Flughafens in seinen verschiedenen Funktionen entscheidend am Aufbau des Innsbrucker Flugbetriebs mitwirkte, kann zu Recht als der wichtigste Innsbrucker Luftfahrtpionier in den Anfangsjahren des Innsbrucker Fluggeschehens bezeichnet werden.[109] Daher wäre es aus historischer Sicht sehr wünschenswert, wenn auch die noch fehlenden Teile seines Nachlasses bald den Weg in das Stadtarchiv Innsbruck finden würden, damit diese historisch wertvollen Unterlagen der wissenschaftlichen Forschung zur Verfügung stehen, um in einer ausführlichen Publikation endlich der Bedeutung von Raoul Stoisavljevic nicht nur für die österreichische, sondern vor allem für die lokale Luftfahrt gerecht werden zu können.

---

[104] Innsbrucker Stadtnachrichten – Offizielles Mitteilungsblatt der Landeshauptstadt, 15.04.1987, 9.
[105] Vgl. Tiroler Tageszeitung, 02.10.2000, 9. Dr. Peter Stoisavljevic ist am 28.04.2005 in Innsbruck verstorben, vgl. Tiroler Tageszeitung, 02.05.2005, 18.
[106] Vgl. Tiroler Tageszeitung, 02.10.2000, 9. Herta Stoisavljevic verstarb am 23.05.2014 in Innsbruck, vgl. Tiroler Tageszeitung, 26.05.2014, 36.
[107] Vgl. Tiroler Tageszeitung, 02.10.2000, 9.
[108] Vgl. Albrich, Hauptmann Raoul Stoisavljevic, 106.
[109] Vgl. Chraust, Innsbrucker Flugwesen, 158.

„Der Gesundheitszustand unseres Lagers ließ viel zu wünschen übrig."[1]
Eine Analyse der Totenliste des Kriegsgefangenenlagers Krasnojarsk 1914–1919

Matthias Egger

Bin gestern hier in Krasnojarsk in Sibirien am Fluß Jenissei gut angekommen und es geht mir sehr gut. Wohne mit 4 Offizieren in 2 Offizierszimmer [sic] in einer Kaserne und wir haben freien Ausgang in die Stadt. Unsere Gage bekommen wir hier ausgezahlt. Die Stadt hat 65.000 Einwohner und ist sehr hübsch gelegen. Wenn Du einmal schreiben willst, so lautet meine Adresse genau: Krasnojarsk / Sibirien Russland /. […] Unter meinen Namen schreibe österreichischer Offizier.[2]

Diese Zeilen schrieb Ing. Richard Rogenhofer, Leutnant in der Reserve (i. d. Res.) im ungarischen Infanterieregiment (IR) 63, Anfang Oktober 1914 aus Krasnojarsk an seine Mutter in Wien. Er war mit einem der ersten, wenn nicht mit dem ersten Gefangenentransport in der an der Transsibirischen Eisenbahn gelegenen Stadt angekommen, wo er über fünf Jahre zubringen musste.[3] Zweifellos zählt das Kriegsgefangenenlager Krasnojarsk zu den bekanntesten und größten Internierungsorten im Russland des Ersten Weltkriegs. Zeitweise befanden sich hier über 15.000 Offiziere und Soldaten der Mittelmächte, darunter auch der Fähnrich i. d. Res. Franz Ritter von Heimito-Doderer (1896–1966).[4] Ebenso befanden sich über 250 Tiroler bzw. Innsbrucker in Krasnojarsk,[5] darunter etwa der Kaiserjäger Josef Sailer (1883–1915), Besitzer des gleichnamigen Gasthauses in Innsbruck, der Sanitäts-Zugsführer Karl Janesch (1885–1955), im Zivilberuf ständiger Sanitätsmann der Freiwilligen Rettungsabteilung der Innsbrucker

---

[1] Dokumentation lebensgeschichtlicher Aufzeichnungen (fortan DlA), Universität Wien, Dr. Josef Saatzer, Manuskript ohne Titel, 205.
[2] Richard Rogenhofer an Marie Rogenhofer, Krasnojarsk, 08.10.1914, Slg. Andreas Bliersbach, Privatbesitz.
[3] Im Jänner oder Februar 1920 kam Rogenhofer nach Tschita, Gouvernement Transbaikalien, wo er in einer Automobilwerkstätte arbeitete. Vermutlich konnte er im weiteren Verlauf des Jahres 1920 nach Wien zurückkehren. Freundliche Mitteilung von Andreas Bliersbach (13.01.2021).
[4] Vgl. Primus-Heinz Kucher, Doderer, Heimito, in: Lexikon zum Literatur- und Kulturbetrieb im Österreich der Zwischenkriegszeit. https://litkult1920er.aau.at/litkult-lexikon/doderer-heimito/ (Abrufdatum 15.03.2021).
[5] Vgl. Aus dem russischen Kriegsgefangenenlager in Krasnojarsk, in: Der Tiroler, 31.12.1916, 4.

Feuerwehr, und Kajetan Plieger (1882–1953), im Zivilleben städtischer Sicherheitswachmann.[6]

Und aus ebendiesem sibirischen Lager gelangte im Herbst 1919 mit der Totenliste ein bedeutendes Dokument nach Innsbruck, das heute im Stadtarchiv aufbewahrt wird.[7] Diese außergewöhnliche Quelle eröffnet vielfältige Einblicke in die sanitären Verhältnisse und damit auch in die Lebensbedingungen der Kriegsgefangenen in Krasnojarsk. Aus ihr lassen sich etwa Aufschlüsse über die Sterblichkeit und deren Entwicklung, über häufige Krankheiten, die Typhus-Epidemie 1914/15 und über Alter, Herkunft und Dienstrang der Verstorbenen gewinnen. Gleichzeitig ermöglichen die Einträge aber auch eine Annäherung an die individuellen Schicksale von rund 1.900 Gefangenen.

Im Rahmen dieses Beitrages soll die Totenliste mit Blick auf die dort verzeichneten Angehörigen der österreichisch-ungarischen Armee analysiert werden, da sie mit Abstand die größte Gruppe unter den Kriegsgefangenen in Krasnojarsk darstellten. Im Mittelpunkt stehen dabei folgende Fragen: Wie entwickelte sich die Sterblichkeit zwischen dem Winter 1914/15 und dem Spätsommer 1919 im Lager Krasnojarsk? Welche Erkrankungen forderten in diesem Zeitraum die meisten Todesopfer unter den Kriegsgefangenen? Wie verteilten sich die Verstorbenen auf die Reichshälften bzw. die cisleithanischen Kronländer der Monarchie? Welchen Alterskohorten waren am stärksten betroffen? Wie verteilen sich die Todesopfer auf Offiziere und Mannschaften? Diese Fragen scheinen zum einen vor dem Hintergrund der vergleichsweise hohen Mortalitätsrate unter den Kriegsgefangenen in Russland von Bedeutung, da ihre Beantwortung am Beispiel einer Fallstudie zumindest eine Annäherung an Ausmaß und Entwicklung der Sterblichkeit, häufige Todesursachen und die am stärksten betroffenen Gruppen ermöglicht. Zum anderen liegen zwar einzelne Beiträge, die sich mit den sanitären Zuständen und der medizinischen Versorgung der Kriegsgefangenen im Zarenreich befassen, vor,[8] jedoch existieren bislang – abgesehen von Reinhard Nachtigals Fallstudie über das berühmt-berüchtigte Lager Tockoe[9] – keine eingehenden wissenschaftlichen Untersuchungen zur Sterblichkeit in einzelnen russischen Lagern. Mit der vorliegenden Analyse der Krasnojarsker Totenliste soll daher ein Beitrag zur Erschließung dieser For-

---

[6] Vgl. Innsbrucker in russischer Gefangenschaft, in: Innsbrucker Nachrichten (Abend-Ausgabe), 12.02.1915, 4. Die dort angeführten Namen sind nahezu alle falsch oder verstümmelt wiedergegeben. Vgl. daher auch: Tiroler in Sibirien, in: Innsbrucker Nachrichten (Mittag-Ausgabe), 12.04.1915, 1.

[7] Stadtarchiv/Stadtmuseum Innsbruck (StAI), Cod-57.

[8] Vgl. Reinhard Nachtigal, Hygienemaßnahmen und Seuchenbekämpfung als Probleme der russischen Staatsverwaltung 1914 bis 1917. Prinz Alexander von Oldenburg und die Kriegsgefangenen der Mittelmächte, in: Medizin-historisches Journal. Medicine and the Life Sciences in History 39, 2–3 (2004), 135–163; Georg Wurzer, Die Kriegsgefangenen der Mittelmächte in Russland im Ersten Weltkrieg, Göttingen 2004, Kap. 4.6; Reinhard Nachtigal, Die Entstehung eines staatlichen Gesundheitswesens in Russland 1890–1918 vor dem Hintergrund der Seuchenproblematik, in: Alfred Eisfeld/Guido Hausmann/Dietmar Neutatz (Hrsg.), Hungersnöte in Russland und in der Sowjetunion 1891–1947. Regionale, ethnische und konfessionelle Aspekte, Essen 2017, 297–330.

[9] Reinhard Nachtigal, Seuchen unter militärischer Aufsicht. Das Lager Tockoe als Beispiel für die Behandlung der Kriegsgefangenen 1915/16?, in: Jahrbücher für die Geschichte Osteuropas 48 (2000) 3, 363–387.

schungslücke und in weiterer Folge auch zur Erforschung der hohen Sterblichkeit unter den Kriegsgefangenen im Russland des Ersten Weltkriegs geleistet werden.

Einleitend steht zunächst das Leben im Kriegsgefangenenlager Krasnojarsk im Fokus, ehe dann in einem zweiten Schritt auf die Totenliste, ihre Entstehung und ihren Quellenwert näher eingegangen wird. Auf diese Weise werden Kontext und Voraussetzungen für die anschließende Auswertung der Liste vermittelt. Diese stützt sich in erster Linie auf eine quantitative Analyse, die jedoch durch einen qualitativen Zugang ergänzt wird, um zu verdeutlichen, dass jeder Eintrag in der Totenliste untrennbar mit einem individuellen Schicksal verknüpft ist. Bevor wir aber *in medias res* gehen, ist es mir ein Anliegen, mich bei Andreas Bliersbach für die großzügige Bereitstellung von Quellen aus seiner umfangreichen Privatsammlung und bei Dr. med. Peter Hammerle für seine medizinische Expertise herzlich zu bedanken. Ebenso danke ich Niko Hofinger für die Unterstützung bei der Aufbereitung der Daten, Martin Ager, BA, MA und Christoph Penz vom Tiroler Landesarchiv für die Unterstützung bei den Recherchen sowie Dr.in Nicole-Melanie Goll und Dr. Joachim Bürgschwentner für ihre hilfreichen Anmerkungen zur Erstfassung dieses Aufsatzes recht herzlich.

Streiflichter auf das Leben im Kriegsgefangenenlager Krasnojarsk 1914–1922

Bereits in den ersten Wochen des Krieges erreichte die Zahl der Kriegsgefangenen unerwartete Höhen. Der US-amerikanische Geschäftsträger in St. Petersburg, Charles S. Wilson (1873–1947), berichtete am 17. September 1914 nach Washington, dass die russischen Behörden bei Kriegsbeginn Vorkehrungen für die Versorgung von etwas mehr als 10.000 Kriegsgefangenen getroffen hätten, sich nun aber bereits „probably well over 100.000" im Lande befänden und sich deren Lage dementsprechend prekär gestalte.[10] Insgesamt gerieten bis zum Waffenstillstand im Dezember 1917 rund 2,4 Millionen Offiziere und Soldaten der Mittelmächte in russische Gefangenschaft, darunter allein 2,1 Millionen Angehörige der österreichisch-ungarischen Streitkräfte.[11] Bereits die Unterbringung einer derart großen Zahl an gegnerischen Soldaten stellte für die russischen Behörden eine nahezu unlösbare Aufgabe dar, von der Gewährleistung einer einigermaßen adäquaten Versorgung derselben gar nicht zu reden. Insbesondere für die kriegsgefangene Mannschaft waren die Lebensbedingungen, gerade in den ersten zwei Kriegsjahren, vielerorts schlichtweg gesundheitsgefährdend. Sie waren extremen klimatischen Verhältnissen – man denke nur an die klirrende Kälte des sibirischen

---

[10] National Archives and Records Administration (NARA), Record Group 59 (General Records of the Department of State, 1763–2002), Central Decimal Files, 1910–1963, Microcopy 367, Roll 283, Wilson an den Secretary of State, 17.09.1914. Wilson ging davon aus, dass sich die Bedingungen aufgrund der jüngsten Beschlüsse des russischen Ministerrates, die er nicht näher ausführte, verbessern würden; eine Hoffnung, die sich 1914/15 jedoch nicht erfüllen sollte.

[11] Vgl. dazu ausführlich: Reinhard Nachtigal, Zur Anzahl der Kriegsgefangenen im Ersten Weltkrieg, in: Militärgeschichtliche Zeitschrift 67 (2008), 345–384, hier insbes. 365–371.

Winters – ausgesetzt, mussten oft in improvisierten, primitiven und überfüllten Unterkünften hausen, die den Ausbruch von Krankheiten begünstigten, und verfügten meist nur über mangelhafte Bekleidung sowie Verpflegung.[12] Die Folgen blieben nicht aus – in zahlreichen großen Internierungsorten brachen Seuchen (Typhus, Cholera etc.) aus, die zehntausenden das Leben kosteten.[13] Insgesamt starben vermutlich 18 bis 20 % aller in Russland internierten Kriegsgefangenen, d. h. 400.000 bis 470.000 Männer.[14]

Auch die Verhältnisse in Krasnojarsk bewegten sich in diesem hier nur grob skizzierten Rahmen. Das „Lager" war eigentlich ein großer Militärstützpunkt der zaristischen Armee, der sich jedoch teilweise noch im Bau befand, als im Oktober 1914 die ersten Kriegsgefangenen dort eintrafen. Es fehlte bei der Ankunft der Kriegsgefangenen an grundlegender Infrastruktur, wie einer funktionierenden Wasserversorgung, Küchen oder einem Spital, das den Namen auch verdiente.[15] „Die Offiziere kamen in die halbfertigen sogenannten Pavillons und lagen anfangs auf dem Boden. Jede Einrichtung fehlte."[16] In den großen Ziegelbaracken, in denen die Mannschaft einquartiert wurde, waren die Verhältnisse noch deutlich prekärer. Der Salzburger Johann Heiß (1893–1957), Landesschütze im Landesschützenregiment „Innichen" Nr. III, traf am 9. Dezember 1914 nach einer 18-tägigen Fahrt in einem Viehwaggon in Krasnojarsk ein. In seinen Aufzeichnungen schilderte er eindringlich die Situation in den Mannschaftsquartieren:

> Schlafen mußte man auf bloßen Brettern. Da gab es keinen Strohsack, keinen Polster, keine Decke. Das Zimmer, in dem ich schlief, war 60 Schritte lang und es wohnten 450 Mann darinnen. In langen Reihen lagen die Leute, ein Mann dicht am anderen. Im Zimmer befanden sich 8 Öfen; für jeden bekamen wir täglich 3 Scheite Holz, wovon ein solcher großer, gemauerter Ofen natürlich nicht warm wird. Die Kälte war grimmig. Durch zwei Monate hindurch hatte es 30 bis 40 Grad Reumir [sic], und 40 Grad Reumir [sic] sind [minus] 50 Grad Celsius. Was das für eine Kälte ist, kann sich niemand vorstellen, der es nicht am eigenen Leib verspürt hat. Dann die Läuse! Zum Wäschewaschen war den

---

[12] Vgl. Reinhard Nachtigal, Rußland und seine österreichisch-ungarischen Kriegsgefangenen (1914–1918), Remshalden 2003, 327f.; Georg Wurzer, Die Erfahrung der Extreme. Kriegsgefangene in Rußland 1914–1918, in: Jochen Oltmer (Hrsg.), Kriegsgefangene im Europa des Ersten Weltkriegs, Paderborn 2006, 97–125, hier 105–111.

[13] Vgl. dazu ausführlich: Nachtigal, Seuchen unter militärischer Aufsicht, 363–387.

[14] Vgl. Nachtigal, Zur Anzahl der Kriegsgefangenen, 368. Zum Vergleich: In Österreich-Ungarn lag die Mortalitätsrate bei 7,5 bis 10 % (das entspricht 134.000 bis 230.000 Toten), in Deutschland lag sie vermutlich bei 5 % (das entspricht 120.000 Toten), in Frankreich bei 5,8 % (das entspricht 25.850 Toten) und im Vereinigten Königreich bei 2,8 % (das entspricht 20.731 Toten). Vgl. Nachtigal, Zur Anzahl der Kriegsgefangenen, 345–384.

[15] Vgl. Gerald H. Davis, Prisoners of War Camps as Social Communities in Russia: Krasnoyarsk 1914–1921, in: East European Quarterly XXI (1987) 2, 147–163, hier 149. Vgl. allgemein zu den Verhältnissen 1914/15 in Krasnojarsk: Hans Weiland, Kriegsgefangenenlager Krasnojarsk, in: Hans Weiland/Leopold Kern (Hrsg.), In Feindeshand. Die Gefangenschaft im Weltkriege in Einzeldarstellungen, Bd. 1, Wien 1931, 176–191, hier 176f.

[16] Weiland, Kriegsgefangenenlager Krasnojarsk, 176.

ganzen Winter keine Möglichkeit. Hunger und Kälte, das Ungeziefer und Entbehrungen aller Art halfen zusammen, daß viele, selbst die gesündesten Leute ins Spital kamen, wo sie massenhaft dahinstarben.[17]

Diese Zeilen vermitteln einen plastischen Eindruck von den prekären Lebensbedingungen, mit denen sich die Mannschaft in den ersten Monaten in Krasnojarsk konfrontiert sah. Beengte Massenquartiere, mangelhafte Hygiene und Ernährung gepaart mit großer Kälte stellten ein eminentes Gesundheitsrisiko dar und die Folgen blieben nicht aus. Im Jänner 1915 brach Flecktyphus unter den Gefangenen aus, der sich rasch zu einer Epidemie ausweiten sollte. Den kriegsgefangenen Ärzten gelang es zunächst nicht, die Krankheit eindeutig zu bestimmen; einige der Symptome deuteten auf Bauchtyphus hin, andere passten jedoch nicht ins Bild und „Fleckfieber […] hatte noch keiner vorher von uns gesehen", wie der Militärarzt Dr. Karl Bauer im Rückblick schrieb.[18] Es scheint aber zweifelhaft, ob eine frühere Diagnose den Verlauf der Epidemie tatsächlich verändern hätte können, da es im Lager an der grundlegendsten medizinischen Infrastruktur und Medikamenten fehlte, eine strenge Isolation der Typhuspatienten aufgrund der beengten Verhältnisse unmöglich war und die russische Lagerverwaltung lange Zeit keine Neigung erkennen ließ, die Epidemie zu bekämpfen. Die kriegsgefangenen Ärzte und mit ihnen die Sanitäter wurden mit der außer Kontrolle geratenen Situation alleingelassen; die einzige Unterstützung von außen kam lange Zeit von Dr. Leon Liebermann, einem in Krasnojarsk ansässigen russischen Arzt. Im Lager selbst bemühte sich Major Gustav von der Hellen (1867–1949), der damals ranghöchste österreichisch-ungarische Offizier, nach Kräften darum, Abhilfe zu schaffen,[19] allerdings ohne durchschlagenden Erfolg. Ende März 1915 schrieb von der Hellen an seine Mutter: „Unsere nunmehr als Flecktyphus erkannte Epidemie greift immer weiter um sich […]."[20] Anfang April 1915 erreichte die Epidemie schließlich ihren Höhepunkt. Zu dieser Zeit sollen täglich zwischen 70 und 100 neue Patienten in das Lagerspital eingeliefert worden und zwischen 50 und 70 pro Tag verstorben sein.[21] Auch der eingangs erwähnte Reserveoffizier Richard Rogenhofer und der oben erwähnte Landesschütze Johann Heiß erkrankten schwer an Typhus, überlebten aber mit viel Glück.[22]

---

[17] Johann Heiß, Erlebnisse aus der russischen Kriegsgefangenschaft, transkribiert von Peter und Franziska Heiß, Privatbesitz.
[18] Karl Bauer, Seuchen und Seuchenbekämpfung in Sibirien, in: Burghard Breitner (Hrsg.), Ärzte und ihre Helfer im Weltkriege 1914–1918, Wien 1936, 456–460, hier 456.
[19] Vgl. Bauer, Seuchen und Seuchenbekämpfung in Sibirien, 456 und 458; Weiland, Kriegsgefangenenlager Krasnojarsk, 176f.; Friedrich Breitinger, Als Arzt und Held in Sibirien gestorben. Dem Andenken des Salzburger Arztes Dr. Karl Lang, in: Salzburger Chronik, 02.05.1931, 3–4; Elsa Brändström, Unter Kriegsgefangenen in Rußland und Sibirien, Berlin 1927, 75.
[20] Gustav von der Hellen an Maria von der Hellen, Krasnojarsk, 28.03.1915, Slg. Andreas Bliersbach, Privatbesitz. Der Rest dieses Satzes fiel der Zensur zum Opfer.
[21] Vgl. Hans Weiland, Wie starben die Kriegsgefangenen?, in: Der Plenny. Organ der Bundesvereinigung der ehemaligen öst. Kriegsgefangenen 8 (1931) 3, 30–33, hier 31.
[22] Vgl. Richard Rogenhofer an Marie Rogenhofer, Krasnojarsk, 26.09.1915, Slg. Andreas Bliersbach, Privatbesitz; Johann Heiß, Erlebnisse aus der russischen Kriegsgefangenschaft, transkribiert von Peter und Franziska Heiß, Privatbesitz.

Nur langsam begann die russische Lagerverwaltung – vermutlich auf Betreiben der Stadtbevölkerung, die ja nur wenige Kilometer vom Lager trennten – sich für die Eindämmung der Epidemie zu interessieren.[23] So erhielt etwa ein technisch versierter österreichischer Reserveoffizier von russischer Seite die Erlaubnis, im Lager eine Badeanstalt und einen Desinfektor zu errichten, der es ermöglichte, die Wäsche wirksam zu desinfizieren.[24] Am 21. April 1915 trafen sechs kriegsgefangene Ärzte aus anderen Lagern kommend in Krasnojarsk ein, um bei der Bekämpfung der Epidemie mitzuwirken.[25] Auch die nun wärmeren Temperaturen und die Heranziehung der kriegsgefangenen Mannschaft für Arbeiten außerhalb des Lagers, welche im Frühsommer 1915 einsetzte,[26] trugen sicherlich ihren Teil dazu bei, dass die Zahl der Sterbefälle im Mai und Juni merklich zurückging (vgl. dazu Diagramm 6) und das Krasnojarsker Lager Ende August 1915 schließlich „flecktyphusfrei" war.[27]

Gleichzeitig schritt die Selbstorganisation der Gefangenen in Krasnojarsk immer weiter voran. Major von der Hellen, der bereits am 7. September 1914 in russische Gefangenschaft geraten war, hatte sich seit seiner Ankunft in Krasnojarsk im Oktober jenes Jahres mit großem persönlichem Einsatz darum bemüht, die Lage der Gefangenen vor Ort zu verbessern und das Lagerleben zu organisieren. Er legte damit das Fundament für eine funktionierende und breit aufgestellte Selbstverwaltung. Auf dieser Grundlage konnten seine Nachfolger – von der Hellen büßte sein Engagement im September 1915 mit einer mehrmonatigen Inhaftierung und anschließender Strafversetzung nach Beresowka – aufbauen.[28] An der Spitze der österreichisch-ungarischen Kriegsgefange-

---

[23] Vgl. Weiland, Kriegsgefangenenlager Krasnojarsk, 177. Major von der Hellen schrieb in der bereits oben zitierten Karte vom 28.03.1915: „Jetzt beginnt man auch die Bekämpfung [der Epidemie] ernster zu nehmen." Gustav von der Hellen an Maria von der Hellen, Krasnojarsk, 28.03.1915, Slg. Andreas Bliersbach, Privatbesitz.

[24] Vgl. NARA, Record Group 59 (General Records of the Department of State, 1763–2002), Central Decimal Files, 1910–1963, Microcopy 367, Roll 289, Kaiserlich Deutsche Botschaft an den Staatssekretär der Vereinigten Staaten Robert Lansing, Washington, D. C., 19.11.1915. Dem Schreiben liegen zwei Abschriften von Berichten über die Zustände in Krasnojarsk bei; Weiland, Kriegsgefangenenlager Krasnojarsk, 177.

[25] Vgl. Österreichisches Staatsarchiv (ÖStA), Allgemeines Verwaltungsarchiv (AVA), Nachlass Eduard Pichl, Krt. 59, Typoskript Krasnojarsk, datiert Csáktornya, 05.11.1916. Dieser namentlich nicht gezeichnete Bericht wurde vermutlich von Eugen Gänger, Regimentsarzt im k. u. k. Ulanenregiment Nr. 5, verfasst, der nach Csáktornya heimatzuständig war und im Oktober 1916 im Austauschwege aus Krasnojarsk in die Monarchie zurückkehrte. Vgl. zu ihm: Verlustliste Nr. 112, 24.01.1915, 4; Rückkehrende Austauschinvalide und Austauschärzte, in: Neue Freie Presse (Morgenblatt), 10.10.1916, 9.

[26] Vgl. Johann Heiß, Erlebnisse aus der russischen Kriegsgefangenschaft, transkribiert von Peter und Franziska Heiß, Privatbesitz. Die Haager Landkriegsordnung von 1907 bestimmte in Kapitel 2, Art. 6, dass die Gewahrsamsmacht befugt sei, „die Kriegsgefangenen mit Ausnahme der Offiziere nach ihrem Dienstgrad und nach ihren Fähigkeiten als Arbeiter zu verwenden. Diese Arbeiten dürfen nicht übermäßig sein und in keiner Beziehung zu den Kriegsunternehmungen stehen."

[27] ÖStA, AVA, Nachlass Eduard Pichl, Krt. 59, Typoskript Krasnojarsk, datiert Csáktornya, 05.11.1916.

[28] Vgl. Davis, Prisoners of War Camps as Social Communities, 152; Weiland, Kriegsgefangenenlager Krasnojarsk, 176f.; [Alexandrine] Gräfin Üxküll, Aus einem Schwesternleben, Stuttgart ²1957, 32f.; DlA, Dr. Josef Saatzer, Manuskript ohne Titel, 97. Von der Hellen schwebte nach seiner Inhaftierung in Lebensgefahr, da nicht nur eines Nachts, während er sich in seiner Zelle befand, auf ihn geschossen worden sein soll, sondern die russischen Behörden ihn auch wegen (angeblicher) Spionage anklagten

nen stand ein eigenes Lagerkommando; daneben gab es weitere Kommandoebenen (Rayonskommandanten, Bataillonskommandanten, Barackenkommandanten etc.) und zahlreiche Fachabteilungen mit einem oder mehreren Offizieren. Es existierten ein ökonomischer Dienst (geleitet von einem Militär-Intendanten), eine Menagekommission, eine Wohnungskommission, eine Poststelle, eine Offiziersevidenzabteilung und eine Salubritätskommission. Es gab mehrere Proviantoffiziere sowie Aufsichtsoffiziere für die Küchen, die Bäckerei, die Bäder, die Waschküche und für die Holz- und Petroleumversorgung. Wieder andere Offiziere kümmerten sich um die Bestattung und die Nachlässe der verstorbenen Gefangenen, um die rechtlichen Angelegenheiten und um die Verbindung zu den osmanischen Gefangenen im Lager. Auch die medizinische Versorgung machte – allen bestehenden Mängeln zum Trotz – Fortschritte. Im Winter 1915/16 versahen neben einem russischen Chefarzt insgesamt 37 kriegsgefangene Militärärzte, sieben Tierärzte und acht Pharmazeuten den ärztlichen Dienst im Lager. Einzelne von ihnen wirkten als Fachärzte. So ordinierten etwa Dr. Eugen Gänger, Regimentsarzt im k. u. k. Ulanenregiment Nr. 5, als Facharzt für Haut- und Geschlechtskrankheiten und der Regimentsarzt Dr.

Abb. 1: Major Gustav von der Hellen (1867–1949) setzte sich 1914/15 als ranghöchster österreichisch-ungarischer Offizier für die Verbesserung der Zustände im Lager Krasnojarsk ein. Aufnahme aus dem Frühsommer 1915. Quelle: Slg. Andreas Bliersbach, Privatbesitz.

Popper (k. u. k. Infanterie-Divisions-Sanitätsanstalt Nr. 3) als HNO-Arzt. Die Leitung der Spitalsapotheke lag in den Händen des Militärmedikamentenakzessisten i. d. Res. Ludwig Krémer von Balla (k. u. k. Festungsspital Nr. 1).[29]

Wie aus diesen Ausführungen ersichtlich, erweiterten die Kriegsgefangenen im Laufe des Jahres 1915 – allen Widrigkeiten zum Trotz und weitgehend in Eigenregie – die

---

und ein Todesurteil zumindest drohte. Das Kriegsministerium in Wien intervenierte über alle ihm zur Verfügung stehenden offiziellen und inoffiziellen Kanäle und erreichte schließlich, dass die Anklage fallen gelassen wurde und von der Hellen aus dem Arrest freikam. Vgl. Nachtigal, Rußland und seine österreichisch-ungarischen Kriegsgefangenen, 115f.

[29] Vgl. ÖStA, Kriegsarchiv (KA), KM 1916 Abt. 10 Krt. 1349, 1916 10/KgA 10/35/1-109.

Infrastruktur ihres Lagers. Zu Jahresende verfügte es über ein Kaffeehaus und zwei Gasthäuser für Offiziere, eine Greißlerei, eine Bäckerei, Mannschaftsküchen und Kantinen, eine Wäscherei (für die Wäsche der Spitalspatienten), ein Offiziers- und ein Mannschaftsbad, ein Spitalsgebäude für Offiziere und zwei Spitalsbaracken für die Mannschaft.[30] Allerdings ließen sowohl das Lager- als auch das Stadtspital, in welches mitunter auch erkrankte Kriegsgefangene überstellt wurden, viel zu wünschen offen, wie die Aufzeichnungen der österreichisch-ungarischen Rotkreuzschwester Ilona von Rosty (1864–1945) belegen, die vom 19. bis zum 27. Dezember 1915 im Rahmen der ersten Schwesternreisen das Lager von Krasnojarsk besuchen konnte.[31] Über die Zustände im Stadtspital notierte sie sich stichwortartig:

> In zwei alte schlechte Gebäude untergebracht. Fussboden ganz verfault mit grossen Löchern. Alles sehr schmutzig, unhygienisch. Mangel an Medikamenten an Wäsche u. an jedem Behelf für Pflege schwer Kranker, u. wir fanden nur solche dort. Es waren 179 Betten belegt u. ein Offizier lag zwischen der Mannschaft. Meistens Kranke von den Arbeitstransporten. Schwere Hirnleiden hochgradige Tuberkulose u. Typhus. 1 russischer Chefarzt u. 4 öst. ung. Ärzte sind im Spital beschäftigt. Letztere klagten sehr über die allgemeine Unterernährung der Kriegsgefangenen und den Mangel einer diätischen Verköstigung.[32]

Nicht viel besser war der Eindruck, den von Rosty vom Lagerspital gewann:

> Ähnlich notdürftig, dies der erste peinliche Eindruck. Ausserdem sehr kalt. […] Die Betten waren diesmal zum Unterschied früherer Delegationsbesuche mit Strohsäcken versehen, die Füllung jedoch bereits vollkommen abgelegen und unhygienisch. Trotz dringender, wiederholter Reclamationen Ersatz nicht gegeben – angeblich wegen Mangel an Stroh u. zu hohen Preisen.
> Grosser Mangel an Medikamenten, ebenso an Instrumenten. Operationen können überhaupt nicht vollzogen werden.
> Kost ungenügend u. in ihrer Zusammensetzung für den Kranken schädlich.
> […] Um der grössten Misere abzuhelfen, müssen die Offiziere von ihrem Gehalt monatliche Beiträge abliefern. Bei dem derzeitigen Spitalsstand von 460 Mann eine tägliche unbedingt notwendige Mehrauslage von Rubel 40.

---

[30] Vgl. Berichte über die Besichtigung der Gefangenenplätze in Oesterreich-Ungarn und in Russland durch Abordnungen des Dänischen Roten Kreuzes [Rosty-Brendstrup], Kopenhagen 1916, 18f.; DIA, Dr. Josef Saatzer, Manuskript ohne Titel, 101f.

[31] Vgl. Berichte über die Besichtigung der Gefangenenplätze in Oesterreich-Ungarn und in Russland durch Abordnungen des Dänischen Roten Kreuzes [Rosty-Brendstrup], 18–23. Vgl. zu den Schwesternreisen ausführlich: Reinhard Nachtigal, Die dänisch-österreichisch-ungarischen Rotkreuzdelegierten in Rußland 1915–1918. Die Visitation der Kriegsgefangenen der Mittelmächte durch Fürsorgeschwestern des österreichischen und ungarischen Roten Kreuzes, in: Zeitgeschichte 25 (1998) 11/12, 366–374; Nachtigal, Rußland und seine österreichisch-ungarischen Kriegsgefangenen, 108–151; Matthias Egger, Gekämpft, gefangenen und vergessen? Die k. u. k. Regierung und die österreichisch-ungarischen Kriegsgefangenen in Russland 1914–1918, phil. Diss., Salzburg 2018, 309–386.

[32] ÖStA, KA, KM 1916 Abt. 10 Krt. 1349, 1916 10/KgA 10/35/1-109.

Wäschemangel sehr gross. Seit dem schwedischen Liebesgabenzug hatte jeder Kranke seine Decke. Die Leute sehen alle erbärmlich aus, der grösste Perzentsatz Tuberkulose. Mehrere Kranke lagen im Sterben.
Der Besuch dieses Spitales hat den tief traurigsten Eindruck auf mich gemacht.[33]

Diese plastische Schilderung ist gleich in mehrfacher Hinsicht aufschlussreich. Erstens illustriert sie eindringlich, dass allen Bemühungen zum Trotz die medizinische Versorgung der Kriegsgefangenen in Krasnojarsk, wie auch deren Lebensbedingungen insgesamt, auch im zweiten Kriegswinter mangelhaft war. Dies mag auch damit zusammenhängen, dass es in den Quartieren im Herbst 1915 – bedingt durch das Eintreffen neuer Gefangenentransporte und der Rückkehr der im Frühsommer zum Arbeitseinsatz abtransportierten Mannschaft – trotz der zwischenzeitlichen Errichtung von rund 60 Erdbaracken wieder eng wurde. Hatten sich im Lager im Dezember 1914 über 7.000 Gefangene befunden, so waren es im Dezember 1915 rund 13.000 (vgl. Diagramm 1). Dementsprechend beengt waren die Wohnverhältnisse und es mag daher nicht verwundern, dass auch die Krankenstände unter den Gefangenen wieder zunahmen.[34] Zweitens lassen aber von Rostys Notizen erkennen, dass die Kriegsgefangenen im Winter 1915/16 auf ungleich mehr Hilfe zählen konnten als im Winter des Vorjahres. Einerseits organisierten die Offiziere, die ja im Unterschied zur Mannschaft auch in der Gefangenschaft weiterhin ein Gehalt bezogen,[35] nun systematisch die Unterstützung der Mannschaft im Lager.[36] Andererseits liefen im Herbst 1915 große Fürsorgemaßnahmen seitens der Habsburgermonarchie und des Deutschen Reiches an, die dazu führten, dass Delegierte des Schwedischen Roten Kreuzes auch in Krasnojarsk Hilfsgüter verteilen und vor Ort dringend benötigte Medikamente beschaffen konnten.[37] Auch Hilfsgelder langten im Lager ein[38] und im Frühjahr 1916 stellten die russischen Behörden auch Typhusimpfstoff bereit.[39] Diese Faktoren führten in Kombination mit dem hohen Grad der Selbstorganisation dazu, dass trotz all der offensichtlichen Mängel, die bei der Unterbringung und Versorgung der Mannschaft und teilweise auch der Offiziere nach wie vor herrschten, die Verhältnisse in Krasnojarsk im Winter 1915/16

---

[33] ÖStA, KA, KM 1916 Abt. 10 Krt. 1349, 1916 10/KgA 10/35/1-109.
[34] Vgl. ÖStA, AVA, Nachlass Eduard Pichl, Krt. 59, Typoskript Krasnojarsk, datiert Csáktornya, 05.11.1916; Weiland, Kriegsgefangenenlager Krasnojarsk, 178f.
[35] Die Haager Landkriegsordnung von 1907 legte fest, dass „[d]ie gefangenen Offiziere […] dieselbe Besoldung [erhalten], wie sie den Offizieren gleichen Dienstgrades in dem Lande zusteht, wo sie gefangen gehalten werden; ihre Regierung ist zur Erstattung verpflichtet" (Kap. 2, Art. 17). Mit Blick auf die im Zarenreich gefangenen Offiziere bedeutete dies, dass Offiziersaspiranten, Leutnants, Oberleutnants und Hauptleute Anspruch auf 50 Rubel, Stabsoffiziere (Major bis Oberst) auf 75 Rubel und Generäle auf 125 Rubel pro Monat hatten. Vgl. Alon Rachamimov, POWs and the Great War. Captivity on the Eastern Front, Oxford u. a. 2002, 99.
[36] Vgl. DlA, Dr. Josef Saatzer, Manuskript ohne Titel, 104.
[37] Vgl. ÖStA, KA, KM 1916 Abt. 10, Krt. 1349, 1916 10/KgA 10/35/2/64.
[38] Allein Ilona von Rosty hat bei ihrem Besuch dem österreichisch-ungarischen Lagerkommando 10.000 Rubel übergeben, die die Regierung in Wien zur Verfügung gestellt hatte. Vgl. ÖStA, AVA, Nachlass Eduard Pichl, Krt. 59, Typoskript Krasnojarsk, datiert Csáktornya, 05.11.1916.
[39] Vgl. ÖStA, KA, KM 1916 Abt. 10, Krt. 1350, 1916 10/KgA 10/35/2/287.

Abb. 2: Eines der beiden Bäder im Kriegsgefangenenlager Krasnojarsk, undatierte Aufnahme. Quelle: StAI, Ph-A-24733-18.

als verhältnismäßig gut bezeichnet werden konnten.[40] Jedenfalls lag die Mortalität nun deutlich niedriger als im Winter 1914/15 (vgl. Diagramm 5).

Im Frühjahr 1916 begann die russische Regierung schließlich damit, die Kriegsgefangenen systematisch für Arbeiten heranzuziehen. Hunderttausende wurden aus den sibirischen Lagern ins europäische Russland verlegt; auch aus Krasnojarsk gingen 10.000 Mann ab.[41] Während die Bewegungsfreiheit der zurückbleibenden Gefangenen ab dem Frühjahr 1916 zusehends eingeschränkt wurde, ging der organisatorische Ausbau – ungeachtet des ständigen Ab- und Zugangs von Gefangenen im Lager – weiter:

> Wir haben im Lager Schuster, Schneider, Friseure, Tischler, Drechsler, Kürschner, Kappenmacher, Spengler, Uhrmacher, Holzschnitzer, Graveure, Bäcker, Zuckerbäcker, Maurer, Kunstmaler und Photographen; in den Speisehallen Kellner, in den Verkaufshallen Verkäufer, die sich alle aus unserer Mannschaft rekrutieren,

heißt es etwa in dem schon mehrfach zitierten Bericht eines österreichisch-ungarischen Militärarztes.[42] Aus dem Verlangen nach einem sinnvollen Zeitvertreib entwickelte sich insbesondere unter den gefangenen Offizieren ein reges kulturelles Leben. Es wurde

---

[40] Nach Ansicht einiger schwedischer Rotkreuz-Delegierter, die im Winter 1915/16 in Sibirien Hilfsgüter verteilten, war Krasnojarsk „das beste Lager, das wir gesehen haben und das einzige, in dem Ordnung herrscht. Dieser Umstand ist nur der Einsicht der russischen Behörden zu danken, die erlauben, daß die eigenen Offiziere sich mit der eigenen Mannschaft befassen." Die Zustände im Lagerspital bezeichneten jedoch auch die schwedischen Delegierten als „schlecht". ÖStA, KA, KM 1916 Abt. 10, Krt. 1349, 1916 10/KgA 10/35/2/64.

[41] Vgl. allgemein dazu: Nachtigal, Rußland und seine österreichisch-ungarischen Kriegsgefangenen, 153; Verena Moritz, Die österreichisch-ungarischen Kriegsgefangenen in der russischen Wirtschaft (1914 bis Oktober 1917), in: Zeitgeschichte 25 (1998) 11/12, 380–389, hier 382. Mit Blick auf Krasnojarsk vgl. ÖStA, AVA, Nachlass Eduard Pichl, Krt. 59, Typoskript Krasnojarsk, datiert Csáktornya, 05.11.1916; Weiland, Kriegsgefangenenlager Krasnojarsk, 180; DIA, Dr. Josef Saatzer, Manuskript ohne Titel, 110.

[42] ÖStA, AVA, Nachlass Eduard Pichl, Krt. 59, Typoskript Krasnojarsk, datiert Csáktornya, 05.11.1916.

Abb. 3: Österreichisch-ungarische Kriegsgefangene vor den Erdbaracken in Krasnojarsk, aufgenommen vermutlich im Winter 1915/16. Quelle: Slg. Andreas Bliersbach, Privatbesitz.

gesungen, musiziert, komponiert, gelesen, gedichtet, gezeichnet, gemalt und auch Theaterstücke, Operetten, Symphonien und Kammermusik gelangten zur Aufführung. Parallel dazu entwickelte sich ein breit gefächertes Bildungsangebot; das Spektrum reichte von Sprachstudien über medizinische, technische und juridische Lehrveranstaltungen bis hin zu Zeichen- und Malkursen.[43] Auch Turn- und Sportvereinigungen wurden ins Leben gerufen. Der deutschnationale Alpinist und Landsturm-Leutnant Eduard Pichl (1872–1955) gründete 1916 in Krasnojarsk den Turnverein *Theodor Körner*, der sich dezidiert antisemitisch gab und jüdische Offiziere pauschal von einer Mitgliedschaft ausschloss. Daneben gab es auch einen ungarischen Sportverein, der eng mit dem Turnverein *Theodor Körner* kooperierte, einen *Zionistischen Sportverein* und den *Dreiundreißiger Klub*, so benannt nach der Erdbaracke 33.[44] Schließlich bildete sich in Krasnojarsk gemäß den Beschlüssen der ersten beiden Stockholmer Rotkreuz-Konferenzen ein Lagerkomitee, das als gewählte Interessenvertretung der Gefangenen nach innen und außen agieren sollte.[45]

Während die Verhältnisse in Krasnojarsk „im Winter 1916/17 […] durchaus erträglich" waren,[46] begannen sie sich im Laufe des folgenden Jahres spürbar zu ver-

---

[43] Vgl. Davis, Prisoners of War Camps as Social Communities, 154–156; und ausführlich: Matthias Egger/Lena Radauer, Kultur im Lager. Kulturelle Aktivitäten der österreichisch-ungarischen Kriegsgefangenen in Russland 1914–1918, in: Österreich in Geschichte und Literatur mit Geographie 58 (2014) 2, 87–105, hier passim.
[44] Vgl. DlA, Dr. Josef Saatzer, Manuskript ohne Titel, 115f.
[45] Vgl. DlA, Dr. Josef Saatzer, Manuskript ohne Titel, 172; Weiland, Kriegsgefangenenlager Krasnojarsk, 181. Vgl. allgemein zur Entstehung und Aufgabe der Lagerkomitees: Egger, Gekämpft, gefangen und vergessen?, 517–520.
[46] Weiland, Kriegsgefangenenlager Krasnojarsk, 182.

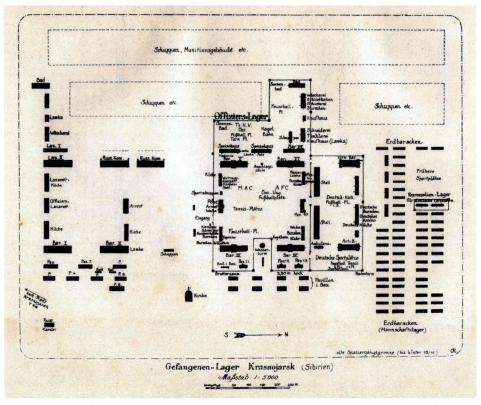

Abb. 4: Übersichtsplan des Kriegsgefangenenlagers Krasnojarsk, um 1916. Gut zu erkennen ist die bereits gut ausgebaute Infrastruktur im Offizierslager. Quelle: W. v. Nippold, Germanski Wojenno Plenny. Tagebuchblätter von Gefangenschaft, Bürgerkrieg, Heimkehr und Haager Konvention, Münster 1936.

schlechtern. Die Februar- und die Oktoberrevolution und die damit einhergehenden politischen, gesellschaftlichen und wirtschaftlichen Verwerfungen blieben nicht ohne Folgen für das Leben der Kriegsgefangenen. Ihre Verpflegung wurde schlechter, die Preise stiegen und immer wieder wurden sie zum Ziel von gewaltsamen Übergriffen. So überfielen Kosaken im Sommer 1917 mehrfach das Offiziers- und das Mannschaftslager in Krasnojarsk.[47] Im Gefolge der Machtübernahme der lokalen Bolschewiki im Jänner 1918 verloren auch die Offiziere in Krasnojarsk ihre bislang – völkerrechtlich garantierte – privilegierte Behandlung; die monatlichen Gehaltszahlungen wurden im März 1918 eingestellt. Die Gefangenen sahen sich mit widersprüchlichen Befehlen des russischen Lagerkommandos, das ein Kommunist übernommen hatte, mit Willkürakten, Überfällen und ideologischer Agitation konfrontiert. Manche von ihnen sympathisierten mit den Bolschewiki; viele verhielten sich jedoch indifferent oder offen

---

[47] Vgl. Weiland, Kriegsgefangenenlager Krasnojarsk, 182; DlA, Dr. Josef Saatzer, Manuskript ohne Titel, 141–147.

ablehnend. Dementsprechend aufgeheizt war die Stimmung im Lager, zumal Mitte März auch noch der Friedensschluss von Brest-Litowsk in Krasnojarsk bekannt wurde, der eine regelrechte „Fluchtpsychose" auslöste.[48]

> Es waren furchtbare Tage und Wochen im Lager. Täglich wurde es schlechter, unhaltbarer, täglich packten, rechneten, flohen neue Kameraden, täglich wurden Flüchtlinge abgefangen und in den „Kerker" eingebracht. Alles war nervös, alles wollte heim, nur hinaus aus diesem Hexenkessel, diese Hölle der einen, diesem „Paradies" der anderen!

So erinnerte sich der Fähnrich i. d. Res. im steirischen IR 87, Hans Weiland, an die Stimmung in Krasnojarsk im Frühjahr 1918.[49] Allerdings glückte nur wenigen Gefangenen die Flucht aus Sibirien, da im Ural bereits im November 1917 lokale Kämpfe gegen die Bolschewiki ausgebrochen waren und die Transsibirische Eisenbahn bald von konterrevolutionären Truppen, die den Friedensschluss von Brest-Litowsk nicht anerkannten, blockiert wurde.[50] In Krasnojarsk erhöhte sich während des Jahres 1918 sogar die Anzahl der Gefangenen, da im Herbst einige Mannschafts- und Offizierstransporte im Lager eintrafen (vgl. Diagramm 1).[51]

Im Laufe des Frühjahrs 1918 kam die Bürgerkriegsfront immer näher an Krasnojarsk heran; Ende Mai wurde schließlich der Belagerungszustand über das gesamte Gouvernement verhängt und einen Monat später besetzte die Tschechische Legion, die auf Seiten der konterrevolutionären Gruppierungen kämpfte, die Stadt und das Lager. Die Legionäre verhafteten den von den Bolschewiki eingesetzten russischen Lagerkommandanten ebenso wie einige Kriegsgefangene, die auf Seiten der Bolschewiki gekämpft hatten. Mindestens vier von ihnen, darunter der Zugsführer im niederösterreichischen IR 4 Karl Mildner (1879–1919), wurden von den Legionären im Jänner 1919 als Vergeltung für einen Anschlag auf einen ihrer Posten hingerichtet.[52] Ungeachtet dieser Exzesse begann sich im Sommer 1918 die Lage für die meisten Gefangenen in Krasnojarsk wieder etwas zu normalisieren, da sich die Legionäre für die Kriegsgefangenen – abgesehen von den Tschechen und Slowaken, die sich noch unter Letzteren befanden – nicht sonderlich interessierten. Sie gewährten den Gefangenen sogar manche

---

[48] Vgl. Weiland, Kriegsgefangenenlager Krasnojarsk, 184–186; DlA, Dr. Josef Saatzer, Manuskript ohne Titel, 152–160.
[49] Weiland, Kriegsgefangenenlager Krasnojarsk, 186.
[50] Vgl. Igor Narskij, Der Ural im russischen Bürgerkrieg. Gewaltformen und Überlebensstrategien, in: Jörg Baberowski (Hrsg.), Moderne Zeiten? Krieg, Revolution und Gewalt im 20. Jahrhundert, Göttingen 2006, 94–110, hier 95; Reinhard Nachtigal, Die Repatriierung der Mittelmächte-Kriegsgefangenen aus dem revolutionären Rußland. Heimkehr zwischen Agitation, Bürgerkrieg und Intervention 1918–1922, in: Jochen Oltmer (Hrsg.), Kriegsgefangene im Europa des Ersten Weltkriegs, Paderborn u. a. 2006, 239–266, hier insbes. 250f.
[51] Vgl. DlA, Dr. Josef Saatzer, Manuskript ohne Titel, 188.
[52] Vgl. Weiland, Kriegsgefangenenlager Krasnojarsk, 186. Weiland berichtet, dass insgesamt zehn Geiseln erschossen worden seien, darunter der Wiener Karl Mildner. Die Totenliste legt nahe, dass sich neben Zugsführer Mildner noch drei weitere Kriegsgefangene unter den Hingerichteten befanden. Vgl. StAI, Cod-57.

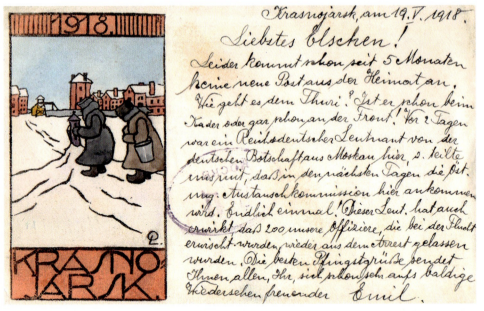

Abb. 5: Unter den Kriegsgefangenen entwickelte sich allen Widrigkeiten zum Trotz ein reges kulturelles Leben. Ein schönes Beispiel hierfür ist diese Karte, die der Fähnrich i. d. Res. Emil Reiching (k. u. k. Feldhaubitzenregiment 13, zugeteilt dem Warasdiner IR 16) im Mai 1918 nach Donji Miholjac in Slawonien sandte. Aus dem Kartentext wird einmal mehr deutlich, wie gering die Chancen für eine erfolgreiche Flucht aus Sibirien waren. Quelle: Slg. Andreas Bliersbach.

Freiheiten und die Offiziere erhielten wieder ihr Gehalt, wenngleich dieses nicht mehr zur Bestreitung des Lebensunterhalts ausreichte. Jeder, egal ob Soldat oder Offizier, versuchte etwas herzustellen, was sich verkaufen ließ. Es entstand binnen kurzer Zeit eine regelrechte „Lagerindustrie";[53] es gab schließlich sogar „eine zentrale Einkaufs- und Verkaufsorganisation für alle Waren, die das Lager benötigte."[54] Allerdings konnten auch diese Aktivitäten nicht darüber hinwegtäuschen, dass „[d]ie Wellenschläge des Bürgerkrieges" das Leben im Lager „steigen und sinken" ließen. „Nie gab es einen Augenblick gesicherten Daseins", so der Oberleutnant im k. k. Landsturminfanterieregiment (LstIR) 18, Dr. Bruno Prochaska (1879–?), im Rückblick.[55]

Ende Juli 1919 versuchten die Bolschewiki, die Macht in Krasnojarsk wieder an sich zu reißen. Es kam zu Kämpfen zwischen den Bolschewiki und der Tschechischen Legion teils in unmittelbarer Nähe, teils sogar innerhalb des Gefangenenlagers. Die Legionäre schlugen diesen Aufstand mit großer Härte nieder, mehrere hundert Bolschewiki sollen hingerichtet worden sein und auch mehrere Kriegsgefangene wurden

---

[53] Vgl. Weiland, Kriegsgefangenenlager Krasnojarsk, 186f.; DIA, Dr. Josef Saatzer, Manuskript ohne Titel, 183–186.
[54] Bruno Prochaska, Krasnojarsk, Lager Gorodok, in: Der Plenny. Organ der Bundesvereinigung der ehemaligen öst. Kriegsgefangenen 10 (1933) 5/6, 51–52, hier 51f.
[55] Prochaska, Krasnojarsk, 51.

von einem Feldgericht der Legion zum Tode verurteilt.[56] Im Herbst 1919 – der Krieg war nun seit fast einem Jahr zu Ende, die Habsburgermonarchie hatte sich aufgelöst – war für hunderttausende Kriegsgefangene in Sibirien eine Heimkehr immer noch nicht in Sicht.[57] Der Bürgerkrieg tobte weiter, die Versorgungslage wurde immer schlechter, die Preise stiegen rasant an und Hilfe von außen traf, wenn überhaupt, nur noch spärlich ein. Gleichzeitig drangen die Bolschewiki immer weiter vor. Im November 1919 nahmen sie Omsk ein, im Dezember Nowonikolajewsk und am 6. Jänner 1920 übernahmen sie auch in Krasnojarsk wieder die Macht. Im Tross der „Roten Armee" gelangten auch rund 20.000 bis 30.000 gefangene Konterrevolutionäre in die Stadt, die in unmittelbarer Nähe der noch rund 5.000 österreichisch-ungarischen, deutschen und osmanischen Gefangenen einquartiert wurden. War die Lage der Kriegsgefangenen der Mittelmächte schon sehr schlecht, so war jene der Bürgerkriegsgefangenen schlicht erbärmlich. Sie waren vom Transport ausgezehrt, litten Hunger und unter ihnen grassierte der Flecktyphus. Die Umstände für eine rasche und effektive Bekämpfung der Krankheit waren denkbar schlecht, zumal sich die neuen Machthaber nicht darum kümmerten und stattdessen auch noch den Kriegsgefangenen das Holz für den Betrieb des im Jahr 1915 errichteten Desinfektors abnahmen. Erschwerend kam hinzu, dass ein von einem kriegsgefangenen Mediziner selbst hergestellter Impfstoff zu großen Ausfällen unter dem medizinischen Personal führte. Von den insgesamt 108 Personen, die mit diesem Serum geimpft wurden, sollen 44 gestorben sein, darunter mehrere Ärzte und Sanitäter. 55 weitere erkrankten schwer.[58] Bis zum Abflauen der Epidemie im Spätfrühjahr 1920 sollen bis zu 500 Kriegsgefangene der Mittelmächte gestorben sein.[59]

Abgesehen von den Schrecken der zweiten Flecktyphusepidemie veränderte die neuerliche Machtübernahme der Bolschewiki die Lage der Kriegsgefangenen in Krasnojarsk erneut von Grund auf. Allfällige Geldreserven waren plötzlich wertlos, weil die Währung der Konterrevolutionäre von den Bolschewiki nicht anerkannt wurde.

---

[56] Vgl. Weiland, Kriegsgefangenenlager Krasnojarsk, 188f.; DlA, Dr. Josef Saatzer, Manuskript ohne Titel, 222–227; Hans Pabst, Meuterei und Blutgericht in Krasnojarsk. 31. Juli, 1. und 2. August 1919, in: Der Plenny. Organ der Bundesvereinigung der ehemaligen öst. Kriegsgefangenen 7 (1930) 1/2, 13–15.

[57] Gösta Cedergren, Delegierter des Schwedischen Roten Kreuzes, bezifferte Mitte Dezember 1918 die Anzahl der Kriegsgefangenen in Westsibirien mit rund 250.000, darunter 230.000 aus der – zu diesem Zeitpunkt bereits aufgelösten – Habsburgermonarchie. Vgl. NARA, Record Group 59 (General Records of the Department of State, 1763–2002), Central Decimal Files, 1910–1963, Microcopy 367, Roll 316, Report on the Conditions of Prisoners of War in Western Siberia, Vladivostok, 13.12.1918. Vgl. allgemein zum schwierigen Repatriierungsprozess: Nachtigal, Die Repatriierung der Mittelmächte-Kriegsgefangenen aus dem revolutionären Rußland, 239–266.

[58] Vgl. DlA, Dr. Josef Saatzer, Manuskript ohne Titel, 252–256; Weiland, Kriegsgefangenenlager Krasnojarsk, 189f.; Fritz Hutter, [Beitrag ohne Titel], in: Burghard Breitner (Hrsg.), Ärzte und ihre Helfer im Weltkriege 1914–1918, Wien 1936, 443–452, hier 450–452. Wie in den meisten Fällen weichen auch hier die Zahlenangaben in den Quellen voneinander ab (siehe dazu auch die nachfolgende Fußnote).

[59] Vgl. Weiland, Kriegsgefangenenlager Krasnojarsk, 189. Andere Quellen setzen die Opferzahl deutlich niedriger an. Dem Reserveoffizier Dr. Josef Saatzer zufolge starben während der zweiten Epidemie – exklusive der oben erwähnten Impftoten – „höchstens 30–40 Gefangene an Flecktyphus". DlA, Dr. Josef Saatzer, Manuskript ohne Titel, 253. Friedrich (Fritz) Hutter, k. k. Oberarzt im Verhältnis der Evidenz, berichtet, dass im Frühjahr 1920 rund 120 Kriegsgefangene im Lager Krasnojarsk dem Flecktyphus erlegen seien. Hutter, [Beitrag ohne Titel], 451.

Gleichzeitig wurden alle Kriegsgefangenen zu freien Bürgern erklärt und mehr oder weniger sich selbst überlassen bzw. übernahmen nun jene Gefangenen das Ruder, die sich als sogenannte „Internationalisten" in den Dienst der Bolschewiki stellten. Als diese die gesunden Kriegsgefangenen für alle möglichen Arbeiten zum Aufbau der Sowjetunion rekrutieren wollten, begann die Auflösung des Lagers. Während es einer größeren Gruppe gelang, Krasnojarsk in Richtung Westen zu verlassen, suchten sich die zurückbleibenden Gefangenen schnellstmöglich eine Arbeit im Lager oder der Stadt, um „nicht in sinnlose Fernen verschickt zu werden [...]."[60] Sie hielten aber Augen und Ohren offen und ergriffen jede sich bietende Gelegenheit, um Krasnojarsk in Richtung ihrer Heimatländer zu verlassen.

> Ganze Gruppen traten die Reise nach Petersburg – 4000 km – zu Fuß an, so Kamerad Czermak-Wien, der in Krasnojarsk am 1. April [1920] abmarschierte und am 1. August in Petersburg einlangte. Sehr viele kamen dabei um, starben an Typhus, wurden ausgeraubt und erschlagen, gerieten in lokale Aufstände und wurden erschossen.[61]

Diejenigen Gefangenen, die keine Gelegenheit zur Heimkehr gefunden oder das Risiko einer abenteuerlichen Flucht gescheut hatten (wer wollte schon, nachdem er die Entbehrungen des Krieges, der Gefangenschaft und die Revolutions- und Bürgerkriegswirren überstanden hatte, auf der Heimreise sein Leben verlieren?), wurden im Herbst 1920 nach Wladiwostok verlegt, von wo sie die Heimreise mit offiziellen Transporten über Singapur und den Suezkanal nach Triest antraten. In Krasnojarsk blieben lediglich ungarische Offiziere zurück, die die Bolschewiki als Geiseln – vermutlich vor dem Hintergrund des „Weißen Terrors" in Ungarn[62] – in ihrer Gewalt behielten. Mit ihrem Abtransport im Frühjahr 1922 endete schließlich auch die beinahe achtjährige Geschichte des Kriegsgefangenenlagers Krasnojarsk[63] – dreieinhalb Jahre nachdem der Erste Weltkrieg zu Ende gegangen war.

Die Totenliste – Entstehung, Beschreibung und Quellenkritik

Am 13. September 1919 sandte der Tiroler Reserveoffizier Dr. Hermann Egger (1880–1920) ein rund 200 Seiten starkes Verzeichnis – die „Totenliste über die im Kriegsgefangenenlager Krasnojarsk in der Zeit von Oktober 1914 bis [September 1919][64] verstorbenen Offiziere, Mannschaften u. Zivil[isten] der öst. ung., reichsdeutschen u. türkischen Armee" – mitsamt einem Indexband an den Innsbrucker Bürgermeis-

---

[60] Weiland, Kriegsgefangenenlager Krasnojarsk, 191.
[61] Weiland, Kriegsgefangenenlager Krasnojarsk, 191.
[62] Vgl. Ian Kershaw, Höllensturz. Europa 1914 bis 1949 (Schriftenreihe der Bundeszentrale für politische Bildung 1780), Bonn 2016, 158.
[63] Vgl. Weiland, Kriegsgefangenenlager Krasnojarsk, 191.
[64] Im Original ist das Enddatum offengelassen.

ter Wilhelm Greil (1850–1928).⁶⁵ Warum er diese Totenliste ausgerechnet an diesen schickte und nicht etwa an den Bürgermeister der Stadt Meran (wo Egger das Heimatrecht besaß) oder an einen anderen Ort, lässt sich nicht mehr rekonstruieren. Jedenfalls gelangte sie so nach Innsbruck und von der Bürgermeisterkanzlei schließlich ins Stadtarchiv.

Es scheint daher angebracht, an dieser Stelle die Biografie Hermann Eggers zumindest streiflichtartig zu beleuchten. Geboren wurde er am 23. September 1880 als Sohn des k. k. Steueramtskontrollers Georg Egger und dessen Frau Philippine, geb. Ludescher, in Silz (Haus Nr. 50).⁶⁶ Er wuchs in Meran auf, besuchte dort das Gymnasium, begann im Anschluss ein Studium der Rechtswissenschaften an der Universität Innsbruck und absolvierte 1901/02 sein Einjährig-Freiwilligen-Jahr beim oberösterreichischen IR 14 in Bregenz. Egger promovierte und wurde Advokaturskonzipient in

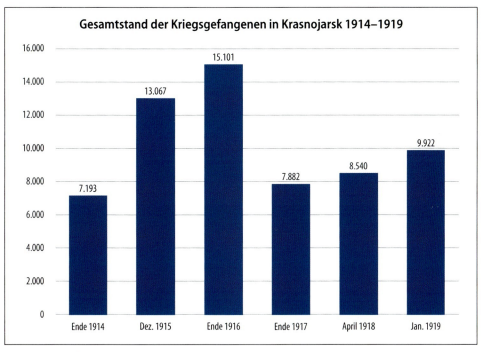

Diagramm 1: Übersicht über die Entwicklung der Anzahl der im Lager Krasnojarsk internierten Kriegsgefangenen zwischen Ende 1914 und Anfang 1919. Erstellt vom Verfasser anhand von: Fritz Bornemann, Die Lagerstadt und ihre Bewohner, in: Hans Weiland/Leopold Kern (Hrsg.), In Feindeshand. Die Gefangenschaft im Weltkriege in Einzeldarstellungen, Bd. 1, Wien 1931, 191; Berichte über die Besichtigung der Gefangenenplätze in Oesterreich-Ungarn und in Russland durch Abordnungen des Dänischen Roten Kreuzes [Rosty-Brendstrup], Kopenhagen 1916, 18 [Zahlen für Dezember 1915]; ÖStA, KA, AOK-Evidenzbüro Krt. 3858, Hauptmann Fischer, Tagebuch, Quittungsbuch u. Statistik über das Lager Krasnojarsk 1914–1918 [Zahl für April 1918].

---

65   StAI, Cod-57. Der dazugehörige Indexband hat die Signatur StAI, Cod-58.
66   Vgl. Tiroler Landesarchiv (TLA), Taufbuch Silz 1873–1895 _MF 0772-2, fol. 18.

Abb. 6: Dr. Hermann Egger (1880–1920) bekleidete zwischen 1915 und 1920 verschiedene Funktionen im Lager Krasnojarsk und sandte im Spätsommer 1919 die Totenliste mitsamt Index nach Innsbruck. Quelle: TLA, Tiroler Ehrenbücher.

Meran. Auf seinen eigenen Wunsch erfolgte mit 31. Dezember 1913 bei gleichzeitiger Ablegung seines Ranges als Leutnant i. d. Res. seine Entlassung aus der Landwehr. Doch am 13. August 1914 rückte er – unter gleichzeitiger (Wieder-)Ernennung zum Leutnant – zum Tiroler LstIR „Imst" Nr. II ein.[67] Mit seinem Regiment machte er die verlustreichen Schlachten bei Lemberg mit, ehe es Mitte September 1914 der Festungsbesatzung von Przemyśl zugeteilt wurde.[68] Beim Fall der Festung am 23. März 1915 ging Egger – mittlerweile zum Landsturm-Oberleutnant avanciert – mit rund 120.000 anderen österreichisch-ungarischen Offizieren und Soldaten in russische Gefangenschaft.[69] Über Bugulma und Pensa gelangte er im Oktober 1915 schließlich in das Lager von Krasnojarsk. Dort übernahm er nicht nur die Leitung des Offiziersgesangsvereines, sondern engagierte sich für seine mitgefangenen Tiroler Landsleute und kümmerte sich

---

[67] Vgl. TLA, Evidenzarchiv, Grundbuchblatt Hermann Egger.
[68] Vgl. Kaiserschützenbund für Österreich (Hrsg.), Kaiserschützen, Tiroler-Vorarlberger Landsturm und Standschützen, Wien o. J., 68.
[69] Vgl. Manfried Rauchensteiner, Der Erste Weltkrieg und das Ende der Habsburgermonarchie, Wien–Köln–Weimar 2013, 317. Ausführlich zum Fall der Festung Przemyśl siehe: Alexander Watson, The Fortress. The Siege of Przemyśl and the Making of Europe's Bloodlands, New York 2020.

Abb. 7: *Der Gefangenenfriedhof in Krasnojarsk, aufgenommen vermutlich im Herbst 1915. Quelle: Slg. Andreas Bliersbach, Privatbesitz.*

zeitweise auch um die Verwaltung des Friedhofs. Zweimal wurde er zum Mitglied des Lagerkomitees, welches als Interessenvertretung der Kriegsgefangenen vor Ort agierte, gewählt. Vermutlich übersandte er in dieser Eigenschaft – Hermann Egger war am 24. Februar 1919 zum zweiten Mal in das Komitee gewählt worden – die Totenliste an den Innsbrucker Bürgermeister. Im Oktober 1919 schied Egger freiwillig aus dem Lagerkomitee aus.[70] Obwohl das Kriegsende nun schon fast ein Jahr zurücklag, war im Lager – wie bereits erwähnt – vom „Heimtransport keine Rede".[71] Stattdessen mussten sich viele Gefangene auf ihren fünften oder sechsten Winter in Sibirien einstellen. Während der zweiten Typhusepidemie im Krasnojarsk (Frühjahr 1920) war Hermann Egger einer der 108 Gefangenen, die mit dem in Eigenregie hergestellten Serum geimpft wurden. Kurz darauf erkrankte er und starb am 24. Februar 1920. Drei Tage später wurde er – begleitet von einem großen Trauerzug – am Kriegsgefangenenfriedhof beigesetzt.[72]

Während Hermann Egger dafür gesorgt hatte, dass die Totenliste nach Innsbruck gelangte, hatte Hauptmann Bruno Weber († 1926) im Herbst 1915 ihre Anlage ver-

---

[70] Vgl. DlA, Dr. Josef Saatzer, Manuskript ohne Titel, 170f.; Tiroler Ehrenbuch – digital, Gedenkblatt für Dr. Hermann Egger. https://www.m-box-online.at/M-BOX%20TLM%20Ehrenb%C3%BCcher/showfilingcard.m-box?setmgrname=mboxobj&mobble=a%3A3%3A%7Bi%3A0%3Bi%3A0%3Bi%3A1%3Bi%3A9295%3Bi%3A2%3Bi%3A18036%3B%7D&m-box_phpsessid=ogpf83mvav4q6escb8lai5cv65 (Abrufdatum 07.02.2020); Kleine Kriegsbilder, in: Innsbrucker Nachrichten (Abend-Ausgabe), 02.10.1915, 4.

[71] Oberstleutnant Árpád Albrecht an Hilda Albrecht, Krasnojarsk 09.11.1919, Slg. Andreas Bliersbach, Privatbesitz.

[72] Vgl. DlA, Dr. Josef Saatzer, Manuskript ohne Titel, 254f.

Abb. 8: Diese beispielhaft herausgegriffene Seite vermittelt einen guten Eindruck vom Aufbau der Totenliste. Quelle: StAI, Cod-57.

anlasst, wie aus einer handschriftlichen Notiz Eggers am Titelblatt hervorgeht.[73] Weber – der wie Egger aus Tirol stammte[74] – begann seine militärische Laufbahn im August 1896 als Kadett-Offiziersstellvertreter beim 2. Tiroler Kaiserjägerregiment (TKJR), wo er bis zum Hauptmann aufstieg. Im Frühjahr 1914 wurde er zum neu- bzw. wiedererrichteten Feldjägerbataillon (FJB) 18 versetzt, in dessen Reihen er im Herbst 1914 in russische Gefangenschaft geriet.[75] In Krasnojarsk machte sich Hauptmann Weber einerseits um die Unterstützung der dort internierten Tiroler verdient.[76] Andererseits sorgte er als Friedhofsverwalter dafür, dass der im November 1914 für die verstorbenen Gefangenen angelegte, jedoch völlig verwahrloste Friedhof im Laufe des Sommers 1915 in Stand gesetzt, würdig ausgestaltet und in weiterer Folge gepflegt wurde.[77] Es liegt nahe, dass Weber in seiner Eigenschaft als Friedhofsverwalter dann auch im Herbst

---

[73] „Angelegt über Auftrag des Herrn Hauptmann Bruno Weber [des] FJB 18 durch Zugsführer Hans Rosenauer [des] IR Nr. 2 aus Medgyes Siebenbürgen." StAI, Cod-57.

[74] Vgl. Soldatenbriefe u. Kriegsbilder. Den dritten Winter in der Gefangenschaft, in: Tiroler Volksbote, 04.10.1916, 9. Allerdings wird Weber hier fälschlicherweise dem 2. Regiment der Tiroler Kaiserjäger zugeordnet.

[75] Vgl. In russische Gefangenschaft geraten, in: Brixner Chronik, 12.11.1914, 3; Verlustliste Nr. 243, 20.08.1915, 5.

[76] Vgl. Aus dem Kriegsgefangenenlager Krasnojarsk, in: Meraner Zeitung, 30.03.1917, 2–3, hier 3.

[77] Vgl. StAI, Cod-57; Krasnojarsk-Abend. Erzählungen und Bilder aus russischer Gefangenschaft, in: Allgemeiner Tiroler Anzeiger, 29.03.1918, 4.

1915 den 1885 geborenen Hans Rosenauer aus Medgyes in Siebenbürgen, Titular-Zugsführer im ungarischen IR 2, mit der Anlage dieser Totenliste betraute.[78]

Die Totenliste enthält drei – vermutlich von Hermann Egger niedergeschriebene – Textbeiträge („Bemerkungen zur Totenliste", „Geschichte des Friedhofes der Kriegsgefangenen" und „Die Friedhofsurkunde") und neun verschiedene Listen, die alle nach dem gleichen Muster angelegt wurden und zwölf Rubriken ausweisen: Fortlaufende Nummer / Charge / Name / Truppenkörper / Alter / Reichsangehörigkeit / Religion / Wohnort / Datum und Ort der Gefangennahme / Sterbetag / Todesursache / Anmerkung. In der ersten Liste sind insgesamt 66 Offiziere der österreichisch-ungarischen Armee verzeichnet, die zwischen Dezember 1914 und August 1919 in Krasnojarsk ihr Leben verloren. Die zweite Liste enthält (inklusive zweier Nachträge) die Namen von rund 1.100 österreichisch-ungarischen Soldaten und Unteroffizieren, die zwischen Oktober 1914 und August 1919 gestorben sind. Die überwältigende Mehrheit von diesen starb im Lagerspital. Es sind hier aber auch einige Kriegsgefangene verzeichnet, die außerhalb des Lagers, etwa beim Transport zum Arbeitseinsatz oder an der Arbeitsstelle selbst, ums Leben kamen. Auch die Namen von vier österreichisch-ungarischen Zivilgefangenen, die im Lagerspital verstorben sind, scheinen hier auf. Die dritte Liste weist knapp 300 Soldaten und Unteroffiziere der k. u. k. Armee sowie einen österreichisch-ungarischen Zivilgefangenen aus, die zwischen Dezember 1914 und August 1919 ihr Leben verloren. Es handelt sich dabei hauptsächlich um Todesfälle aus dem Stadtspital; vereinzelt sind aber auch Soldaten verzeichnet, die außerhalb des Spitals, etwa beim Transport zu einer Arbeitsstelle, in der städtischen Badeanstalt oder im Gefängnis zu Tode gekommen oder gar hingerichtet worden waren. In der vierten Liste scheinen 49 Unteroffiziere und Soldaten der deutschen Armee sowie drei deutsche Zivilgefangene auf, die zwischen Dezember 1914 und Juli 1917 im Stadtspital verstarben. Die fünfte Liste weist drei Soldaten der osmanischen Armee sowie einen osmanischen Zivilgefangenen aus, die zwischen August 1915 und April 1916 im Stadtspital ihren Erkrankungen erlagen. Die sechste Liste enthält die Namen von drei deutschen Offizieren, darunter ein Militärarzt, die zwischen März 1915 und August 1917 im Lagerspital gestorben sind. Analog dazu weist die siebte Liste rund 240 Unteroffiziere und Soldaten der deutschen Armee sowie 80 deutsche Zivilgefangene aus, die vorwiegend, aber nicht ausschließlich im Lagerspital verstorben sind. Der letzte verzeichnete Todesfall ereignete sich am 5. September 1919. In der achten Liste werden elf Offiziere der osmanischen Armee, darunter ein Militärarzt, sowie ein Zivilgefangener (Schiffskapitän) angeführt, die zwischen Februar 1915 und April 1918 im Lagerspital ihr Leben verloren. Es ist aber mit Major Arif Said auch ein Offizier verzeichnet, der vermutlich als Invalider ausgetauscht werden sollte, jedoch während der Fahrt verstarb und in Nowonikolajewsk beerdigt wurde. Die neunte und letzte Liste weist schließlich 30 osmanische Soldaten und 13 osmanische Zivilgefangene aus, die zwischen Dezember 1914 und August 1918 im Lagerspital ihren Erkrankungen erlagen. Insgesamt sind in der „Totenliste über die im Kriegsgefangenenlager Krasnojarsk in der Zeit von Okto-

---

[78] Vgl. StAI, Cod-57; und zu Hans Rosenauer: Verlustliste Nr. 638, 22.12.1917, 50.

ber 1914 bis [September 1919] verstorbenen Offiziere, Mannschaften u. Zivil[isten] der öst. ung., reichsdeutschen u. türkischen Armee" somit rund 1.900 Kriegs- und Zivilgefangene verzeichnet.[79] Über die Quellen, die der Totenliste zugrunde liegen, und die Zuverlässigkeit der Angaben schrieb Dr. Hermann Egger:

> Die Anlegung dieser Totenliste erfolgte im Laufe des Herbst 1915, nachdem eine im Sommer 1915 angelegte Liste wegen vieler Fehler u. Formgebrechen sich als ganz unzulänglich erwieß.
> Es ist heute [vermutlich 18. Dezember 1917] nicht mehr festzustellen, welche Behelfe für die Anlegung benützt wurden. Unzweifelhaft fanden Verwendung die Rapporte des Spitals, dann die Lagerkommandobefehle, schließlich die Spitalsaufnahmslisten u. einzelne private Aufzeichnungen.
> Zur Zeit der Epidemie im Frühjahr 1915, da die Sterblichkeit eine sehr große war u. manche schon tot ins Spital eingebracht worden waren, da das ohnehin nicht zu zahlreiche Wärter u. Kanzleipersonale infolge von Krankheit u. Tod in beständigem Wechsel stand, leiden die Aufzeichnungen an der wünschenswerten

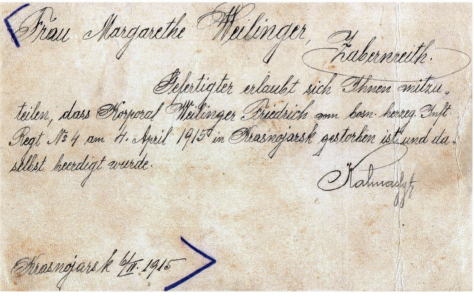

Abb. 9: Todesmeldung aus Krasnojarsk. Am 6. April 1915 schrieb der österreichisch-ungarische Hauptmann Kalina an Margarethe Weilinger im niederösterreichischen Zabernreith, dass Korporal Friedrich Weilinger am 4. April 1915 im Lager verstorben sei. Auch Weilinger war laut der Totenliste dem Typhus zum Opfer gefallen. Allerdings lässt sich an dieser Meldung auch die Problematik der Daten verdeutlichen. Während Kalina das bosnisch-herzegowinische IR 4 als Weilingers Truppenkörper angab, wurde er in der Totenliste als Angehöriger des niederösterreichischen IR 4 geführt und in den Verlustlisten scheint Weilinger überhaupt nicht verzeichnet worden zu sein. Quelle: Slg. Andreas Bliersbach, Privatbesitz.

---

[79] Vgl. StAI, Cod-57.

Sicherheit. Es unterliegt daher keinem Zweifel, dass schon aus diesem Grunde die Eintragungen in dieser Liste nicht vollständig u. in manchen Punkten nicht zuverlässig sind, sowie auch ganz zweifellos unrichtige Daten vorliegen, welche in Ermangelung von richtigen Angaben nicht ersetzt werden konnten. Die maßgebendsten Aufklärungen in diesem Punkte vermag jedenfalls Zugsführer Hans Rosenauer zu geben.[80]

Zweifellos besteht mit Blick auf die Opferzahl im Winter 1914/15 zwischen der Totenliste und den – allerdings auch uneinheitlichen – Angaben in zeitgenössischen Aufzeichnungen eine Diskrepanz. Während die Totenliste insgesamt rund 900[81] Todesfälle infolge einer Typhuserkrankung ausweist, spricht die schwedische Rotkreuzschwester Elsa Brändström (1888–1948) – bekannt als „Engel von Sibirien" – mit Blick auf den Winter 1914/15 von 1.000 Typhustoten in Krasnojarsk.[82] Einem zeitgenössischen deutschen Bericht zufolge forderte die Epidemie rund 1.100 Menschenleben[83] und ein kriegsgefangener österreichisch-ungarischer Militärarzt, der am 20. April 1915 von Beresowka nach Krasnojarsk gelangte, berichtet gar von 1.600 bis 1.800 Todesfällen bis zum Sommer 1915.[84] Ob und, wenn ja, inwieweit diese Abweichungen allfälligen Lücken in der Totenliste geschuldet sind, lässt sich heute nicht mehr klären, zumal die anderen angeführten Zahlen angesichts der Datenlage höchstens auf Schätzungen beruhen können. Allerdings legt ein Vergleich mit den *Tiroler Ehrenbüchern* nahe, dass die Totenliste tatsächlich nicht vollständig ist. Während Letztere 67 verstorbene Offiziere und Soldaten aus Alttirol ausweist, führt eine Suche in den *Ehrenbüchern* mit dem Begriff „Krasnojarsk" zu 115 Ergebnissen.[85] Selbst wenn man jene Tiroler, die 1920 in Krasnojarsk verstarben,[86] und einige wenige Doppelnennungen in den *Ehrenbüchern*

---

[80] StAI, Cod-57, Bemerkungen zur Totenliste.
[81] In dieser Zahl sind auch die deutschen und osmanischen Todesopfer berücksichtigt. Diese Zahl korrespondiert wiederum mit den Angaben einer im Frühjahr 1919 in Krasnojarsk veröffentlichten Broschüre, die die dortigen Kriegsgefangenen selbst verfasst und gedruckt hatten. Vgl. den auszugsweisen Abdruck in: Edgar Moroder, Hermann Josef Keim (1886–1964), in: Arunda. Aktuelle Südtiroler Kulturzeitschrift 5 (1977/78), 20–24, hier 22f.
[82] Vgl. Brändström, Unter Kriegsgefangenen in Rußland und Sibirien, 75. Diese Zahl findet sich auch in einem Bericht von schwedischen Rotkreuz-Delegierten wieder, die im Winter 1915/16 im Auftrag der Mittelmächte in Krasnojarsk Hilfsgüter verteilten. Vgl. ÖStA, KA, KM 1916 Abt. 10 Krt. 1349, 1916 10/KgA 10/35/2/64.
[83] Vgl. NARA, General Records of the Department of State, 1763–2002, Central Decimal Files, 1910–1963, Microcopy 367, Roll 289, Kaiserlich Deutsche Botschaft an den Staatssekretär der Vereinigten Staaten Robert Lansing, Washington, D. C., 19.11.1915. Dem Schreiben liegen zwei Abschriften von Berichten über die Zustände in Krasnojarsk bei. In zweiten Bericht wird die Opferzahl der Typhusepidemie mit 1.000 Mann beziffert.
[84] Vgl. ÖStA, AVA, Nachlass Eduard Pichl, Krt. 59, Typoskript Krasnojarsk, datiert Csáktornya, 05.11.1916.
[85] Vgl. Tiroler Ehrenbuch – digital. https://www.m-box-online.at/M-BOX%20TLM%20Ehrenb%C3%BCcher/index.m-box?setmgrname=mboxobj&refmobble=a%3A3%3A%7Bi%3A0%3Bi%3A0%3Bi%3A1%3Bi%3A9295%3Bi%3A2%3Bi%3A18036%3B%7D&m-box_phpsessid=6068okrf64s1ueok31gjc4o6a6 (Abrufdatum 20.01.2021).
[86] Nach Abschluss der Totenliste im September 1919 verstarben neben Dr. Hermann Egger auch der Landsturm-Jäger Eduard Rohregger (2. TKJR) aus Eppan und Leutnant i. d. Res. Hermann Rit-

berücksichtigt,[87] ergibt sich daraus eine signifikante Abweichung von der Totenliste. Abgesehen davon spiegeln sich die Schwierigkeiten, die sich für Rosenauer und seine Nachfolger[88] bei der Erstellung bzw. Führung der Totenliste ergaben, in erster Linie in unvollständigen oder fehlerhaften Angaben wider. Auch falsche oder verstümmelte Schreibweisen von Eigennamen (z. B. Dlony statt Dlouhy) und Unterschiede zu den Meldungen des Russischen Roten Kreuzes lassen sich feststellen.

Aufbereitung der Daten

Die aus der Totenliste gewonnenen Rohdaten habe ich in einem ersten Schritt um vereinzelte Doppelnennungen ein und desselben Verstorbenen, soweit diese sich eindeutig als solche identifizieren ließen, bereinigt. Die vier im Totenbuch verzeichneten österreichisch-ungarischen Zivilgefangenen wurden bei der Auswertung nicht berücksichtigt, da im Mittelpunkt dieser Analyse ausschließlich die militärischen Gefangenen, die unter das Regime der Haager Landkriegsordnung fielen, stehen. Mit Blick auf die kriegsgefangene Mannschaft wurden zudem all jene, die auf einem Transport oder an einer Arbeitsstelle außerhalb von Krasnojarsk verstorben sind, aus dem Datensatz entfernt. Bei den Offizieren hingegen wurden aufgrund der vergleichsweise geringen Anzahl alle berücksichtigt, d. h. auch jene vier Offiziere, die außerhalb des Lagers bzw. der Stadt verstorben sind. Der der Analyse zugrunde liegende Datensatz enthält somit – mit Ausnahme der erwähnten vier Offiziere – ausschließlich Kriegsgefangene, die im Lager oder der Stadt Krasnojarsk zwischen Anfang Oktober 1914 und August 1919 verstorben sind.

Für die Auswertung wurden die Angaben zu den einzelnen Verstorbenen – soweit möglich – überprüft, ergänzt und vereinheitlicht. Anhand der Verlustlisten des k. u. k. Kriegsministeriums, der *Tiroler Ehrenbücher* und zeitgenössischer Zeitungsmeldungen wurde jeder Eintrag kontrolliert, wobei sich längst nicht jeder Verstorbene in diesen Verzeichnissen oder Zeitungsmeldungen greifen lässt. Dennoch gelang es auf diese Weise, so manchen Eintrag um zusätzliche Angaben (z. B. Geburtsjahr, Heimatzuständigkeit etc.) zu ergänzen. Wenn sich mit Blick auf das Geburtsjahr, den Dienstgrad oder die Heimatzuständigkeit eines Verstorbenen Abweichungen zwischen der Totenliste und den Verlustlisten ergaben, so wurde den Angaben in den Verlustlisten der Vorzug gegeben. Da die Altersangaben von Rosenauer und seinen Nachfolgern nicht einheitlich gehandhabt wurden und abwechselnd Geburtsjahr oder Lebensjahre angeführt sind, habe ich mich dazu entschlossen, die Einträge zu vereinheitlichen und

---

ter von Wieser (FJB 5) aus Innsbruck. Vgl. Tiroler Ehrenbuch – digital. https://www.m-box-online.at/M-BOX%20TLM%20Ehrenb%C3%BCcher/index.m-box?setmgrname=mboxobj&refmobble=a%3A3%3A%7Bi%3A0%3Bi%3A0%3Bi%3A1%3Bi%3A9295%3Bi%3A2%3Bi%3A18036%3B%7D&m-box_phsessid=6068okrf64s1ueok31gjc4o6a6 (Abrufdatum 20.01.2021).

[87] So wird etwa Hauptmann Ernest von Ferrari (1. TKJR) zweimal im Ehrenbuch angeführt.

[88] Neben Zugsführer Rosenauer scheinen mit der Führung der Liste auch andere Kriegsgefangene, darunter Hermann Egger selbst, betraut gewesen zu sein, denn die Handschrift wechselt mehrmals.

jeweils das Geburtsjahr anzuführen. Wenngleich auch bei der Umrechnung kleinere Unschärfen in Kauf genommen werden müssen, so hat dieser Ansatz den entscheidenden Vorteil, dass auch in den Verlustlisten und den Ehrenbüchern jeweils das Geburtsjahr angegeben ist. Ebenso wie die Altersangaben wurden die Todesursachen für die Auswertung vereinheitlicht bzw. in insgesamt 33 Kategorien zusammengefasst. Abgesehen von unterschiedlichen Schreibweisen für ein und dieselbe Erkrankung (z. B. Herzlähmung und Herzparalyse) wurden auch ähnlich geartete Erkrankungen in eine Überkategorie zusammengefasst. So wurden beispielsweise Angaben wie *Typhus abdominalis* (Bauchtyphus), *Typhus exanthemicus* (Flecktyphus), Para-Typhus oder schlicht Typhus in der Kategorie „Typhus" zusammengefasst. Diese Eingriffe erscheinen nicht nur aus praktisch-analytischen Gründen geboten, sondern auch deshalb, weil die zeitgenössischen Diagnosemöglichkeiten vergleichsweise beschränkt waren, auch wenn – wie es den Anschein hat – zumindest einige Tote in Krasnojarsk obduziert wurden. So waren sich etwa „die behandelnden Ärzte lange Zeit über die Typhusgattung im unklaren", weshalb die diesbezüglichen Angaben bis in den März 1915 nur bedingt aussagekräftig sind.[89] Schließlich folgen alle Datumsangaben dem gregorianischen Kalender; vereinzelte Einträge in der Totenliste mit dem Hinweis „russ. Datum" wurden entsprechend umgerechnet.

Der Tod in Krasnojarsk[90]

Von den in den Totenlisten verzeichneten österreichisch-ungarischen Kriegsgefangenen konnten 1.273 einer der beiden Reichshälften bzw. dem gemeinsam verwalteten Bosnien-Herzegowina zugeordnet werden (vgl. Diagramm 2). Demnach stammten bei den Offizieren 45 % der Todesopfer aus Cisleithanien und 55 % aus Transleithanien. Mit Blick auf die Mannschaft entfielen 61,7 % der Toten auf die österreichische, 39 % auf die ungarische Reichshälfte und 0,3 % auf das Land Bosnien-Herzegowina. Letztere waren allesamt in den Reihen der drei bosnisch-herzegowinischen Infanterieregimenter in den Krieg gezogen. In Bezug auf die Länder der Stephanskrone fällt hingegen der hohe Anteil an Offizieren und Soldaten der Honvéd auf. Über 40 % der ungarischen Mannschaftstoten gehörten einer Einheit der königlich-ungarischen (k. u.) Landwehr an. Zum Vergleich: Auf die Formationen der k. k. Landwehr entfielen „nur" rund 33 % der österreichischen Mannschaftstoten. Im Gegensatz dazu war der k. k. Landsturm im Vergleich mit dem k. u. Landsturm deutlich überrepräsentiert; jeder Fünfte der verstorbenen österreichischen Mannschaftssoldaten gehörte einer Landsturmformation an, während in der gesamten Liste lediglich ein Angehöriger des k. u. Landsturms verzeichnet ist.[91] Insgesamt war deutlich mehr als die Hälfte der in Krasnojarsk verstor-

---

[89] StAI, Cod-57, Bemerkungen zur Totenliste.
[90] Formuliert in Anlehnung an einen Vortragstitel des ehemals in Sibirien kriegsgefangenen Feldkuraten des 2. Regiments der Tiroler Kaiserjäger, Dr. Karl Drexel (1872–1954). Vgl. Karl Drexel, Der Tod in Sibirien. Vortrag im Wiener Radio 1932, Wien 1932.
[91] Berechnet vom Verfasser anhand von StAI, Cod-57.

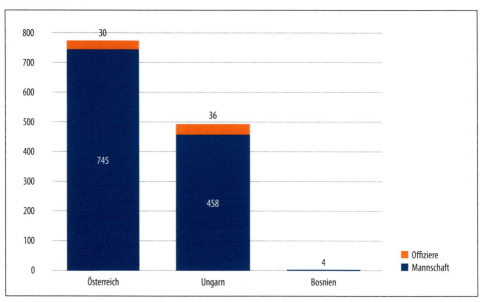

Diagramm 2: Übersicht über die in Krasnojarsk verstorbenen öst.-ung. Offiziere und Mannschaften nach den Reichshälften (n=1.273). Berechnung anhand der Totenliste, StAI, Cod-57.

benen Kriegsgefangenen der österreichischen Reichshälfte mit ihren rund 14 Millionen männlichen Einwohnern[92] zuzurechnen. Und hier wiederum waren insbesondere die österreichischen Alpenländer[93] und die Länder der böhmischen Krone betroffen (vgl. Diagramm 3). Allein 28,5 % der cisleithanischen Todesopfer stammten aus Böhmen, rund 6,5 % aus Mähren und knapp 1 % aus Österreichisch-Schlesien.[94] Die überwältigende Mehrheit der Verstorbenen aus den böhmischen Ländern war entweder mit dem Landwehrinfanterieregiment (LIR) 9 (Leitmeritz) oder dem LstIR 29 (Budweis) auf den russischen Kriegsschauplatz gezogen. Beide Regimenter erlitten bereits in den ersten Wochen und Monaten des Krieges hohe Verluste; allein während der Schlacht bei Komarów (26. August bis 2. September 1914) verlor beispielsweise das LIR 9 insgesamt 1.350 Offiziere und Mannschaften.[95]

---

[92] Vgl. k. k. Statistische Zentralkommission (Hrsg.), Österreichisches Statistisches Handbuch für die im Reichsrate vertretenen Königreiche und Länder, Zweiunddreißigster Jahrgang 1913, Wien 1914, 3f.
[93] Hierunter werden im Folgenden verstanden: Kärnten, Niederösterreich, Oberösterreich, Salzburg, Steiermark, Tirol und Vorarlberg.
[94] Zum Vergleich: Böhmen stellte 1910 ca. 23 % der männlichen Bevölkerung Cisleithaniens, Mähren ca. 9 % und Schlesien etwa 2 %. Berechnet anhand der Angaben in: k. k. Statistische Zentralkommission (Hrsg.), Österreichisches Statistisches Handbuch 1913, 5.
[95] Vgl. Konrad Leppa, Die Schlacht bei Komarow. Die Kämpfe der k. u. k. 4. Armee und der russischen 5. Armee vom 26. August bis zum 2. September 1914, Karlsbad–Drahowitz 1932, 515. Vgl. mit Blick auf das LIR 9 auch: Edmund Glaise-Horstenau (Hrsg.), Österreich-Ungarns letzter Krieg 1914–1918, Bd. 1: Das Kriegsjahr 1914, Wien 1930, 429.

Von den österreichischen Alpenländern hatte Niederösterreich (inklusive Wien) mit Abstand die meisten Todesopfer unter den Kriegsgefangenen in Krasnojarsk zu beklagen. Rund 20 % der verstorbenen österreichischen Mannschaftspersonen und 33 % der Offiziere stammten aus diesem Kronland. Auf die Steiermark entfielen rund 13 % der Toten, die nahezu ausschließlich den steirischen IR 27 und 47 oder dem LIR 3 (Graz) angehörten. Alle drei Regimenter erlitten bereits in den sogenannten „Sommerschlachten" des Jahres 1914 enorme Verluste.[96] So waren etwa von den 117 Offizieren und 4.085 Mann, die das IR 27 am 20. August gezählt hatte, bis zum 11. September 1914 bereits 191 gefallen und 925 verwundet worden; sechs Offiziere und 378 Mann galten als vermisst.[97] Es ist davon auszugehen, dass ein großer Teil der als „vermisst" geführten Offiziere und Soldaten in russische Gefangenschaft geraten war. Neben den bereits genannten Alpenländern war auch das Kronland Tirol vergleichsweise stark betroffen. Etwa 12 % aller österreichischen Todesopfer waren hier beheimatet; bei den verstorbenen Offizieren lag der Tiroler Anteil sogar bei 18 % (vgl. Diagramm 3). Einer von ihnen war der gebürtige Innsbrucker Ernest von Ferrari (1878–1915), der als Hauptmann im 1. TKJR am 7. September 1914 bei Radostów verwundet in russische Gefangenschaft geraten war. Über Moskau gelangte er nach Krasnojarsk, wo er in den Abendstunden des 21. April 1915 dem Typhus erlag, nachdem er sich zuvor freiwillig als „Notarzt" um die Typhuskranken gekümmert hatte.[98]

Abb. 10: Ernest von Ferrari wurde 1878 in Innsbruck geboren und hatte sich noch im Zuge seines Einjährig-Freiwilligen-Dienstes für die Laufbahn als Berufsoffizier entschieden. Mit 1. August 1914 zum Hauptmann im 1. TKJR befördert, geriet er bereits Anfang September 1914 bei Radostów in russische Gefangenschaft. Ferrari war verheiratet und Vater einer Tochter. Quelle: TLA, Tiroler Ehrenbuch.

---

[96] Das IR 47 büßte allein in der Schlacht bei Zloczów (26. August 1914) 28,6 % seines Standes ein; das LIR 3 verlor bis zum 10. September 1914 an Toten sechs Offiziere und 65 Mann und an Verwundeten 29 Offiziere und 475 Mann; 14 Offiziere und 117 Mann waren erkrankt und fünf Offiziere und 297 Mann galten als vermisst. Vgl. Ludwig Freiherr von Vogelsang, Das steirische Infanterie-Regiment Nr. 47 im Weltkrieg, Graz 1932, 30 und 66; Hermann Strohschneider, Das Schützenregiment Graz Nr. 3 und der steirische Landsturm im Weltkrieg 1914–1918, Bd. 1, Graz 1931, 62.

[97] Vgl. Hermann Fröhlich, Geschichte des steirischen k. u. k. Infanterie-Regiments Nr. 27 für den Zeitraum des Weltkrieges 1914–1918, Bd. 1, Graz 1937, 86.

[98] Vgl. TLA, Evidenzarchiv, Grundbuchblatt Ernest von Ferrari; StAI, Cod-57; Unsere Offiziere in russischer Gefangenschaft, in: Innsbrucker Nachrichten, 24.10.1914, 6; Ernst Wißhaupt, Die Tiroler Kaiserjäger im Weltkriege, Bd. 1: Vom Kriegsausbruch bis zum Frühjahr 1915, Wien 1935, 138.

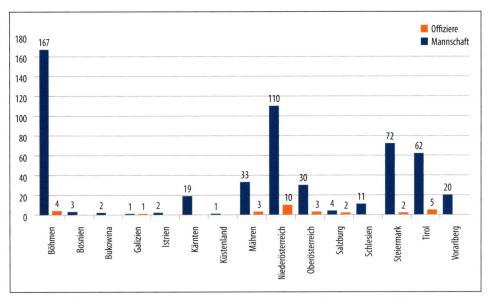

Diagramm 3: Übersicht über die in Krasnojarsk verstorbenen österreichischen Offiziere und Mannschaften nach den Kronländern (n=567). Berechnung anhand der Totenliste, StAI, Cod-57. Wenn eine Person nicht in den Verlustlisten (oder vergleichbaren Quellen) ausfindig gemacht werden konnte, die Aufschlüsse über ihr Heimat-Kronland gaben, so wurde dies vom Verfasser ergänzt, wenn der in der Totenliste angegebene Truppenkörper und der Wohnort einen eindeutigen Rückschluss auf das Kronland ermöglichten.

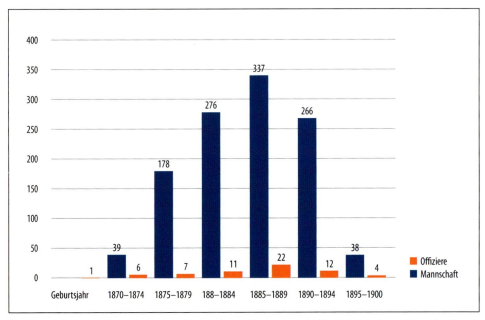

Diagramm 4: Die in Krasnojarsk verstorbenen Kriegsgefangenen nach Alterskohorten (n=1.197). Berechnung anhand der Totenliste, StAI, Cod-57.

Neben Hauptmann von Ferrari sind in der Totenliste über 60 weitere Angehörige der Tiroler Kaiserjäger verzeichnet; die meisten von ihnen stammten erwartungsgemäß aus Alttirol.[99] Insgesamt waren über 60 % der in Krasnojarsk verstorbenen österreichischen Gefangenen in den Alpenländern der Habsburgermonarchie beheimatet. Damit war diese Region überproportional stark betroffen, stellte sie doch am Vorabend des Ersten Weltkrieges lediglich rund 27 % der männlichen Bevölkerung Cisleithaniens.[100] Diese Überrepräsentation der Alpenländer lässt sich auf die russische Nationalitätenpolitik zurückführen.

Bereits im Herbst 1914 begannen die zaristischen Behörden damit, die österreichisch-ungarischen und reichsdeutschen Gefangenen nach ihren Nationalitäten zu trennen. Während für elsass-lothringische, italienische, rumänische, serbische und tschechische Gefangene verschiedene Privilegien, wie die Internierung im europäischen Russland, vorgesehen waren, sollten deutschsprachige Österreicher, Magyaren und Reichsdeutsche in erster Linie nach Sibirien (und wenig später auch nach Turkestan) verbracht werden.[101] Der Reserveoffizier Hans Weiland berichtet, dass in Krasnojarsk bereits am 16. November 1914 „die Slawen und Romanen von uns getrennt [wurden], um in besseren Lagern vereinigt zu werden."[102] In dieses Bild fügt sich ein, dass jedes dritte Todesopfer aus den böhmischen Ländern in den Reihen des LIR 9, eines Truppenkörpers mit nahezu ausschließlich deutschsprachiger Mannschaft,[103] in den Krieg gezogen war.[104]

Hinsichtlich der betroffenen Geburtsjahrgänge zeigt sich, dass die in Krasnojarsk verstorbenen Kriegsgefangenen – abgesehen von einer bestätigten Ausnahme – zwischen 1870 und 1900 geboren worden waren (vgl. Diagramm 4). Der älteste und zugleich auch ranghöchste war der 1860 geborene Oberst Franz Renvers (ungarisches IR 5), der beim Fall der Festung Przemysl in russische Gefangenschaft geraten war, in Krasnojarsk wiederholt das Lagerkommando geführt hatte und am 11. Juli 1919 ebendort verstarb.[105] Die drei Jüngsten waren 1898 geboren, darunter auch der aus Richterhof bei Krumau in Böhmen stammende Josef Höltschl. Er war bei Kriegsbeginn

---

[99] Vgl. StAI, Cod-57.
[100] Berechnet anhand der Angaben in: k. k. Statistische Zentralkommission (Hrsg.), Österreichisches Statistisches Handbuch 1913, 5.
[101] Vgl. ausführlich zur russischen Nationalitätenpolitik: Reinhard Nachtigal, Privilegiensystem und Zwangsrekrutierung. Russische Nationalitätenpolitik gegenüber Kriegsgefangenen aus Österreich-Ungarn, in: Jochen Oltmer (Hrsg.), Kriegsgefangene im Europa des Ersten Weltkriegs, Paderborn u. a. 2006, 167–193.
[102] Weiland, Kriegsgefangenenlager Krasnojarsk, 176.
[103] Im Sommer 1914 war die Umgangssprache von 86 % der Mannschaft des LIR 9 Deutsch. Vgl. Helmut Rumpler/Anatol Schmied-Kowarzik, Die Habsburgermonarchie und der Erste Weltkrieg, Bd. 2 Weltkriegsstatistik Österreich-Ungarn 1914–1918, Wien 2014, Tab. 15.
[104] Berechnet vom Verfasser anhand StAI, Cod-57. Für das LstIR 29 (Budweis) liegen leider keine Angaben vor.
[105] Vgl. StAI, Cod-57; ÖStA, KA, AOK-Evidenzbüro Krt. 3858, Hauptmann Fischer, Tagebuch, Quittungsbuch u. Statistik über das Lager Krasnojarsk 1914–1918. Renvers führte das Lagerkommando vom 9. November 1915 bis zum 28. Juli 1916, vom 24. Februar bis zum 25. September 1917, vom 26. Oktober 1917 bis zum 9. Februar 1918 und vom 26. März 1918 bis zum Spätherbst 1918.

als Ersatz-Reserve-Infanterist zum LstIR 29 eingerückt, bereits am 10. September 1914 in russische Gefangenschaft geraten und nach Krasnojarsk transportiert worden, wo er am 28. Mai 1915 einer Lungenentzündung erlag.[106]

Die überwältigende Mehrheit der in Krasnojarsk verstorbenen österreichisch-ungarischen Kriegsgefangenen war jedoch zwischen 1880 und 1894 geboren worden. Über zwei Drittel aller Offiziere und ca. 80 % der Mannschaften gehörten dieser Alterskohorte an (vgl. Diagramm 4). Im Vergleich mit den Berechnungen von Wilhelm Winkler zu den Kriegstoten der Habsburgermonarchie zeigt sich, dass diese Altersgruppe somit unter den Toten von Krasnojarsk deutlich überrepräsentiert war.[107] Einen Erklärungsansatz hierfür liefert die zeitliche Entwicklung der Mortalität unter den Kriegsgefangenen zwischen Oktober 1914 und August 1919. Wie aus Diagramm 5 hervorgeht, ereigneten sich rund drei Viertel der in diesem Zeitraum registrierten Todesfälle zwischen Oktober 1914 und Ende Dezember 1915. Dementsprechend früh im Kriegsverlauf mussten die betreffenden Offiziere und Soldaten den zaristischen Truppen in die Hände gefallen sein. Bedenkt man, dass im Zuge der allgemeinen Mobilmachung im August 1914 zunächst neben den noch unausgebildeten Rekruten und Ersatzreservisten des Jahrgangs 1893 die wehrdienstpflichtigen Männer der Jahrgänge 1872 bis 1892 ihren Einberufungsbefehl erhielten und die Jahrgänge 1882 bis 1893 für die erste Linie aufgeboten wurden,[108] so wird verständlich, dass diese Altersgruppe auch die höchsten Todesopfer in den ersten Monaten des Krieges verzeichnen musste.[109] Wenngleich auch bislang vergleichbare statistische Untersuchungen hinsichtlich des Alters der österreichisch-ungarischen Kriegsgefangenen fehlen, so scheint es doch naheliegend, dass die genannten Jahrgänge auch unter den von den zaristischen Truppen gefangen genommenen Offizieren und Soldaten stark vertreten waren. In der russischen Gefangenschaft erwarteten sie – zumal gerade in den ersten Jahren – vielfach katastrophale Lebensbedingungen und damit einhergehend Epidemien.

Mit Blick auf Krasnojarsk zeigt die Auswertung der Totenlisten, dass die Sterblichkeit gerade im Frühjahr 1915 extreme Höhen erreichte (vgl. Diagramme 5 & 6). Sind für den Zeitraum bis zum 31. Dezember 1914 „nur" 58 Todesfälle dokumentiert, so

---

[106] Vgl. StAI, Cod-57; Verlustliste Nr. 558, 23.04.1917, 62.
[107] Legt man Wilhelm Winklers Berechnungen für die Zeit von August 1914 bis Ende 1917 zugrunde, so waren rund 63 % aller Kriegstoten zwischen 1880 und 1894 geboren. Berechnet vom Verfasser anhand von: Rumpler/Schmied-Kowarzik, Die Habsburgermonarchie und der Erste Weltkrieg, Bd. 2, Tab. 22.
[108] Vgl. Glaise-Horstenau (Hrsg.), Österreich-Ungarns letzter Krieg 1914–1918, Bd. 1, 80. In Österreich-Ungarn setzte sich das Heer im Unterschied zu anderen europäischen Staaten am Vorabend des Ersten Weltkrieges nur aus zwei Linien zusammen. Zur ersten Linie gehörten neben der gemeinsamen Armee auch die k. k. Landwehr und die k. u. Honvéd mit ihren jeweiligen Ersatzreserven. Die zweite Linie bildeten bereits der k. k. und der k. u. Landsturm. Vgl. Alois Veltzé (Hrsg.), Veltzés Internationaler Armee Almanach 1913/14, Wien 1914, 328.
[109] Vgl. Rumpler/Schmied-Kowarzik, Die Habsburgermonarchie und der Erste Weltkrieg, Bd. 2, Tab. 23. Demnach entfielen zwischen dem 1. August 1914 und dem 4. Jänner 1915 76 % aller Kriegstoten der Monarchie auf die Jahrgänge von 1882 bis 1893. In der Zeit vom 1. März 1915 bis zum 19. Mai 1915 wiesen hingegen die Jahrgänge 1893 bis 1895 die mit Abstand höchsten Todesopfer auf. Nahezu jeder dritte österreichisch-ungarische Offizier oder Soldat, der in diesem Zeitraum starb, gehörte einem der drei Jahrgänge an. Berechnet vom Verfasser anhand der Angaben ebenda.

Eine Analyse der Totenliste des Kriegsgefangenenlagers Krasnojarsk 1914–1919

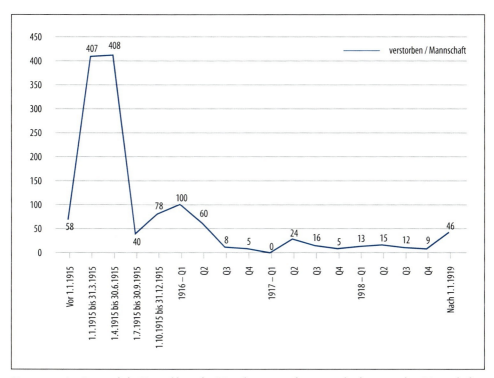

Diagramm 5a: Die zeitliche Entwicklung der Mortalität unter der österreichisch-ungarischen Mannschaft in Krasnojarsk zwischen Oktober 1914 und August 1919 (n=1.304).

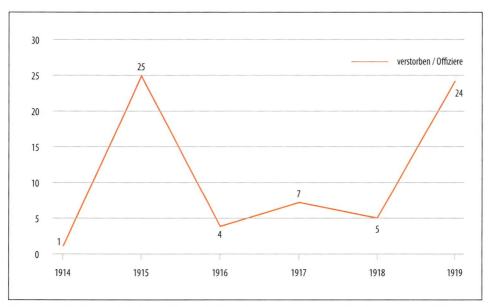

Diagramm 5b: Die zeitliche Entwicklung der Mortalität unter den österreichisch-ungarischen Offizieren in Krasnojarsk zwischen Oktober 1914 und August 1919 (n=66).

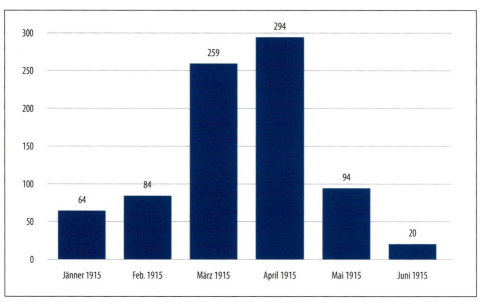

Diagramm 6: Übersicht über die Entwicklung der Mortalität unter der österreichisch-ungarischen Mannschaft in Krasnojarsk im ersten Halbjahr 1915 (n=815).

verloren in den ersten beiden Quartalen des Jahres 1915 über 800 österreichisch-ungarische Soldaten und Offiziere ihr Leben. Wie dramatisch sich die Situation im Frühjahr 1915 entwickelte, verdeutlicht Diagramm 6. Auch wenn die Zahlen unvollständig sein mögen, so gestatten sie es doch, den Verlauf der Typhusepidemie im Lager nachzuvollziehen. Bereits im Oktober 1914 erlagen einzelne Kriegsgefangene dieser heimtückischen Krankheit.[110] In den Folgemonaten traten weitere Fälle auf, auch unter den gefangenen Deutschen fielen bis zum Jahresende 1914 mindestens acht Männer dem Typhus zum Opfer.[111] Anfang 1915 begann die Anzahl der Sterbefälle immer schneller zu steigen, bis spätestens Ende Februar die Lage außer Kontrolle geriet. Von Februar auf März erhöhte sich die Anzahl der Todesfälle um über 200 % und erreichte im April 1915 – wie bereits erwähnt – schließlich ihren absoluten Höhepunkt. Im Mai bewegte sich die Mortalität in etwa auf dem Niveau vom Februar und für den Juni 1915 sind schließlich lediglich 20 Todesfälle unter den österreichisch-ungarischen Kriegsgefangenen verzeichnet (vgl. Diagramm 6). Diese Entwicklung illustriert eindringlich, welch tödliche Folgen die Überforderung und Nachlässigkeiten der verantwortlichen russischen Stellen für die Kriegsgefangenen gerade in den ersten Monaten des Krieges haben konnten. Dass die Lage schließlich wieder unter Kontrolle gebracht werden konnte, war – wie weiter oben ausgeführt – einer Reihe von Faktoren geschuldet.

---

[110] Die ersten beiden typhusbedingten Todesfälle unter den österreichisch-ungarischen Kriegsgefangenen sind für den 9. Oktober 1914 dokumentiert. Vgl. StAI, Cod-57.
[111] Vgl. StAI, Cod-57.

Die Auswertung der Totenliste zeigt, dass sich die Zustände in Krasnojarsk im dritten Quartal 1915 spürbar verbesserten. Erst mit der Rückkehr der Mannschaft vom Arbeitseinsatz und dem einsetzenden Winter stieg die Anzahl der Sterbefälle wieder an. Insgesamt sind für den Zeitraum von Anfang Oktober 1915 bis Ende März 1916 178 Todesfälle verzeichnet, womit die Sterblichkeit deutlich niedriger war als im Vergleichszeitraum des Vorjahres. Diese Entwicklung war nicht etwa einer geringeren Anzahl an Gefangenen geschuldet, denn im Dezember 1915 befanden sich, wie bereits erwähnt, beinahe doppelt so viele Kriegsgefangene in Krasnojarsk wie im Dezember des Vorjahres. Es ist somit davon auszugehen, dass in erster Linie das hohe Maß an Selbsthilfe und -organisation der Kriegsgefangenen sowie die ab dem Herbst 1915 anlaufenden großangelegten Fürsorgemaßnahmen der Habsburgermonarchie und des Deutschen Kaiserreichs zu diesem Rückgang der Mortalität beitrugen. Im Gegensatz zu anderen großen Lagern, wie etwa Tschita oder Sretensk, blieben die Gefangenen in Krasnojarsk im Winter 1915/16 von einer neuerlichen Katastrophe verschont.[112] In weiterer Folge pendelte sich die Anzahl der Todesfälle in Krasnojarsk bis zur Jahreswende 1918/19 auf vergleichsweise niedrigem Niveau ein; für 1917 sind insgesamt 45, für 1918 alles in allem 49 Todesfälle registriert. Im Verlauf des Jahres 1919 nahm die Anzahl der Sterbefälle wieder zu, woran neben den sich verschlechternden Lebensbedingungen auch die Bürgerkriegswirren ihren Anteil hatten. So wurden etwa allein zwischen dem 31. Juli und dem 2. August 1919 zwölf ungarische Offiziere und Offiziersaspiranten und sechs Soldaten von einem Feldgericht der Tschechischen Legion hingerichtet.[113]

Die Gründe, die zu ihrer Hinrichtung führten, sind nicht ganz klar. Am 30. Juli 1919 unternahmen die Bolschewiki – wie bereits erwähnt – in Krasnojarsk einen Aufstandsversuch gegen die Tschechische Legion bzw. die „Weißen". Es kam teils in unmittelbarer Nähe zu den Kriegsgefangenen zu Kampfhandlungen. Binnen weniger Stunden war die Erhebung jedoch niedergeschlagen und ein tschechisches Feldgericht begann damit, die Aufständischen zu verfolgen. Zwischen 300 und 500 von ihnen sollen am 30. und 31. Juli erschossen worden sein. Gleichzeitig begann die Tschechische Legion, gegen die Kriegsgefangenen vorzugehen. Das Offiziers- und das Mannschaftslager wurden durchsucht, scheinbar wahllos Leibesvisitationen durchgeführt, Gegenstände konfisziert und Funktionäre der im Lager bestehenden Vereinigungen verhaftet und dem tschechischen Feldgericht vorgeführt. Während die deutschen und österreichischen Funktionäre anschließend wieder freigelassen wurden, verurteilte das Gericht insgesamt 18[114] unga-

---

[112] Vgl. Wurzer, Die Kriegsgefangenen der Mittelmächte in Russland im Ersten Weltkrieg, 112. Im Lager Sretensk grassierten im Winter 1915/16 verschiedene Krankheiten, darunter auch Typhus, die angeblich 2.000 der insgesamt 9.000 dort internierten Kriegsgefangenen das Leben kosteten. Vgl. Eduard Stoß, Kriegsgefangen in Sibirien. Erlebnisse eines Wiener Landsturmmannes in Weltkriege, 2. Auflage, Wien o. J., 127–141, insbesondere 139. Vgl. allgemein auch: Wurzer, Die Erfahrung der Extreme. Kriegsgefangene in Rußland 1914–1918, 108.
[113] Vgl. StAI, Cod.-57.
[114] Diese Zahl ergibt sich aus der Totenliste. Josef Saatzer gibt hingegen an, dass elf bzw. 13 Offiziere und drei ungarische Soldaten hingerichtet worden seien; Hans Weiland spricht von insgesamt 19 Ungarn, die nach dem Aufstand erschossen worden seien. Vgl. DlA, Dr. Josef Saatzer, Manuskript ohne Titel, 225; Weiland, Kriegsgefangenenlager Krasnojarsk, 188.

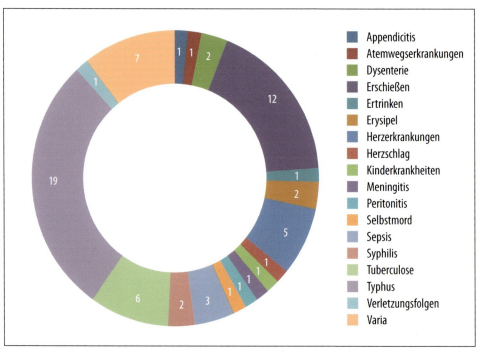

Diagramm 7: Überblick über die Todesursachen der in Krasnojarsk verstorbenen österreichisch-ungarischen Offiziere (1914–1919). Für dieses Diagramm wurden die Todesursachen in 18 Kategorien zusammengefasst (n=67).

rische Offiziere und Soldaten zum Tod.[115] Unter ihnen befanden sich der Kadett-Aspirant im ungarischen IR 6, Artur Dukesz (1892–1919), der angeblich „früher einmal kommunistische Reden gehalten hatte",[116] aber mit Dr. Géza Pély (1874–1919), Landsturm-Leutnant im Honvédinfanterieregiment (HIR) Nr. 14, und Gyula Katona (1886–1919), Leutnant i. d. Res. im Festungsartillerieregiment Nr. 6, auch zumindest zwei führende Persönlichkeiten des *Magyarischen Bundes*.[117] Diese Vereinigung war stramm national ausgerichtet und forderte von ihren Mitgliedern „nicht zu ruhen und zu rasten, bis Ungarn wieder seine alte Gestalt habe." Demnach scheint es wahrscheinlich, dass die Tschechische Legion den Aufstand auch als Vorwand nahm, um mit (vermeintlichen) Gegnern der noch jungen Tschechoslowakei abzurechnen; zumal sie nach den Exekutionen im Lager ein Plakat angebracht haben soll, wonach die oben zitierte Forderung „eine hochverräterische Bestimmung [sei], gerichtet gegen den Bestand des tschechischen Staates, weshalb die Todesstrafe gegen die Häupter des Vereins gerecht-

---

[115] Vgl. Weiland, Kriegsgefangenenlager Krasnojarsk, 188f.; DlA, Dr. Josef Saatzer, Manuskript ohne Titel, 222–227.

[116] DlA, Dr. Josef Saatzer, Manuskript ohne Titel, 225. Laut Saatzer, der in seinen Aufzeichnungen als Antisemit zutage tritt, war Dukesz jüdischer Konfession. Vgl. ebenda. In der Totenliste wurde Dukesz jedoch als „konfessionslos" geführt. Vgl. StAI, Cod-57.

[117] Vgl. DlA, Dr. Josef Saatzer, Manuskript ohne Titel, 225.

fertig sei."[118] Es spielten bei den Hinrichtungen demnach mehrere Faktoren eine Rolle, von denen der Aufstand der Bolschewiki nur einer war.[119] Bedingt durch die Ereignisse vom 30. Juli 1919 und ihre Folgen war „Tod durch Erschießen" jedenfalls die zweithäufigste Todesursache unter den österreichisch-ungarischen Offizieren überhaupt (vgl. Diagramm 7); unter den Offizieren und Offiziersaspiranten der ungarischen Reichshälfte war er sogar die mit Abstand häufigste Todesursache.

Insgesamt forderte jedoch der Typhus unter den Offizieren die meisten Menschenleben. Nicht weniger als 19 (28,8 %) von ihnen erlagen dieser Krankheit. Besonders stark betroffen war das militärärztliche Offizierskorps mit acht Toten, die allesamt der Typhusepidemie 1914/15 zum Opfer fielen.[120] Allein Ende März 1915, als die Epidemie unaufhaltsam ihrem Höhepunkt entgegenging, starben innerhalb von nur sechs Tagen vier österreichisch-ungarische Ärzte, darunter der Leiter des Lagerspitals, Stabsarzt Dr. Eduard Wurdack (1871–1915).[121] Angesichts der hohen Verluste unter dem medizinischen Personal forderte Major von der Hellen die gefangenen Offiziere auf, „sich als Notarzt zu melden", um das verbleibende ärztliche Personal zu unterstützen. In erster Linie kümmerten sich diese „Notärzte" darum,

> die Erkrankten oder Verdächtigen aus den Mannschaftsbaracken auszuheben, um sie der Spitalsbehandlung zuzuführen. Bei den 150 bis 200 Patienten, die jeder der wenigen Ärzte zu betreuen hatte, war es schon aus rein technischen Gründen unmöglich, die Baracken auf Kranke zu durchsuchen. Und da leisteten uns die „Notärzte" unersetzliche, ihnen nicht genug zu dankende Dienste, indem sie zweimal des Tages durch die von Ungeziefer verseuchten Baracken gingen und die Kranken aushoben,

so der in Krasnojarsk internierte Assistenzarzt i. d. Res. im LIR 1 (Wien), Dr. Karl Bauer, im Rückblick.[122] Wie diese Schilderung eindringlich illustriert, waren auch die

---

[118] DlA, Dr. Josef Saatzer, Manuskript ohne Titel, 226.
[119] Vgl. Gyula Takács, Krasznojarszk, 1919. Augusztus 1–2, in: Közép-európai közlemények 5 (2012) 3/4, 165–175. Aufgrund sprachlicher Barrieren konnte hier nur der englische Abstract dieses Beitrages rezipiert werden.
[120] Am 8. März 1915 starben Dr. Franz Eysen, Assistenz-Arzt im k. k. Landsturm-Infanterie-Regiment Nr. 3, und Assistenz-Arzt Dr. Hugo Bartoschofsky, am 23. März Dr. Josef Gasser, Assistenz-Arzt-Stellvertreter im 4. Regiment der Tiroler Kaiserjäger, am 26. März Dr. Emanuel Reitzes, Assistenzarzt i. d. Res. im galizischen Infanterie-Regiment Nr. 95, am 29. März Stabsarzt Dr. Eduard Wurdack und der Landsturm-Arzt Dr. Moritz Diamant, am 26. April Dr. Karl Lang, Assistenz-Arzt i. d. Res. im oberösterreichischen Infanterie-Regiment Nr. 14, und am 27. April 1914 Dr. Johann Zack, Landsturm-Assistenzarzt, zugeteilt dem Feldspital 1/4. Vgl. StAI, Cod-57.
[121] Vgl. StAI, Cod-57. Eduard Wurdack wurde am 3. Jänner 1871 als Sohn des k. k. Staatsbahn-Inspektors Anton und der Julie Wurdack in Amstetten geboren, besuchte das Gymnasium in Linz, Wien und Prag und promovierte am 3. Juli 1897 an der deutschen Karl-Ferdinands-Universität in Prag zum Dr. med. Vgl. Registry book of doctors of the German Charles-Ferdinand University in Prague (1892–1904), 156. http://is.cuni.cz/webapps/archiv/public/book/bo/1751652802704438/160/?lang=en&pagenr2=156 (Abrufdatum 07.02.2021). Zu Dr. Eduard Wurdack vgl. auch: Weiland, Kriegsgefangenenlager Krasnojarsk, 176; In der Gefangenschaft gestorben, in: Linzer Volksblatt, 15.04.1915, 4.
[122] Bauer, Seuchen und Seuchenbekämpfung in Sibirien, 458.

„Notärzte" einem hohen Risiko ausgesetzt. Neben dem bereits erwähnten Hauptmann Ernest von Ferrari starben bis zum Ende der Epidemie von ihnen Oberleutnant Alfred Schifkorn (1. TKJR), Oberleutnant Leopold Zickero (Luftschifferabteilung), Leutnant i. d. Res. Dr. Georg Schmid (1. TKJR) und Oberleutnant Julius Geyschläger (böhmisches IR 98) an einer Typhuserkrankung.[123]

Mit großem Abstand folgten unter den häufigsten Todesursachen bei den Offizieren die Tuberkulose mit sechs, *Vitium cordis* (Herzfehler) mit fünf und Sepsis mit drei dokumentierten Sterbefällen. Zwei Offiziere erlagen der Syphilis und zwei weitere ertranken im Jenissei, wobei in einem Ertrinkungsfall ein Selbstmord vermutet wurde.[124] Die übrigen Todesfälle sind auf ein breites Spektrum an Ursachen – von der Sepsis über die Dysenterie bis hin zum Milzbrand – zurückführen. Auch ein Mordfall ist dokumentiert. Der Advokaturskandidat Dr. Meinrad Jenny, geboren am 21. Jänner 1887 in Meran, war zu Kriegsbeginn als Leutnant i. d. Res. zum 2. TKJR eingerückt, wurde aber mit 4. August 1914 der Grenzschutzkompanie 4/4 zugeteilt.[125] Fünf Wochen später geriet er bei Lemberg in russische Gefangenschaft und gelangte mit einem Transport nach Krasnojarsk. Im Sommer 1915 wurde er österreichisch-ungarischen Kriegsgefangenen, die südwestlich von Krasnojarsk am Bau der Eisenbahnlinie Atschinsk–Minusinsk arbeiteten, als Kommandant zugeteilt. Als er am 2. Dezember 1915 gemeinsam mit zwei österreichisch-ungarischen Kriegsgefangenen durch einen Wald fuhr, wurden die drei von elf bewaffneten Räubern überfallen, die ihren Schlitten umwarfen und Meinrad Jenny mit einem Beil attackierten. Während einem der Kriegsgefangenen die Flucht gelang, wurden Jenny und der andere Kriegsgefangene von den Angreifern schwer verletzt, ausgeraubt und bei klirrender Kälte an Ort und Stelle liegen gelassen. Erst nach einigen Stunden wurden die beiden von anderen Kriegsgefangenen geborgen und in eine Baracke gebracht, wo sie ein Arzt untersuchte.[126] Für den 28-jährigen Meinrad Jenny kam jedoch jede Hilfe zu spät; er erlangte nicht mehr das Bewusstsein „und starb am 3. Dezember 1915 frühmorgens."[127] Sein Begleiter überlebte den brutalen Überfall trotz schwerster Verletzungen.[128]

Zusammenfassend lässt sich festhalten, dass mit Blick auf die Offiziere nahezu jeder dritte dokumentierte Todesfall auf eine Typhuserkrankung zurückzuführen ist; nahezu jeder fünfte Todesfall ging auf das Konto der Tschechischen Legion (vgl. Diagramm 7). Bemerkenswert scheint weiter, dass sich unter den Opfern der Typhusepidemie 1914/15 – abgesehen von Landsturm-Assistenzarzt Dr. Johann Zack – ausschließlich Offiziere befanden, die in der österreichischen Reichshälfte beheimatet waren.[129] Dieses massive

---

[123] Vgl. StAI, Cod-57.
[124] Bei dem Betreffenden handelte es sich um einen Reserveoffizier des böhmischen Feldjägerbataillons 1. In der Totenliste heißt es dazu: „Am 10.VIII.1919 aus dem Spital eigenmächtig entfernt. Nach hinterlassenen Briefen dürfte er Selbstmord durch Ertrinken verübt haben." StAI, Cod-57.
[125] Vgl. TLA, Evidenzarchiv, Grundbuchblatt für Meinrad Jenny.
[126] Vgl. Johann Glass, Ein Mord im sibirischen Urwald, in: Der Plenny. Organ der Bundesvereinigung der ehemaligen öst. Kriegsgefangenen 7 (1930) 10/11, 112–114.
[127] Glass, Ein Mord im sibirischen Urwald, 113.
[128] Vgl. Glass, Ein Mord im sibirischen Urwald, 114.
[129] Vgl. StAI, Cod-57.

Abb. 11: Sterbebild des Sanitätssoldaten Josef Gruber (1892–1915), der nach seiner Gefangennahme im Lagerspital zu Krasnojarsk arbeitete und am Höhepunkt der Typhusepidemie verstarb. Quelle: Slg. Matthias Egger, Privatbesitz.

Ungleichgewicht legt den Schluss nahe, dass bis zum Sommer 1915 kaum Offiziere aus Transleithanien in Krasnojarsk interniert waren.

Die Auswertung der Todesursachen in Bezug auf die verstorbenen Unteroffiziere und Soldaten zeigt, dass auch unter dieser Gruppe der Typhus die mit Abstand meisten Leben forderte. Das Ausmaß lag aber sowohl in absoluten Zahlen als auch anteilsmäßig deutlich über den für die Offiziere konstatierten Werten, denn jeder zweite dokumentierte Sterbefall unter der Mannschaft lässt sich auf eine Typhuserkrankung zurückführen (vgl. Diagramm 8). Auch der eingangs erwähnte Innsbrucker Gastwirt Josef Sailer, der infolge der allgemeinen Mobilmachung als Reserve-Jäger zum 2. TKJR eingerückt und am 7. September 1914 bei Hujcze in russische Gefangenschaft geraten war,[130] erlag am 12. April 1915 dem Typhus.[131]

---

[130] Vgl. TLA, Evidenzarchiv, Grundbuchblatt Josef Sailer. Zu dem für das 2. TKJR verhängnisvollen Gefecht bei Hujcze siehe: Wißhaupt, Die Tiroler Kaiserjäger im Weltkriege 1914–1918, Bd. 1, 95; Ernest G. F. Murrer, Huicze. September 1914. Zur Geschichte des 2. Regiments der Tiroler Kaiserjäger, o. O. 1996.
[131] Vgl. StAI, Cod-57.

Besonders gefährdet waren jene Kriegsgefangenen, die als Krankenwärter die Pflege der Typhuspatienten übernehmen mussten. Ein zeitgenössischer Bericht gibt an, dass von „100 Berufssanitätssoldaten bis [zum] Schluss der Epidemie 96" gestorben sein sollen.[132] In der Totenliste sind hingegen „nur" 38 Krankenpfleger verzeichnet, die zwischen Ende Dezember 1914 und Anfang Mai 1915 dem Typhus erlagen. Weniger als die Hälfte von diesen 38 waren Sanitätssoldaten,[133] wie der am 1. November 1892 in St. Marienkirchen bei Schärding geborene Gastwirtssohn Josef Gruber. Bei Kriegsbeginn war Gruber mit der Sanitäts-Abteilung 10 (Innsbruck) nach Galizien abgegangen und bereits am 8. September 1914 den russischen Truppen in die Hände gefallen. In weiterer Folge gelangte er nach Krasnojarsk, wo er im Lager-Spital arbeitete. Als die Epidemie ihrem Höhepunkt entgegenging, erkrankte auch er und starb am 4. April 1915, erst 22 Jahre alt.[134] Die Tatsache, dass die Mehrheit der verstorbenen Krankenwärter *nicht* der Sanitätstruppe angehörte, illustriert eindringlich, dass die Epidemie nicht nur bei den Ärzten, sondern auch unter den Pflegern zu einem akuten Personalmangel führte,[135] weshalb auch Mannschaften aus anderen Zweigen des Heeres für diesen Dienst herangezogen wurden. Die meisten von ihnen dürften vom Lagerkommando bzw. ihren unmittelbaren Vorgesetzten mehr oder weniger direkt zu diesem Dienst befohlen worden sein.[136] Vereinzelt finden sich in der Totenliste aber auch Hinweise darauf, dass sich Soldaten freiwillig als Krankenwärter meldeten. So ist etwa bei Leopold Künzl aus Budweis, der am 16. April 1915 dem Typhus zum Opfer fiel, vermerkt: „Wärter freiw. gemeldet".[137] Im August 1914 war der erst 19-jährige Künzl als Einjährig-Freiwilliger zum böhmischen IR 88 eingerückt und Anfang November 1914 in russische Gefangenschaft geraten. Aufgrund einer Mitteilung von einem Regimentskameraden hielten Hermann Künzl und seine Frau ihren Sohn zunächst für tot.

Die Eltern sandten Partezettel aus und gestern [12. Dezember 1914] wurde eine Trauermesse für den Gefallenen gelesen. Als die tiefbetrübten Eltern vom Traueramt heimkehrten, fanden sie eine Feldpostkarte ihres Sohnes vom 13. November vor, worin er ihnen mitteilt, daß er sich in Kiew in russischer Gefangenschaft befinde und wohl und gesund sei.[138]

---

[132] ÖStA, AVA, Nachlass Eduard Pichl, Krt. 59, Typoskript Krasnojarsk, datiert Csáktornya, 05.11.1916.
[133] Berechnung des Verfassers anhand von StAI, Cod-57.
[134] Vgl. Pfarre St. Marienkirchen bei Schärding, Sig. 106/1892, Taufen-Duplikate 1892, Eintrag 72. https://data.matricula-online.eu/de/oesterreich/oberoesterreich/st-marienkirchen-bei-schaerding/106%252F1892/?pg=19 (Abrufdatum 07.02.2021).
[135] Hans Weiland schrieb mit Blick auf die Lage in Krasnojarsk zu Anfang April 1915: „Alle Ärzte und Mediziner, alle Wärter sind erkrankt, viele schon gestorben." Weiland, Wie starben die Kriegsgefangenen?, 31.
[136] Vgl. Weiland, Wie starben die Kriegsgefangenen?, 31.
[137] StAI, Cod-57.
[138] Fälschlich totgemeldet, in: Prager Tagblatt (Mittags-Ausgabe), 15.12.1914, 2. Dieser Fall wurde von vielen Zeitungen aufgegriffen; so berichteten u. a. das *Fremden-Blatt* am 17. Dezember, der *Arbeiterwille* am 18. Dezember und die *Neuen Tiroler Stimmen* am 19. Dezember 1914 darüber.

Eine Analyse der Totenliste des Kriegsgefangenenlagers Krasnojarsk 1914–1919

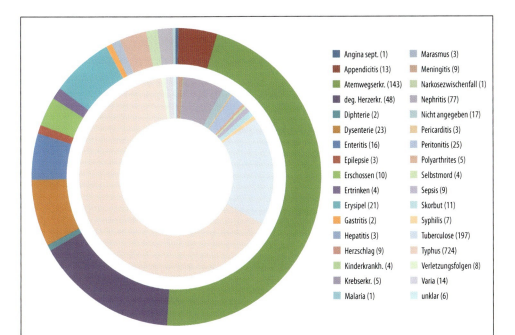

Diese Aufstellung bietet eine Übersicht über die in jeweils eine Kategorie zusammengefassten Todesursachen (allfällige unterschiedliche oder fehlerhafte Schreibweisen finden sich so im Totenbuch):

1. Typhus (abdom & exanth &n ohne Spezifizierung & Typhus Entbitner & Para-Typhus)
2. Peritonitis (inkl. Coleoystitis & Peritonitis)
3. Atemwegserkrankungen unklarer genese (Bronchitis, Pneumonie, Pleurritis + Asthma + Bronchiolitis + Cartarrh pulm. & Emphyema & Emphysema Dial. & Emphysema pulmunar & Lungenleiden & Phtysis pulmonium & Ptysis pulmonar & Pneumothorax, Pleuro, Broncho)
4. Dysenterie
5. Nephritis, Nephrose & Urämie = 1 Kategorie
6. Angina sept.
7. Malaria (Febris recurrens)
8. Tuberculose (pulmonar + miliaris + Miliartuberkulose + Tuberculose + Tuberculosis)
9. degenerative & entzündliche Herzerkrankungen (Myodegeneratio(n) cordis + Bubo axillans & Bursitis purulerta & Endocartitis & Endocartitis ukerosa & Herzlähmung & Herzparalyse & Herzparalyse & Herzschwäche & Vitium cordis & Hydropericard & Insuff. Cordis & Paralysis cordiae & Paralysis cordis & Paralysus cordis)
10. Gastritis (Gastro acuta & Ulcus verticuli
11. Polyarthrites (Polyarthrites & Rheuma & Rheumatismus)
12. Pericarditis (Pericarditis & Pericaditis & Pericorditis)
13. Selbstmord
14. Herzschlag
15. Epilepsie (Epilepsie & Epyhlepsia & Epylysia)
16. Erysipel
17. Kinderkrankheiten (Blattern & Scarlatina & Scarlatina & Variola vera)
18. Krebs- & Tumorerkrankungen (Carcionoma vertrieuli cum infiltraioniem hepatis & Kehlkopfkrebs & Tumor abdominis, Gumma cerebri)
19. Marasmus
20. Syphilis (Syphilis & Lues & Tabes dorsatis & Tabes dorsatis)
21. Skorbut & Scorbut
22. Enteritis = Enteritis chronica + Enteritis + Entritis chron
23. Appendicitis (Appendicitis + Apicitis + Apicites)
24. Diphterie
25. Meningitis (Meningitis & Mennigitis & Gehirnhautentzüdung)
26. Hepatitis (Hepatitis & Cyrhoses hepatis
27. Sepsis
28. Verletzungsfolgen (Abscessus cerebri & Verblutung infolge Bauchschuss & tödliche Verletzung durch Bajonetstiche & Phlegmone)
29. Ertrinken (Beim Baden im Jenissei-Flusse ertrunken & Ertrunken)
30. Erschossen
31. tödlicher Narkosezwischenfall (Operation am Fuss und hierbei gest. an der Narkose)
32. Varia (Botulismus, Diabetes, Ganitis purlenta dextra, Ileus intestimi, Hämoptoe, Polyserositis, Perforatio urethrae, Psychosis Progresiva, Strunitis phlegmosa (eigentlich Stumitis phlegmosa))
33. unklar (Caries costae, Concerlatis gutis pedis, Coseitis gonitis, Larime, Meningamielitis)
34. Nicht angegeben

Diagramm 8: Überblick über die Todesursachen der in Krasnojarsk verstorbenen österreichisch-ungarischen Mannschaft (1914–1919). Für dieses Diagramm wurden die Todesursachen in 34 Kategorien zusammengefasst (n=1.428 bedingt durch Mehrfachnennungen).

Von Kiew, einem der zentralen Sammel- und Evakuierungsorte des russischen Gefangenenwesens,[139] gelangte Künzl in das knapp 5.000 Kilometer entfernte Lager Krasnojarsk. Im Rahmen seines Dienstes als freiwilliger Krankenwärter erkrankte er jedoch selbst und musste am 3. April 1915 als Patient in das Spital eingeliefert werden. Dreizehn Tage später war er tot.[140] Josef Sailer, Josef Gruber und Leopold Künzl waren drei von den insgesamt über 720 für die österreichisch-ungarische Mannschaft dokumentierten typhusbedingten Todesfällen (vgl. Diagramm 8).

Die – allerdings mit großem Abstand – zweithäufigste Todesursache unter der Mannschaft war eine Tuberkuloseerkrankung. Knapp 200 österreichisch-ungarische Unteroffiziere und Soldaten starben an oder mit Tuberkulose, wobei die mit Abstand meisten Fälle 1915/1916 zu verzeichnen waren. Josef Foidl (1891–1915) aus Schwendt im Bezirk Kitzbühel war als Ersatz-Reserve-Jäger zum 3. TKJR eingerückt und am 28. November 1914 bei Krakau in russische Gefangenschaft geraten. Beinahe auf den Tag genau ein Jahr später, am 20. November 1915, starb er in Krasnojarsk an Lungentuberkulose.[141] Konrad Kraner, Ersatz-Reserve-Infanterist im steirischen IR 47, zog sich in der Gefangenschaft eine Miliartuberkulose zu, der er am 14. März 1916 erlag. Foidl und Kraner waren nur zwei von 140 österreichisch-ungarischen Soldaten, die 1915/16 in Krasnojarsk der Tuberkulose zum Opfer fielen.[142]

Am dritthäufigsten starben die Kriegsgefangenen an oder mit Atemwegserkrankungen unklarer Genese (*Pneumonie, Pleuritis, Bronchitis* etc.). Einer von ihnen war János Lukács (1884–1914) aus Taliándörögd im Komitat Zala. Infolge der allgemeinen Mobilmachung war er als Ersatz-Reserve-Infanterist zum HIR 20 eingerückt und auf den russischen Kriegsschauplatz abgegangen, wo er bald den zaristischen Truppen in die Hände fiel. Am 26. Dezember 1914 erlag er in Krasnojarsk einer Lungenentzündung.[143] In 77 Fällen und damit am vierthäufigsten lag eine Nierenerkrankung vor, die – mitunter in Kombination mit anderen Erkrankungen – zum Tode führte (vgl. Diagramm 8). Unter diesen befand sich auch der am 24. Dezember 1882 in St. Andrä im Lavanttal geborene Stefan Harter, Korporal im kärntnerischen IR 7. Er starb am 12. März 1915 im Stadtspital von Krasnojarsk an *Nephritis*.[144] Hermann Haselberger aus Neugebäu in Böhmen war als Infanterist im LstIR 29 in den Ersten Weltkrieg gezogen und nach wenigen Wochen den russischen Truppen in die Hände gefallen. Nach über dreijähriger Gefangenschaft starb er am 3. Jänner 1918; als Todesursachen wurden *Vitium cordis* und *Nephritis* angeführt.[145]

---

[139] Vgl. dazu ausführlich: Nachtigal, Rußland und seine österreichisch-ungarischen Kriegsgefangenen, 25–56.
[140] Vgl. StAI, Cod-57. In einer Todesmeldung im *Prager Tagblatt* wird der 17. April als Todestag angegeben. Vgl. In der Kriegsgefangenschaft gestorben, in: Zweite Beilage zum Prager Tagblatt, 23.05.1915, 4.
[141] Vgl. StAI, Cod-57; Verlustliste Nr. 275, 26.09.1915, 15.
[142] Vgl. StAI, Cod-57.
[143] Vgl. StAI, Cod-57; Verlustliste Nr. 492, 23.11.1916, 32.
[144] Vgl. StAI, Cod-57; Pfarre St. Andrä im Lavanttal, Sig. S14_014-1, Geburtsbuch XI, 166. https://data.matricula-online.eu/de/oesterreich/gurk/st-andrae-im-lavanttal/S14_014-1/?pg=169 (Abrufdatum 07.02.2021); Verlustliste Nr. 506, 23.12.1916, 61.
[145] Vgl. StAI, Cod-57; Verlustliste Nr. 491, 17.11.1916, 19.

Neben Typhus, Tuberkulose, Atemwegs- und Nierenerkrankungen starben die österreichisch-ungarischen Kriegsgefangenen häufiger auch an oder mit degenerativen oder entzündlichen Herzkrankheiten (48 Fälle), *Peritonitis* (25 Fälle), *Dysenterie* (23 Fälle) sowie *Erysipel* (21 Fälle). In elf Fällen starben österreichisch-ungarische Kriegsgefangene an oder mit Skorbut.[146] Bedenkt man, dass die Verpflegung der Mannschaft in den zeitgenössischen Berichten als unzureichend und eintönig charakterisiert wurde, weshalb viele Gefangene im Winter 1915/16 an Skorbut erkrankt seien,[147] so scheint diese Fallzahl äußerst gering. Immerhin weist aber auch die Totenliste eine Häufung für das Frühjahr 1916 aus, denn allein zwischen dem 12. Februar und dem 16. März 1916 starben sechs österreichisch-ungarische Gefangene an oder mit Skorbut.[148]

Schließlich ist noch eine ganze Reihe von weiteren Todesursachen, von sogenannten Kinderkrankheiten (wie z. B. Scharlach) über *Appendizitis*, *Sepsis*, *Meningitis*, *Syphilis* und *Malaria* bis hin zur Hinrichtung, verzeichnet. Auch vier Selbstmorde sind dokumentiert (vgl. Diagramm 8). So erhängte sich etwa ein 22-jähriger Infanterist des LIR 2 (Linz) am 13. Mai 1916.[149] Der 35-jährige Emil Smrž aus Wittingau in Böhmen, Feldwebel im LstIR 29, erlag am 13. April 1915 „Verletzungen durch Bajonettstiche" im Stadtspital.[150] Wie es dazu kam, ließ sich nicht zweifelsfrei klären. Einem deutschen Bericht zufolge wurde Smrž „an einem Morgen nahe der russ. Postenkette mit einer Bajonett-Stichwunde in der Schläfe bewusstlos aufgefunden, welcher Wunde er ohne das Bewusstsein wiedererlangt zu haben, erlegen ist […]." Möglicherweise wurde er jedoch das Opfer eines Raubmordes seitens der russischen Wachmannschaften.[151] Vier österreichisch-ungarische Kriegsgefangene, darunter der Vorarlberger Gebhard Stark (1890–1915), Patrouillenführer im 2. TKJR, ertranken beim Baden im Jenissei.[152] Zusammenfassend lässt sich konstatieren, dass die Mannschaft nicht nur von der Typhusepidemie im Frühjahr 1915 und den Tuberkuloseerkrankungen ungleich stärker betroffen war als die Offiziere, sondern ihr Gesundheitszustand insgesamt deutlich schlechter war. Dies lässt sich wiederum auf die über weite Strecken äußerst prekären Lebensbedingungen der kriegsgefangenen Mannschaft zurückführen.

---

[146] Vgl. Diagramm 8 und StAI, Cod-57.
[147] Vgl. ÖStA, AVA, Nachlass Eduard Pichl, Krt. 59, Typoskript Krasnojarsk, datiert Csáktornya, 05.11.1916; Weiland, Kriegsgefangenenlager Krasnojarsk, 179; DlA, Dr. Josef Saatzer, Manuskript ohne Titel, 100.
[148] Vgl. StAI, Cod-57.
[149] Vgl. StAI, Cod-57.
[150] StAI, Cod-57.
[151] NARA, General Records of the Department of State, 1763–2002, Central Decimal Files, 1910–1963, Microcopy 367, Roll 289, Kaiserlich Deutsche Botschaft an den Staatssekretär der Vereinigten Staaten Robert Lansing, Washington, D. C., 19.11.1915. Dem Schreiben liegen zwei Abschriften von Berichten über die Zustände in Krasnojarsk bei.
[152] Vgl. StAI, Cod-57. Zu Gebhard Stark siehe auch: Verlustliste Nr. 692, 24.08.1918, 49.

Fazit

Am 26. September 1915 schrieb der Reserveoffizier Richard Rogenhofer an seine in Wien lebende Mutter:

> Der Fähnr. Georg Schmid [aus Bozen], mein früherer Zimmergenosse, starb schon im April ebenso wie Hptm. Ferrari an Flecktyphus und ruhen jetzt auf dem hiesigen Friedhof. [...] Galvagni hatte wie ich schweren Typhus, ist aber jetzt wieder vollkommen gesund.[153]

Rogenhofer hatte zweifellos Glück, denn er war bekanntlich bereits im Oktober 1914 in Krasnojarsk eingetroffen und überlebte – obwohl er sich während der Epidemie infiziert hatte – die mit Abstand tödlichste Phase in diesem Lager. Wie die Auswertung der Totenliste zeigt, erreichte die Sterblichkeit unter den österreichisch-ungarischen Kriegsgefangenen in Krasnojarsk im Frühjahr 1915 ihren absoluten Höhepunkt. Trotz eines spürbaren Anstiegs im Winter 1915/16 bewegte sich die Mortalität deutlich unter dem Niveau des Vorjahres. Dies mag vor dem Hintergrund der nach wie vor mangelhaften medizinischen Versorgung zunächst überraschen, lässt sich aber zu einem Gutteil mit der Selbstorganisation der Gefangenen erklären, die in Eigenregie die kritische Infrastruktur für die grundlegende Hygiene und Seuchenprävention – Stichwort Desinfektor und Bäder – errichteten. Auch die einsetzenden Fürsorgemaßnahmen der Mittelmächte spielten eine wesentliche Rolle.

In weiterer Folge bewegte sich die Sterblichkeit im Lager Krasnojarsk bis ins Frühjahr 1919 auf einem im Vergleich zur Gefangenenzahl niedrigen Niveau. Dies mag neben den bereits erwähnten Faktoren auch auf die stetig steigende Anzahl von Offizieren im Lager[154] zurückzuführen sein, denn diese hatten – auch das zeigt die Auswertung der Totenliste – eine deutlich höhere Überlebenschance als die Mannschaft. Zwar scheint die Behauptung Georg Wurzers, wonach „Epidemien [...] beinahe ausschließlich unter der Mannschaft" gewütet hätten, während die Offiziere „oft nur gerüchtweise von ihnen [hörten]",[155] zumindest mit Blick auf Krasnojarsk zu überspitzt; man denke nur an die Verluste des militärärztlichen Offizierskorps im Frühjahr 1915 oder an die verstorbenen „Notärzte". Ebenso belegt die oben zitierte Karte von Richard Rogenhofer, dass der Flecktyphus in Krasnojarsk auch unter den Offizieren grassierte. Allerdings forderte die Epidemie unter den Offizieren deutlich weniger Opfer als unter

---

[153] Richard Rogenhofer an Marie Rogenhofer, Krasnojarsk, 26.09.1915, Slg. Andreas Bliersbach, Privatbesitz.

[154] Im Dezember 1915 gehörten rund 23 %, im April 1918 rund 33 % und im Jänner 1919 schließlich sogar rund 45 % der Kriegsgefangenen im Lager dem Offiziersstand an. Berechnet vom Verfasser anhand von: Bornemann, Die Lagerstadt und ihre Bewohner, 191; Berichte über die Besichtigung der Gefangenenplätze in Oesterreich-Ungarn und in Russland durch Abordnungen des Dänischen Roten Kreuzes [Rosty-Brendstrup]; ÖStA, KA, AOK-Evidenzbüro Krt. 3858, Hauptmann Fischer, Tagebuch, Quittungsbuch u. Statistik über das Lager Krasnojarsk 1914–1918.

[155] Wurzer, Die Erfahrung der Extreme. Kriegsgefangene in Rußland 1914–1918, 109.

der Mannschaft; gleichermaßen Ausdruck und Folge der vergleichsweise privilegierten Behandlung der Offiziere.

Ein Blick auf die Tuberkulosetoten untermauert diesen Befund eindringlich. In Krasnojarsk forderte diese Erkrankung, deren Verlauf „nur bei einer extremen Schwächung zum Tode" führt,[156] im Untersuchungszeitraum auf Seiten der Mannschaft 33-mal mehr Menschenleben als unter den Offizieren (197:6). Selbst wenn man in Rechnung stellt, dass nach dem Abschluss der Totenliste noch einige Offiziere in Krasnojarsk verstarben, darunter Landsturm-Oberleutnant Dr. Hermann Egger und Oberstleutnant Árpád Albrecht (1863–1921)[157], zeigt sich, dass das Schlagwort von der „gefährdeten Gesundheit" (Reinhard Nachtigal)[158] in erster Linie auf die Mannschaft zu beziehen ist.[159]

Besonders stark betroffen waren – mitbedingt durch die hohe Sterblichkeit in den ersten Monaten der Gefangenschaft – die früh mobilisierten Geburtsjahrgänge 1880 bis 1894. Es ist davon auszugehen, dass diesem Befund *cum grano salis* über Krasnojarsk hinaus Gültigkeit zukommt, da die Epidemien, die 1914/15 und teilweise auch noch 1915/16 in vielen Gefangenenlagern des Zarenreichs grassierten, einen wesentlichen Anteil an der hohen Mortalitätsrate hatten.[160] Weitere Fallstudien scheinen aber nötig, um diese Annahme zu erhärten bzw. zu verfeinern.

Auffallend ist auch die hohe Anzahl an Honvéd- und Landsturmsoldaten unter den Todesopfern. Über die Gründe lässt sich auf Basis der verfügbaren Quellen und des Forschungsstandes nur spekulieren. Lag es vielleicht am oftmals unzureichenden militärischen Ausbildungsstand und der (vermeintlich) geringeren Kampfmoral der Landstürmer, dass sie häufiger in Gefangenschaft gerieten? Lag es am hohen Anteil der Magyaren, die in den Reihen der Honvéd dienten und die aufgrund der russischen Nationalitätenpolitik eher im asiatischen Russland interniert wurden?[161] Oder war es schlicht Zufall? Hier sind weitere Forschungen dringend nötig, um zu belastbaren Erklärungsansätzen zu gelangen. Schließlich waren unter den in Krasnojarsk verstorbenen Gefangenen die deutschsprachigen Österreicher überproportional stark vertreten, was sich mit der russischen Nationalitätenpolitik erklären lässt. Allerdings sollten

---

[156] Wurzer, Die Kriegsgefangenen der Mittelmächte in Russland im Ersten Weltkrieg, 113.
[157] Vgl. ÖStA, KA, NL B/1196.
[158] Reinhard Nachtigal überschrieb das 2. Kapitel seiner Monografie mit „Gefährdete Gesundheit – Hilfe und Kontrolle von außen". Nachtigal, Rußland und seine österreichisch-ungarischen Kriegsgefangenen, 91.
[159] Dies deckt sich mit dem Forschungsstand. Vgl. pars pro toto: Rachamimov, POWs and the Great War, 103–107; Verena Moritz/Hannes Leidinger, Der Sinn der Erfahrung. Gedanken über den Umgang mit Selbstzeugnissen ehemaliger Kriegsgefangener des Ersten Weltkriegs, in: Hannes Leidinger/Verena Moritz (Hrsg.), In russischer Gefangenschaft. Erlebnisse österreichischer Soldaten im Ersten Weltkrieg, Wien–Köln–Weimar 2008, 7–35, hier 20.
[160] Vgl. Wurzer, Die Erfahrung der Extreme. Kriegsgefangene in Rußland 1914–1918, 108.
[161] Zu Kriegsbeginn belief sich der der Anteil der ungarischsprachigen Mannschaft bei jedem Vierten der insgesamt 32 HIR auf über 90 %; bei nahezu der Hälfte aller HIR belief sich ihr Anteil auf über 50 %. Vgl. Maximilian Ehnl, Die österreichisch-ungarische Landmacht nach Aufbau, Gliederung, Friedensgarnison, Einteilung und nationaler Zusammensetzung im Sommer 1914, Ergänzungsheft 9 zum Werke Österreich-Ungarns letzter Krieg, Wien 1934, 84–89.

daraus nicht voreilig weitgehende Schlüsse gezogen werden, da die russische Nationalitätenpolitik aus verschiedenen Gründen keineswegs konsequent umgesetzt wurde[162] und es überdies bislang schlicht an Vergleichsstudien fehlt. In diesem Sinne liefert der vorliegende Beitrag lokale Befunde, die als Ausgangs- und Vergleichspunkte für weitere Untersuchungen dienen können. Wenn es gelingen würde, mit diesem Aufsatz Impulse für weitere Untersuchungen der medizinischen Versorgung und damit einhergehend der Sterblichkeit unter der Kriegsgefangenen im Russland des Ersten Weltkrieges zu liefern, wäre viel erreicht.

---

[162] Vgl. Nachtigal, Privilegiensystem und Zwangsrekrutierung, 167–193.

Tödliche Begegnung mit Hitler?
Die Tragödie des Dr. Rudolf Priester – auf den Spuren eines Gerüchts, das Innsbruck bewegt(e)

Stefan Dietrich

Es ist eine Geschichte, die niemanden kalt lässt. Die als Gerücht verbreitete Erzählung vom tragischen Tod des Dr. Rudolf Priester während der NS-Zeit ist vielen Innsbruckerinnen und Innsbruckern bekannt. Unterschiedlich detailreich wird dabei im Wesentlichen Folgendes berichtet: Als Adolf Hitler im Herbst 1940 mit dem Zug durch Tirol reiste, um sich mit Benito Mussolini zu Verhandlungen auf dem Brenner zu treffen, musste für den „Führer" ärztliche Hilfe angefordert werden. Man rief den Innsbrucker Allgemeinmediziner und Bahnarzt Dr. Priester. Er sollte Hitler, der sich offenbar in einer nicht näher definierten körperlichen oder psychischen Ausnahmesituation befand, stabilisieren und gab ihm eine Beruhigungsspritze. Dabei erlebte er mit, dass der Diktator „tobte wie ein Irrer". Der Arzt war schockiert und ernüchtert und erzählte später im vertrauten Kreis von diesem Erlebnis. Die sensationelle Geschichte wurde nach außen getragen und verbreitete sich in kurzer Zeit in der Stadt. Schließlich erschien die Gestapo bei dem Arzt und setzte ihm eine Frist, bis zu der er sich selbst zu töten hatte. Daraufhin erhängte er sich. In einer anderen Variante heißt es, dass Dr. Priester von Gestapobeamten ermordet und der Selbstmord nur vorgetäuscht worden war.

Die Geschichte – und das Schicksal, das sie erzählt – macht aus mehreren Gründen betroffen. Vor allem wohl, weil sie eine Parabel für die Unmenschlichkeit und Gnadenlosigkeit des NS-Regimes darstellt und symbolhaft für die unbegreiflichen Schicksalsschläge steht, die Menschen, vor allem in Zeiten von Krieg und Diktatur, völlig überraschend treffen können. Außerdem umgibt sie der Schleier des Geheimnisvollen und das Mysterium eines ungelösten Kriminalfalles.

Den Historiker stellen Nachforschungen zum „Fall" Dr. Priester vor große Herausforderungen. Die Verbreitung als Gerücht sowie die Art der Erzählung lassen sogar daran denken, dass man hier eine „urban legend", ein Wandermotiv mit historischem Hintergrund, vor sich haben könnte. Allerdings sind bei genauem Hinsehen trotz der schwierigen Quellenlage bemerkenswerte Hinweise zu finden, die durchaus für die Plausibilität der Vorgänge sprechen, auch wenn viele Fragen offenbleiben.

Der amtliche Totenschein des Dr. Rudolf Priester vermerkt als Todesursache Suizid durch Erhängen und als Todestag den 28. November 1940.[1] Ausgehend davon lässt sich

---

[1] Vgl. Stadtarchiv Innsbruck (StAI), Totenschaubefunde.

aus den erwähnten Hinweisen und Quellenaussagen eine Indizienkette knüpfen, die es schwer macht anzunehmen, dass die Fama von den ungeheuerlichen Hintergründen dieses Todesfalles ein reines Hirngespinst ist.

Im folgenden Beitrag wird versucht, die nebulösen Ereignisse rund um den Tod von Rudolf Priester so weit zu erhellen und auf ihre Plausibilität zu überprüfen, wie es auf Grundlage der sehr lückenhaften Quellenlage möglich ist.

Dr. Rudolf Priester – Biografisches

Abb. 1: *Rudolf Priester als Einjährig-Freiwilliger der österreichisch-ungarischen Armee, aufgenommen im Mai 1918. Foto: Hans Jäger, Klagenfurt. Quelle: Privatbesitz.*

Dr. Rudolf Priester wurde im Jahr 1899 in Pola/Pula in Istrien geboren. Er stammte aus einer Kärntner Beamtenfamilie und wuchs in Innsbruck auf. Im letzten Kriegsjahr nahm er – zuletzt im Rang eines Fähnrichs – am Ersten Weltkrieg und anschließend am Kärntner Abwehrkampf teil. Im Jahr 1919 maturierte er in Klagenfurt und studierte anschließend in Innsbruck Medizin.[2] Am 6. Dezember 1924 wurde er zum Doktor der Medizin promoviert.[3] Es folgte die Eröffnung einer Praxis für Allgemeinmedizin in der Leopoldstraße in Innsbruck und die Familiengründung mit Ehefrau Anna. Im Jahr 1927 kam das einzige Kind des Paares, Tochter Margarethe, zur Welt.

Zwei Jahre später wurde Dr. Priester zum Bahnarzt des Sprengels Wilten-Ost 2 ernannt. Im Vorfeld berichteten Zeitungen[4] über eine Kontroverse im Zusammenhang mit der Besetzung dieser Stelle. Offenbar wollte der Vertretungsausschuss der Bundesbahnkrankenkasse einen ihm genehmen Kandidaten installieren, doch

---

[2] Die biografischen Daten stammen, wenn nicht anders angegeben, aus dem oben zitierten Totenschein (StAI) und dem Nachruf: Zum Tode Dr. Rudolf Priesters, in: Innsbrucker Nachrichten, 07.12.1940, 8.

[3] Vgl. Promotionen, in: Innsbrucker Nachrichten, 06.12.1924, 5; Promotion, in: Kärntner Tagblatt, 16.12.1924, 3.

[4] Vgl. Der Kampf um die Bahnarzt-Stelle in Wilten-Ost 2, in: Tiroler Anzeiger, 26.07.1929, 5; Und nochmals der Kampf um die Bahnarzt-Stelle in Wilten-Ost 2, in: Tiroler Anzeiger, 03.08.1929, 5; Vom „Warum" und „Darum" bei den Bundesbahnen, in: Tiroler Anzeiger, 24.08.1929, 5.

setzte die Eisenbahnergewerkschaft mit einer Unterschriftenaktion und Protestversammlungen durch, dass Priester die Stelle erhielt. Seine Funktion als Bahnarzt, der für die Eisenbahnerkrankenkasse tätig und auch für sonstige medizinische Belange im Einflussbereich der Eisenbahn zuständig war, könnte später dafür ausschlaggebend gewesen sein, dass er zur Versorgung bzw. Behandlung Hitlers gerufen wurde.

Obwohl sich die traditionell sozialdemokratische Eisenbahnergewerkschaft massiv für ihn einsetzte, stand Dr. Priester politisch dem nationalen Lager nahe. Er war Mitglied der Burschenschaft Suevia und trat angeblich schon 1931 in die NSDAP ein.⁵ So wird man hinter der Wertschätzung der Eisenbahner wohl fachliche und menschliche Qualitäten vermuten dürfen. Für diese sprechen auch mehrere Zeitungsannoncen, in denen sich Patienten für die gute und freundliche Behandlung bedanken.⁶

Auch wirtschaftlich scheint die Praxis erfolgreich gewesen zu sein. Der Arzt

Abb. 2: Diese wohl um 1930 entstandene kleine Fotoserie zeigt Dr. Rudolf Priester mit Gattin Anna in der Innsbrucker Maria-Theresien-Straße. Quelle: Privatbesitz.

konnte sich ein Automobil der gehobenen Klasse leisten und 1935 berichtet eine Zeitung, dass er dabei war, sich in Innsbruck eine Villa bauen zu lassen.⁷

In einem 1946 verfassten Protokoll⁸ wird Ehefrau Anna mit der Aussage zitiert, dass ihr Mann 1938 „über die gewaltsame Besetzung Österreichs sehr unglücklich gewesen" sei und den Beitritt zur SS abgelehnt habe. Im April 1939 scheint er jedoch mit dem hohen Betrag von 50 RM in einer Liste der Spender für das NS-Winterhilfswerk „zum Tag der Machtübernahme" auf.⁹ Ein Nachruf aus dem Jahr 1940, der noch zitiert werden wird, hebt hervor, dass er, wie erwähnt, 1931 in die NSDAP eingetreten war und „dem Führer auch in den schwersten Kampfjahren immer die Treue" gehalten habe.¹⁰ Seine Nähe zum Regime und zur NS-Ideologie belegt auch

---

5 Vgl. Zum Tode Dr. Rudolf Priesters, in: Innsbrucker Nachrichten, 07.12.1940, 8.
6 Vgl. dazu beispielsweise: Danksagung [Inserat], in: Innsbrucker Nachrichten, 16.05.1931, 22.
7 Vgl. Ein Villa-Bau im Wiltener Frauenanger, in: Tiroler Anzeiger, 10.05.1935, 6.
8 Tiroler Landesarchiv (TLA), Staatspolizeiliche Akten 1946, Stp. 5339/1/46.
9 Vgl. Neueste Zeitung, 28.04.1939, 6.
10 Zum Tode Dr. Rudolf Priesters, in: Innsbrucker Nachrichten, 07.12.1940, 8.

Abb. 3: Dr. Rudolf Priester mit Gattin Anna und Tochter Margarethe im Jahr 1934 vor dem Steyr-Pkw der Familie. Foto: Linser, Innsbruck. Quelle: Privatbesitz.

seine Tätigkeit als stellvertretender Beisitzer des Erbgesundheitsgerichts in Innsbruck, das ein Instrument der nationalsozialistischen „Rassenhygiene" im Geist der pseudowissenschaftlichen Eugenik war.[11]

Hitler in Innsbruck und am Brenner im Oktober 1940

1940 war das Jahr der größten Triumphe im Leben Adolf Hitlers. In der ersten Jahreshälfte war kaum für möglich Gehaltenes erreicht worden. Nach der Niederwerfung Polens im Herbst 1939 und der Eroberung Dänemarks und Norwegens im April 1940 war es im Mai und Juni im Westfeldzug, einem weiteren „Blitzkrieg", gelungen, die Alliierten Frankreich und Großbritannien entscheidend zu schlagen und Frankreich zur Kapitulation zu zwingen. Mitte des Jahres waren im Westen die Niederlande, Belgien und Luxemburg vollständig sowie Frankreich zum Großteil von deutschen Truppen

---

[11] Vgl. Ina Friedmann, „Man könnte direkt zweifeln, ob der Frager oder der Befragte schwachsinnig ist" – Zwangssterilisation und Zwangskastration im Gau Tirol-Vorarlberg unter besonderer Berücksichtigung der Beteiligung der Universität Innsbruck, Innsbruck 2020, 12. Da in der im Bundesarchiv in Berlin teilweise erhaltenen zentralen Mitgliederkartei der NSDAP zur Person Dr. Priesters keine Unterlagen auffindbar sind, können die Angaben bezüglich Partei- und SS-Zugehörigkeit nicht anhand einer amtlichen Quelle überprüft werden.

besetzt. Damit lag für Hitler ein wichtiges Etappenziel für den angestrebten Aufstieg Deutschlands zur Vormacht in Europa und zur globalen Großmacht zum Greifen nahe. Allerdings machte die Tatsache, dass Großbritannien in Frankreich zwar eine schwere Niederlage erlitten hatte, aber noch nicht besiegt war, den Triumph unvollständig. In der zweiten Jahreshälfte wurde die anfängliche Hochstimmung des Diktators merklich gedämpft. Im Sommer und Herbst 1940 misslang der Versuch, die Royal Air Force in der „Luftschlacht um England" niederzukämpfen. Die geplante Invasion Großbritanniens, das *Unternehmen Seelöwe*, wurde mehrfach verschoben und schließlich abgesagt. Dessen ungeachtet hatte Hitler am 31. Juli 1940 der Wehrmachtsführung seinen Entschluss mitgeteilt, bereits den nächsten entscheidenden Schritt zu wagen und im kommenden Jahr die Sowjetunion anzugreifen.

Vor diesem Hintergrund entfaltete der Despot im Herbst 1940 eine hektische diplomatische Tätigkeit in Westeuropa. Wunschziel war es, Großbritannien vor einem befürchteten Kriegseintritt der USA entscheidend zu schlagen oder zumindest als militärischen Faktor in Kontinentaleuropa und im Mittelmeerraum auszuschalten. Das sollte mit militärischen Kooperationen und verschiedenen gezielten Aktionen, etwa der Eroberung Gibraltars und dem Vordringen zum Suezkanal und in den Nahen Osten, erreicht werden. Im Zentrum der Bemühungen Hitlers standen der bisher neutrale spanische Diktator Franco, die Vertreter des von Deutschland abhängigen französischen Vichy-Regimes und ganz besonders Italiens „Duce" Benito Mussolini, Hitlers wichtigster Verbündeter in Europa. Am 27. September 1940 hatte man den Dreimächtepakt abgeschlossen, mit dem der „Stahlpakt" zwischen Deutschland und Italien um die fernöstliche Militärmacht Japan erweitert wurde, die gerade dabei war, in Ostasien zu expandieren. Anders als man erwarten würde, gab es weder zu diesem noch zu einem späteren Zeitpunkt eine ausgearbeitete gemeinsame Strategie der drei Staaten, sodass das Bündnis, wie wir heute wissen, eher ein Propagandagebilde als ein wirkungsvolles politisch-militärisches Instrument war.[12]

Trotz dieses formalen Erfolgs liefen Hitlers diplomatische und bündnisstrategische Ambitionen zu dieser Zeit nicht ganz wunschgemäß. Das war die Ausgangsposition für die Gespräche, die Hitler am 4. Oktober 1940, dem (vorerst) vermuteten Tag des Zusammentreffens mit Dr. Priester, mit Mussolini am Brenner führte.

Über dieses Treffen der Diktatoren – das bereits dritte in diesem Jahr – veröffentlichten die staatlich gelenkten Medien ebenso wortreiche wie inhaltlich nichtssagende Meldungen. Der *Völkische Beobachter* und nahezu gleichlautend die *Innsbrucker Nachrichten* berichteten:

Im Rahmen des regelmäßigen deutsch-italienischen Meinungsaustausches haben sich der Führer und der Duce am Freitag auf dem Brenner getroffen. In einer im Geiste der Achse geführten herzlichen Unterhaltung von dreistündiger Dauer,

---

[12] Siehe dazu: Christian Goeschel, Mussolini und Hitler, Berlin 2019, 227f.; Ian Kershaw, Hitler, Bd. 2 1936–1945, Stuttgart 2000, 437–439; Brigitte Esser/Michael Venthoff, Chronik des Zweiten Weltkriegs, Augsburg 1994, 73–75.

die in Anwesenheit der beiden Außenminister stattfand, wurden sämtliche beide Länder interessierenden Fragen behandelt. Bei dem letzten Teil der Unterhaltung war Feldmarschall Keitel anwesend. Die Besprechung wurde während eines Frühstücks im kleinen Kreise fortgesetzt.

Über den Verlauf der Begegnung des Führers und des Duce erfahren wir noch folgende Einzelheiten:

Der Führer traf zu seiner Begegnung mit dem Duce in seinem Sonderzug um 11 Uhr in der italienischen Grenzstation Brennero[13] ein. Der Duce begrüßte den Führer auf dem mit deutschen und italienischen Fahnen geschmückten Bahnsteig auf das herzlichste. Der italienische Außenminister Graf Ciano hieß Reichsaußenminister von Ribbentrop herzlich willkommen. Während ein italienischer Musikzug die deutschen und italienischen Nationalhymnen intonierte, schritten der Führer und der Duce die Front der Ehrenformationen des Heeres und der faschistischen Miliz ab.
Der Duce geleitete den Führer sodann zu dem auf der anderen Seite des Bahnsteiges stehenden Sonderzug, wo die Besprechung im Salonwagen des Duce in Anwesenheit der Außenminister beider Länder begann. Nach der Besprechung geleitete der Duce den Führer zu seinem Sonderzug zurück und verabschiedete sich von ihm auf das herzlichste. Begleitet von den Klängen der deutschen und italienischen Nationalhymnen verließ der Sonderzug des Führers gegen 14.30 Uhr den Bahnhof.

Den vom Propagandaministerium vorgegebenen Text ergänzten die *Innsbrucker Nachrichten* durch einen Artikel unter dem Titel „Entscheidende Entschlüsse", der die Leser – wenig überraschend – ebenfalls vollständig im Unklaren ließ, was zwischen den beiden Diktatoren besprochen wurde. Darin heißt es u. a.:

So knapp die amtliche Verlautbarung über das zweite diesjährige Treffen am Brenner auch ist, es verrät uns doch, daß wieder gemeinsame und einheitliche Beschlüsse gefaßt worden sind, die für unsere Zukunft entscheidende Bedeutung haben. Wir wissen, daß nach dieser Begegnung der beiden großen Staatsmänner harte Schläge für den Gegner folgen werden, die uns dem endgültigen Sieg näherbringen. Mit der Genugtuung über dieses Wissen ist der Stolz darüber verbunden, daß die Bevölkerung unseres Gaues diese weltgeschichtliche Stunde am Brenner aus unmittelbarer Nähe miterleben durfte.[14]

---

[13] Ein kurioses Detail: An dieser Stelle wurde in den *Innsbrucker Nachrichten* der vom Propagandaministerium angeordnete Text – wohl mit Rücksicht auf die Tiroler Leser – abgeändert: Dort heißt es statt „in der italienischen Grenzstation Brennero" lediglich „am Brenner".
[14] Dreistündige Unterredung am Brenner, in: Völkischer Beobachter, Wiener Ausgabe, 05.10.1940, 1; Weltgeschichtliche Stunden am Brenner, in: Innsbrucker Nachrichten, 05.10.1940, 1.

Etwas prosaischer beschreibt der Historiker Christian Goeschel den Ablauf des Brenner-Treffens. Im Anschluss an die Schilderung des offiziellen Empfangs am Bahnsteig heißt es:

> Nach zehn Minuten stiegen Mussolini und Hitler, gefolgt von Ribbentrop und Ciano, in den Zug des Duce und ließen die Vorhänge schließen. Polizisten verhinderten, dass jemand dem Zug zu nahe kam. Drei Stunden später sah man Mussolini und Hitler gemeinsam im Speisewagen essen, nachdem man die Vorhänge wieder geöffnet hatte. Laut einem amerikanischen Korrespondenten wirkte Hitler ungehalten, während Mussolini ständig lächelte.[15]

Auf der Rückfahrt vom Brenner stattete Hitler am Nachmittag des 4. Oktober Innsbruck einen Kurzbesuch ab. Der Zug hielt am Hauptbahnhof und der „Führer" verließ seinen Salonwagen, um die angetretenen Ehrenformationen abzuschreiten und die Huldigungen von Gauleiter Franz Hofer und weiteren regionalen Nazi-Größen entgegenzunehmen. Auch darüber berichten die Zeitungen vollmundig. In der Jubelmeldung der *Innsbrucker Nachrichten* heißt es u. a.:

> Die Nachricht, dass der Führer zum Brenner unterwegs sei und auf der Rückfahrt in Innsbruck kurzen Aufenthalt nehmen werde, verbreitete sich in den Vormittagsstunden und brachte selbstverständlich die ganze Stadt auf die Beine. [...]
> Weit über den gedeckten Bahnsteig hinaus waren die politischen Leiter und die Gliederungen der Partei, eine Ehrenkompanie der Polizei und Standschützenkompanien angetreten. Am gegenüberliegenden Bahnsteig drängten sich die Volksgenossen in dichter Masse, die Jugend wie immer voran, und es waren trotz der beschränkten Platzverhältnisse im Bahnhof weit über zehntausend Menschen, die ihr tiefinnerstes, der Liebe und Verehrung für unseren Führer entspringendes Gefühl hierher geführt hatte, um wenigstens kurze Minuten in seiner Nähe zu sein und ihn von Angesicht zu sehen. [...]
> Hernach schritt der Führer die Fronten der angetretenen 3230 Mann starken Ehrenformation ab, wobei er den in Tracht und Waffen angetretenen Standschützen in einer Stärke von über 1200 und unter diesen den Jungschützen von Matrei und Hötting besondere Aufmerksamkeit schenkte. Als der Führer, entlang der Westseite des Mittelbahnsteiges schreitend, ins Gesichtsfeld der am ersten Bahnsteig angesammelten zehntausendköpfigen Volksmenge kam, brach stürmischer Jubel aus, Sprechchöre lösten sich mit Sieg-Heil!-Rufen ab und der Begeisterungsausbrüche war kein Ende, solange der Aufenthalt des Führers dauerte.[16]

---

[15] Goeschel, Mussolini und Hitler, 228f.
[16] Weltgeschichtliche Stunden am Brenner, in: IN, 05.10.1940, 1.

Nach dem kurzen Aufenthalt fuhr der Sonderzug über das Unterinntal und Kufstein nach Berchtesgaden, von wo der Diktator zu seinem Feriendomizil auf dem Obersalzberg weiterreiste.[17]

Die historische Forschung weiß heute, dass das Treffen der Diktatoren am Brenner zwar nicht unfreundlich, aber durchaus nicht so harmonisch verlief, wie es die Zeitungen glauben machen wollten. Hitler konsultierte Mussolini vor allem, weil er unschlüssig war, wie er mit Frankreich und Spanien umgehen und wie er es angehen solle, die dortigen Regime fester an sich zu binden und für seine Pläne einzuspannen. Doch Mussolini, von dem er Unterstützung erwartete, war ihm bei diesem Drahtseilakt keine große Hilfe, da Italien im westlichen Mittelmeer eigene Interessen verfolgte. Der „Duce" war offenbar nicht zu großen Kompromissen bereit und erneuerte seine Forderung nach den französischen Territorien Nizza, Korsika, Tunis und Djibouti, ein Ansinnen, das bei den Franzosen zwangsläufig eine Blockadehaltung auslösen musste.[18]

Bereits früher hatte Mussolini deutlich gemacht, dass er einen „Parallelkrieg" („guerra parallela") zu führen gedachte und sich den Plänen Hitlers nicht vollständig unterordnen wollte. Bekanntlich hatte er sich erst mit großer Verspätung, als sich die Niederlage Frankreichs schon abzeichnete, am Westfeldzug beteiligt. Im September hatten italienische Truppen auf Wunsch Hitlers zwar von Libyen aus die Grenze nach Ägypten überschritten, waren aber so zögerlich gegen die Briten vorgegangen, dass der Vormarsch bald zum Stehen kam. Beim Gegenangriff im Dezember schlugen zahlenmäßig weit unterlegene britische Truppen die Italiener vollständig, was in weiterer Folge zum Eingreifen deutscher Truppen auf diesem Kriegsschauplatz führte. Mussolinis Absicht, „nicht mit Deutschland, nicht für Deutschland, sondern für Italien an der Seite Deutschlands" zu kämpfen, kulminierte schließlich Ende Oktober 1940 im Angriff auf Griechenland, den der Duce ohne Absprache mit Hitler startete. Auch dieses Abenteuer endete für die Italiener mit einem militärischen Desaster.[19]

Diese eklatanten Fehlleistungen des Bündnispartners lagen zwar noch in der Zukunft, als die Diktatoren am 4. Oktober am Brenner zusammenkamen, die Tendenz der Italiener zu riskanten Eigenmächtigkeiten hing aber schon wie ein Damoklesschwert über der „Achse". Die Konfliktlinien zeichneten sich bereits deutlich ab.

Zentrale Fragen im Fall Dr. Priester: Wann? Wo? Was?

Vor dem Hintergrund der schwierigen diplomatisch-politischen Situation, die in diesen Tagen zweifellos für nervliche Anspannung bei allen Beteiligten sorgte, erscheint es nicht undenkbar, dass es am Tag des Diktatoren-Treffens am Brenner zum Zwischenfall mit Dr. Priester kam, von dem dann die Innsbrucker Gerüchteküche berichtete. Da

---

[17] Vgl. Weltgeschichtliche Stunden am Brenner, in: IN, 05.10.1940, 1. Siehe auch: Führer und Duce am Brenner, in: Neueste Zeitung, 04.10.1940, 1.
[18] Vgl. Kershaw, Hitler, 441; Goeschel, Mussolini und Hitler, 229.
[19] Vgl. Fabian Grossekemper, Deutsch-italienische Beziehungen 1937–1943. https://www.zukunft-braucht-erinnerung.de/deutsch-italienische-beziehungen-1937-1943 (Abrufdatum 01.02.2021).

diese mündlichen Quellen kein bestimmtes Datum nennen, beruht die Datierung auf den 4. Oktober 1940 allerdings lediglich darauf, dass in den Erzählungen stets von einem Treffen Hitlers und Mussolinis am Brenner die Rede ist.

Bei kritischer Abwägung muss aber in Betracht gezogen werden, dass noch ein weiteres Datum für diese Ereignisse in Frage kommt, nämlich der 27. oder 28. Oktober 1940. An diesen Tagen passierte Hitler auf dem Weg zu einem Treffen mit Mussolini in Florenz und auf der Rückfahrt erneut mit dem Sonderzug Tirol und den Brenner.[20] Es ist zwar nichts von einem Halt in Innsbruck bekannt, doch kann ein solcher wohl auch nicht ausgeschlossen werden. Es ist vielleicht sogar wahrscheinlicher, dass das Zusammentreffen mit Dr. Priester während dieser Reise stattfand, also als Hitler unterwegs zu Mussolini war, was dann beim ungenauen Weitererzählen fälschlich mit dem kurz zuvor stattgefundenen Treffen am Brenner in Verbindung gebracht worden sein könnte. Dieses war

Abb. 4: Adolf Hitler und Benito Mussolini verabschieden sich am Bahnhof Brenner. Das Foto entstand am 2. Juni 1941 beim letzten von insgesamt drei Treffen der Diktatoren auf dem Grenzbahnhof in den Jahren 1940/41. Quelle: ATP, Ringier Bildarchiv, Bibliothek und Archiv Aargau – Staatsarchiv, Sign. RBA1-4-17075_3.

den Innsbruckern ja wegen des begleitenden propagandistischen Getöses noch bestens in Erinnerung. Für den 27. bzw. 28. Oktober spricht, dass der Termin deutlich näher am Todestag von Dr. Priester (28. November) liegt als der 4. Oktober. Außerdem bestand zu diesem späteren Zeitpunkt durch die zwischenzeitlichen politischen Entwicklungen für Hitler noch weit mehr Anlass zu Ärger und Frustration als noch drei Wochen zuvor. Zum einen lag das Treffen mit Franco in Hendaye an der Atlantikküste hinter ihm, bei dem der Spanier den Kriegseintritt glattweg verweigert und auch sonst sämtliche Erwartungen Hitlers gründlich enttäuscht hatte – unmittelbar nach den Verhandlungen soll der „Führer" Franco im internen Kreis als „undankbaren Feigling" und „Jesuitenschwein" bezeichnet haben.[21] Zum anderen begann in den Morgenstunden des 28. Oktober der bereits erwähnte, nicht mit dem Bündnispartner abgesprochene Angriff Mussolinis auf Griechenland, der für die Italiener zu einem blamablen Desaster

---

[20] Vgl. Harald Sandner, Hitler – Das Itinerar. Aufenthaltsorte und Reisen von 1889 bis 1945, Bd. 4, Berlin 2016, 1877f. Bei der Zusammenkunft in Florenz besprachen Hitler und der „Duce" die Ergebnisse der (wenig erfolgreichen) Verhandlungen mit dem spanischen Diktator Franco und dem französischen Staatschef Pétain.

[21] Vgl. Kershaw, Hitler, 444.

Abb. 5: Adolf Hitler, flankiert von Gauleiter Franz Hofer und anderen Tiroler NS-Größen, beim Zwischenstopp auf dem Innsbrucker Bahnhof nach dem Treffen mit Benito Mussolini am 4. Oktober 1940. Foto: Richard Müller. Quelle: StAI, Ph-G-18176.

wurde, das dann auch Hitlers militärische Pläne im Osten nachhaltig beeinträchtigte. Hitler hatte von den Angriffsplänen zwar schon einige Tage zuvor erfahren, doch wurde ihm der Beginn der italienischen Invasion in Griechenland während der Zugfahrt nach Florenz gemeldet. Über die Stimmungslage des Diktators beim Treffen mit dem „Duce" schreibt Christian Goeschel: „Trotz seiner Wut blieb Hitler ruhig."[22]

Wenn man davon ausgeht, dass sich das Zusammentreffen mit Dr. Priester am 4. Oktober ereignete, gibt auch dessen tageszeitliche Einordnung Rätsel auf. Eine Quelle, von der noch die Rede sein wird, nennt als Schauplatz des Geschehens den Innsbrucker Westbahnhof.[23] Der zeitliche Ablauf des „Führerbesuchs" in Tirol ist bekannt: Der Sonderzug kam in der Nacht aus Berlin über München nach Innsbruck, wo am frühen Vormittag ein Halt eingelegt wurde, bei dem Gauleiter Hofer bereits eine erste kurze Aufwartung machte. Dann fuhr man weiter zum Brenner, wo um 11 Uhr die Gespräche mit Mussolini stattfanden, die bis ca. 14.30 Uhr dauerten. Um 15.30 Uhr traf der „Führer" dann wieder in Innsbruck ein und verließ den Zug zum erwähnten großen Empfang im Bahnhofsgelände. Anschließend folgte die Weiterfahrt nach Berchtesgaden und dann auf den Obersalzberg, wo der Tross um 20.40 Uhr ankam.[24]

---

[22] Goeschel, Mussolini und Hitler, 234.
[23] Vgl. TLA, Staatspolizeiliche Akten 1946, Stp. 5339/1/46, beigefügte Niederschrift Winkler.
[24] Vgl. Sandner, Hitler, 1873f.; Neueste Zeitung, 04.10.1940, 1; Innsbrucker Nachrichten, 05.10.1940, 1.

Vor dem Hintergrund dieser Zeitangaben sind die spärlichen Quellen-Puzzleteile zum angeblichen Zwischenfall besonders schwierig anzuordnen. Genug Zeit, einen Arzt wegen eines medizinischen Anlassfalls zu rufen, wäre zweifellos auf der Hinfahrt, also am Vormittag, gewesen. Aber was könnte in diesem Fall den die Ereigniskette in Gang setzenden Wutausbruch Hitlers ausgelöst haben? Anspannung? Eine Nachricht, die nichts mit den bevorstehenden Verhandlungen zu tun hatte? Logischer wäre eine emotionale Entladung *nach* dem wenig befriedigenden Gespräch mit Mussolini. Aber hier sind die möglichen Zeitfenster sehr eng und es bleiben mehr Fragen als Antworten. Fuhr man wegen des Zwischenfalls auf den abgelegeneren Westbahnhof und dann wieder zurück zum Hauptbahnhof? War dafür genug Zeit? Ist es denkbar, dass der Diktator einen so schweren emotionalen Ausnahmezustand erlebte, dass man einen Arzt rufen musste, sich dann aber in kurzer Zeit wieder so weit im Griff hatte, dass der Empfang auf dem Bahnsteig stattfinden konnte? Könnte es erst nach dem Empfang zum Zusammenbruch gekommen sein?

Nicht weniger wichtig als das „Wann?" erscheint im Fall Dr. Priester die Frage nach dem „Was?". – Konkret: Was geschah im „Führer"-Sonderzug und welcher Art war der Zwischenfall, von dem der Innsbrucker Arzt später erzählte?

Hier kommt eine bemerkenswerte Quelle ins Spiel, nämlich eine bisher unveröffentlichte Niederschrift, die der Innsbrucker Dr. Robert Winkler (1925–2009) im Jahr 2007 verfasste und dem Tiroler Landesarchiv übergab. Der Historiker und Archivar fasste darin zusammen, was ihm über die Umstände von Dr. Priesters Tod von einem Zeitzeugen erzählt worden war, der sich angeblich aus erster Hand informieren konnte, nämlich von Dr. Friedrich Mader, einem Arztkollegen, persönlichen Freund und Corpsbruder Priesters. Dr. Mader soll demnach das tödliche Drama aus nächster Nähe miterlebt haben und von Dr. Priester kurz vor dessen Tod ins Vertrauen gezogen worden sein. Winkler, der davon ausgeht, dass sich das Ereignis am 4. Oktober abgespielt hat, schreibt nach kurzen Erläuterungen über das Diktatoren-Gipfelgespräch Folgendes:

> Bei diesem Treffen ist etwas gegen den Willen Hitlers verlaufen, was diesen derart empörte, dass er einen seiner gefürchteten Tobsuchtsanfälle erlitt, bei dem er sich brüllend am Boden des Zuges wälzte und in einen Teppich biß. Hitler hatte im engsten Kreis schon längst den Spitznamen „der Teppichbeißer".
> Jetzt brauchte man dringend einen Arzt, der Hitler beruhigen sollte. Die Gestapo fand ihn in dem höchst zuverlässigen Nationalsozialisten Dr. Rudolf Priester. Das Erlebnis, seinen verehrten und geliebten Führer tobend zu sehen, hat Dr. Priester zutiefst erschüttert. Er konnte dem seelischen Druck zu schweigen nicht mehr standhalten und erzählte im Familienkreis (Gattin Anna und die dreizehnjährige Tochter Grete) davon und sagte dazu: „Ich habe bisher nicht gewusst, dass wir von einem Narren regiert werden." Dieser Ausspruch sollte ihm in der Folge das Leben kosten.[25]

---

[25] TLA, Staatspolizeiliche Akten 1946, Stp. 5339/1/46, beigefügte Niederschrift Winkler. 2007 führte der Autor dieses Aufsatzes ein Gespräch mit Dr. Robert Winkler, über das er eine Notiz verfasste. Die

Die drastische Schilderung Winklers wirft mehrere Fragen auf. Die drängendste davon: Ist es bei unserem Wissensstand über die Psychopathologie Hitlers denkbar, dass dieser tatsächlich derart ausrastete und zum „Teppichbeißer" wurde? Harald Sandner, Autor und einer der besten Kenner der Biografie Hitlers, bezweifelt dies. In einem Mail an den Verfasser dieses Aufsatzes wies er darauf hin, dass Nervenzusammenbrüche des Diktators vor dem 22. April 1945 nicht seriös belegt sind. Hitler, so Sandner, sei zwar bei Verhandlungen und Kontroversen öfter aufgebraust, jedoch waren das eher theatralische Aktionen im Zuge der Verhandlungstaktik. Sonst habe er sich gewöhnlich auch in Krisensituationen durchaus „im Griff" gehabt. Andere Autoren sprechen dagegen durchaus von „Wutausbrüchen", ja „Tobsuchtsanfällen" des Diktators. So etwa der Mediziner Neumayr, der den Mythos vom „Teppichbeißer" zwar kennt, ihn zugleich aber relativiert:

> Gingen die Dinge nicht nach seinem Wunsch, dann benahm er sich noch als Reichskanzler wie ein verwöhntes, trotziges Kind, wie ein britischer Diplomat nach einer etwas misslungenen Konversation anlässlich eines Dinners in der Reichskanzlei berichtete. Seine berühmten Wutanfälle ereigneten sich allerdings fast niemals bei entscheidenden diplomatischen Gesprächen, sondern vorzugsweise aus nichtigen Anlässen, etwa wenn jemand mit seinen Ansichten nicht völlig übereinstimmte oder wenn ihn jemand aufmerksam machen wollte, er pfeife die falsche Melodie. Dann konnte es vorkommen, dass er brüllte und mit seinen Fäusten auf den Tisch zu schlagen begann. Niemals sah ihn aber ein ernstzunehmender Zeuge während eines Wutanfalles auf dem Boden liegend und in den Teppich beißend, weshalb der von Sterpellone geprägte Begriff „Teppichfresser" wohl als eine malevolente Erfindung gelten muss.[26]

Auch eine andere, durchaus ambivalente Passage Neumayrs (in der er u. a. die Einschätzung von Sandner zum Teil bestätigt) erscheint in unserem Zusammenhang interessant:

> Hitlers Aggressivität äußerte sich medizinisch in zwei unterschiedlichen Formen: Bei seinen viel zitierten Wutausbrüchen handelte es sich um die so genannte affektive Aggression, bei der begleitende neurovegetative Symptome wie aufsteigende Röte der Wangen, angespannte Kaumuskulatur oder unwillkürliche Armbewegungen charakteristisch sind. Im Allgemeinen war Hitler imstande, die Wutausbrüche unter Kontrolle zu haben, besonders dann, wenn er damit seine Umgebung in Angst versetzen oder sein Gegenüber zur Aufgabe jeden Widerstandes zwingen wollte. Hitler besaß eben auch ein beachtliches schauspieleri-

---

darin festgehaltenen Aussagen decken sich im Wesentlichen mit der (ausführlicheren) Niederschrift. Insgesamt müssen die Darlegungen Winklers aber mit Vorsicht betrachtet werden, da sie zweifellos Authentisches – etwa die Angaben von Dr. Mader – relativ undifferenziert mit Vermutungen und nur vom Hörensagen bekannten Aussagen mischen.

26 Anton Neumayr, Hitler – Wahnideen, Krankheiten, Perversionen, Wien 2001, 412.

sches Talent, das er zu nützen verstand. Wesentlich folgenschwerer waren natürlich jene Aggressionen, die auf Eroberung, Tod und Vernichtung ausgerichtet waren.[27]

An wieder anderer Stelle schreibt Anton Neumayr unter Berufung auf Beobachtungen der Hitler-Sekretärin Christa Schröder von „wütenden Hasstiraden", einer „erschreckenden Abnahme der Steuerungsfähigkeit seiner Gefühlsausbrüche" sowie einer „primärpersönlich verankerten niedrigen Reizschwelle". U. a. zitiert er auch General Dietrich von Choltitz, der Hitler (allerdings erst nach dem Attentat vom 20. Juli 1944) wie folgt erlebt haben will:

> Er redete sich in unsinnige Aufregung hinein, der Geifer lief ihm buchstäblich aus dem Munde. Er zitterte am ganzen Körper, so daß der Schreibtisch, an den er sich klammerte, ebenfalls in Bewegung geriet. Er war in Schweiß gebadet und seine Erregung steigerte sich noch, als er rief, daß jene Generäle „baumeln" würden. Mich überkam die Gewissheit: ich hatte einen Wahnsinnigen vor mir.[28]

Bei dieser Beschreibung fühlt man sich stark an das Szenario erinnert, das Robert Winkler für Hitlers angeblichen Auftritt im Sonderzug in Tirol schildert. Alle Überlegungen können aber nicht darüber hinwegtäuschen, dass wir nicht mit letzter Sicherheit wissen, was sich wirklich im „Führer"-Zug abgespielt hat. War es tatsächlich eine Art Nervenzusammenbruch? Oder ein heftiger Wutausbruch? Oder war es vielleicht nur ein Schwäche- oder Schwindelanfall, bei dem Hitler sich so unwirsch zeigte, dass der Arzt, dessen Vorstellung vom „Führer" wohl durch die heroisierenden Propagandabilder geprägt war, nachhaltig irritiert war? Letztgenannte Möglichkeit, ein Schwächeanfall, wäre auch eine plausible Erklärung, warum man geglaubt haben könnte, einen Arzt rufen zu müssen. Nicht zuletzt drängt sich hier aber auch die Frage auf, warum es nötig gewesen sein sollte, Hilfe von außen zu holen. Warum war kein Begleitarzt, den Hitler auf Reisen gewöhnlich zur Seite hatte, anwesend?[29] Auch das ist eine der vielen ungeklärten Fragen rund um diesen Fall.

Die Tragödie des Dr. Priester

Was auch immer im „Führer"-Sonderzug vorgefallen sein mag: Wie die Fama weiß, nahm die Tragödie um Dr. Priester von dort ihren Ausgang. Laut Robert Winkler behielt der Arzt das Erlebte erst für sich, was verständlich wäre, da man ihn zweifellos zum absoluten Stillschweigen verpflichtet hatte. Irgendwann soll er aber dann doch seine Familie ins Vertrauen gezogen haben und den verhängnisvollen Satz „Ich habe

---

[27] Neumayr, Hitler, 414.
[28] Neumayr, Hitler, 305.
[29] Zu den Begleitärzten siehe: Hans-Joachim Neumann/Henrik Eberle, War Hitler krank?, Bergisch Gladbach 2009, 88.

bisher nicht gewusst, dass wir von einem Narren regiert werden" ausgesprochen haben. Winkler will auch von einem besonders tragischen Detail in der unglücklichen Verkettung der Ereignisse wissen:

> Die dreizehnjährige Tochter Grete war behütet in der Familie im NS-Geist aufgewachsen und hatte keine Ahnung von den Methoden der Gestapo und den Folgen ihres Plauderns. Voll Stolz berichtete sie im Gymnasium, dass ihr Papa den Führer behandelte und [dass] er ihn als Narren bezeichnete. Wie ein Lauffeuer verbreitete sich der Ausspruch unter NS-Gegnern zum Ärger und [zur] Beunruhigung der NS-Machthaber.

Dieser fatale Aspekt der Tragödie könnte ein wichtiger Grund dafür gewesen sein, dass Tochter Margarethe, wie Bekannte wissen, zeitlebens massiv unter dem Trauma dieser Ereignisse litt. Allerdings muss wohl offenbleiben, ob die Verbreitung des Gerüchts in der Stadt tatsächlich nur auf diese eine Quelle und die Schule der Tochter zurückzuführen ist.

Über den weiteren Gang der Ereignisse macht Winkler in seiner Niederschrift unter Berufung auf den „Kronzeugen" Dr. Mader folgende ziemlich detaillierte Angaben:

> Um den 23. November erschien ein Mann der Geheimen Staatspolizei bei Dr. Priester und stellte ihn in scharfer Form zur Rede. Priester habe den Führer als Narren bezeichnet und über die ärztliche Behandlung geredet, das sei Hochverrat, Heimtücke und Wehrkraftzersetzung, alles todeswürdige Verbrechen. Zudem habe er seine ärztliche Schweigepflicht gebrochen. Um nicht noch mehr Aufsehen zu machen, solle er sich selbst richten. Als Sanitätssoldat im Ersten Weltkrieg könnte er ja noch eine Pistole haben. Auf die Ablehnung übergab der Gestapomann ihm ein Paket, in dem eine scharfe Pistole war. Man gewährte ihm drei Tage Zeit um seinen Nachlass zu regeln. Sollten wir Sie in drei Tagen noch lebend antreffen, dann bringen wir Sie in ein Konzentrationslager und erledigen das.
> Am 28. November 40 schickte Dr. Priester seine Frau und Tochter auf einen Markt (Nikolaus?), um etwas Bestimmtes zu kaufen. Als sie heimkamen, fanden sie Dr. Priester erhängt in seiner Villa vor.[30]

Laut Datum noch am selben Abend stellte Dr. Hans Steidl vom städtischen Gesundheitsamt den eingangs erwähnten Totenschaubefund aus, in dem als Todesursache „Suicid durch Erhängen bei melancholischer Phase" vermerkt ist.[31]

Eines der stärksten Indizien für die Mitwirkung der Gestapo an der Tragödie ist die Tatsache, dass bereits im Totenschein als Ort der Beerdigung „München" angegeben ist. Winkler schreibt, dass der Verstorbene unter „Aufsicht der Gestapo" eingeäschert und in München beigesetzt wurde. Und tatsächlich erscheint dieser Umstand – da die

---

[30] TLA, Staatspolizeiliche Akten 1946, Stp. 5339/1/46, beigefügte Niederschrift Winkler.
[31] StAI, Totenschaubefunde.

Familie keinerlei Beziehungen zu München hatte – kaum anders als mit einem Eingreifen der autoritären Staatsmacht erklärbar, die, wie wir von ähnlichen Fällen wissen, öffentliches Aufsehen vermeiden wollte, wie es mit einer feierlichen Beerdigung des beliebten Arztes in Innsbruck verbunden gewesen wäre. Es überrascht auch nicht, dass die sonst bei Selbstmorden übliche Untersuchung durch die Gerichtsmedizin und die Kriminalpolizei unterblieb.[32]

Wie sehr der Fall dennoch Aufmerksamkeit erregte, zeigt ein Zeitungsartikel in den *Innsbrucker Nachrichten*, der, natürlich ohne Namen zu nennen, fraglos auf die Ereignisse und Gerüchte um Dr. Priester Bezug nimmt. Die Meldung, die am 2. Dezember 1940 erschien, hat den Titel „Unsinnigen Tratschereien muß man entgegentreten!" und handelt von einer Versammlung der NSDAP-Ortsgruppe Innere Stadt. Als Redner trat Gaupropagandaleiter Karl Lapper auf, der nach Ausführungen zur aktuellen politischen und militärischen Lage auch über verräterische Gerüchteverbreiter herzog. Dazu heißt es im Artikel:

> Aber auch mit der üblen Menschensorte der Gerüchtemacher beschäftigte sich der Redner und bezeichnete ihr volksfeindliches, wenngleich angesichts der tatsächlichen Verhältnisse sinnloses Verhalten als einen gemeinen und hinterhältigen Versuch das Ansehen führender Männer der Partei und des Staates zu untergraben, damit Unsicherheit und Zwietracht im Volke auszustreuen und die Widerstandskraft des deutschen Volkes in seinem Schicksalskampf zu schwächen. An alle Parteigenossen richtete der Redner in diesem Zusammenhang die eindringliche und unzweideutige Mahnung, entsprechend der selbstverständlichen Pflicht jedes anständigen deutschen Mannes und jeder verantwortungsbewußten deutschen Frau sich nicht nur von der gedankenlosen Weiterverbreitung unsinniger Tratschereien fernzuhalten, sondern jedem Zwischenträger und Volksvergifter dieser Art mit der gebührenden Schärfe entgegenzutreten.
> Es muß festgehalten werden, daß gerade diese Ausführungen des Pg. Dr. Lapper lebhaften Widerhall und rückhaltlose Zustimmung bei der großen Masse seiner Zuhörer fanden, die damit ihren einhelligen Willen kundtaten, an der schonungslosen Niederkämpfung solcher Zersetzungsversuche tatkräftig mitzuarbeiten.[33]

Da sich nicht nur die Gestapo, sondern auch der Parteiredner sichtlich bemühte, keine Verbindung zwischen den kursierenden Gerüchten und dem Tod des bekannten Arztes aufscheinen zu lassen, ist es nur konsequent, dass man versuchte, bezüglich dessen Ablebens den Schein zu wahren.

Bereits am 30. November 1940 wird der Tod Priesters in den *Innsbrucker Nachrichten* in einer Zeile der Spalte „Verstorbene in Innsbruck" erwähnt.[34] Am 2. Dezember, in derselben Ausgabe, in der der Artikel über die Parteiversammlung erscheint, bringen

---

32 Vgl. TLA, Staatspolizeiliche Akten 1946, Stp. 5339/1/46, beigefügte Niederschrift Winkler.
33 Unsinnigen Tratschereien muß man entgegentreten!, in: Innsbrucker Nachrichten, 02.12.1940, 4.
34 Vgl. Innsbrucker Nachrichten, 30.11.1940, 6.

die *Innsbrucker Nachrichten* auch eine kleine Todesanzeige, die versteckt auf einer Seite platziert wurde, die sonst nur kommerzielle Inserate enthält. Im Text heißt es, dass Dr. Rudolf Priester „im Alter von 41 Jahren viel zu früh von uns gegangen [ist]." Bemerkenswerterweise wird auch erwähnt, dass die Leiche „in aller Stille zur Einäscherung nach München überführt" werde.[35]

Und schließlich erschien auch ein Nachruf, der, wie Robert Winkler meint, „vermutlich von der NS Ärztekammer unter der Kontrolle der Gestapo verfasst" wurde. Auch hier wird alles getan, um den Schein der Normalität dieses (Frei-)Todesfalls zu wahren. Diese Würdigung hat folgenden Wortlaut:

Zum Tode Dr. Rudolf Priesters
Vor wenigen Tagen ist, wie kurz berichtet, in Innsbruck ein sehr bekannter und sehr beliebter Arzt, Dr. Rudolf Priester, der Bürde einer übergroßen Lebenslast, die er, selbst seit Jahren krank, mit unermüdlicher Anspannung und Geduld ertrug, erlegen. Es geziemt sich, diesem guten Arzt, diesem stillen Helden seines Berufes, dem Nationalsozialisten und hilfreichen Menschen, einen kurzen Nachspruch zu geben. Als Sohn eines österreichischen Beamten in Pola geboren, besuchte er in Klagenfurt die Mittelschule, rückte 1917 zum Kriegsdienst ein und nahm nach Beendigung des Krieges als Freiwilliger an den Abwehrkämpfen in Kärnten teil. 1925 promovierte er an der Universität Innsbruck zum Doktor der gesamten Heilkunde und begann 1926 seine ärztliche Praxis in Innsbruck. 1931 trat er der NSDAP bei und hielt dem Führer auch in der schwersten Kampfzeit immer die Treue.
Priester war nicht nur ein ausgezeichneter Arzt, der eine hohe natürliche Begabung für seinen Beruf mitbrachte, er war auch ein allzeit hilfsbereiter und gütiger Mensch, dem die Herzen seiner Kranken zuflogen. Er sah im Kranken immer den ganzen Menschen, wußte um seine Not und seine Sorgen und war stets zu Rat und Hilfe bereit. Er vertiefte sich in seine ärztlichen Aufgaben mit wahrer Leidenschaft und besaß ein ungewöhnlich hohes Maß von Wissen. Er arbeitete rastlos den Tag und halbe Nächte und gönnte sich keine Ruhe. Neben seiner sich immer mehr vergrößernden Praxis bildete er sich unentwegt weiter und arbeitete selbst wissenschaftlich über verschiedene Probleme der Medizin. Die Ergebnisse seiner Forschungen legte er in Vorträgen in der Wissenschaftlichen Aerztegesellschaft nieder.[36]

Ungeachtet dieser salbungsvollen Worte war der Tod des erfolgreichen Arztes eine Katastrophe für seine Familie. Ehefrau und Tochter waren nicht nur traumatisiert, sondern auch in ihrer wirtschaftlichen Existenz schwer getroffen. Das schreckliche Ereignis und seine Auswirkungen haben laut Aussage von Verwandten beide das ganze Leben lang schwer belastet.

---

[35] Innsbrucker Nachrichten, 02.12.1940, 7.
[36] Zum Tode Dr. Rudolf Priesters, in: IN, 07.12.1940, 8.

Ein seltsames Nachspiel 1946

Im Jahr 1946 ermittelte kurzzeitig die Innsbrucker Staatspolizei in der Angelegenheit Dr. Priester. Das Ergebnis ist ein in mehrfacher Hinsicht merkwürdiges Dokument, das als Durchschlag im Tiroler Landesarchiv erhalten geblieben ist und dessen Original sich in den Beständen des Innenministeriums im Archiv der Republik befindet.[37] Über Anlass und Gegenstand der Ermittlungen teilt der untersuchende Staatspolizist Dr. Junger am Beginn des an das Innenministerium in Wien adressierten Schriftstücks vom 17. Juli 1946 Folgendes mit:

> Der Herausgeber der Allgemeinen Nachrichten-Korrespondenz Edmund Daniek, Wien XV., Henriettenplatz 1, hat sich an die Bundespolizeidirektion Innsbruck mit der Bitte um Auskunft gewendet, ob es den Tatsachen entspreche, dass ein Innsbrucker Arzt, der 1940 Hitler eine Beruhigungsspritze zu geben hatte, kurze Zeit nachher von der Gestapo verhaftet und seither nicht mehr gesehen worden sei.

Im Folgenden liefert der Ermittler die früheste bekannte schriftliche Fassung der Gerüchte um den Tod Priesters, in der auch erstmals die Mord-Version auftaucht:

> Bei dem in Frage kommenden Arzt handelt es sich um Dr. med. Rudolf Priester, 21. 7. 1899 in Pola geb., der als Nationalsozialist und SS-Arzt bekannt war und der tatsächlich glaublich im Herbst 1940 auf den Westbahnhof berufen wurde, um Hitler, der sich hier auf der Durchreise befand, eine Beruhigungsspritze zu geben. Es ist stadtbekannt, dass Dr. Priester nach dieser ärztlichen Intervention sich etwa in der Richtung geäussert hat, dass Hitler einen Tobsuchtsanfall gehabt hat und dass er nunmehr wisse, dass Deutschland von einem Narren regiert werde. Als Dr. Priester einige Zeit danach in seinem Hause erhängt aufgefunden worden war, wurde gerüchteweise behauptet, dass er nicht freiwillig aus dem Leben geschieden sei, sondern dass er von der Gestapo entweder zum Selbstmorde gezwungen oder sogar ermordet worden sei.

Im nächsten Satz nimmt der Ermittler das Ergebnis bereits vorweg, das bemerkenswerterweise lautet: „Die nunmehr durchgeführten Ermittlungen ergaben keine Anhaltspunkte dafür, dass Dr. Priester eines gewaltsamen Todes gestorben ist oder dass er zum Selbstmorde gezwungen worden ist." Allerdings führt der Protokollschreiber dann in der Begründung, warum angeblich keine Anhaltspunkte für einen fremdverschuldeten Tod vorliegen, gleich mehrere solcher Anhaltspunkte an, die aber von ihm offenbar nicht weiterverfolgt wurden. Über die Aussage der von ihm befragten Ehefrau Anna Priester vermerkt der Ermittler:

---

[37] TLA, Staatspolizeiliche Akten 1946, Stp. 5339/1/46.

Während nach einer vorliegenden Mitteilung die Frau Dr. Priesters Mitteilung gemacht haben soll, wonach Dr. Priester kurz vor seinem Tode öfters geäußert haben soll, dass er mit seinem Tode rechne und dass sie nach Auffindung des Toten einen Selbstmord für nicht möglich gehalten habe, sondern viel mehr vermutete, dass ihr Mann gerichtet worden sei, äusserte Frau Priester bei ihrer nunmehrigen Befragung keinerlei Zweifel darüber, dass ihr Mann am 28. 11. 1940 in einem Anfall von Schwermut Selbstmord durch Erhängen begangen habe. Ihr Mann, der über die Besetzung Österreichs sehr unglücklich gewesen sei, habe im Lauf der Zeit mit verschiedenen Leuten Differenzen gehabt, habe den Beitritt zur SS abgelehnt und sei 1939 zur Wehrmacht einberufen worden. Ihr Mann habe keine glückliche Stunde mehr gehabt und sei ausserordentlich bedrückt gewesen, bis sie ihn am 28. 11. 1940 als sie gegen 17 Uhr mit ihrer Tochter von einem Ausgang zurückkehrte in einem im Parterre gelegenen Raum erhängt aufgefunden habe.

Auf die Spitze getrieben wird die im Protokoll dokumentierte Bereitschaft des Ermittlers, Widersprüche und Hinweise zu ignorieren, im nachfolgenden Absatz, in dem davon die Rede ist, dass in der Frau des Arztes „Bedenken aufstiegen als man ihr erzählte, ihr Mann hätte im Rücken eine Schusswunde gehabt."

Hier nachzuhaken kam ihm offenbar nicht in den Sinn. Ebenso stellte sich offenbar weder die Polizei noch sonst jemand die Frage, warum ein Arzt, der alle Möglichkeiten zu einer diskreteren Selbsttötung gehabt hätte, sich in der eigenen Wohnung erhängte – und zwar so, dass ihn seine Frau und seine jugendliche Tochter bei der Heimkehr finden mussten ...

Abgerundet wird das Ermittlungsergebnis durch die Befragung des Arztes Dr. Hans Steidl, der die Totenbeschau durchführte. Es überrascht nicht, dass dieser ebenfalls „keinerlei Zweifel" an der Version „Selbstmord aus Schwermut" hatte. Priester sei wegen seiner Krankheit – gemeint ist wohl die kurz zuvor erwähnte „Schwermut" – bei Dr. Scharfetter in Behandlung gewesen.[38] Damit gab sich der Staatspolizist zufrieden. Die Überlegung, dass der befragte Arzt bei jeder anderen Version hätte zugeben müssen, einen falschen Totenschein ausgestellt zu haben, beschäftigte ihn offenbar nicht; jedenfalls nicht so sehr, dass sie sich im Bericht oder in weiteren Nachforschungen niedergeschlagen hätte.

Beim Lesen des Protokolls ist der Verdacht nur schwer zu unterdrücken, dass Ermittler und Betroffene – einschließlich der Ehefrau Dr. Priesters – auch nach Kriegsende in dieser Sache kein weiteres Aufsehen mehr erregen und nichts mehr davon wissen wollten. Was den Beamten dazu veranlasste, die sich aufdrängenden Fragen nicht zu stellen und keine weiteren Zeugen zu vernehmen, wird sich wohl nie klären lassen. Wollte er Kollegen schützen? Wollte er weitere Arbeit für seine Behörde vermeiden, bei der sich ohnehin schon die Ermittlungsfälle gegen NS-Täter stapelten? Oder ist sein Bericht nur der Text gewordene Ausdruck des „österreichischen Weges", also der schon

---

[38] Gemeint ist wohl der Neurologe und Psychiater Prof. Helmut Scharfetter (1893–1979).

wenige Monate nach Kriegsende einsetzenden Bereitschaft weiter Bevölkerungskreise, besser nicht zu viel an die Schrecken und das Unrecht der Vergangenheit zu rühren? Der kurz nach Kriegsende noch sehr ausgeprägte Wille, nach NS-Tätern zu suchen, war ja bekanntlich bereits in der zweiten Hälfte des Jahres 1946 deutlich schaumgebremst.

Der Bericht der Innsbrucker Staatspolizei an das Innenministerium und die Sicherheitsdirektion schloss die Ermittlungen ab und wurde „zu den Akten" gelegt, wo er noch heute liegt.

Resümee

Eine Reihe starker Indizien spricht dafür, dass die Fama vom Zusammentreffen Dr. Priesters mit Adolf Hitler und seinem unfreiwilligen, gewaltsamen Tod der Realität entspricht und der Innsbrucker Arzt tatsächlich auf diese ebenso tragisch wie zufällig und absurd anmutende Weise zum Opfer des NS-Regimes wurde. Die lückenhaften und teils widersprüchlichen Informationen zu diesem Fall, die die Methoden der historischen Quellenkritik an ihre Grenzen stoßen lassen, machen es allerdings schwer, die Ereignisse und ihre kolportierten Abläufe zweifelsfrei zu belegen. Für wie glaubwürdig und plausibel die hier zusammengetragenen Quellen und die daraus gezogenen Schlussfolgerungen gehalten werden, muss letztendlich jeder einzelnen Leserin und jedem einzelnen Leser überlassen bleiben.

Auch Skeptiker werden aber einräumen, dass die ungeheuerliche Geschichte rund um den Tod von Dr. Rudolf Priester große Symbolkraft besitzt und ein bemerkenswertes Stimmungsbild aus der NS-Zeit in Innsbruck liefert. Sie zeigt, wie groß Angst und Misstrauen waren, und dokumentiert eindrucksvoll, was die Menschen damals dem Regime und seinen Schergen zutrauten – wie wir durch die vielen noch folgenden Gräueltaten wissen, völlig zu Recht.

Die Zeitgenossen hatten offenbar keine Zweifel, dass das Regime nicht zögerte, sogar einen verdienten Anhänger, den man ohne weiteres als Stütze des NS-Systems und der Gesellschaft bezeichnen kann, wegen einer heute relativ geringfügig erscheinenden Unbotmäßigkeit zu verfolgen und sogar physisch zu vernichten. Die Ahnung, bei manchen vielleicht auch schon das Wissen, wie wenig den NS-Machthabern ein Menschenleben bedeutete, ließ bereits Dr. Priesters Mitbürger erschaudern und tut es noch heute.

Der Bau der Patscherkofelbahn 1927/28 – ein Finanzskandal

SABINE PITSCHEIDER

Der Neubau der Patscherkofelbahn in den 2010er-Jahren geriet teurer als geplant und forderte politische Opfer. Was in der ganzen medialen Aufregung und den politischen Debatten nicht zur Sprache kam, war der Umstand, dass der erste Bau der Patscherkofelbahn in den 1920er-Jahren in einem finanziellen Desaster endete und ebenfalls politische Scherben hinterließ. Mein Beitrag beschäftigt sich mit diesem Bau, von den Bauwerbern über Fehlplanungen bis hin zum Ausgleich und der Übernahme der Bahn durch das Land Tirol.[1]

Die Planungsphase 1924–1926

Pläne, den Patscherkofel mit einer Schwebebahn zu erschließen, reichen in die Jahre vor dem Ersten Weltkrieg zurück, stoppten aber bei Kriegsbeginn. Erst im Juni 1924, als sich die österreichische Wirtschaft zu stabilisieren schien, griff der Igler Gemeinderat auf die Idee zurück.[2]

Treibende Kraft in der ersten Phase von 1924 bis Ende 1926 war der gebürtige Igler Ingenieur Leo Handl, der zusammen mit seinem Partner Erich Posch in Innsbruck die Firma *Posch & Handl* betrieb. Handl plante eine Bahn in zwei Abschnitten: Die 1. Sektion führte von einer Talstation am Bergisel bis an den nördlichen Ortsrand von Igls. Die Talstation der 2. Sektion sah er nahe dem Kurhaus am Girgl vor. Von dort führte die Trasse über eine Zwischenstation am südlichen Waldrand nahe der Römerstraße und eine weitere Zwischenstation etwa 300 Meter vom Schutzhaus entfernt zur Bergstation am Gipfel des Patscherkofels.[3] Im September 1924 verlegte Handl die Igler Talstation an die Römerstraße und schlug als Verbindung zum Ort eine Kleinbahn vor.[4] Ebenfalls im Herbst 1924 reichten zwei Wiener Firmen ihre Projekte ein. Für die

---

[1] Mein Beitrag lehnt sich an eine im Auftrag der Geschäftsführung der Patscherkofelbahn im September 2018 erstellte, unveröffentlichte Studie an.
[2] Vgl. Die Patscherkofelbahn, in: Tiroler Anzeiger, 24.06.1924, 5.
[3] Vgl. Stadtarchiv Innsbruck (StAI), Bestand Patscherkofelbahn, Div. 1, Mp. Projekt, Ingenieurbüro für Tiefbau Ziviling. Dr. E. v. Posch u. Diplom Ing. Leo Handl, Projekt für eine Schwebebahn Innsbruck-Igls Igls-Patscherkofel und d. Umbau d. Innsbrucker Mittelgebirgs-B., Juli 1924.
[4] Vgl. StAI, Bestand Patscherkofelbahn, Plan VIII, Mp. BH, Leo Handl, Verzeichnis der Unterlagen, 28.12.1926.

Varianten Igls–Patscherkofel veranschlagten alle Projekte um die 13 Milliarden Kronen.[5] Angesichts der Hyperinflation und kurz vor der Währungsumstellung von der Krone auf den Schilling (S) war an die Finanzierung eines so großen Projektes nicht zu denken.

Projekte dieser Größenordnung waren ohnehin nur mit einem möglichst großen Kreis von Befürwortern und Finanziers zu verwirklichen, weshalb Handl und der Igler Gemeinderat die Stadt Innsbruck und das Land einbeziehen wollten. Der Innsbrucker Gemeinderat diskutierte zu der Zeit über zwei Seilbahnprojekte, eines auf das Hafelekar, eines auf den Patscherkofel, hatte sich aber noch nicht entschieden. Der Obmann des Verkehrsausschusses und Vizebürgermeister Franz Fischer lud im Jänner 1925 Mitglieder des losen Aktionskomitees Patscherkofel zu einer Diskussion ins Landhaus.[6] Die Sitzung endete mit der Bestellung zweier Ausschüsse, der eine sollte sich um die Finanzierung, der andere um die technischen Belange kümmern.[7]

Im April 1925 legten Posch und Handl ein weiteres Projekt vor, mit einer Talstation am Igler Bahnhof der Mittelgebirgsbahn, einer Zwischenstation bei Heiligwasser und einer Bergstation am Grünen Boden. Nach diesen Vorgaben platzierte der technische Ausschuss eine Ausschreibung, auf die drei Firmen antworteten.[8] Im August 1925 stellte Handl das Bahnprojekt und die eingereichten Pläne in der *Igler Kurzeitung* vor. Demnach wählte die *Seilbahn AG Wien* ein Umlaufsystem mit einer Beförderungskapazität von 300 Personen pro Stunde und einer Umsteigestelle bei der Zwischenstation. Die Wiener Firma *Pohlig GmbH* präsentierte ihr System mit einer Kapazität von 400 Personen. Ein Pendelbahnsystem nach dem System Bleichert-Zuegg ließe die Kapazität auf 100 Personen pro Stunde sinken, ein im Verhältnis zu den schon bekannten und gebauten Zahnrad- und Standseilbahnen nachteiliger Aspekt, wegen des Wegfalls aufwendiger Bauten mit Blick auf die Kosten allerdings vorteilhaft. Für den Patscherkofel genüge eine Kapazität von 150 bis 200 Personen pro Stunde, kalkulierte Handl. Wegen der erwarteten Kosten von rund 1,4 Millionen S schlug Handl vor, zuerst nur die obere Sektion zu bauen und den Weg bis Heiligwasser für Autos auszubauen, was nur 900.000 S erfordere. Auf Grundlage von Frequenzziffern schon gebauter Bahnen rechnete er mit rund 70.000 Fahrgästen jährlich, was einen satten Gewinn verspreche. Hauptfinanzier müsse die Stadt Innsbruck sein, „die indirekt von dem neuen Unternehmen die größten Vorteile genießen" werde.[9]

Im Februar 1926 legte Handl eine erste Rentabilitätsberechnung vor, wonach sich die reinen Baukosten auf 1,4 Millionen S und die Betriebsausgaben auf 87.000 S jährlich beliefen. Die geschätzten Einnahmen von 240.000 S, basierend auf mindestens

---

[5] Vgl. StAI, Bestand Patscherkofelbahn, Plan VIII, Mp. BH, Leo Handl, Verzeichnis der Unterlagen, 28.12.1926.
[6] Vgl. StAI, Igls Varia 1 Patscherkofelbahn, Mp. Vorarbeiten, Vizebürgermeister Franz Fischer, Einladung, 16.01.1925.
[7] Vgl. Die Schwebebahn auf den Patscherkofel, in: Tiroler Anzeiger, 17.01.1925, 5.
[8] Vgl. StAI, Bestand Patscherkofelbahn, Plan VIII, Mp. BH, Leo Handl, Verzeichnis der Unterlagen, 28.12.1926.
[9] Leo Handl, Die techn. Ausführung des Patscherkofel-Projektes, in: Kurzeitung Igls 1925, 28.08.1925, 4–7. StAI, Bestand Patscherkofelbahn, Div. 1, Mp. Seilbahnen-Pläne.

60.000 Fahrgästen, ergäben einen Gewinn von rund 153.000 S, was einer elfprozentigen Verzinsung des Anlagekapitals entspreche. Der Österreichische Touristenklub werde an der Bergstation ein Restaurant errichten, bei der Zwischenstation Heiligwasser stehe schon die Gastwirtschaft Heiligwasser bei der Wallfahrtskirche, die dem Stift Wilten gehörte, und bei der Talstation „dürften die Igler Gaststätten, bes. das Kurhaus und der Altwirt dem Bedarf genügen". Die Mittelgebirgsbahn sollte als einziger Zubringer in den Besitz der Seilbahngesellschaft übergehen.[10]

Im April 1926 legten Handl als Planer und Vizebürgermeister Fischer als Obmann der Verkehrssektion dem Innsbrucker Gemeinderat ein Memorandum vor, in dem sie ausführlich auf die Attraktion der Bahn für Gäste und Einheimische, die mögliche Erschließung der Tuxer Berge und die künftigen Skiabfahrten hinwiesen:

> Das ganze Berggebiet ist mit Schutzhütten gut besetzt, so dass auch Greise und Kinder in Zukunft auf fast ebenen, gefahrlosen Wegen, bald zwischen Alpenrosen und Zirbeln, dann wieder zwischen hohen Felsblöcken sich stundenlangen Spaziergängen in herrlicher Rundsicht auf die ganze Gletscherwelt hingeben können und von Hütte zu Hütte wandern, um schliesslich durch die vielen anmutigen Täler, das Inn- oder Wipptal und damit die Bahn zu erreichen.

Die Stadt Innsbruck sollte als Konzessionärin auftreten und das Projekt unter dem Namen *Innsbrucker Bergbahn AG* einreichen, das Projekt zusammen mit dem Land Tirol führen und damit die Finanzierung sichern.[11]

Einige Tage zuvor erschien in den Zeitschrift *Tiroler Verkehr*, dem Organ der Fremdenverkehrszentrale des Landes und des Gastgewerbegremiums, ein von Leo Handl verfasster Artikel, in dem er vehement für den Bau der Patscherkofelbahn plädierte:

> Die Ansicht, daß wir ringsum von Personenschwebebahnen umgeben sind und daß der sogenannte Seilbahnrummel nicht bei Projekten stehengeblieben ist, sondern immer mehr zur Tat wird, kann nicht bestritten werden. Viele aber neigen zur Ansicht, daß die Zurückhaltung unserer Vaterstadt in dieser Beziehung das einzig richtige war und daß man ruhig noch einige Jahre zuwarten möge, damit man beurteilen kann, ob sich diese Seilschwebebahnen überhaupt technisch und wirtschaftlich bewähren.

Die Stubaital-, die Hungerburg- und die Mittelgebirgsbahn hätten den Reiz der Neuheit schon lange verloren und stünden in Konkurrenz zu ambitionierten Seilbahnprojekten im nahen Südtirol und der Schweiz. Sowohl eine Bahn auf die Nordkette als auch eine

---

[10] StAI, Bestand Patscherkofelbahn, Plan VII, Mp. Schwebebahn Igls-Patscherkofl 1926, Leo Handl, Rentabilitätsberechnung, 20.02.1926.
[11] StAI, Bestand Patscherkofelbahn, Plan VII, Mp. Schwebebahn Igls-Patscherkofl 1926, Leo Handl/ Franz Fischer, Memorandum, vorgelegt dem Gemeinderat der Stadt Innsbruck im April 1926, 20.04.1926.

auf den Patscherkofel sei rentabel, aber eingedenk knapper Mittel müsse man sich für eine entscheiden. Der Sommerfremdenverkehr laufe gut, es müssten Angebote für den Winter geschaffen werden, wozu sich die Nordkette überhaupt nicht, der Patscherkofel aber sehr wohl eigne. Der Großstädter wolle „vom Schreibtisch aufstehen und möglichst rasch und ohne Anstrengung guten und reichlichen Schnee erreichen." Die in Planung befindliche Hahnenkammbahn, die Bregenzer Pfänder- und die Zugspitzbahn profitierten von diesem Trend, wohingegen Innsbruck in der Hinsicht nichts zu bieten habe. Der „rundliche" Patscherkofel eigne sich bestens, um als Skigebiet ausgebaut zu werden. Die Baukosten veranschlagte Handl nun schon mit 1,8 Millionen S, deren größten Teil die Stadt Innsbruck und alle am Fremdenverkehr Interessierten tragen müssten. Innsbruck verschaffe „durch eine derartige aktive Investition sich selbst und seinen Bürgern eine glänzende Arbeits- und Verdienstgelegenheit, welche wir sehr benötigen".[12] Einen ähnlichen Appell veröffentlichte der *Tiroler Anzeiger* am 7. Mai 1926. Die Stadt Innsbruck solle eine Aktiengesellschaft bilden und den „finanziellen Grundstock" übernehmen, die Landesregierung das Vorhaben mit einer Garantie unterstützen.[13]

Die Appelle und vor allem die darin entworfene positive Zukunft für eine Bahn auf den Patscherkofel blieben nicht unwidersprochen. Das Gebiet östlich des Kofels sei Neuland, es fehle an markierten Wegen, man dürfe nicht dem „Publikum, welches diese Bahn rentabel machen soll, zumuten, die Steige am nördlichen und südlichen Abhang des Patscherkofels als Spazierwege zu bezeichnen". Die Pfade zum Glungezer oder ins Viggartal seien unwegsam, es dauere Stunden bis zum Ziel.[14] In der Sitzung des Innsbrucker Stadtrates am 4. Mai 1926 stellten die Mandatare das Projekt als nicht spruchreif zurück.[15]

Mitte Juli 1926 signalisierte der Igler Bürgermeister Josef Eichler dem Innsbrucker Bürgermeister Anton Eder, seine Gemeinde sei bereit, einen langjährigen Stromvertrag mit dem Elektrizitätswerk Innsbruck (EWI) abzuschließen, sollte Innsbruck sich am Bau der Bahn beteiligen.[16] Hintergrund war, dass das der Stadt Schwaz gehörende Elektrizitätswerk Vomperbach die Mittelgebirgsgemeinden mit Strom versorgte, die Gemeinde Igls aber den Vertrag kündigte, um zwischen den beiden konkurrierenden E-Werken auswählen und bessere Konditionen aushandeln zu können.

Mitte August 1926 schrieb Leo Handl an den Innsbrucker Gemeinderat, dass die Projektunterlagen für eine beim Ministerium notwendige Einreichung fast fertiggestellt seien und die Trasse ausgepflockt und begehbar sei. Seine Firma biete sich als Bauleitung an, da im Stadtbauamt vermutlich kein geeignetes Personal arbeite. Werde sofort mit dem Bau begonnen, könne die Bahn im Sommer 1927 in Betrieb gehen. Während eine Bahn auf die Nordkette ein

---

[12] Leo Handl, Die Patscherkofelbahn, in: Tiroler Verkehr. Mitteilungen der Tiroler Landes-Verkehrszentrale und des Tiroler Gastgewerbe-Gremiums, 01.05.1926, 1f.
[13] Tiroler Bergbahnen. Die Stadt Innsbruck soll die Patscherkofelbahn bauen, in: Tiroler Anzeiger, 07.05.1926, 8.
[14] Um die Rentabilität der Patscherkofelbahn, in: Tiroler Anzeiger, 10.05.1926, 4.
[15] Vgl. StAI, Stadtratsprotokolle 1926/27, Sitzung des Innsbrucker Stadtrates, 04.05.1926.
[16] StAI, Igls Varia 1 Patscherkofelbahn, Mp. Vorarbeiten, Bürgermeister Josef Eichler an Bürgermeister Anton Eder, 15.07.1926.

reines Attraktionsobjekt ist, welches bei grossem Zustrome von Fremden, die eine Sensation suchen und reichlich dafür bezahlen, eine gute Rentabilität sicher erwarten lässt, basiert die Durchführung der Patscherkofelbahn auf der Absicht, neben der Attraktion auf den Fremdenverkehr auch ein Zweckobjekt für die einheimische Bevölkerung zu schaffen.

Ausländisches Kapital interessiere sich schon für das Projekt, seine Firma sei aber nicht darauf eingegangen, weil „zunächst alle am Standorte der Bahn selbst schlummernde[n] Kapitalkräfte geweckt werden müssen". Die Stadt Innsbruck bekämpfe „durch das aktive finanzielle Protektorat" über das Projekt nicht nur die Arbeitslosigkeit, sondern gewinne ein modernes Verkehrsmittel, könne einen langfristigen Stromliefervertrag abschließen und bei einer Verlängerung der Seilbahn nach Innsbruck die Mittelgebirgsbahn einstellen. Es wäre ohnehin wirtschaftlicher, alle Bahnen unter der Führung der Stadt zu einer Gesellschaft zu verschmelzen, damit diese „nicht schliesslich zum Schaden der Allgemeinheit in Privathände kommen".[17]

Wenige Tage später übergaben die Ingenieure Posch und Handl gemeinsam mit dem Vorstand des Österreichischen Touristenklubs Bürgermeister Eder ihr Konzessionsprojekt. Die Kosten belasteten die Stadt „nicht im geringsten", das Projekt, „zu dem sich sicherlich im vollsten Vertrauen das Privatkapital gesellen wird, hat nach allen bisherigen Erfahrungen begründete Aussicht, als lukrativ zu gelten".[18] Drei Tage später präsentierte Obmann Franz Fischer die Unterlagen im Verkehrsausschuss. Fischer, der das Patscherkofelbahnprojekt seit Jahren wohlwollend begleitete, meinte einleitend, er halte es trotz ungeklärter Fragen für konzessionsreif. Eine finanzielle Beteiligung sei nicht unbedingt notwendig, es genüge vermutlich, „wenn die Stadtgemeinde dem Unternehmen ihre moralische Unterstützung angedeihen lasse". Innsbruck müsse sich nicht für eine der beiden Bahnen entscheiden, sondern solle beide unter dem Dach einer Innsbrucker Seilbahngesellschaft verwirklichen. Der Stadtrat bat Oberbaurat Karl Innerebner, der gerade den Bahnbau auf die Nordkette plante, Handls Vorschläge zu begutachten.[19]

Handl, dem wohl bewusst war, dass Innsbrucks Zögern auf die mangelnde Anbindung an die Stadt zurückzuführen war, erklärte Innerebner schriftlich, wie er sich einen solchen Anschluss vorstellte. Im Gegensatz zu früheren Planungen projektierte er eine neue Trasse, die von der Sillschlucht bis zum Girgl führte. Angesichts der „Grosszügigkeit, welche aber in letzter Zeit manche Kreise erfasst" habe, habe er die Talstation in Igls nun so situiert, dass eine Seilbahn nach Innsbruck ohne größere Schwierigkeiten gebaut werden könne. Für beide Bahnen zusammen betrügen die Baukosten etwa drei Millionen S.[20]

---

[17] StAI, Bestand Patscherkofelbahn, Plan VIII, Mp. BH, Umschlag (U) Dienstbarkeiten, Leo Handl an Gemeinderat Innsbruck, 17.08.1926.
[18] Die projektierte Seilschwebebahn auf den Patscherkofel, in: Innsbrucker Nachrichten, 21.08.1926, 7.
[19] StAI, Ausschussprotokolle 1926, Sitzung der Verkehrssektion, 23.08.1926.
[20] StAI, Bestand Patscherkofelbahn, Plan VIII, Mp. BH, Leo Handl an Karl Innerebner, 27.08.1926; StAI, Bestand Patscherkofelbahn, Plan VIII, Mp. BH, Leo Handl, Verkehrsproblem Innsbruck-Igls-Patscherkofel, 27.08.1926.

Inzwischen verfasste Handl im Auftrag der Igler Bahninteressenten eine Information für die Igler Bevölkerung, die eher einer Werbeschrift glich und schon bekannte Argumente wiederholte. Die Finanzierung der Bahn sei bei einer möglichst großen Beteiligung der Bevölkerung gesichert, „kleinliche Eigeninteressen" seien zurückzustellen, es gehe um die Entwicklung des Kurortes.[21] Zeitungsartikel, die zumeist die Frage der Finanzierung und der Rentabilität thematisierten, begleiteten diese Phase. Am 1. September 1926 widmete der *Tiroler Anzeiger* der Frage der Trassierung und der möglichen Zubringer ebenso breiten Raum wie der Finanzierung. Als Hauptfinanzier nannte der Artikel immer noch die Stadt Innsbruck, der es leichter gelingen werde, Privatkapital zu animieren, als wenn „irgendein Komitee" dazu aufrufe. Außerdem sei das EWI bereit, den Bahnbau großzügig zu subventionieren, wenn dafür langfristige Stromverträge mit den Mittelgebirgsgemeinden abgeschlossen werden könnten.[22]

Das Innsbrucker Satireblatt *Tiroler Wastl* veröffentlichte im September 1926 eine vernichtende Kritik am Bauvorhaben: „Patscherkofl- und Hafelekarbahn spukt in den Köpfen und juckt in den Brieftaschen und geschäftstüchtige Projektanten warten mit optimistischen Rentabilitätsberechnungen auf, aus denen hervorgehen soll, daß Aktien einer Seilschwebebahn die beste Kapitalanlage der Welt sind." Kürzlich sei in den *Innsbrucker Nachrichten* zu lesen gewesen, die Patscherkofelbahn brauche 200.000 Fahrgäste, um rentabel zu sein. Der Verfasser dieses Artikels sei wohl jemand, „der durch eine beneidenswert schön rosenrot gefärbte Optimistenbrille in die Welt zu schauen scheint". Dies hieße nämlich, dass täglich 548 Personen die Bahn benützten, was kaum anzunehmen sei, „denn der Patscherkofl ist leider, was man sich immer wieder vor Augen halten soll, ein begrünter, nichts gleichsehender Mugel, mit einer allerdings sehr schönen Aussicht". Ski fahren könnten nur sehr geübte Menschen, denn am Berggipfel herrsche zu oft Föhn, was den Schnee verharschen lasse. Die an sich ausbaubaren Abfahrten bis Heiligwasser, bis zur Hohen Mahd und nach Tarzens seien eine „arge Schinderei", „ein ‚Tschach', wie man sagt, und kann nur ganz Unentwegten, denen möglichst viel Hindernisse lieber sind als freies offenes Terrain, wo man die Bretter laufen lassen kann, wirklichen Genuß bereiten". Der Artikel schloss mit der Warnung vor wirtschaftlichen Schäden, „die entstehen könnten, wenn man sich durch allzu optimistisch gehaltene Frequenzberechnungen in schadenbringende Spekulationen einlassen würde".[23]

Als Reaktion darauf erschien eine Woche später eine Replik, die zuerst den Autor der Kritik direkt angriff, seien doch von einem Einheimischen solche „Unkenrufe" nicht zu erwarten gewesen. Die Frequenzziffern seien „von einwandfreier, fachmännischer Seite" berechnet. Die Bahn könne sicher auf das Innsbrucker Publikum setzen, und „selbstredend" werde „jeder Fremde, der Tirols Hauptstadt besucht und von der Stadt aus die Bahn auf den prachtvollen Aussichtsberg sieht, auch bei nur kurzem Aufenthalt in Innsbruck sich die Gelegenheit nicht entgehen lassen" hinaufzufahren.

---

[21] StAI, Igls Varia 1 Patscherkofelbahn, Mp. Vorarbeiten, Leo Handl, Zur Information, 09.09.1926.
[22] Vgl. Das Verkehrsproblem Innsbruck-Igls-Patscherkofel. 2 Seilbahnen?, in: Tiroler Anzeiger, 01.09.1926, 5.
[23] Patscherkofelbahn und Wintersport. Der Optimismus geschäftstüchtiger Projektanten. Ein offenes Wort von H. Hirschberger, in: Tiroler Wastl. Organ für Politik, Satire, Humor und Kunst, 22.09.1926, 2.

„Die Frequenzziffer der Projektanten ist daher eher zu tief als zu hoch gegriffen. Wie viele Fremde aber hauptsächlich wegen der Bahn nach Innsbruck kommen werden, ist in das Kalkül nicht einmal einbezogen." Die Finanzierung sei „heute schon mehr als gesichert", weil sich „erstklassige Interessenten gemeldet" hätten. Die bestehenden Abfahrten, denen weitere folgen würden, seien „von jedem Schifahrer, der über das Stadium des Wiesenrutschens hinaus ist, unschwer befahrbar".[24]

Auf Einladung des Innsbrucker Verkehrsausschusses präsentierten am 20. September 1926 Handl die Patscherkofelbahn und die Firma *Innerebner & Mayr* die Nordkettenbahn. Obmann Franz Fischer meinte einleitend, es habe in den letzten Jahren viele Diskussionen über Seilbahnprojekte gegeben, es herrsche eine regelrechte „Seilbahnpsychose". Als Ergebnis der Sitzung wünsche er sich die Gründung eines Aktionskomitees. Zu den laufenden Debatten über eine Bahn auf die Nordkette und eine andere auf den Patscherkofel sagte er, dass „es viel schlechter sei, wenn Innsbruck gar keine Bergseilbahn aufzuweisen habe, als wenn beide gebaut werden".[25]

Handl pries die Bahn, die „landschaftliche, klimatische und technische Vorzüge" vereinige und Innsbruck als „Zentrum des Alpinismus" positioniere. Kritik, die Bahn zerstöre die Ruhe in der Natur, wischte er beiseite:

Dass eine Menge neuer Wege und Stege entstehen werden und die idyllische Ruhe auf den mit knorrigen Zirbeln bedeckten Alpenrosenboden dabei verloren geht, lässt sich nicht verhindern. Wer Einsamkeit und schroffen Kletterfels verlangt, bleibt ohnehin dieser Gegend fern. Menschen dieser Sorte sind aber verhältnismässig wenig. Die Bahn muss mit der grossen Masse rechnen.

Innsbruck solle mutig sein, denn gegen „mut- und kraftlose Menschen, die an jeder Wirtschaftsaufschwungsmöglichkeit verzweifeln, ist kein Kräutlein gewachsen, sie werden sich auch kaum durch Tatsachen überzeugen lassen". Er appellierte an die Anwesenden, die Finanzierung solle „Ehrensache von allen sein, sonst kommt bestimmt ein Ausländer und man wird zu spät erkennen, dass dieser nicht das geringste Risiko übernommen, wohl aber ein gutes Geschäft gemacht hat".[26] Die Sitzung endete mit dem Beschluss, die Gemeinderäte von Innsbruck, Igls und Hötting sollten ein Aktionskomitee beschicken, um beide Vorhaben zu diskutieren und die Finanzierung zu klären.[27] Der Innsbrucker Gemeinderat beschloss in seiner Sitzung vom 24. September, ein Seilbahnkomitee, zusammengesetzt aus je drei Vertretern der drei Parteien, zu bilden,[28] das sich am 11. Oktober 1926 konstituierte.[29]

---

[24] Eduard Pechanda, Patscherkofelbahn u. Wintersport, in: Tiroler Wastl. Organ für Politik, Satire, Humor und Kunst, 29.09.1926, 3f.
[25] Innsbrucker Bergbahnprojekte, in: Innsbrucker Nachrichten, 21.09.1926, 6.
[26] StAI, Bestand Patscherkofelbahn, Plan VIII, Mp. BH, Leo Handl, Die Patscherkofel-Seilbahn, Vortrag, September 1926.
[27] Vgl. Innsbrucker Bergbahnprojekte, in: Innsbrucker Nachrichten, 21.09.1926, 6.
[28] Vgl. Innsbrucker Gemeinderat, in: Innsbrucker Nachrichten, 25.09.1926, 7f., hier 8.
[29] Vgl. StAI, Igls Varia 1 Patscherkofelbahn, Mp. Vorarbeiten, Bürgermeister Anton Eder an Bürgermeisteramt Igls, 12.10.1926.

Einige Tage nach der gemeinsamen Sitzung vom September 1926 rief Bürgermeister Eichler „im Interesse einer raschen Bauinangriffnahme" zu einer ersten Sitzung des neuen Aktionskomitees für den 29. September nach Igls. In der an Innsbruck gerichteten Einladung drohte er, falls sich die Stadt nicht rasch entscheide, müsse Igls „auf ein Zusammengehen mit Ihrem Aktionskomitee verzichten und auf ein anderes Angebot, welches wir einstweilen noch zurückgestellt haben, eingehen".[30] Gemeint war die Stadt Schwaz, die, um einen Stromabnehmer für ihr E-Werk Vomperbach zu finden, um Igls warb. Einen Tag später teilte Eichler dem Innsbrucker Bürgermeister mit, er erwarte, dass Innsbruck als Konzessionswerberin auftrete.[31]

Seinen Plan, eine zweite Seilbahn von Innsbruck nach Igls zu bauen, gab Leo Handl noch nicht auf. Schon im Dezember 1925 hatte er eine Verkehrsstudie vorgelegt und die Kosten der Straßenbahn mit jenen für kleine Autobusse verglichen. Voraussetzung sei der Ankauf der Mittelgebirgsbahn oder wenigstens der Mehrheit der Aktien, denn auf die Bahn könne als Zubringer bis Igls nicht verzichtet werden.[32] Mit Datum 23. August 1926 richtete er einen Brief an den Präsidenten der *Mittelgebirgsbahn AG*, und zwar Altbürgermeister Wilhelm Greil. Handl schlug eine Verlängerung der Straßenbahn bis zum Gasthof Altwirt und einen Zusammenschluss beider Bahngesellschaften oder die Einstellung der Straßenbahn und die Abwicklung des Verkehrs über eine neue Seilbahn von Innsbruck nach Igls vor.[33]

Gegen eine Einstellung der Mittelgebirgsbahn – ein „Lebensnerv" der Gemeinde – sprachen sich die Mitglieder des Haus- und Grundbesitzervereines von Igls aus. Führe eine Seilbahn von Innsbruck nach Igls, sei dies schädlich,

> da Passagiere, welche nur nach Igls fahren den zahlungskräftigeren Passagieren, welche direkt auf den Patscherkofel fahren wollen, den Platz wegnehmen und es leicht vorkommen kann, dass der Wagen der Bahn, in Igls angekommen, zum grössten Teil geleert wird und schwach besetzt die Weiterfahrt antreten muss.[34]

Die Versammlung am 29. September 1926 in Igls war entscheidend für die weiteren Planungen. Das Innsbrucker Seilbahnkomitee hatte sich entschuldigen lassen, was Handl zwar anfangs mit verständnisvollen Worten quittierte – die Mitglieder hätten nicht unvorbereitet erscheinen wollen –, um dann doch scharf zu reagieren: Igls lasse sich

---

[30] StAI, Igls Varia 1 Patscherkofelbahn, Mp. Vorarbeiten, Bürgermeister Eichler an Bürgermeister Eder, 26.09.1926.
[31] Vgl. StAI, Igls Varia 1 Patscherkofelbahn, Mp. Vorarbeiten, Bürgermeister Eichler an Bürgermeister Eder, 27.09.1926.
[32] Vgl. StAI, Bestand Patscherkofelbahn, Plan VIII, Mp. BH, Leo Handl, Verkehrsstudie: Preisvergleich zwischen Mittelgebirgsbahn, Auto und Seilbahn Innsbruck-Igls-Talstation Römerstraße, Dezember 1925.
[33] Vgl. StAI, Bestand Patscherkofelbahn, Plan VIII, Mp. BH, Leo Handl an Präsident Wilhelm Greil, 23.08.1926.
[34] StAI, Igls Varia 1 Patscherkofelbahn, Mp. Vorarbeiten, Haus- und Grundbesitzer-Verein des Kurortes Igls und Umgebung an Aktionskomitee Igls, 24.09.1926.

nicht einschüchtern, sondern wird sich Rechte und Interessen sichern und diese grosse Aktion, welche eine Lebensbedingung für Igls bedeutet und die ganze Zukunftsentwicklung des Kurortes davon abhängt, nach besten Kräften selbst in die Hand nehmen.

Der Igler Hotelier Adolf Zimmer legte nach: Igls müsse „das führende Heft von der Stadt Innsbruck in dieser Angelegenheit" entreißen, er lebe schon Jahrzehnte in der Gemeinde, „habe Igls gross gemacht"[35] und „werde daher auch über dieses Projekt hinwegkommen":

> Die Parole darf nur lauten: Igls-Patscherkofel, nicht Innsbruck-Patscherkofel. Für letzteres Projekt interessiere ich mich nicht. Es muss unbedingt fortschrittlich weiter geschaffen und gearbeitet werden, denn so wie jetzt Igls liegt und steht, gehen wir in der Fortentwicklung statt nach Vorwärts, rückwärts.

Bürgermeister Eichler sagte seitens der Gemeinde die volle Unterstützung für den nun eingeschlagenen Kurs zu, ebenso positiv äußerte sich der Österreichische Touristenklub. Der Abt von Stift Wilten, zu dem Heiligwasser gehörte, und frühere Pfarrer von Igls, Heinrich Schuler, versprach zwar nicht Geld, aber Unterstützung für den Fall, dass die Mittelstation nahe der Wallfahrtskirche errichtet werde. Der Lanser Bürgermeister sprach die heikle Frage der Stromversorgung an und meinte, wenn die Mittelgebirgsgemeinden sich vom EWI versorgen ließen, lieferten sie sich „für immer" der Stadt Innsbruck aus. Nach weiteren Wortmeldungen beantragte Handl, ein Konzessionskomitee zu bilden, dem der Igler Bürgermeister Eichler, Hotelier Zimmer, der Abt von Wilten sowie die Firma *Posch & Handl* angehörten. Das Komitee solle „unbenommen mit Innsbruck weiter verhandeln" und zugleich erwägen, dies auch mit Schwaz zu tun.[36]

Am 1. Oktober 1926 umriss Handl als Aufgaben des Bauausschusses zum einen die finanzielle Seite – Verhandlungen mit Schwaz und Igls sowie Kauf der Aktienmehrheit der Mittelgebirgsbahn AG. Zum anderen notierte er bürokratische Aspekte: Bestellung einer Bauleitung und eines Exekutivkomitees, Termin mit dem Bundesministerium für Handel und Verkehr wegen der Begehung, Verhandlungen mit der Gemeinde Patsch wegen des Grundkaufs bei der Bergstation, Verhandlungen mit dem Touristenklub wegen Überlassung des Schutzhauses und mit der Gemeinde Igls über die Igleralpe als Arbeiterunterkünfte. Und er präzisierte seine Vorstellungen darüber, wo in der Gemeinde Igls die Talstation liegen sollte. Aus technischen Gründen positionierte er sie am Waldrand nahe dem Gruberhof (heute Hotel Gruberhof, Heiligwasserweg 12).[37] Am gleichen Tag trafen sich in Igls die Bürgermeister von Lans und Igls mit dem Schwazer Amtskollegen

---

[35] Zimmer gehörten das Hotel Igler Hof, das Grand Hotel Maximilian (beide Igls) und das Hotel Roter Hahn in der Münchener Innenstadt.
[36] Vgl. StAI, Igls Varia 1 Patscherkofelbahn, Mp. Vorarbeiten, Niederschrift über die Interessentenversammlung zum Bau der Patscherkofel-Schwebebahn, 29.09.1926.
[37] Vgl. StAI, Igls Varia 1 Patscherkofelbahn, Mp. Vorarbeiten, Leo Handl, Aufgaben des Bauausschusses, 01.10.1926.

Josef Huber. Huber forderte, mit dem EW Vomperbach einen Vertrag zu schließen, was günstiger käme als einer mit dem EWI. Schwaz werde „weitgehendst entgegenkommen", wohingegen Innsbruck absichtlich verzögere. Die Landeshauptstadt „habe kein ernstes Interesse an der Bahn und an Igls, nur am Stromverkauf!"[38]

Die *Innsbrucker Nachrichten* meldeten am 2. Oktober 1926, dass sich die Gemeinden Lans und Patsch ebenso beteiligen wollten wie Private und „Körperschaften des Mittelgebirges und der Stadt Innsbruck". Ungeklärt sei noch, ob das EWI oder das EW Vomperbach ein größeres Aktienpaket zeichne.[39] Zwei Tage später veröffentlichte die Zeitung einen Leserbrief: Igls wolle nun im Alleingang die Bahn bauen, allerdings sei Innsbrucks Zögern verständlich. Schließlich brauche es, liege die Talstation in Igls, zwei Verkehrsmittel – Lokal- und Mittelgebirgsbahn –, um dorthin zu gelangen. Ein Bau, der „geradezu für die weitere Entwicklung Innsbrucks als Fremdenstadt auf Jahrzehnte hinaus maßgebend sein kann", müsse gründlich überlegt werden.[40]

Klar gegen eine Bahn auf die Nordkette sprach sich ein weiterer Leserbriefschreiber aus. Eine Seilbahn sei ein „Erfordernis der Volkswirtschaft unseres Landes", der Patscherkofel eigne sich bestens, weise er doch „keinen besonderen bergsteigerischen Wert" auf, zudem sei „sein Umgebungsgebiet nur für den Winterbergsteiger" interessant. Ein Massenbesuch führe daher zu keiner „Charakterstörung des Berges". Die Nordkette eigne sich für einen Bahnbau hingegen überhaupt nicht. Das Karwendel solle als „Schutzgebiet für Tier und Pflanzen, und für jene Menschen, die aus der bürdenschweren Tiefe zu mühsam erworbener Höhe steigen", ungestört erhalten bleiben.[41]

Unterlagen aus dem Herbst 1926 belegen, dass zu dem Zeitpunkt die Lage der Talstation und die Trassenführung immer noch unklar waren. Handl, der seine Papiere schon voreilig mit „Bauleitung der Schwebebahn Igls-Patscherkofel Ingenieure Posch & Handl, Innsbruck" stempelte, verglich im Oktober 1926 zwei mögliche Standorte für die Talstation, und zwar einen westlich des Gruberhofes, einen östlich davon.[42] Ebenfalls vom Oktober 1926 datiert ein Memorandum Handls, in dem er die Talstation 500 Meter südlich des Ortskernes, auf einer Wiese östlich des Kurhausplateaus am Girgl platzierte.[43] Bis Mitte Dezember 1926 gesellten sich weitere Möglichkeiten hinzu, eine Talstation beim Kurhaus oder südlich der Römerstraße, eine beim Endbahnhof der Mittelgebirgsbahn oder beim Zimmerstadl.[44] Als zusätzliche Variante bevorzugte der Igler Bürgermeister einen Platz mitten im Ortszentrum, und zwar bei der Villa Walther nördlich der Kirche.[45]

---

[38] StAI, Igls Varia 1 Patscherkofelbahn, Mp. Vorarbeiten, Protokoll Interessentenversammlung in Igls, 01.10.1926.
[39] Vgl. Das Patscherkofelbahn-Projekt, in: Innsbrucker Nachrichten, 02.10.1926, 8.
[40] Zum Projekt der Patscherkofelbahn, in: Innsbrucker Nachrichten, 04.10.1926, 6.
[41] Unsere Bergsteiger und die Innsbrucker Bergbahnen, in: Innsbrucker Nachrichten, 16.10.1926, 8f., hier 9.
[42] Vgl. StAI, Igls Varia 1 Patscherkofelbahn, Mp. Vorarbeiten, Leo Handl, Gutachten, 05.10.1926.
[43] Vgl. StAI, Bestand Patscherkofelbahn, Plan VIII, Mp. BH, Leo Handl, Memorandum, Oktober 1926.
[44] Vgl. StAI, Bestand Patscherkofelbahn, Plan VIII, Mp. BH, Leo Handl, Verzeichnis der Unterlagen, 28.12.1926.
[45] Vgl. StAI, Igls Varia 1 Patscherkofelbahn, Mp. Vorarbeiten, U Aktionskomitee zur Erbauung der Schwebebahn Igls-Patscherkofel Igls, Bürgermeister Eichler, Zur Information, o. D. (1926).

In der Sitzung des Igler Gemeinderates am 2. November 1926 präsentierte Gemeinderat Adolf Zimmer das Projekt, woraufhin die Mandatare mehrheitlich beschlossen, ein Darlehen von 400.000 S aufzunehmen und Zimmer mit den Verhandlungen wegen eines neuen Stromvertrages zu betrauen.[46]

Der Gemeinderat wollte mit diesem Beschluss „die ganze Finanzierungsfrage der Patscherkofel Schwebebahn in Schwung bringen" und sich von allem „Anfang an massgebenden Einfluss auf die weitere Entwicklung der ganzen Sache" sichern. Eine Woche später präzisierten die Mandatare ihren Beschluss: Ein Darlehen werde nur dann aufgenommen, wenn die Talstation in der unmittelbaren Peripherie von Igls zu liegen komme.[47]

Für den 7. November 1926 lud Zimmer namens des Arbeitsausschusses, der sich im September nach Aufforderung des zuständigen Bundesministeriums für Handel und Verkehr gebildet hatte, zu einer „Interessenten-Versammlung" in den Gasthof Stern in Igls. Ziel war, die Bevölkerung zur Beteiligung an der noch zu gründenden Aktiengesellschaft zu bewegen. Die Bahn werde „ein ureigenstes Wahrzeichen der emporstrebenden Gemeinde Igls und seiner gesamten Bürgerschaft" darstellen, weshalb „sich die gesamte Bevölkerung von Igls an dem Bahnbaue" beteiligen möge.[48] Geriete die Mehrheit in Hände außerhalb von Igls,

so besteht die unbedingte Gefahr, daß die Talstation an der Schwellerkapelle zu liegen kommt, wodurch das Emporstreben der Gemeinde nicht mehr gewahrt erscheint. Die Talstation muß unbedingt an der Periferie der Ortschaft Igls zu liegen kommen, denn nur dann können die Interessen der Gemeinde Igls vollkommen

gewahrt werden. Um die Majorität zu erreichen, sei ein Kapital von einer Million S nötig, wovon etwa 600.000 schon gesichert seien. Die Firma *Posch & Handl* appellierte an die Gegenseite, diese möge „sich in den Dienst der gemeinsamen Sache" stellen oder „ihre Argumente in offener Verhandlung" vortragen.[49]

Mit „Gegenseite" waren wohl einige Igler Mandatare und Mitglieder der Waldinteressentschaft gemeint. Der Gemeinderat und Arzt Ludwig Lantschner und der Innsbrucker Grundbesitzer Robert Nissl, der Anteile an der Waldinteressentschaft hielt, hatten die Tiroler Landesregierung angerufen und gegen die Gemeinderatsbeschlüsse vom 2. und 7. November protestiert. Ihrer Ansicht nach stünden die Einnahmen der Gemeinde in keinem Verhältnis zur Höhe des Darlehensbetrages. Bürger-

---

[46] Vgl. Die Schwebebahn Igls-Patscherkofel, in: Innsbrucker Nachrichten, 06.11.1926, 10; Von der Schwebebahn Igls-Patscherkofel, in: Tiroler Anzeiger, 06.11.1926, 6.
[47] Vgl. StAI, Igls Varia 1 Patscherkofelbahn, Mp. Vorarbeiten, U Aktionskomitee zur Erbauung der Schwebebahn Igls-Patscherkofel, Bürgermeister Eichler an Tiroler Landesregierung, 22.11.1926.
[48] StAI, Igls Varia 1 Patscherkofelbahn, Mp. Vorarbeiten, Adolf Zimmer für den Arbeitsausschuss an die Bürgerschaft von Igls, 04.11.1926.
[49] StAI, Igls Varia 1 Patscherkofelbahn, Mp. Vorarbeiten, U Aktionskomitee zur Erbauung der Schwebebahn Igls-Patscherkofel, Niederschrift über die am 7. November im Hotel Stern Igls stattgehabte Interessentenversammlung, 07.11.1926.

meister Eichler ersuchte die Landesregierung, den Rekurs zurückzuweisen, weil die Gemeinde „die nötige Vorsicht" walten lassen werde.[50]

Einen herben Rückschlag erlitt der Arbeitsausschuss Ende November 1926, als das Bundesministerium für Handel und Verkehr die eingereichten Pläne als mangelhaft einstufte. In einem Abschnitt des technischen Berichtes sei von zwei Tragseilen und einem Zugseil die Rede, in einem anderen von je zwei, in einer weiteren Beilage von einem Tragseil, zwei Zugseilen und zwei Gegenseilen; nach dem Kostenvoranschlag seien je ein Zug- und Tragseil vorgesehen. Für die projektierte schiefe Länge von 3.800 Metern lägen „weder Bau- noch Betriebserfahrungen" vor, weil die längste bisher zugelassene schiefe Länge nur rund 3.300 Meter betragen habe. Ohne genaue Kenntnis über die Seillänge, deren Spannung, Belastung und Durchhängung sowie deren Gewicht und Lage könne „weder die Linienführung noch die Lage der Stationen und Stützen bestimmt werden". Geplant seien 18 Stützen, wobei „die Seilschuhe an den Stützen bedeutende Knicke erhalten", eine Bauweise, die nicht mehr zeitgemäß sei. Es fehlten Angaben über die Seilbeanspruchung, über die Spannung des Tragseiles, die Kabinen seien für zu viele Personen berechnet, was ihr Gewicht unnötig erhöhe. Bei der Bedarfshaltestelle Heiligwasser stoppten nicht beide Wagen auf derselben Höhe, was nicht nur das „Sicherheitsgefühl der Reisenden" beeinträchtige, sondern aus Sicherheitsgründen überhaupt nicht bewilligt werden könne. Das Ministerium schlug vor, entweder die Berg- oder Talstation um 190 Meter zu verschieben oder beide Stationen um je 95 m, weil damit die Kreuzungsstelle der Wagen auf gleicher Linie zu liegen käme.[51]

Handl schlug eine kürzere Trasse und eine Mittelstation genau auf halber Strecke vor, mit einer Talstation etwa 200 Meter südlich der Römerstraße und einer Mittelstation auf Höhe der Igleralpe, womit die schiefe Länge nur rund 2.330 Meter betrage und die Baukosten auf 1,3 Millionen S sänken.[52] Komme eine Talstation bei der Römerstraße zustande, könnte eine weitere Seilbahn mit einer schiefen Länge von 1.150 Metern die Strecke von Igls bis dahin überwinden. Zu überlegen wäre auch, die Mittelgebirgsbahn bis zur Römerstraße zu verlängern.[53]

Handls Drängen, wegen der technischen Probleme die Talstation weg vom Ortskern Igls' zu legen, brachte ihn in Gegensatz zu Adolf Zimmer und der Gemeinderatsmehrheit, die eine möglichst zentrumsnahe Anbindung wollten. Die Unstimmigkeiten waren wohl wesentlich dafür verantwortlich, dass Ende Dezember 1926 Handl seine gesamten Projektunterlagen und Studien zur Begutachtung dem Arbeitsausschuss übergab und Ende Jänner 1927 verkaufte.[54] Im August 1954 übermittelte Handl einige

---

[50] Vgl. StAI, Igls Varia 1 Patscherkofelbahn, Mp. Vorarbeiten, Bürgermeister Eichler an Tiroler Landesregierung, 22.11.1926.
[51] Vgl. StAI, Bestand Patscherkofelbahn, Div. 1, Mp. Ministerium, Zl. 47108-E.N., Bundesministerium für Handel und Verkehr an Gemeinde Igls, 23.11.1926.
[52] Vgl. StAI, Bestand Patscherkofelbahn, Plan VIII, Mp. BH, Leo Handl an Arbeitsausschuss der Schwebebahn Igls-Patscherkofel, 06.12.1926.
[53] Vgl. StAI, Bestand Patscherkofelbahn, Plan VIII, Mp. BH, Leo Handl, Trassenvergleich, 13.12.1926.
[54] Vgl. StAI, Bestand Patscherkofelbahn, Div. 1, Mp. Projekt für eine Schwebebahn Innsbruck-Igls Igls-Patscherkofel und d. Umbau d. Innsbrucker Mittelgebirgs-B., Leo Handl, Bau der Schwebebahn Igls-Patscherkofel Tagebuch, o. D. (1927). Ohne Einkommen blieb Handl aber nicht, weil er seit

seiner Pläne an die damalige Direktion der Patscherkofelbahn. Nach seiner Erinnerung hätten Stadtrat Walter Pembaur und Bauunternehmer Karl Innerebner bei einer Besprechung zu Adolf Zimmer gesagt: „Wir bauen die kurze Trasse, wenn Sie die lange Trasse wählen, bauen wir die Hafelekarbahn." Die lange Trasse habe, so Handl rückblickend, den „Konkurskeim" in sich getragen.[55]

Die Finanzierung des Bahnbaus 1927/28

Am 9. März 1927 trafen sich der Präsident des Arbeitsausschusses Adolf Zimmer, der Igler Vizebürgermeister Otto Liermberger und der Direktor des EW Vomperbach Karl Hofreiter mit Vertretern der Leipziger Firma *Bleichert*, um die weitere Vorgehensweise und vor allem technische Aspekte zu beraten. Das Leipziger Unternehmen galt als *die* Seilbahnbaufirma der Zeit und betreute die meisten der großen Seilbahnprojekte, u. a. die Nordkettenbahn. Bleichert schlug vor, die Bahn wegen ihrer Länge zuerst eingleisig mit einer Umsteigestelle bei der Mittelstation zu bauen und erst später auf einen doppelgleisigen Betrieb umzustellen. Nach „stundenlangem Herumfeilschen" – die Sitzung dauerte vom Vormittag bis nach Mitternacht – einigten sich die Teilnehmer darauf, dass die Firma Bleichert die seilbahntechnischen Planungen und Arbeiten um die Pauschalsumme von einer Million S, zahlbar in Raten unterschiedlicher Höhe, übernahm.[56] Im März 1927 warb der Igler Arbeitsausschuss um Aktienzeichnung und nannte als Fertigstellungstermin den 1. Dezember 1927,[57] eine zu optimistische Schätzung, wie sich bald zeigen sollte.

Zu dem Zeitpunkt war die Lage der Talstation immer noch nicht festgelegt. Erst in der Werbeschrift vom März 1927 benennt der Arbeitsausschuss den Platz „westlich der kleinen Mühle am Weg nach Heiligwasser-Patscherkofel" als Standort der Talstation.[58] Die *Innsbrucker Nachrichten* berichteten, die Fahrgäste könnten mit der Mittelgebirgsbahn anreisen. Dies bringe den Igler Geschäftsleuten mehr Kundschaft, weil „der Fremde, der zu der Mittelgebirgsbahnfahrt gezwungen ist, fünf bis zehn Minuten durch den Ort zu gehen hat, wird er in vielen Fällen Veranlassung nehmen, in irgend einem Gasthof einzukehren oder Einkäufe zu tätigen".[59] Der nun gewählte Standort der Talstation war die teuerste Variante, widersprach allen späten Planungen Handls und erforderte aufwendige technische Lösungen.

Mai 1926 schon als Bauleiter der Hahnenkammbahn fungierte und die Patscherkofelbahn wohl als anschließendes Projekt plante.

[55] Vgl. StAI, Bestand Patscherkofelbahn, Div. 1, Mp. Seilbahnen u. Pläne, Leo Handl an Direktor der Patscherkofelbahn, August 1954.

[56] Vgl. StAI, Igls Varia 1 Patscherkofelbahn, Mp. Igls Patscherkofelbahn (1929/30), Zl. 1 Cg 441/28, Landesgericht (LG) Innsbruck, Zeugenvernehmung Otto Liermberger, 10.12.1929.

[57] Vgl. StAI, Igls Varia 1 Patscherkofelbahn, Mp. Vorarbeiten, Arbeitsausschuss der Seilschwebebahn Igls-Patscherkofel, März 1927.

[58] StAI, Igls Varia 1 Patscherkofelbahn, Mp. Vorarbeiten, Arbeitsausschuss der Seilschwebebahn Igls-Patscherkofel, März 1927.

[59] Der Bau der Patscherkofelbahn, in: Innsbrucker Nachrichten, 22.03.1927, 7.

War die Lage der Talstation nun fixiert, war die Finanzierung noch immer nicht geklärt. In der Werbeschrift vom März 1927 bezifferte der Arbeitsausschuss die Summe, die für die Gründung einer Aktiengesellschaft mit dem Ministerium vereinbart worden war, mit 1,7 Millionen S, wovon 1,3 Millionen „bis heute bereits im internen Kreise gezeichnet und teilweise auch schon einbezahlt" waren, weshalb noch 400.000 S aufzubringen seien. Dies dürfte „eine Leichtigkeit sein, ja, wir glauben sehr, dass wir Anmeldungen über das notwendige Mass erhalten werden".[60] Die vorsichtige, aus werbetechnischen Gründen nicht sehr explizite Formulierung, es sei einiges „teilweise" einbezahlt, lässt viel Interpretationsspielraum offen. Das Geld war zudem nur als Grundkapital der künftigen Aktiengesellschaft gedacht, bildete aber die Baukosten nicht ab.

Die Gemeinde Igls hatte ungeachtet der harschen Worte, die bei der Sitzung am 29. September 1926 gefallen waren, eine Beteiligung Innsbrucks noch nicht aufgegeben und mit Schreiben vom 7. Dezember 1926 den Innsbrucker Gemeinderat gebeten, sich eine Beteiligung und deren Höhe zu überlegen. Zugleich war aus der Presse bekannt, dass sich Schwaz, vorausgesetzt, Igls beziehe seinen Strom weiterhin vom EW Vomperbach, mit 600.000 S am Bahnbau beteiligen wolle. Darüber informierte Stadtrat Walter Pembaur, Vorsitzender des Aktionskomitees für Seilschwebebahnen, in der Sitzung vom 19. Jänner 1927. Stadtrat Gottlieb Staudinger schlug vor, so zu antworten,

> dass einerseits ein Konflikt mit der Gemeinde Igls vermieden und das Bestreben, den Anschluss der Gemeinde Igls an das Innsbrucker Stromnetz zu erreichen gefördert wird, andererseits aber die Stadtgemeinde nicht in die Zwangslage versetzt wird, sich an einem Unternehmen zu beteiligen, das sich als wenig nutzbringend bzw. als unrentabel erweist.

Die einhellige Meinung war, dass die Konkurrenz durch Schwaz „nicht allzuhoch eingeschätzt werden darf, da die Gemeinde Igls eine Finanzierung des Patscherkofelbahnprojektes nur dann wird durchführen können, wenn sich die Landeshauptstadt daran finanziell beteiligt". Das Aktionskomitee bereitete einen Beschluss vor, wonach Innsbruck nur unter bestimmten Bedingungen zur Finanzierung bereit war. Eine davon war der Anschluss aller Mittelgebirgsgemeinden an das Innsbrucker Stromnetz.[61]

Über diese Vorlage beriet der Gemeinderat in einer vertraulichen Sitzung am 21. Jänner 1927. Die Gemeinde Igls spiele Innsbruck und Schwaz gegeneinander aus, „um von beiden Seiten finanzielle Beteiligungen zu erlangen". Die anfänglichen Baukosten seien von 1,54 auf 1,8 und schließlich auf 2,2 Millionen S gestiegen. Innsbruck

---

[60] StAI, Igls Varia 1 Patscherkofelbahn, Mp. Vorarbeiten, Arbeitsausschuss der Seilschwebebahn Igls-Patscherkofel, März 1927.
[61] StAI, Ausschussprotokolle 1927, Sitzung des GR-Aktionskomitees für Seilschwebebahnen, 19.01.1927.

sei zwar interessiert, wolle aber nicht einen Bahnbau finanzieren, der die Interessen der Stadt ignoriere, „sei dies dadurch, dass der Strom nicht vom Innsbrucker Werk bezogen wird oder dadurch, dass der Ausgangspunkt nach Igls verlegt wird".[62]

Schon am 25. Jänner 1927 hatte der Igler Bürgermeister Eichler dem Arbeitsausschuss mitgeteilt, die Gemeinde stehe wegen eines Darlehens über 400.000 S mit der Landeshypothekenanstalt in Kontakt und er könne jederzeit über den Betrag verfügen.[63] Das war zu voreilig, weil die Gemeinde zuerst mit dem Land und der Hypothekenanstalt verhandeln musste. Bei Darlehen dieser Größenordnung war die Zustimmung des Landes einzuholen, die erst im April 1927 einlangte.[64] Die Gemeinde musste ausführlich darlegen, welche Einnahmen und Ausgaben sie budgetierte, über welches Vermögen sie verfügte und womit sie das Darlehen zurückzahlen wollte. Demnach wohnten ständig 525 Menschen in Igls, an Einnahmen waren für 1927 knapp 40.000 S vorgesehen, an Ausgaben ebenso. Das Darlehen von 400.000 S sollte ausschließlich mit den Einnahmen der Patscherkofelbahn gedeckt werden.[65] Warum die Gemeindeaufsicht des Landes das Darlehen bewilligte, ist angesichts des Steueraufkommens von Igls schwer verständlich. Die Hypothekenanstalt traute der Finanzkraft der Gemeinde jedenfalls weniger, weil sie vorläufig nur 200.000 S genehmigte und als Sicherheit die Verpfändung der Aktien der künftigen Gesellschaft verlangte.[66]

Ende Oktober 1927, als sich der Bahnbau schon in finanzieller Schieflage befand, bat die Gemeinde die Hypothekenanstalt um ein weiteres Kommunaldarlehen in Höhe von 300.000 S. Igls habe in der Hoffnung, das Wort „vorläufig" vom Juni 1927 verhieße, dass bei zügigem Baufortschritt die restliche Summe gewährt werde, seine Verpflichtungen gegenüber dem Bahnbau eingehalten. Die mit 19. September 1927 datierte Ablehnung der Hypothekenanstalt bringe die Gemeinde in große Verlegenheit, da der Baufortschritt verzögert werde. Die Bahn und weitere Attraktionen, wie der von der Universität geplante Alpengarten, würden die Rückzahlung des Kommunaldarlehens ermöglichen. Sollten die Einnahmen der Bahn am Anfang oder zu einem späteren Zeitpunkt „den gehegten Erwartungen nicht voll entsprechen, so wird und muss die Steuerkraft von Igls hinreichen, die notwendigen Lücken zu decken".[67] Trotz der geringen Steuereinnahmen der Gemeinde stimmte die Bank zu, aber nur gegen Verpfändung aller Immobilien der Gemeinde. Zu den Immobilien zählten das Rathaus,

---

[62] StAI, Gemeinderatsprotokolle 1926–28, Vertrauliche Sitzung des Innsbrucker Gemeinderates, 21.01.1927.
[63] Vgl. StAI, Igls Varia 1 Patscherkofelbahn, Mp. Vorarbeiten, Bürgermeister Eichler an Arbeitsausschuss, 25.01.1927.
[64] Vgl. StAI, Igls Varia 1 Patscherkofelbahn, Mp. Igls Drahtseil-Schwebebahn Patscherkofel Generelles Projekt, Zl. VI 1120/3, Amt der Tiroler Landesregierung an Bürgermeisteramt Igls, 01.10.1927.
[65] Vgl. StAI, Igls Varia 1 Patscherkofelbahn, Mp. Vorarbeiten, Bürgermeister Eichler, Ansuchen um Bewilligung eines Darlehens, o. D. (April 1927).
[66] Vgl. StAI, Igls Varia 1 Patscherkofelbahn, Mp. Igls Drahtseil-Schwebebahn Patscherkofel Generelles Projekt, Tirolische Landes-Hypothekenanstalt an Bürgermeisteramt Igls, 30.06.1927.
[67] StAI, Igls Varia 1 Patscherkofelbahn, Mp. Vorarbeiten, Bürgermeister Eichler an Tirolische Landes-Hypothekenanstalt, 27.10.1927.

das Spritzenhaus der Feuerwehr und das Widum. Beide Darlehen zusammen belasteten die Gemeinde mit jährlichen Zahlungen von 40.000 S.[68]

Nach dem Gebarungsbericht vom August 1928 zeichneten die Gemeinde und Igler Private zusammen die Summe von 550.775,45 S an Aktien.[69] Die Gemeinde Schwaz mit ihrem Bürgermeister Josef Huber, im Zivilberuf Rechtsanwalt, politisch Mitglied der Tiroler Volkspartei, für die er auch im Landtag saß, verlangte für die Beteiligung an der Patscherkofelbahn den Abschluss eines Stromliefervertrages der Mittelgebirgsgemeinden mit dem EW Vomperbach. Diesen Vertrag mit den Gemeinden Ampass, Aldrans, Vill, Lans und Igls genehmigte die Landesregierung am 11. August 1927.[70] Bürgermeister Huber brachte nicht nur über ein Darlehen aufgenommenes Geld der Stadt Schwaz ein, sondern schoss auch privates Kapital zu. Im Sommer 1927 übernahm die Stadt Schwaz die „volle Haftung für die bare und volle Einzahlung der zur betriebsmässigen Fertigstellung der Bahn erforderlichen Beiträge",[71] was sich nachträglich in der Schuldenkrise als fatal erwies. Nach den im August 1928 geprüften Unterlagen der Patscherkofelbahn belief sich das von Schwazer Seite eingebrachte Kapital auf 720.243 S.[72]

Zu Baubeginn stand ein Gesamtkapital von 1.595.492,43 S einer projektierten Bausumme von 1,7 Millionen gegenüber. Das Kapital genügte nicht einmal, um eine Aktiengesellschaft zu gründen, für die das Ministerium 1,7 Millionen vorgeschrieben hatte. Vermutlich hofften die Konzessionswerber, dass sich nach Baubeginn weiteres Geld einwerben ließe, die Stadt Innsbruck und das Land Tirol sich doch noch beteiligten, sich einige Lieferanten statt mit Bargeld mit Aktien zufriedengäben oder auf längerfristige Ratenzahlungen einließen.

Ein Gremium aus dem Igler Arbeitsausschuss und dem Schwazer Bürgermeister Huber trat ab nun als Konzessionswerber auf. Vorsitzender des Gremiums war Adolf Zimmer, der künftig als Präsident unterschrieb. Vizepräsident war der Schwazer Bürgermeister Huber, der sich selbst und seine Gemeinde vertrat. Konzessionswerber waren weiters die Gemeinde Igls, vertreten durch Bürgermeister Josef Eichler, und die *Innsbrucker Treuhand GmbH* mit Direktor Johann Pockstaller.

---

[68] Vgl. StAI, Igls Varia 1 Patscherkofelbahn, Mp. Igls Patscherkofelbahn (Ausgleich 1930), Tirolische Landes-Hypothekenanstalt an Landesgericht Innsbruck, Klage gegen Gemeinde Igls, 27.01.1930.
[69] Vgl. StAI, Igls Varia 1 Patscherkofelbahn, Mp. Igls Patscherkofelbahn (1928/29), Karl Windisch, Bericht über die Gebahrung (sic) der Patscherkofelbahn AG i. G. (in Gründung) bis zum 31. Juli 1928, o. D. (August 1928).
[70] Vgl. Tiroler Landesarchiv (TLA), ATLR, Abt. VI, Gemeindeaufsicht, Mikrofilm 233, Zl. VI-1869/2, Tiroler Landesregierung, Sitzung vom 11.08.1927.
[71] TLA, Landesregierungsakten, Sonderfaszikel 47 1930–1933 Patscherkofelbahn AG, Patscherkofelbahn AG, Gründerbericht, o. D. (Jänner 1931).
[72] Vgl. StAI, Igls Varia 1 Patscherkofelbahn, Mp. Igls Patscherkofelbahn (1928/29), Karl Windisch, Bericht über die Gebahrung (sic) der Patscherkofelbahn AG i. G. bis zum 31. Juli 1928, o. D. (August 1928).

Der Bau der Patscherkofelbahn 1927/28

Der gesamte Bau, vom Spatenstich im Mai 1927 bis zur Eröffnung im April 1928, war von Problemen begleitet. Noch im Planungsstadium sickerte durch, dass die Bergstation um etwa 48 Meter talwärts verlegt werden musste. In Vorbereitung der Begehung fasste das Ministerium Ende August 1927 eine Reihe von vorher zu behebenden Mängeln zusammen, die zum einen finanzielle, zum anderen technische Aspekte betrafen. Geplant waren zwölf Stützen, „darunter einige sehr hohe Stützen mit äusserst ungünstigen Knickwinkeln des Tragseiles". Um dem zu entgehen, sollten die Konzessionswerber überlegen, die Bergstation so weit talwärts zu verschieben, dass die Stütze XII wegfallen könne.[73] Die ministerielle Kritik erforderte kosten- und zeitintensive Um- und Neuplanungen, sodass sich die Bahn bei der Begehung im Oktober 1927 ein wenig anders präsentierte als anfangs geplant: Sie wies eine schiefe Länge von rund 3.700 Metern auf, überwand eine Höhendifferenz von 1.049 Metern, trug die Seile über elf Stützen, fünf von der Tal- zur Zwischenstation, sechs weitere zur Bergstation. Jede Sektion verfügte über ein eigenes Tragseil, beide Sektionen zusammen über ein Zug-, ein Gegen- und ein Hilfsseil.[74]

In der Öffentlichkeit war von Problemen keine Rede. In den Zeitungen waren Annoncen über die Vergebung einzelner Bauarbeiten zu finden, wie im April 1927 für die Zimmermannsarbeiten, im Mai 1927 für Holzschlägerungen entlang der Trasse oder in Juni 1927 für Betonierarbeiten für die Stützfundamente.[75] Mitte August 1927 meldete der *Tiroler Anzeiger*, dass die Materialbahn seit Mitte Juli fertig sei und im 24-Stunden-Betrieb stündlich an die 3.000 kg Material zur Bergstation liefere. Die Baustellen entlang der Trasse beschäftigten an die 250 Arbeiter, bis Anfang Oktober sollten alle Hochbauten fertig sein.[76] Anfang Oktober 1927 berichteten die *Innsbrucker Nachrichten*, der Bau von Berg- und Talstation schreite zügig voran. Probleme bereite der Transport des 25.000 kg schweren Tragseiles, das entweder von der Bundesbahn bis zur Station Unterberg gebracht und von dort über die Felder nach Igls gezogen oder von der Mittelgebirgsbahn transportiert werde. Der Materialtransport zu den Baustellen der Stationsgebäude und der Stützen erfolgte ansonsten mit der Materialbahn oder mit „Traktoren, Lastautos und Pferdefuhrwerk[en]".[77] Am 28. Oktober 1927 fand bei der Bergstation die Firstfeier statt, worüber die *Innsbrucker Nachrichten* wohl-

---

[73] Vgl. StAI, Bestand Patscherkofelbahn, Div. 1, Mp. Ministerium, Zl. 39.444-EN, Bundesministerium für Handel und Verkehr an Konzessionswerber, 30.08.1927.
[74] Vgl. StAI, Bestand Patscherkofelbahn, Div. 1, Mp. Ministerium, Zl. 39.444-EN, Verhandlungsschrift, aufgenommen am 14. Oktober 1927; StAI, Igls Varia 1 Patscherkofelbahn, Mp. Igls Patscherkofelbahn (1928/29), U Lds. Reg., Zl. I-3939/7, Amt der Tiroler Landesregierung, Bescheid, o. D. (Eingangsstempel der Gemeindekanzlei Igls 27.01.1928).
[75] Vgl. Bauausschreibung für die Zimmermannsarbeiten, 28.04.1927, in: Innsbrucker Nachrichten, 27.04.1927, 12; Ausschreibung der Holzschlägerung, in: Innsbrucker Nachrichten, 07.05.1927, 19; Bauausschreibung für die Erd-, Beton- und Eisenbeton-Arbeiten der Bergstation, in: Innsbrucker Nachrichten, 01.06.1927, 15.
[76] Vgl. Die Innsbrucker Seilbahnen, in: Tiroler Anzeiger, 18.08.1927, 5.
[77] Vgl. Die Patscherkofelbahn, in: Innsbrucker Nachrichten, 05.10.1927, 7.

Abb. 1: Die Talstation der Materialseilbahn, aufgenommen im Oktober 1927. Laut Zeitungsberichten war die Materialseilbahn 24 Stunden in Betrieb und beförderte dabei stündlich bis zu drei Tonnen Material zur Bergstation. Quelle: StAI, Ph-22381-15.

Abb. 2: Die Talstation der Patscherkofelbahn (Baubeginn war am 6. Juli 1927) im Rohbau. Quelle: StAI, Ph-21009.

wollend schrieben, es sei ein Fest der Einigkeit zwischen Bauherren und Belegschaft gewesen.[78]

Mit der Realität hatten diese Artikel wenig gemein. In regelmäßigen Abständen verfasste Adolf Zimmer für das Ministerium Berichte über den Baufortschritt, behördliche Auflagen und Probleme.[79] Wann die Konzessionswerber entschieden, zusätzlich zum Restaurant in der Bergstation ein Hotel für 60 Personen[80] einzubauen, ist mangels Akten leider unklar. Die Entscheidung dürfte aber im Sommer 1927 gefallen sein. Dass dieser nachträgliche Einbau mit hohen Kosten verbunden war, liegt auf der Hand. In der Eröffnungsbilanz vom Jänner 1931 stand das Hotel mit insgesamt 400.000 S in den Büchern (Grund 5.000, Hochbau 325.000, Inventar 70.000).[81]

Was den gesamten Bau begleitete, waren zum einen Probleme technischer Natur, zum anderen Verhandlungen mit den Grundeigentümern. Die Bahn und ihre Trasse berührten insgesamt 108 Grundparzellen, mit deren BesitzerInnen zu verhandeln war.[82] Zu verhandeln war auch mit der Sektion Innsbruck des Österreichischen Touristenklubs als Eigentümerin des Kaiser-Franz-Josef-Schutzhauses.[83] Der Touristenklub hatte 1885 von der Gemeinde Patsch Grund am Patscherkofel gekauft,[84] darauf das Schutzhaus errichtet und sich gleichzeitig von Patsch ein Bauverbot auf der weitläufigen Parzelle sichern lassen,[85] das nun auch die Lage der Bergstation berührte. Mit der ministeriellen Anordnung, die Bergstation talwärts zu versetzen, geriet diese nun in den unmittelbaren Nahbereich des Schutzhauses. Die Konzessionäre einigten sich am 14. Oktober 1927 mit der Innsbrucker Sektion: Diese verzichtete für das Grundstück, auf dem die Bergstation stand, auf dieses Bauverbot und erhielt dafür insgesamt 15.000 S, zahlbar in Raten zu 1.500 jährlich. Diese Vereinbarung sei auch „für die Rechtsnachfolger der vertragsschliessenden Teile bindend".[86] In einem am 10. Juni 1929 geschlossenen Vertrag zwischen der Patscherkofelbahn und dem Touristenklub waren weitere gegenseitige Rechte und Pflichten festgeschrieben. Punkt 15 bezog sich auf das Bauverbot, auf das der Touristenklub für die Bergstation zwar verzichtete, aber

---

[78] Vgl. Firstfeier bei der Patscherkofelbahn. Ein Arbeitsfest auf 1970 Meter Höhe, in: Innsbrucker Nachrichten, 02.11.1927, 9.
[79] Vgl. StAI, Bestand Patscherkofelbahn, Div. 1, Mp. Ministerium, Adolf Zimmer an Bundesministerium für Handel und Verkehr, Baubericht, 26.08.1927, 08.09.1927.
[80] Vgl. Die Eröffnung der Patscherkofelbahn, in: Innsbrucker Nachrichten, 07.05.1928, 6.
[81] Vgl. TLA, Landesregierungsakten, Sonderfaszikel 47 1930–1933 Patscherkofelbahn AG, Patscherkofelbahn, Eröffnungsbilanz, o. D., angehängt an den Gründerbericht, o. D. (Jänner 1931).
[82] Vgl. StAI, Bestand Patscherkofelbahn, Plan VIII, Bezirksgericht Innsbruck/Grundbuch an Adolf Zimmer, Verzeichnis der Parzellen, 02.04.1927. Alle Rechte der Patscherkofelbahngesellschaft sind im Eisenbahnbuch (eröffnet laut Beschluss des Amtsgerichtes Innsbruck vom 19. August 1943, Eisb. 41/43) festgehalten, das sich im Bezirksgericht Innsbruck/Abteilung Grundbuch befindet.
[83] Die Wiener Zentrale verkaufte mit Vertrag vom 10.01.1925 das Schutzhaus ihrer Innsbrucker Sektion. Vgl. Bezirksgericht Innsbruck/Grundbuch, GZl. 209/25.
[84] Vgl. StAI, Bestand Patscherkofelbahn, Div. 1, Mp. Seilbahnen Pläne, Abschrift des Kaufvertrages, 01.12.1885.
[85] Eingetragen im Grundbuch EZl. 86 II KG Patsch, Bezirksgericht Innsbruck/Grundbuch.
[86] Vgl. StAI, Bestand Patscherkofelbahn, Plan VIII, U Patscherkofelbahn A.G. Gründung, Konzessionäre an Sektion Innsbruck des Österreichischen Touristenklubs, 14.10.1927.

Abb. 3: Auf Höhe der Mittelstation wurde während der Bauarbeiten eigens eine Feldschmiede errichtet. Viele kleine Handwerksbetriebe sollten infolge des Finanzdebakels auf ihren Kosten sitzen bleiben. Quelle: StAI, Ph-22381-5.

Abb. 4: Arbeiter auf der Baustelle der Mittelstation, aufgenommen im Dezember 1927. Quelle: StAI, Ph-22381-6.

Abb. 5: Aushubarbeiten für das Fundament der Bergstation. Mit dem Bau der Bergstation war am 1. Juli 1927 begonnen worden. Quelle: Ph-A-24381-99.

Abb. 6: Blick auf die im Bau befindliche Bergstation der Patscherkofelbahn. Am 28. Oktober 1927 fand hier die Firstfeier statt. Links ist die Materialseilbahn gut zu erkennen. Quelle: StAI, Ph-A-24381-11.

Abb. 7: Die Materialseilbahn wurde auch für den Personentransport verwendet. Eben sind einige Herren in Anzügen (vermutlich handelt es sich um die Bauleitung) bei der behelfsmäßigen Bergstation der Materialseilbahn angekommen. Quelle: StAI, Ph-A-24381-7.

nur für dieses Projekt, während er grundsätzlich daran festhielt. Er verweigerte demzufolge auch eine „Löschung der einverleibten Dienstbarkeit des Bauverbotes" im Grundbuch.[87]

Pläne bzw. Umplanungen langten verspätet ein, die Materialseilbahn war zu schwach, um derartig viel Material zu befördern, zwei ihrer Stützen knickten ein, über Stunden fiel der Strom aus, Lieferungen kamen verzögert, die Übertunnelung der Hochspannungsleitung der Bahn war aufwendiger und teurer als gedacht, Überstunden fielen an. Erst mit 31. Jänner 1928 erteilte das Bundesministerium für Handel und Verkehr Adolf Zimmer, der Gemeinde Igls, der Gemeinde Schwaz, Josef Huber und der Innsbrucker Treuhand GmbH die Konzession zum Betrieb der als Kleinbahn klassifizierten Patscherkofelbahn.[88]

Fertig war die Bahn aber noch lange nicht, sodass auch der anvisierte Termin Ostern 1928 verstrich. In der Bergstation war der Bahnsteig noch nicht fertig, im Hotel fehlten die Fußböden ebenso wie ein gangbarer Weg zum Schutzhaus. Schließlich entschloss sich die schon bestellte Betriebsleitung, die Eröffnung hinauszuschieben, weil „bei dem zu erwartenden Osterverkehr wahrscheinlich zahlreiche Fremde die Bahn benützt hätten, auf die dann der unfertige Zustand der Bergstation und des Berghotels einen ungünstigen Eindruck gemacht hätte". In der Mittelstation – ein 21 Meter hoher Betonturm[89] – fehlte ein Geländer am Bahnsteig, „das bei dem zu erwartenden Gedränge auf dem schmalen Umsteigplatz dringend notwendig erscheint". Die beiden Restaurants – eines in der Talstation, eines in der Bergstation – waren schon verpachtet. Das untere wollte am Ostersonntag eröffnen, das obere „bis zur endgültigen baulichen Fertigstellung" nur eingeschränkte Öffnungszeiten bieten.[90] Auf Drängen von Adolf Zimmer gab die Kommission, die fast 14 Tage alle Details geprüft hatte, die Bahn für den 14. April 1928 frei, obwohl die Kassen- und Warteräume der Zwischenstation noch im Rohbau waren.[91] Die Fahrpreise betrugen für Einheimische für die Hin- und Rückfahrt 7 S, für die Bergfahrt 5 S, für die Talfahrt 4 S, was die *Innsbrucker Nachrichten* als zu hoch einstuften: „Wenn die Patscherkofelbahn auf einen regen Besuch der einheimischen Sportler und Ausflügler rechnen will – und diese werden immer den Hauptstock der Fahrgäste bilden – so muß sie eine bedeutende Preisermäßigung vornehmen."[92]

---

[87] Vgl. StAI, Bestand Patscherkofelbahn, Plan VIII, U Patscherkofelbahn A.G. Gründung, Vertrag zwischen der Patscherkofelbahn und dem Touristenklub, o. D. (10.06.1929). Teile des Vertrages waren angehängt an ein Schreiben des Österreichischen Alpenvereines/Sektion Touristenklub Innsbruck an die Innsbrucker Verkehrsbetriebe vom 22.03.1989, worin es um die Frage der Freikarten ging.

[88] Vgl. BGBl. 35/1928, Kundmachung des Bundesministeriums für Handel und Verkehr vom 31. Jänner 1928, betreffend die Erteilung der Konzession für eine mit elektrischer Kraft zu betreibende, als Seilschwebebahn auszuführende Kleinbahn von Igls-Seilschwebebahn über Heiligwasser auf den Patscherkofel.

[89] Vgl. Von der Patscherkofelbahn, in: Innsbrucker Nachrichten, 03.03.1928, 5.

[90] Von der Patscherkofelbahn, in: Innsbrucker Nachrichten, 06.04.1928, 6.

[91] Vgl. StAI, Igls Varia 1 Patscherkofelbahn, Mp. Igls Patscherkofelbahn (1929/30), Zl. 1 Cg 441/28/25, Zeugenaussage von Richard Schmickaly bei der Verhandlung vor dem Landesgericht Innsbruck, 14.06.1929.

[92] Die Betriebsaufnahme auf der Patscherkofelbahn, in: Innsbrucker Nachrichten, 14.04.1928, 7.

Abb. 8: Arbeiter beginnen mit dem Bau der Stütze XI, aufgenommen im Oktober 1927. Quelle: StAI, Ph-22381-28. – Abb. 9: Den Arbeitern wurde eine gehörige Portion Schwindelfreiheit abverlangt, wie diese Aufnahme vom Bau der Stütze III illustriert. Quelle: StAI, Ph-22381-22.

Abb. 10: Die Seiltrommel wurde mit der Mittelgebirgsbahn nach Igls transportiert. Quelle: Ph-A-24381-19.

Abb. 11: Eine der "schmucken Kabinen" der Patscherkofelbahn, aufgenommen kurz nach der Eröffnung 1928. Quelle: StAI, Ph-34471.

Am ersten Betriebstag, einem Samstag, "ließ das Publikum noch etwas auf sich warten", vermerkten die *Innsbrucker Nachrichten*. Die "schmucken Kabinen" – aus Stahlblech, mit weißem Anstrich und einer Innenverkleidung aus Mahagoni[93] – "fuhren meist halbleer und das gut geschulte Personal in seiner kleidsamen Marineuniform hatte nicht übermäßig viel zu tun". Statt zahlender Gäste fuhren Eingeladene, Aktionäre, Pressevertreter, am Nachmittag Mitglieder der Landesregierung und des Innsbrucker Gemeinderates, darunter Mitglieder des Nordkettenbahnausschusses, die so die Konkurrenz bewundern konnten.[94] Offiziell eröffnete die Patscherkofelbahn in Anwesenheit des Verkehrsministers am Sonntag, dem 6. Mai 1928. Nach seiner Rede weihte der Abt von Wilten die Bahn, die er als wohltätiges Werk der Technik pries. Nach einem Salutschießen der Igler Schützenkompanie spielte die Schwazer Knappenmusik. Die Feier schloss nach einer Fahrt mit der Bahn mit einem Abendessen im Restaurant der Bergstation.[95] Kurz nach der Eröffnung schloss das Schutzhaus bis Oktober 1928, um großzügige Ausbauten durchzuführen und damit die Anlage für den erwarteten erhöhten Ansturm zu rüsten.

---

[93] Vgl. Der Probebetrieb auf der Patscherkofelbahn im Gange, in: Innsbrucker Nachrichten, 17.03.1928, 9.
[94] Spritztour auf den Patscherkofel, in: Innsbrucker Nachrichten, 16.04.1928, 7.
[95] Vgl. Die Eröffnungsfeier der Patscherkofelbahn, in: Innsbrucker Nachrichten, 07.05.1928, 6.

Das Finanzdebakel 1927–1930

In einer im April 1928 aufgelegten bebilderten Werbeschrift[96] war naturgemäß weder von Bauproblemen noch von finanziellen Engpässen zu lesen. Die Umplanungen verlängerten die Bauzeit, was ein Mehr an Ausgaben verlangte, denen keine Einnahmen gegenüberstanden, sodass das ohnehin zu knapp bemessene Budget außer Kontrolle geriet. Im März 1928 beliefen sich die bisher angefallenen Baukosten schon auf 2.708.932 S,[97] lagen also eine Million über dem Voranschlag. Sie drohten weiter zu steigen, denn die Grundablösen waren noch nicht berechnet, viele Bestellungen noch nicht getätigt.

Ohne die Gelder, die Adolf Zimmer laufend zuschoss, und die Geduld der Lieferanten hätte der Bau schon im Spätherbst 1927 eingestellt werden müssen. Zimmer zahlte nicht nur 100.000 S als künftige Aktien ein, sondern belieh seine eigenen Immobilien, um bis Mitte Februar 1928 414.000 S vorzustrecken.[98] Ende Jänner 1928 drängte Zimmer seine Mitkonzessionäre eine Haftungserklärung zu übernehmen, die er zur Vorlage bei seiner eigenen Bank benötigte, um weitere Kredite zu erlangen.[99] Am 3. Februar 1928 beschloss der Igler Gemeinderat, gemeinsam mit der Stadt Schwaz die Haftung für seine Darlehen bis zu einer Höhe von 450.000 S zu übernehmen und als Hypothek verbüchern zu lassen. Die Gemeinde Igls verpflichtete sich außerdem, das Stimmrecht für ihre Aktien (gezeichnet 400.000 S) für zehn Jahre an Adolf Zimmer zu übertragen. Für diesen Beschluss stimmten acht Gemeinderäte, einer stimmte dagegen, einer enthielt sich.[100] Der Gemeinderat von Schwaz fällte am 9. Februar 1928 einen gleichlautenden Beschluss.[101]

Adolf Zimmer genügte das nicht, da die Stimmrechte an seine Person gebunden waren. Er sei 75 Jahre alt, sodass mit seiner Forderung nach einer zehnjährigen Übertragung logischerweise „der Rechtsnachfolger mit darunter zu verstehen" sei, also jemand aus seiner Familie. Davon könne er nicht abgehen, seine Forderung stelle doch „gewiss das Allergeringste dessen vor, was ich unter grössten Opfern und in uneigennütziger Weise für die Gemeinde Igls auf mich genommen habe". Diese Woche erfordere die Baustelle 50.000 S, in der nächsten Woche noch einmal 50.000, wobei

---

[96] Vgl. StAI, Igls Varia 1 Patscherkofelbahn, Mp. Vorarbeiten, Seilschwebebahn Igls-Patscherkofel, Werbeprospekt anlässlich der Eröffnung, undatiert (April 1928).
[97] Vgl. StAI, Igls Varia 1 Patscherkofelbahn, Mp. Igls Patscherkofel (1928/29), U Darlehensübereinkommen Zimmer, Bürgermeister Eichler an Adolf Zimmer, 09.03.1928.
[98] Vgl. StAI, Igls Varia 1 Patscherkofelbahn, Mp. Igls Patscherkofel (1928/29), U Darlehensübereinkommen Zimmer, Adolf Zimmer bei der Sitzung der Konzessionäre am 24.2.1928 in Igls, 24.02.1928.
[99] Vgl. StAI, Igls Varia 1 Patscherkofelbahn, Mp. Igls Patscherkofel (1928/29), U Darlehensübereinkommen Zimmer, Adolf Zimmer an Bürgermeisteramt Igls, 24.01.1928.
[100] Vgl. StAI, Igls Varia 1 Patscherkofelbahn, Mp. Igls Patscherkofelbahn (1928/29), U Gem. Igls, Bürgermeister Eichler an Adolf Zimmer, 04.02.1928; StAI, Igls Varia 1 Patscherkofelbahn, Mp. Igls Patscherkofel (1928/29), U Darlehensübereinkommen Zimmer, Abschrift des Gemeinderatsbeschlusses am 03.02.1928.
[101] Vgl. StAI, Igls Varia 1 Patscherkofelbahn, Mp. Igls Patscherkofel (1928/29), U Darlehensübereinkommen Zimmer, Protokoll über die Sitzung der Konzessionäre der Seilschwebebahn Igls-Patscherkofel, 24.02.1928.

er unter diesen Umständen nicht sicher sei, ob er dieses Geld noch vorschießen wolle.[102]

Am 24. Februar trafen sich die Konzessionäre zu einer Aussprache im Igler Hof, bei der Zimmer auf seiner Forderung bezüglich des Stimmrechtes beharrte. Der baubegleitende Gutachter Johannes Wolf meinte, die Konzessionäre sollten sich glücklich schätzen, „einen bodenständigen Geldgeber gefunden zu haben und keine Wiener oder fremde Ausländer". Die anwesenden Gemeinderäte von Igls und Schwaz zögerten zwar, stimmten aber letztlich gezwungenermaßen den Forderungen Zimmers zu.[103] Solange er die Haftungsübernahme nicht in Händen hielt, wollte er aber kein Geld mehr zuschießen Er setzte eine Frist von acht Tagen.[104] Als diese verstrich, machte sich rasch Geldnot breit. Am 2. März 1928 ließ die Bauleitung die Konzessionäre wissen, dass sie am nächsten Tag 70 Arbeiter bezahlen müsse, aber kein Geld vorhanden sei, weil Zimmer auf rechtsverbindliche Gemeinderatsbeschlüsse warten wollte.[105]

Am 8. März fand im Beisein zweier Vertreter der Landesregierung die Igler Gemeinderatssitzung statt, bei der sich die Mehrheit den Forderungen Zimmers fügte. Das Verhältnis zwischen Bürgermeister Eichler und Zimmer dürfte sehr zerrüttet gewesen sein, denn bei der öffentlich angeschlagenen Kundmachung notierte der Bürgermeister, wer dagegen gestimmt hatte, nämlich neben zwei Weiteren er selbst.[106] Bei der Sitzung waren von zwölf Gemeinderäten nur acht anwesend, von denen fünf für und drei gegen den Beschluss stimmten. Dagegen reichten Robert Nissl und andere Igler Rekurs bei der Landesregierung ein. Besonders der Passus, Zimmer dürfe die Vereinbarung jährlich kündigen, bringe die Gemeinde womöglich in ernste finanzielle Schwierigkeiten. Das sei richtig, konzedierte die Landesregierung in ihrem ansonsten abweisenden Bescheid, aber „unter den gegebenen Verhältnissen war die Übernahme der Haftung […] der einzige Ausweg, um wenigstens über die augenblicklichen Schwierigkeiten, in denen sich das Unternehmen befindet, hinüber zu kommen".[107]

---

[102] StAI, Igls Varia 1 Patscherkofelbahn, Mp. Igls Patscherkofel (1928/29), U Darlehensübereinkommen Zimmer, Adolf Zimmer an Bürgermeister Eichler, 21.02.1928.

[103] Vgl. StAI, Igls Varia 1 Patscherkofelbahn, Mp. Igls Patscherkofel (1928/29), U Darlehensübereinkommen Zimmer, Protokoll über die Sitzung der Konzessionäre der Seilschwebebahn Igls-Patscherkofel, 24.02.1928.

[104] Vgl. StAI, Igls Varia 1 Patscherkofelbahn, Mp. Igls Patscherkofelbahn (1928/29), U Seilbahn, Adolf Zimmer an Gemeinde Igls, 24.02.1928.

[105] Vgl. StAI, Igls Varia 1 Patscherkofelbahn, Mp. Igls Patscherkofelbahn (1928/29), U Seilbahn, Bauleiter Franz Eiler an Konzessionäre, 02.03.1928.

[106] Vgl. StAI, Igls Varia 1 Patscherkofelbahn, Mp. Igls Patscherkofelbahn (1928/29), U Darlehensübereinkommen Zimmer, Kundmachung, angeschlagen an der Gemeindetafel am 9.3.1928; Ein wichtiger Beschluß der Gemeinde Igls. Zum Zwecke der Weiterfinanzierung der Patscherkofelbahn, in: Innsbrucker Nachrichten, 20.03.1928, 9.

[107] StAI, Igls Varia 1 Patscherkofelbahn, Mp. Igls Patscherkofelbahn (1928/29), U Darlehensübereinkommen Zimmer, Zl. VI 683/7, Amt der Tiroler Landesregierung an Bürgermeisteramt Igls, Robert Nissl, Stadtmagistrat Schwaz, 26.04.1928; Patscherkofelbahn und Gemeinde Igls. Der Rekurs Nißl und Genossen abgewiesen, in: Innsbrucker Nachrichten, 07.05.1928, 6. Mit Schreiben vom 26.04.1928 genehmigte die Landesregierung auch den Beschluss der Gemeinde Schwaz über die Haftungsübernahme. StAI, Igls Varia 1 Patscherkofelbahn, Mp. Igls Patscherkofelbahn (1928/29), U Lds. Reg., Zl. VI 1040/11, Amt der Tiroler Landesregierung an Stadtmagistrat Schwaz, 26.04.1928.

Das Zerwürfnis zwischen Adolf Zimmer als Präsident und einzelnen Konzessionären ließ sich nicht mehr bereinigen. Hinzu gesellten sich weitere Probleme. Die Gemeinde Igls verlangte von einzelnen Mitgliedern der Waldinteressentenschaft, zugunsten von Hotelbauten auf ihr Nutzungsrecht zu verzichten. Zu den Nutzungsberechtigten zählte auch Adolf Zimmer, der in einer heftigen Stellungnahme reagierte. Seine „Absicht durch das Werk des Bahnbaues der ganzen Gemeinde in materieller Hinsicht zu dienen und Einigkeit unter den Bewohnern bzw. der Gemeinde und der Waldinteressentenschaft zu schaffen, verwandelt sich nunmehr gerade in das Gegenteil und zwar in jeder Beziehung". Er sei der „Sache ohnehin schon überdrüssig, weil man mich ganz allein hängen lässt, mit der Arbeit und man mir auch die finanzielle Angelegenheit vollständig überlässt. Was ich damit getan habe, meine beiden Besitzungen zum Wohle der Igler zu verpfänden, werden Sie wohl nicht ermessen können."[108] Zimmer, der schon länger kränklich war, zog sich langsam aus dem Arbeitsausschuss zurück, dessen Präsident er vorläufig aber noch blieb. Im September 1928 konstituierte sich ein neuer Arbeitsausschuss,[109] der den Schwazer Bürgermeister Huber zum Präsidenten bestellte. Über seinen Rechtsanwalt kündigte daraufhin Zimmer das Darlehen in Höhe von 650.000 S und verlangte die Rückzahlung binnen eines Jahres. Ende Oktober 1928 lehnte Zimmer die Verantwortung für alle weiteren Geschehnisse bei der Bahn ab, „nachdem man ihm das Präsidium abgenommen und ihn aus dem Arbeitsausschuss der Patscherkofelbahn ausgeschieden" habe.[110]

Eine Ende März 1928 erstellte Rohbilanz über die Baukosten offenbarte das ganze Desaster. Bisher hatte der Bau 3,1 Millionen S verschlungen.[111] Größter Gläubiger der Bahn war die Leipziger Firma *Bleichert*, die ihre noch offenen 300.000 S vorläufig stundete. Aber viele weitere Firmen warteten auf die Bezahlung ihrer Leistungen, mahnten, ließen sich vertrösten und klagten schließlich. Es würde hier zu weit führen, die Prozesse aller Gläubiger im Einzelnen nachzuzeichnen, allein die Taktik des Rechtsanwaltes der Gemeinde Igls, Arthur Lehndorff, sei kurz skizziert. Bei allen Klagen bestritt er die Höhe der Forderung und ließ es auf eine mündliche Streitverhandlung ankommen, die zumeist erst Monate später stattfand. Dies verschaffte ihm Zeit, während der er versuchte, die Lieferanten, die zumeist selbst unter Druck standen und in wirtschaftliche Probleme geraten waren, zu einem Nachlass, einer längerfristigen Stundung oder dem Tausch der Schulden gegen Aktien zu bewegen.[112]

Für die Landesregierung, die nicht tatenlos zusehen konnte, wie die Gemeinden Schwaz und Igls in die Pleite schlitterten, übernahm Landeshauptmannstellvertreter

---

[108] StAI, Igls Varia 1 Patscherkofelbahn, Mp. Igls Patscherkofelbahn (1928/29), U Seilbahn, Adolf Zimmer, Stellungnahme, 17.03.1928. Die Stellungnahme, datiert mit 17.03.1928, trug Zimmer entweder bei einer Sitzung des Gemeinderates oder bei einer der Waldinteressentenschaft vor. Erst aus nachfolgenden Briefen ergibt sich dieser Kontext.

[109] Vgl. StAI, Igls Varia 1 Patscherkofelbahn, Mp. Igls Patscherkofelbahn (1928/29), Adolf Zimmer an Gemeindeamt Igls, 19.09.1928.

[110] Vgl. StAI, Igls Varia 1 Patscherkofelbahn, Mp. Igls Patscherkofelbahn (1928/29), drei Briefe von Rechtanwalt (RA) Arthur Lehndorff an die Gemeinde Igls, alle datiert 30.10.1928.

[111] Vgl. TLA, Handakten LR Franz Tragseil (1928–34), Karton 2, Mp. Patscherkofelbahn, Voranschlag Baukosten aufgrund bücherlicher Rohbilanz 31.03.1928, 07.04.1928.

[112] Vgl. Alle Unterlagen in StAI, Igls Varia 1 Patscherkofelbahn, Mp. Igls Patscherkofelbahn (1928/29).

Franz Tragseil, Mitglied der Tiroler Volkspartei, ehemaliger Gemeinde- und Stadtrat in Innsbruck, die Sanierungsbemühungen. Zuerst versuchte Tragseil, die Stadt Innsbruck doch noch zu einer Beteiligung zu überreden, und schwor die zerstrittenen Konzessionäre auf Einigkeit ein.[113]

Am 2. Mai 1928 trafen sich im Innsbrucker Rathaus Mitglieder des Nordkettenbahnausschusses mit Vertretern der Patscherkofelbahn, die eine finanzielle Beteiligung von einer Million forderten. Die eine Million genüge, um endlich die Aktiengesellschaft gründen zu können und sich aus der Geiselhaft Zimmers zu befreien.[114] Inzwischen drängte die Landesregierung die beiden Gemeinden Igls und Schwaz, einen weiteren Kredit über 500.000 S aufzunehmen. In einer vertraulichen Sitzung am 24. Mai 1928 beschloss der Tiroler Landtag, zu bestimmten Bedingungen die Zinsgarantie zu übernehmen, dafür künftige Gewinne der Bahn zu verwenden.[115] Das ermöglichte es dem Innsbrucker Finanzausschuss, in seiner Sitzung am 30. Mai 1928 eine Beteiligung an der Patscherkofelbahn abzulehnen.[116]

Als Klagen von Baufirmen bei Bürgermeister Huber persönlich eintrafen,[117] bat er im Juni 1928 Tragseil um Hilfe. Er solle die Firmen überreden, ihre Klagen zurückzuziehen. Wenn ihm dies gelinge, „werde ich alles tun, was mir möglich ist und insbesonders auch den wirklich schweren Canossagang zum blauen und roten Bürgermeister[118] von Innsbruck machen".[119] Nach Meinung Tragseils sollten die Konzessionäre das fehlende Kapital selbst aufbringen, Zimmer sollte, statt auf einer Rückzahlung der Darlehen zu bestehen, Aktien akzeptieren. Das EW Vomperbach habe einen Wert zwischen 1,7 und zwei Millionen, könne also durchaus mit einem Darlehen von 300.000 belastet werden.[120] Die Liste offener Rechnungen, mit Stichtag 9. Juli 1928, ergab, dass die Bahn 85 Firmen insgesamt knapp 454.000 S schuldete.[121]

Für den 8. August 1928 berief Tragseil alle Konzessionäre zu einer Sitzung ins Landhaus. Die Bahn benötigte möglichst schnell 750.000 S, um u. a. die zu Jahresende fällige Rate von 100.000 an die Firma *Bleichert*, 50.000 für das EW Vomperbach

---

[113] Vgl. TLA, Handakten LR Franz Tragseil (1928–34), Karton 2, Mp. Patscherkofelbahn, LR Franz Tragseil an Bürgermeister Huber, 18.04.1928; TLA, Handakten LR Franz Tragseil (1928–34), Karton 2, Mp. Patscherkofelbahn, LR Franz Tragseil an Adolf Zimmer, 19.04.1928.

[114] Vgl. StAI, Ausschussprotokolle 1928, Protokoll über die am 2. Mai 1928 stattgefundene Besprechung zwischen Vertretern des Nordkettenbahnausschusses und des Patscherkofelbahnunternehmens.

[115] Vgl. StAI, Igls Varia 1 Patscherkofelbahn, Mp. Igls Patscherkofelbahn (1928/29), U Lds. Reg., Zl. VII 220/1, Amt der Tiroler Landesregierung an Bürgermeisteramt Igls, 31.05.1928.

[116] Vgl. StAI, Ausschussprotokolle 1928, Sitzung des Finanzausschusses, 30.05.1928.

[117] Über die Klage berichteten die *Innsbrucker Nachrichten* unter dem Titel „Eine Klage gegen die Patscherkofelbahn" am 28.06.1928, 9f.

[118] Bürgermeister Anton Eder gehörte den Großdeutschen an, deren Parteifarbe Blau war; Vizebürgermeister war Hans Untermüller von der Sozialdemokratischen Arbeiterpartei mit roter Parteifarbe.

[119] TLA, Handakten LR Franz Tragseil (1928–34), Karton 2, Mp. Patscherkofelbahn, Bürgermeister Josef Huber an Landesrat Franz Tragseil, 21.06.1928.

[120] Vgl. TLA, Handakten LR Franz Tragseil (1928–34), Karton 2, Mp. Patscherkofelbahn, Franz Tragseil, Promemoria, 06.07.1928.

[121] Vgl. StAI, Igls Varia 1 Patscherkofelbahn, Mp. Igls Patscherkofelbahn (1928/29), U Gem. Igls, Offene Rechnungen Seilschwebebahn Igls-Patscherkofel zum 9.7.1928.

für gelieferten Strom und 120.000 für Grundstücksankäufe begleichen zu können. Bis 10. August müssten 40.000 an Gläubiger gehen, bis 1. September seien weitere 60.000 für die dringlichsten Zahlungen notwendig. Bis dato seien vier Klagen über zusammen 772.260 S eingelangt. Die Stadt Schwaz bot an, weitere Aktien um 300.000 S zu zeichnen, die Gemeinde Igls sicherte weitere 150.000 zu, wenn es ihr gelinge, ein Darlehen aufzunehmen. Immer noch waren aber mindestens 1,1 Millionen offen, denn die Baukosten waren mittlerweile auf geschätzte 3,4 Millionen gestiegen.[122]

Das Amt der Tiroler Landesregierung bat die Gemeinden Schwaz und Igls, die besprochenen Darlehen aufzunehmen, während sich das Land um weitere Aktienzeichner bemühe.[123] Der Gemeinderat der Stadt Schwaz tagte Anfang September 1928, sicherte zu, das EW Vomperbach werde um 300.000 S Aktien zeichnen und inzwischen 80.000 für dringende Zahlungen übernehmen. Die Stadt Schwaz sei aber nun am „Rande ihrer Leistungsfähigkeit".[124] Der Gemeinderat von Igls lehnte am 12. September 1928 jeden weiteren Zuschuss an die Bahn ab.[125]

Inzwischen prüfte der Rechnungsprüfer Franz Windisch, Genossenschaftsoberinspektor in Innsbruck, die Bücher der Bahn. Die bisher angefallenen Baukosten bezifferte er mit 3.298.576,85 S. Für künftige Aktien waren 1.595.492,43 eingelangt, die offenen Schulden überstiegen mit 1.644.392,33 die Aktiva. An Betriebseinnahmen waren bis zur Prüfung nur 58.661,53 angefallen.

Größter Gläubiger war Adolf Zimmer mit insgesamt 891.548,78 plus 100.000 für Aktien, wovon er allein 528.496,93 für den Bau selbst vorgestreckt hatte. Die anderen waren zum einen die Baufirmen, die insgesamt 616.000 S verlangten, zum anderen 34 Gläubiger und eine nicht genannte Zahl von Lieferanten, die offene Rechnungen von rund 270.000 S einmahnten. Für einzelne Posten stellte Windisch die im Kostenplan von 1927 berechneten den tatsächlichen Ausgaben gegenüber, was massive Überschreitungen bzw. Fehlberechnungen offenbarte. Statt der kalkulierten 400.000 S für Hochbauten (Berg-, Zwischen- und Talstation) schlugen diese mit rund 1,5 Millionen zu Buche, statt der veranschlagten 30.000 S gaben die Konzessionäre knapp 139.000 S für Grundeinlösungen aus.[126] Zu den errechneten Bauschulden kamen noch weitere hinzu, etwa Zinszahlungen für zu spät bezahlte Rechnungen, Prozesskosten oder Entschädigungen für die Gemeinden Patsch und Igls. Die geschätzte Summe von 270.000 S verteuere die Baukosten auf 3.570.576,85 S, verlören die Konzessionäre alle anstehenden Prozesse, sogar auf 3.753.517,15. Die enormen Baukosten hätten sich, so Windisch,

---

[122] Vgl. TLA, Handakten LR Franz Tragseil (1928–34), Karton 2, Mp. Patscherkofelbahn, Protokoll betreffend die Sitzung am 8. August 1928 in Angelegenheit der Patscherkofelbahn-Sanierungsaktion.
[123] Vgl. TLA, Handakten LR Franz Tragseil (1928–34), Karton 2, Mp. Patscherkofelbahn, Zl. 1571/1, Amt der Tiroler Landesregierung an Bürgermeisteramt Schwaz und Igls, 08.08.1928.
[124] Vgl. TLA, Handakten LR Franz Tragseil (1928–34), Karton 2, Mp. Patscherkofelbahn, Magistrat Schwaz an Amt der Tiroler Landesregierung, 07.09.1928.
[125] Vgl. StAI, Igls Varia 1 Patscherkofelbahn, Mp. Igls Patscherkofelbahn Gemeindebeschlüsse, Handschriftliches Ergebnisprotokoll der Gemeinderatssitzung von Igls, 12.09.1928.
[126] Vgl. StAI, Igls Varia 1 Patscherkofelbahn, Mp. Igls Drahtseil-Schwebebahn Patscherkofel Generelles Projekt, Adolf Zimmer/Johannes Wolf, Kosten-Voranschlag, 26.03.1927; StAI, Igls Varia 1 Patscherkofelbahn, Mp. Igls Patscherkofelbahn (1928/29), Karl Windisch, Bericht über die Gebahrung (sic) der Patscherkofelbahn AG. i. G. bis zum 31. Juli 1928, o. D. (August 1928).

um mindestens 800.000 verringern lassen, läge die Talstation bei der Römerstraße und führen die Fahrgäste mit einem Autobus oder dem eigenen Auto bis dorthin.

Zu den enormen Baukosten gesellte sich das Problem, dass die Bahn nicht so rentabel arbeitete wie erhofft. Die Frequenz sank stetig, vom Tag der Eröffnung im April bis inklusive 5. August fuhren nur 18.259 Personen, was einer Tagesfrequenz von rund 160 Fahrgästen entsprach. Schuld an der mangelnden Rentabilität trage nicht nur die viel leichter zu erreichende Nordkettenbahn, sondern die fehlende Werbung, für die viel mehr Geld vorzusehen sei.[127] Die Frequenz besserte sich bis Jahresende entgegen allen Hoffnungen nicht wesentlich. An den 259 Betriebstagen des Jahres 1928 beförderte die Bahn insgesamt 29.554 Personen auf den Berg und 25.786 talwärts, also im Durchschnitt täglich knapp 214 Personen,[128] was weit unter den optimistischen Rentabilitätsberechnungen lag.

Windisch appellierte an Stadt und Land, sich an der Bahn zu beteiligen, denn die Konzessionäre seien

> nun am Ende ihrer Kraft angelangt und ist es nun sicher nicht unbillig zu verlangen, dass auch Land und Stadt das ihre dazu beitragen, um dieses für den Fremdenverkehr so wichtige Unternehmen, woraus ja in erster Linie die Stadt Innsbruck grossen Nutzen zieht und das dem Lande Tirol nur zur Ehre und auch zum Nutzen gereicht, zu fördern.[129]

Am 18. September beschloss die Landesregierung in einer vertraulichen Sitzung, für die Kosten der Gemeinden Igls und Schwaz eine Garantie für Zinsen und Annuitäten von einer Million zu übernehmen, vorausgesetzt, mit diesem Betrag könnten alle Lieferanten und Gläubiger bedient werden, das vorgesehene Aktienkapital werde auf zwei Millionen erhöht und die beiden Gemeinden haftete.[130] Das Land hoffte aber immer noch, die Stadt Innsbruck werde sich beteiligen und benannte als Schuldigen der Baukostenüberschreitung das Bundesministerium für Handel und Verkehr. Die teuren Umplanungen waren zwar baurechtlichen und sicherheitstechnischen Vorgaben geschuldet gewesen, aber die Landesregierung wollte einen Verantwortlichen benennen, der möglichst nicht aus Tirol kam.[131] Bürgermeister Anton Eder lehnte namens der Stadt Innsbruck jedoch jede Beteiligung ab.[132]

---

[127] Vgl. StAI, Igls Varia 1 Patscherkofelbahn, Mp. Igls Patscherkofelbahn (1928/29), Karl Windisch, Bericht über die Gebahrung (sic) der Patscherkofelbahn AG. i. G. bis zum 31. Juli 1928, o. D. (August 1928).
[128] Vgl. StAI, Bestand Patscherkofelbahn, lose, Betriebsjahr 1928, Statistik für öffentliche Seilschwebebahnen, Tafel 3 Leistungen der Fahrbetriebsmittel und Verkehr, Unfälle, o. D.
[129] StAI, Igls Varia 1 Patscherkofelbahn, Mp. Igls Patscherkofelbahn (1928/29), Karl Windisch, Bericht über die Gebahrung (sic) der Patscherkofelbahn AG. i. G. bis zum 31. Juli 1928, o. D. (August 1928).
[130] Vgl. TLA, Handakten LR Franz Tragseil (1928–34), Karton 2, Patscherkofelbahn, Vertrauliche Sitzung der Landesregierung, 18.09.1928.
[131] Vgl. TLA, Handakten LR Franz Tragseil (1928–34), Karton 2, Patscherkofelbahn, Amt der Tiroler Landesregierung an Bürgermeister Anton Eder, 26.09.1928.
[132] Vgl. StAI, Ausschussprotokolle 1928, Sitzung der Innsbrucker Finanzsektion, 09.11.1928; TLA, Handakten LR Franz Tragseil (1928–34), Karton 2, Patscherkofelbahn, Bürgermeister Anton Eder an Landesrat Franz Tragseil, 09.11.1928.

Da die Sanierung nicht in Gang kam und die Bahn dringend und schnell Geld brauchte, nahmen drei Konzessionäre, darunter Adolf Zimmer und Josef Huber, im Juni 1928 bei der *Darmstädter Nationalbank KG* ein Darlehen auf und unterschrieben einen Wechsel über 50.000 Mark.[133] Als der Fälligkeitstermin näher rückte, intervenierte Huber bei Landesrat Tragseil, der die Bank ersuchte, noch zu warten.[134] Der Schwazer Bürgermeister Huber versuchte weiterhin, Darlehen zu günstigen Bedingungen zu erlangen, und wandte sich an die Tiroler Landesbank, übermittelte ihr ein geschöntes und optimistisches Exposé über die Patscherkofelbahn und bat um eine Million S. Die Bank lehnte ab, weil unter anderem eine bedingungslose Garantie fehlte.[135]

Die nahezu aussichtslose Lage schilderte Bürgermeister Huber der Landesregierung in einem sechsseitigen Brief, aus dem unter anderem hervorgeht, dass der Landtag in der vertraulichen Sitzung am 18. September davon ausgegangen war, alle Gläubiger, v. a. Adolf Zimmer und die Firma *Bleichert*, verzichteten auf 40 % ihrer Forderungen. Bei einer Sitzung im Bundeskanzleramt sei ihm versprochen worden, die Aktiengesellschaft werde genehmigt, sobald ein Mindestbetrag von zwei Millionen S gesichert sei und für die restlichen 1,5 Millionen Kreditzusagen eines seriösen Geldinstitutes vorlägen. Über diese 1,5 Millionen wollte er eine Garantie des Landes, was der Landtag leider abgelehnt habe. Keiner der Gläubiger sei zu einem Nachlass bereit gewesen, besonders Zimmer nicht. Er habe vergeblich versucht, die restlichen 500.000 aufzubringen, sei aber gescheitert, weil die Haftung des Landes fehle. Als Konsequenz daraus müsse er seine Bemühungen als gescheitert betrachten und „für alle weiteren Folgen persönlich die Verantwortung nunmehr ablehnen". Die Patscherkofelbahn stehe vor einem Desaster, weil in den kommenden Wochen hohe Zahlungen anstünden – bis 2. Jänner waren insgesamt rund 400.000 S fällig.[136] Am 21. Dezember 1928 forderten auch noch die Personalvertreter der Patscherkofelbahn die ausstehenden Gehälter ein, und zwar inklusive der in der Sommersaison geleisteten Überstunden.[137]

Das Jahr 1928 verging ohne grundlegende Sanierung der Patscherkofelbahn, weil sich Landesrat Tragseil zwar um Unterstützung bemühte, das Land sich aber nicht finanziell beteiligen wollte. Mit Jahresende 1928 bilanzierte die Patscherkofelbahn negativ, einem Gewinn von 58.427,53 S standen Schulden in Höhe von 1.537.135,84 S

---

[133] Vgl. TLA, Handakten LR Franz Tragseil (1928–34), Karton 2, Patscherkofelbahn, RA Josef Huber an Darmstädter Nationalbank KG München, 26.09.1928.

[134] Vgl. TLA, Handakten LR Franz Tragseil (1928–34), Karton 2, Patscherkofelbahn, RA Josef Huber an Franz Tragseil, 26.09.1928; TLA, Handakten LR Franz Tragseil (1928–34), Karton 2, Patscherkofelbahn, LR Tragseil an Darmstädter Nationalbank KG, 29.09.1928; TLA, Handakten LR Franz Tragseil (1928–34), Karton 2, Patscherkofelbahn, Darmstädter Nationalbank KG an LR Tragseil, 01.10.1928.

[135] Vgl. TLA, Handakten LR Franz Tragseil (1928–34), Karton 2, Patscherkofelbahn, Magistrat Schwaz an Landesbank Innsbruck, 22.10.1028.

[136] Vgl. TLA, Handakten LR Franz Tragseil (1928–34), Karton 2, Patscherkofelbahn, Bürgermeister Huber an Tiroler Landesregierung, 23.11.1928.

[137] Vgl. StAI, Igls Varia 1 Patscherkofelbahn, Mp. Igls Patscherkofelbahn (1928/29), Vertrauensmann der Angestellten und Christliche Gewerkschaft Tirols an Arbeitsausschuss (= Konzessionäre), in Kopie an Landesrat Tragseil, 21.12.1928.

gegenüber.[138] Immer noch versuchten einzelne Konzessionäre bzw. ihre Rechtsanwälte bei einzelnen Lieferanten Forderungsnachlässe oder Stundungen zu erreichen. Nach wie vor liefen Klagen ein, welche die Betriebsleitung der Patscherkofelbahn fast schon routinemäßig an Landesrat Tragseil mit der Bitte um Intervention weiterleitete.[139] Als die Patscherkofelbahn dem Innsbrucker Finanzamt fällige Steuern nicht überwies, pfändete das Amt einige Möbelstücke im Betriebsbüro.[140]

Im Jänner 1929 appellierten die Gemeinden Schwaz und Igls an den Landtag, doch noch eine Haftungserklärung abzugeben, „um einen Zusammenbruch des Unternehmens und der beiden Gemeinden zu verhindern".[141] Gegen Ende Februar 1929 bat Bürgermeister Huber Tragseil, „die Sache womöglich im Klub nochmals aufzugreifen, da zweifellos der Zusammenbruch der Stadt Schwaz bei den bevorstehenden Wahlen [Landtagswahlen] von den Sozialdemokraten ausserordentlich ausgenützt würde".[142] In der Sitzung des Finanzausschusses Mitte Februar 1929 verständigten sich die Mitglieder darauf, zwar den Gemeinden, aber nicht Adolf Zimmer helfen zu wollen. Sie befürworteten eine Bürgschaft des Landes über eine Million S, wofür die beiden Gemeinden Darlehen aufnehmen und die Hauptgläubiger auf 40 bis 50 % ihrer Forderungen verzichten müssten. Ohne diese beiden Bedingungen sei eine Bürgschaft hinfällig.[143]

Zu den finanziellen Problemen gesellten sich technische, weil sich im Frühjahr 1929 am Zugseil der Bahn Drahtbrüche zeigten. Das Zugseil war wegen seiner Länge, der unterschiedlichen Neigungswinkel und der daraus resultierenden Knicke extrem beansprucht. Im März 1929 erlaubte das Bundesministerium für Handel und Verkehr, ein 100 Meter langes Ersatzstück einzubauen.[144] Da trotzdem weitere Drahtbrüche auftraten, ordnete das Ministerium tägliche Seiluntersuchungen an, verlangte den Tausch des Zugseiles und verfügte für den 24. Juni 1929 die Betriebseinstellung.[145] Die Betriebsleitung der Patscherkofelbahn ortete Fabrikationsfehler und versuchte, die entstandenen Kosten auf die Firma *Bleichert* und den Seillieferanten abzuwälzen.[146] Die

---

[138] Vgl. StAI, Igls Varia 1 Patscherkofelbahn, Mp. Igls Patscherkofelbahn (1928/29), Bilanz-Entwurf per 31. Dezember 1928 der Seilschwebebahn Igls-Patscherkofel nebst Verlust- & Gewinn-Rechnung für die Zeit vom 14.4. bis 31.12.1928.

[139] Siehe die Unterlagen in TLA, Handakten LR Franz Tragseil (1928–34), Karton 2, Mp. Patscherkofelbahn.

[140] Vgl. TLA, Handakten LR Franz Tragseil (1928–34), Karton 2, Mp. Patscherkofelbahn, Betriebsleitung Patscherkofelbahn an Landesrat Tragseil, 05.02.1929.

[141] TLA, Handakten LR Franz Tragseil (1928–34), Karton 2, Mp. Patscherkofelbahn, Amtsverweser von Schwaz und Gemeinde Igls an Landtag, 21.01.1929.

[142] TLA, Handakten LR Franz Tragseil (1928–34), Karton 2, Mp. Patscherkofelbahn, Bürgermeister Huber an LR Franz Tragseil, 21.02.1929.

[143] Vgl. TLA, Handakten LR Franz Tragseil (1928–34), Karton 2, Mp. Patscherkofelbahn, LR Tragseil, Aktenvermerk, o. D. (Februar 1929).

[144] Vgl. StAI, Bestand Patscherkofelbahn, Div. 1, Mp. Ministerium, Zl. 34.086-22/M.T./1929, Bundesministerium für Handel und Verkehr an Betriebsleitung Patscherkofelbahn, 06.03.1929.

[145] Vgl. StAI, Bestand Patscherkofelbahn, Div. 1, Mp. Ministerium, Zl. 41.502-M.T.22-1929, Bundesministerium für Handel und Verkehr an Betriebsleitung Patscherkofelbahn, 19.06.1929.

[146] Vgl. StAI, Igls Varia 1 Patscherkofelbahn, Mp. Igls Patscherkofelbahn (1928/29), Betriebsleitung an St. Egyder Eisen- und Stahlindustrie-Gesellschaft, 08.04.1929; StAI, Igls Varia 1 Patscherkofelbahn, Mp. Igls Patscherkofelbahn (1928/29), Betriebsleitung an Adolf Bleichert & Co, 09.04.1929.

St. Egyder Eisen- und Stahlindustrie-Gesellschaft wollte das neue Zugseil nur gegen eine Garantie liefern, die aber die Konzessionäre nicht beizubringen vermochten.[147] Hinzu kamen Forderungen des Ministeriums und des Landes Tirol, bestehende Mängel zu beseitigen. Seitens des Ministeriums waren noch 31 Punkte offen, seitens des Landes Tirol noch zehn, unter anderem die Entwässerung der feuchten Mauern der Zwischenstation.[148] All das kostete Geld, das nicht vorhanden war.

Die Konzessionäre wandten sich im Juli 1929 wieder einmal um Hilfe an die Stadt Innsbruck, die jedoch immer noch zögerte, vor allem wegen der hohen Schulden der Bahn und der vielen anhängigen Prozesse. Die Stadt wollte zuerst die Bücher einsehen und die gesamte Anlage von ihren eigenen Experten prüfen lassen.[149] Die Zahlen in den Büchern dürften die Stadt abgeschreckt haben, denn die Auslastung der Bahn war noch geringer als 1928. An den insgesamt 311 Betriebstagen des Jahres 1929 beförderte die Bahn 37.962 Personen (22.165 Berg-, 15.797 Talfahrten), also um mehr als 17.000 Personen weniger als im ersten Betriebsjahr mit weniger Betriebstagen.[150]

Im Sommer 1929 war die Lage der Patscherkofelbahn verzweifelt, mehr noch die der Konzessionäre, nachdem ein Gerichtsurteil ihre „Haftung zur ungeteilten Hand" festgestellt hatte. Zuvor hatten die einzelnen Konzessionäre nämlich versucht, die Haftung auf ihre Einlage zu beschränken. Mit dem Urteil hafteten nun alle Konzessionäre für die gesamte Summe. Wegen der finanziellen Widrigkeiten war es ihnen bis dato nicht gelungen, eine Aktiengesellschaft zu gründen, was ihre Haftung auf das eingesetzte Kapital begrenzt hätte. Vermutlich aus Verzweiflung über die Lage boten sie der Stadt Innsbruck die Bahn um 2,8 Millionen S an, was diese aber ablehnte.[151] Meldungen in der Presse begleiteten die Vorgänge: Das *Vorarlberger Tagblatt* informierte am 18. Juni 1929, dass die beiden Gemeinden Schwaz und Igls vor dem Konkurs stünden. Die *Neueste Zeitung* (Abendausgabe der *Innsbrucker Nachrichten*) berichtete von dem Kaufangebot an die Stadt und kritisierte die Landesregierung, „die seinerzeit die Konzessionäre durch die Übernahme großer Haftungen vielleicht zu sehr in ihrem Optimismus und in ihrem Wagemut bestärkt hat".[152]

---

[147] Vgl. StAI, Igls Varia 1 Patscherkofelbahn, Mp. Igls Patscherkofelbahn (1928/29), RA Arthur Lehndorff an Gemeinde Igls, 15.06.1929.

[148] Vgl. StAI, Igls Varia 1 Patscherkofelbahn, Mp. Igls Patscherkofelbahn (1928/29), Betriebsleitung Patscherkofelbahn an Bürgermeister Igls, 29.05.1929.

[149] Vgl. StAI, Igls Varia 1 Patscherkofelbahn, Mp. Igls Patscherkofelbahn (1928/29), Schriftwechsel zwischen Walter Pembaur, Vorsitzender des Nordkettenbahnausschusses, und den Gemeinden Schwaz und Igls, alle Briefe Juli 1929.

[150] Vgl. StAI, Bestand Patscherkofelbahn, lose, Betriebsjahr 1929, Statistik für öffentliche Seilschwebebahnen, Tafel 3 Leistungen der Fahrbetriebsmittel und Verkehr, Unfälle, o. D.

[151] Diesen Umstand erwähnt einer der Teilnehmer bei einer von Landesrat Tragseil einberufenen Sitzung über die Patscherkofelbahn. Vgl. StAI, Igls Varia 1 Patscherkofelbahn, Mp. Igls Patscherkofelbahn (1929/30), Protokoll über die am 18. September 1929 im Landhaus stattgefundene Besprechung, 18.09.1929. Bei dieser Sitzung trafen sich unter Vorsitz von Tragseil die Konzessionäre mit Rechtsanwälten der Hauptgläubiger.

[152] Die Stadt Innsbruck soll die Patscherkofelbahn kaufen. Um den Konkurs der Stadt Schwaz und des Kurortes Igls zu vermeiden, in: Neueste Zeitung, 18.06.1929, 1f., hier 2.

Inzwischen versuchte Landesrat Tragseil, die Gläubiger zu einer außergerichtlichen Einigung und einem teilweisen Forderungsverzicht zu bewegen. In einem Brief an alle Gläubiger schilderte er die Geschichte des Bahnbaus und benannte als Schuldigen an den Mehrkosten das Ministerium, das „unvorhergesehene Arbeiten" wie die Verlegung der Stationsgebäude, den Einbau eines Berghotels oder die Übertunnelung der Bahnleitung verlangt habe.[153] Tragseil wollte wohl mit dieser Schuldzuweisung den Fokus von der Tiroler Politik und vor allem dem Versagen der landeseigenen Gemeindeaufsicht fortlenken, die trotz ungenügender Deckung erlaubt hatte, dass Schwaz und Igls Darlehen in für sie unbezahlbarer Höhe aufgenommen hatten. Das Ministerium wehrte sich: Es habe nie einen Hotelbau verlangt, was ohnehin außerhalb seiner Kompetenz liege; eine Mittelstation hätten trotz ministerieller Bedenken die Konzessionäre gewollt, ebenso eine Talstation möglichst in Ortsnähe, obwohl sie weiter südlich günstiger gekommen wäre.[154]

Wie alle anderen Firmen sollte auch *Bleichert* seine Forderungen auf 40 % der ursprünglichen Summe reduzieren. Wenig verwunderlich lehnte das Leipziger Unternehmen ab und war nur bereit, die Frist zu erstrecken, allerdings lediglich gegen eine Garantie.[155] So weit kam es nicht, denn im Oktober 1929 reichte die Firma *Bleichert* beim Landesgericht Innsbruck einen Konkursantrag ein.[156] Die *Innsbrucker Nachrichten* benützten die Meldung, um grundsätzlich die „Großmanns- und Ausgabensucht" der Gemeinden zu kritisieren. Die herrschenden Parteien in den Gemeinderäten trauten „der Steuerkraft [der Bevölkerung][157] eine unbegrenzte Dehnungsfähigkeit zu"; der Geldmarkt sei „nicht so vertrauensselig wie der Bürgermeister" und verlange immer höhere Zinsen und teurere Garantien. Schwaz und Igls hätten sich mit der Patscherkofelbahn übernommen, der Bau sei „ohne genügende kaufmännische Voraussicht unternommen", damit eine „an sich gesunde und fruchtbare Idee" geschädigt worden. Die Kommunen stünden nun „mit ihren unrentabeln, enorme Zuschüsse erfordernden Anlagen" da, hingegen sei das „Steuerfaß, im fröhlichen Rausch des Gründerwahns für unausschöpfbar gehalten", nun „bis auf den Boden geleert".[158]

Der Konkursantrag trug mehr zu einer Lösung bei als alle bisherigen Bemühungen des Landes und einzelner Akteure. Denn er zwang alle Beteiligten, sich unverzüglich weitere Schritte zu überlegen, bevor das Gericht womöglich den Antrag zuließ und das Verfahren eröffnete. Am 28. Oktober 1929 ermächtigte der Schwazer Gemeinde-

---

[153] Vgl. StAI, Igls Varia 1 Patscherkofelbahn, Mp. Igls Patscherkofelbahn (1929/30), Amt der Tiroler Landesregierung/Landeshauptmannstellvertreter Franz Tragseil, 03.09.1929.
[154] Vgl. StAI, Igls Varia 1 Patscherkofelbahn, Mp. Igls Patscherkofelbahn (1929/30), Zl. VI-2277/13, Amt der Tiroler Landesregierung an den Igler Bürgermeister Peer, 29.09.1929. Die Landesverwaltung übermittelte dem Igler Bürgermeister die ministeriellen Einwände in Abschrift.
[155] Vgl. StAI, Igls Varia 1 Patscherkofelbahn, Mp. Igls Patscherkofelbahn (1929/30), Zl. VI-2153/1, Firma Adolf Bleichert & Co an Landeshauptmannstellvertreter Tragseil, 10.09.1929.
[156] Die erste Verhandlung fand am 25.10.1929 statt. Vgl. StAI, Igls Varia 1 Patscherkofelbahn, Mp. Igls Patscherkofelbahn (1929/30), Zl. 4 Nc 354/29, Protokoll, 25.10.1929.
[157] In der Ersten Republik durften Gemeinden Zuschläge auf Landessteuern einheben, was einen wesentlichen Teil ihrer Einnahmen ausmachte. Die sogenannten Hebesätze mussten die Gemeinden bei der Landesregierung beantragen und begründen.
[158] Konkursantrag gegen Schwaz und Igls, in: Innsbrucker Nachrichten, 28.10.1929, 5.

rat Bürgermeister Huber dazu, einen Ausgleichsantrag einzubringen.[159] Am Nachmittag des nächsten Tages verhandelten die Gemeinden Schwaz und Igls mit Vertretern der Landesregierung und der Stadt Innsbruck, um den drohenden Konkurs abzuwenden. Das Land versprach, sich beim Finanzministerium um die Genehmigung einer Garantie zu bemühen, die Stadt Innsbruck wollte die Angelegenheit diskutieren.[160]

In einer vertraulichen Gemeinderatssitzung Mitte November 1929 berieten die Innsbrucker Mandatare über eine Garantie für Schwaz und Igls, welche die Großdeutschen und Sozialdemokraten ablehnten. Die Großdeutschen rechtfertigten ihre ablehnende Haltung damit, dass in den vergangenen Jahren zu oft etwas saniert worden sei, aber nicht um den sprichwörtlichen „kleinen Leuten" zu helfen, sondern „um die Verantwortlichen und Schuldigen zu decken. Man muß einmal solche Geschwüre platzen lassen."[161] Einen Monat später präsentierte Bürgermeister Franz Fischer in einer öffentlichen Sitzung die Bedingungen für eine Garantie über 300.000 S.[162] Für Fischer, der sich im Zuge der Vorarbeiten für den Bahnbau eingesetzt hatte, schädigte die negative Haltung der Gemeinderatsmehrheit auch die Kreditwürdigkeit der Stadt selbst, da sich ein Konkurs der Gemeinden Igls und Schwaz unweigerlich auf alle kommunalen Kreditwünsche auswirken müsse.[163] Wie schlecht es mittlerweile um die Einnahmen der Bahn stand, zeigt der Umstand, dass für die Bezahlung der Löhne die Konzessionäre beim Landessägewerk in Kramsach im November 1929 einen Kredit von 5.000 S aufnehmen mussten.[164]

Die Presse, auch überregional, berichtete über die Krise und den drohenden Konkurs, was den konservativen *Tiroler Anzeiger* zu einem Rundumschlag gegen seine Branche veranlasste, der er Sensationsgier und Rufmord an der Wirtschaft unterstellte:

Was schadet es, daß man durch eine solche Publizistik den Kredit von Gemeinwesen untergräbt und vielleicht gar eine Lawine des Mißtrauens ins Rollen bringt? […] Jeder anständig denkende Mensch schüttelt den Kopf über die merkwürdige Art, wie bestimmte Kreise den in Not geratenen Gemeinden Schwaz und Igls „Hilfe" leisten. Diese „Hilfeleistung" besteht nämlich darin, daß der gegen die genannten Gemeinwesen eingebrachte Konkursantrag mit Trommeln und Pfeifen aller Welt verkündet wird.

---

[159] Vgl. Gemeinderat Schwaz. Der Bürgermeister wurde ermächtigt, in der Patscherkofelbahnangelegenheit einen Ausgleichsantrag zu stellen, in: Innsbrucker Nachrichten, 31.10.1929, 7.
[160] Vgl. Kommt es zum Konkurs von Schwaz und Igls?, in: Innsbrucker Nachrichten, 29.10.1929, 4.
[161] Die Stadt Innsbruck und die Patscherkofelbahn. Aufklärungen in der Versammlung der Großdeutschen Volkspartei, in: Innsbrucker Nachrichten, 22.11.1929, 1.
[162] Vgl. Die Patscherkofelbahnangelegenheit. Hätte die Stadt Innsbruck durch die Haftungsübernahme für Schwaz und Igls Schaden erleiden können?, in: Tiroler Anzeiger, 14.12.1929, 10.
[163] Vgl. Die Stadt Innsbruck und die Patscherkofelbahn. Erklärungen des Bürgermeisters Fischer – Der Finanzstand der Gemeinde, in: Innsbrucker Nachrichten, 14.12.1929, 10.
[164] Vgl. StAI, Igls Varia 1 Patscherkofelbahn, Mp. Igls Patscherkofelbahn (1929/30), Amt der Tiroler Landesregierung/Abt. VI, Aktenvermerk, 14.11.1929.

Zudem hätten Zeitungen das Zögern Innsbrucks, sich an der Rettung der Bahn zu beteiligen, dahingehend interpretiert, dass die Stadt selbst notleidend sei: „Die offensichtlich von der Parteileidenschaft durchfieberten Verdächtigungen gegen die Kreditfähigkeit der Landeshauptstadt werden an die große Glocke gehängt!"[165]

Erst mit Gemeinderatsbeschluss vom 8. Dezember 1929 entschloss sich Igls, ebenfalls einen Ausgleichsantrag zu stellen.[166] Nur mehr als Formsache darf wohl der Beschluss des Landesgerichtes vom 23. Dezember 1929 gelten, wonach im Falle eines Konkurses das Vermögen der Gemeinde Igls nicht einmal ausreiche, um die Kosten des Verfahrens zu decken.[167]

Am 10. Dezember 1929 eröffnete das Landesgericht Innsbruck das Ausgleichsverfahren gegen die Patscherkofelbahn, deren Konzessionäre sich im Auftrag des Gerichtes zu einer Offenen Handelsgesellschaft (OHG) zusammengeschlossen hatten. Als Ausgleichsverwalter bestellte das Gericht den Innsbrucker Rechtsanwalt Gottlieb Staudinger, der politisch der Tiroler Volkspartei angehörte, für diese im Gemeinderat Innsbrucks saß und als Stadtrat fungierte. Die OHG bot bei einer Überschuldung von 735.791,24 S eine Quote von 50 %.[168] Am gleichen Tag eröffnete das Landesgericht das Ausgleichsverfahren über das Vermögen von Adolf Zimmer, der mit insgesamt 681.119,90 S verschuldet war. Zimmer bot seinen Gläubigern eine Quote von 35 %.[169] Auch das Ausgleichsedikt über die Gemeinde Schwaz, die eine 35%ige Quote bot, datiert von diesem Tag.[170] Im Februar 1930 entschied das Landesgericht, das Konkursverfahren gegen die Gemeinde Igls bis zur Entscheidung im Ausgleichsverfahren der Bahn zu stoppen.[171]

Der „Rattenschwanz von Ausgleichsverfahren" war aufwendig zu führen und wegen der verworrenen Finanzverhältnisse für die Schuldner und Gläubiger sowie ihre Anwälte schwer zu durchschauen.[172] Zugleich eilte die Angelegenheit, denn für einen Ausgleich war eine Frist von 90 Tagen vorgesehen, woran sich, scheiterten die Verhandlungen, zwingend ein Konkurs anschloss.

---

[165] Die Verantwortungslosen, in: Tiroler Anzeiger, 23.11.1929, 7.
[166] Vgl. StAI, Igls Varia 1 Patscherkofelbahn, Mp. Igls Patscherkofelbahn Gemeindebeschlüsse, Abschrift aus dem Gemeinderats-Sitzungsprotokolle vom 8. Dezember 1929.
[167] Vgl. StAI, Igls Varia 1 Patscherkofelbahn, Mp. Igls Patscherkofelbahn (1929/30), Zl. 4 Nc 354/29/7, Landesgericht Innsbruck, Beschluss, 23.12.1929.
[168] Vgl. StAI, Igls Varia 1 Patscherkofelbahn, Mp. Igls Patscherkofelbahn (1929/30), Zl. Sa 156 bis 160/29/3, Landesgericht Innsbruck, Eröffnung des Ausgleichsverfahrens, 10.12.1929; Patscherkofelbahn, Vermögens-Verzeichnis, 10.12.1929.
[169] Vgl. StAI, Igls Varia 1 Patscherkofelbahn, Mp. Igls Patscherkofelbahn (1929/30), Zl. Sa 163/29/2, Landesgericht Innsbruck, Ausgleichsedikt, 10.12.1929; Adolf Zimmer, Ausgleichsvorschlag, 19.12.1929.
[170] Vgl. StAI, Igls Varia 1 Patscherkofelbahn, Mp. Igls Patscherkofelbahn (1929/30), Zl. Sa 165/29/2, Landesgericht Innsbruck, Ausgleichsedikt, 10.12.1929; Zl. Sa 161, Innsbrucker Treuhand GmbH, Vermögens-Verzeichnis, 10.12.1929; Zl. 162/29/2, Gemeinde Schwaz, Ausgleichs-Vorschlag, 27.12.1929. Die Gemeinde Schwaz verfügte über rund 3,4 Millionen S an Aktiva und schuldete knapp 4,9 Millionen.
[171] Vgl. StAI, Igls Varia 1 Patscherkofelbahn, Mp. Igls Patscherkofelbahn (1929/30), Zl. 4 Nc 354/29/15, Landesgericht Innsbruck, Beschluss, 15.01.1930.
[172] Vgl. Verworrene Lage im Patscherkofelbahn-Ausgleich, in: Tiroler Anzeiger, 23.01.1930, 3.

Am 21. Februar 1930 fand beim Landesgericht Innsbruck eine Tagsatzung über den Ausgleich der Patscherkofelbahn statt. Eingangs referierte Ausgleichsverwalter Staudinger die Baugeschichte und bezifferte die Baukosten inklusive Zinsen mit 3,8 Millionen S. Die Einnahmen der Bahn glichen die Betriebsaufwendungen in etwa aus, reichten aber nicht, um Zinsen oder Darlehensraten zu bezahlen. Die Frequenzzahlen lägen weit unter den ursprünglichen Rentabilitätsberechnungen, weil sich der Patscherkofel nicht zum „Sportberg" entwickelt habe. Der Bau selbst sei verunglückt, weil die Talstation, um technische Probleme zu vermeiden, an der Römerstraße hätte liegen müssen. Von rund 2,9 Millionen S, die Gläubiger angemeldet hatten, habe er knapp 750.000 anerkannt. Ausgeschieden habe er etwa alle Forderungen der Konzessionäre und jener Personen, die Aktienkäufe getätigt hätten. Für einen 50%igen Ausgleich seien daher etwa 450.000 S notwendig, die durch eine Anleihe oder den Verkauf der Bahn aufzubringen seien. Staudinger warnte vor einer Stilllegung der Bahn, die ihren Wert auf den von Alteisen herabwürdigte, und warb für die Annahme des Ausgleichs. Mehr als die Hälfte der 98 erschienenen Gläubiger lehnten den Ausgleich ab.[173] Bei der nächsten Tagsatzung am 7. März 1930 stimmten 68 der 72 anwesenden Gläubiger für die Annahme des Ausgleichs, der Ende Juni 1930 Rechtskraft erlangte.[174] Ein Konkurs war damit abgewendet. Die anderen Ausgleichsverfahren – Schwaz, Zimmer, Treuhand – endeten etwa zur selben Zeit. Als Ergebnis aller Verfahren mussten die *Patscherkofelbahn OHG* 50 %, die Stadt Schwaz 40 % und Zimmer 10 % leisten.[175]

Die Patscherkofelbahn in Landesbesitz

Der Ausgleich war nur ein Schritt zur Sanierung der Patscherkofelbahn, denn das Unternehmen selbst konnte die Quote aus eigener Kraft nicht aufbringen. Zudem waren Schwaz und Igls so hoch verschuldet, dass eine Sanierung aus politischen Gründen dringend geboten schien. Noch während Gläubiger und Schuldner um einen Ausgleich rangen, suchte die Landesregierung einen Weg, die Bahn in andere Hände zu geben. Zugleich arbeitete sie an einem Gesetz, das es ermöglichte, finanziell klammen Gemeinden, besonders der Stadt Schwaz, mit Krediten beispringen zu können, ohne das eigene Budget zusätzlich belasten zu müssen oder mit Vorgaben des Finanzministeriums in Konflikt zu geraten.

---

[173] Vgl. Um die Zukunft der Patscherkofelbahn. Tagsatzung im Ausgleichsverfahren – ein günstiger Ausgleichsvorschlag, in: Neueste Zeitung, 22.02.1930, 1f.; Um den Ausgleich der Patscherkofelbahn, in: Innsbrucker Nachrichten, 22.02.1930, 7.

[174] Vgl. StAI, Igls Varia 1 Patscherkofelbahn, Mp. Igls Patscherkofelbahn (1929/30), Zl. Sa 156 bis 160/29/148, Landesgericht Innsbruck, Feststellung des Abstimmungsergebnisses, 15.03.1930; StAI, Igls Varia 1 Patscherkofelbahn, Mp. Igls Patscherkofelbahn (1929/30), Zl. Sa 156 bis 160/29/158, Landesgericht Innsbruck, Beendigung des Ausgleichsverfahrens, 23.06.1930.

[175] TLA, Landesregierungsakten, Sonderfaszikel 47 1930–1933 Patscherkofelbahn AG, Landeshauptmann Franz Stumpf/Landeshauptmannstellvertreter Franz Tragseil, Die Patscherkofelbahnangelegenheit, 26.08.1930. Die Information erschien wortwörtlich unter dem Titel „Die Sanierung der Patscherkofelbahn. Eine überraschende Transaktion der Tiroler Landesregierung" in den *Innsbrucker Nachrichten*, 26.08.1930, 2.

Am 1. Juli 1930 diskutierte der Landtag über einen Gemeindeausgleichsfonds. In diesen sollten nach dem Willen der Landesregierung alle Gemeinden Tirols einen bestimmten Prozentsatz der Gelder einzahlen, die ihnen nach dem Finanzausgleich von Bund und Land zustanden. Als Sofortmaßnahme sollten noch nicht ausbezahlte Abgabenertragsanteile des Jahres 1929 in den Fonds einfließen, was die Stadt Innsbruck fast 70.000 S kostete.[176] Beginnend mit dem Jahr 1931 sollten die Gemeinden auf 8 % verzichten. Aus dem Fonds wollte die Landesregierung erstens „notleidenden Gemeinden, die ohne eigenes Verschulden trotz sparsamster Wirtschaftsführung" ihre Aufgaben nicht mehr wahrnehmen konnten, Beiträge gewähren. Und zweitens wollte sie „in besonders dringenden und berücksichtigungswürdigen Fällen Gemeinden verzinsliche oder unverzinsliche Darlehen gewähren".[177] Mit dem letzten Punkt waren die Gemeinden Igls und vor allem Schwaz gemeint.

In der hitzigen Landtagsdebatte verteidigte Landeshauptmannstellvertreter Franz Tragseil die Gesetzesvorlage und verwies auf andere Bundesländer mit ähnlichen Fonds. Parteipolitische Interessen spielten angesichts der sozialen Bedeutung des Gesetzes keine Rolle, weil es „zum Segen des wirtschaftlich Schwachen geschaffen werden" solle. Der Fonds gebe Geld, „um dort helfend einzugreifen, wo es nach der genauesten und gewissenhaftesten Überprüfung der Sachlage möglich und notwendig ist". Anlass seien zwar Schwaz und Igls, aber auch andere Gemeinden seien hoch verschuldet. Deren Kreditwürdigkeit litte, wenn Banken den Kommunen angesichts der Debakel von Igls und Schwaz womöglich härtere Kreditbedingungen auferlegten. Landtagsabgeordneter Rudolf Pfeffer von der Sozialdemokratischen Arbeiterpartei wollte Städte geringer belastet sehen, denn sie trügen mehr Aufgaben als Landgemeinden und müssten daher schon höhere Umlagen bei der Bevölkerung einheben. Ein solches Gesetz sei schon öfter beraten worden, wobei bäuerliche Vertreter immer dagegen gewesen seien:

Und jetzt auf einmal taucht diese Idee wieder mit ganzer Vehemenz auf, und man versucht, den Gemeindeausgleichsfonds als das Beste und Großartigste hinzustellen, das es überhaupt geben kann. Da gibt es aber keine Bemäntelung, und es ist auch im Referat ganz deutlich zum Ausdruck gekommen, daß es sich hier in erster Linie um die Sanierung der Stadtgemeinde Schwaz handelt.

Zudem „dürfen Sie uns nicht zumuten, daß wir an eine vollkommen gerechte und objektive Verteilung dieses Fonds blindlings glauben, zudem ja nachgerade die finanzielle Lage der Gemeinde Schwaz den unmittelbaren Anlaß zu seiner Schaffung bildet". Die Stadt Schwaz sei „nicht etwa durch fremdes Verschulden oder infolge eines wirtschaftlichen Unglücks, sondern aus sträflichem Leichtsinn in diese Situation geraten". Fritz Mader vom Bürgerlichen Ständebund deponierte, dass seine Partei schon seit Jahren vor der zunehmenden Schuldenlast der Gemeinden warne, die Unternehmen finanzierten, die außerhalb ihres Wirkungskreises lägen. Schwaz sei nicht unverschul-

---

[176] Vgl. An die Bevölkerung von Innsbruck!, in: Volkszeitung, 05.05.1931, 1.
[177] Gesetz vom 1. Juli 1930 betreffend die Einziehung eines Teils der Abgabenertragsanteile der Gemeinden zur Schaffung eines Gemeindeausgleichsfonds, LGBl. 31/1930.

det in Not geraten: „Es muß endlich aufhören, daß Land und Gemeinden übermäßigen Kredit genießen." Banken sollten „durch schlimme Erfahrungen gewitzigt" auch bei Kommunen deren Leistungsfähigkeit und die Wirtschaftlichkeit des „Darlehenszweckes" prüfen, um „der unverantwortlichen Schuldenwirtschaft öffentlicher Körperschaften ein[en] Riegel" vorzuschieben. Der Gemeindeausgleichsfonds dürfe nicht zur „Stützung schuldbarer Mißwirtschaft oder zur Sanierung wirtschaftlicher Unternehmungen, von denen die Gemeinden endlich ablassen müssen", dienen. Gemeinden dürften „nicht einen Aufwand treiben, der ihren Verhältnissen nicht entspricht". Die Kontrolle habe total versagt, sei nur „blindes Jasagen" gewesen. Die Aufsicht über die Gemeindefinanzen sei so „liebedienerisch und willfährig ausgeübt" worden, „daß man nur wünschen möchte, der Begründer sollte dafür selbst materiell aufkommen müssen". Seine Partei stimme zwar für das Gesetz, aber nicht „leichten Herzens" und „unter dem ausdrücklichen Vorbehalt, daß damit nicht ein Versicherungsfonds für Gemeindemißwirtschaft geschaffen werden" dürfe.

Landesrat Hans Gamper von der Volkspartei verteidigte die Landesregierung, der im September 1928 eine weitere Garantie angesichts der Vielzahl der schon übernommenen Bürgschaften vom Bund verboten worden war.

Was Schwaz betrifft, so gleicht es einem Ertrinkenden, und da kann man nicht untersuchen, ob er aus eigener Schuld ins Wasser gefallen oder hineingesprungen ist, sondern man muß ihn herausziehen, und wenn das geschehen ist, dann kann man ihm vielleicht noch etwas anderes tun.

Der Sozialdemokrat Franz Hüttenberger thematisierte, warum Schwaz wegen der Patscherkofelbahn in einer Notlage war:

Da mußte sich doch jeder Mensch fragen, was denn Schwaz mit der Patscherkofelbahn überhaupt zu tun habe. […] Es war schon die Konstruktion der Vereinbarungen mit den übrigen Konzessionären der Bahn derart, daß sich die Stadt Schwaz allmählich einen Strick um den Hals gebunden hat, an dem sie nun zu ersticken droht.

Das Land trage wegen der mangelnden Gemeindeaufsicht einen großen Teil der Schuld, „denn daß der Bau einer Bahn auf den Patscherkofel zu einer Notwendigkeit der Gemeinde Schwaz gehören sollte, wird doch kein Mensch im Ernst behaupten können".

Nach Ansicht des Abgeordneten Friedrich Jäger von der Großdeutschen Volkspartei sei das Gesetz Folge der „Großmannssucht" einiger Gemeinden. Der Gesetzesentwurf sei zwar „sozial" genannt worden, „aber er kann auch christlichsozial sein oder wenigstens leicht christlichsozial gemacht werden", da der Fonds von der Landesregierung verwaltet werde: „Wenn also einmal der Ausgleichsfonds geschaffen ist, dann ist es dem Gutdünken und Ermessen der christlichsozialen Partei anheimgestellt, welchen Gemeinden Beiträge oder Darlehen gegeben werden", befürchtete Jäger. Dennoch nahm der Tiroler Landtag das Gesetz an und ermöglichte es der Landesregierung über einen Zusatzantrag des Finanzausschusses, Schwaz sofort einen Kredit von 350.000 S für die Durchführung des Ausgleiches zu genehmigen.[178] Anschließend verhandelte die Landesregierung über eine Übernahme der Patscherkofelbahn. In „wochenlangen, eingehenden und gewissenhaften Beratungen und in verständnisvoller Zusammenarbeit aller Beteiligten", so der Landeshauptmann und sein Stellvertreter, erarbeitete sie eine Lösung.[179]

Anfang August 1930 legte sie den Konzessionären eine Vereinbarung vor, wonach diese auf ihre Ansprüche an der Bahn und gegenüber ihren Partnern „zu Gunsten eines noch unbekannten Dritten" verzichteten. Mit dieser Verzichtserklärung schieden die Konzessionäre aus dem Unternehmen aus, sie übertrugen ihre Einlagen und eventuelle zukünftige Gewinne, ihnen verblieben die Schulden. Der „unbekannte Dritte" sollte „alle Ersatzansprüche der Konzessionäre, der Patscherkofelbahngläubiger, der Aktiengläubiger und Aktienzeichner klag- und schadlos" übernehmen.[180] Die Verzichtserklärung kam einer Enteignung gleich. Ob bei den Konzessionären Erleichterung oder das Gefühl, erpresst zu werden, überwog, ist unklar. Im konservativen *Tiroler Anzeiger* firmierte die Aktion allerdings schon wenige Monate später als Kauf und nicht mehr als entschädigungslose Abtretung.[181]

Der Schwazer Gemeinderat stimmte schon am 4. August 1930 zu. Zugleich beschloss er, das Angebot der Landesregierung über einen Kredit von 350.000 S anzunehmen. Die Zinsen von 6 % seien aber zu hoch, weshalb das Angebot einem „Vogel friß oder stirb" gleichkomme. Und er akzeptierte ein Darlehensangebot der Tabakwerke über 150.000 S gegen einen 15-jährigen Verzicht auf an die Stadt zu leistende Lohnabgaben.[182] Der Igler Gemeinderat stimmte am 11. August 1930 der Verzichtserklärung zu,[183] Adolf Zimmer akzeptierte am 14. August 1930.[184] Bei einer Sitzung am 22. August 1930, bei der auch noch die Treuhandgesellschaft und der Schwazer Bürgermeister Huber verzichteten, fixierte die Landesregierung den Handel und nannte als bisher „unbekannten Dritten" die *Tiroler Landeslagerhaus und Speditions-GmbH*, eine zu 100 % in Landeseigentum stehende Gesellschaft.[185] Schon am Tag zuvor hatte die Landesregierung beschlossen, dem Landeslagerhaus einen Kredit von einer Million S zu gewähren,[186] damit dieses die Schul-

---

[178] Außerordentliche Sitzung des Tiroler Landtages, 01.07.1930. Stenographische Berichte des Tiroler Landtages 1930, 426–446. http://alex.onb.ac.at (Abrufdatum 20.12.2020).
[179] TLA, Landesregierungsakten, Sonderfaszikel 47 1930–1933 Patscherkofelbahn AG, Landeshauptmann Franz Stumpf/Landeshauptmannstellvertreter Franz Tragseil, Die Patscherkofelbahnangelegenheit, 26.08.1930.
[180] StAI, Igls Varia 1 Patscherkofelbahn, Mp. Igls Patscherkofelbahn (1929/30), Zl. VI-1197/60, Amt der Tiroler Landesregierung/Abt. VI an Igler Bürgermeister Peer, 07.08.1930.
[181] Vgl. Die Zukunft der Patscherkofelbahn, in: Tiroler Anzeiger, 12.12.1930, 9.
[182] Vgl. Die Rettung der Stadtgemeinde Schwaz, in: Neueste Zeitung, 07.08.1930, 1.
[183] Vgl. StAI, Igls Varia 1 Patscherkofelbahn, Mp. Igls Patscherkofelbahn (1929/30), Bürgermeisteramt Igls an Amt der Tiroler Landesregierung, 11. und 12.08.1930.
[184] Vgl. StAI, Igls Varia 1 Patscherkofelbahn, Mp. Igls Patscherkofelbahn (1929/30), RA Hans Formanek für Adolf Zimmer, Vergleichsvorschlag, 14.08.1930.
[185] Vgl. StAI, Igls Varia 1 Patscherkofelbahn, Mp. Igls Patscherkofelbahn (1929/30), Amtsvermerk, 22.08.1930. Die Landeslagerhaus GmbH gehörte erst seit Sommer 1928 dem Land alleine, das Stammkapital war mit rund 40.000 S denkbar gering. Die Landesgebarung im Jahre 1928, in: Innsbrucker Nachrichten, 11.12.1929, 4.
[186] Vgl. TLA, Landesregierungsakten, Sonderfaszikel 47 1930–1933 Patscherkofelbahn AG, Sitzung der Landesregierung, 21.08.1930.

den der Patscherkofelbahn tragen konnte. Die Landesregierung präsentierte den Handel als „einzig gangbare[n] Weg, alle Beteiligten und Verpflichteten vor weiterem Schaden zu bewahren".[187]

Die Vorgänge um die Patscherkofelbahn und besonders die Finanzspekulationen der Gemeinden Schwaz und Igls waren Themen in den Medien, und zwar österreichweit. Laut *Innsbrucker Nachrichten* war der Handel dem „Interesse des stark geschmälerten christlichsozialen Parteiprestiges" geschuldet.[188] Die *Neue Freie Presse* fasste in einem Kommentar, den die *Innsbrucker Nachrichten* übernahmen, alle Bedenken gegen Spekulationsgeschäfte der öffentlichen Hand zusammen: Es fehle in den Gemeindestuben an Rechenmeistern, und letztlich müsse das Land „die Suppe auslöffeln, die andere eingebrockt haben".[189] Die *Arbeiterzeitung* bezichtigte die Landesregierung, Steuergeld zu verschwenden, zuerst weil sie, um den Konkurs der Gemeinde Schwaz abzuwenden, einen von allen Gemeinden finanzierten Landesausgleichsfonds geschaffen, dann weil sie ohne Zustimmung des Landtages die Patscherkofelbahn gekauft hatte.[190] Die sozialdemokratische Tiroler *Volkszeitung* empörte sich über die Verschwendung von Steuergeld, um die von den Christlich-Sozialen dominierte Gemeinde Schwaz vor dem Konkurs zu bewahren.[191]

Die Landtagsabgeordneten erfuhren wie die interessierte Öffentlichkeit von dem Geschäft aus den Zeitungen, fühlten sich übergangen und protestierten in der Landtagssitzung am 18. Dezember 1930. In einem „demagogischen Dringlichkeitsantrag", so der konservative *Tiroler Anzeiger*, verlangten die sozialdemokratischen Abgeordneten Aufklärung über den Ankauf der Patscherkofelbahn.[192] Die Landtagsmehrheit wies den Antrag dem Finanzausschuss zu, wodurch sich seine Behandlung bis ins folgende Jahr verzögerte. Der Finanzausschuss erklärte im März 1931, die Landesregierung habe das Budgetrecht des Landtages ausgehebelt, sich auf „Gefahr im Verzuge" berufen, daher den Landtag nicht mehr einberufen, was aber bei einer derart „weitgehende[n] finanzielle[n] Notstandsmaßnahme" nicht angehe. Der Finanzausschuss verlangte, das Land dürfe „unter keinen Umständen mehr ohne die Genehmigung des Landtages Geld in dieses Unternehmen hineinstecke[n]".[193]

Im Jänner 1931 gründete die Landesgesellschaft die *Patscherkofelbahn AG* und führte sie bis zum Anschluss im März 1938.[194]

---

[187] TLA, Landesregierungsakten, Sonderfaszikel 47 1930–1933 Patscherkofelbahn AG, Landeshauptmann Franz Stumpf/Landeshauptmannstellvertreter Franz Tragseil, Die Patscherkofelbahnangelegenheit, 26.08.1930.
[188] Das Land übernimmt die Patscherkofelbahn, in: Innsbrucker Nachrichten, 25.08.1930, 4.
[189] Die Lehren aus der Leidensgeschichte der Patscherkofelbahn, in: Innsbrucker Nachrichten, 28.08.1930, 4.
[190] Vgl. Unheiliges aus dem heiligen Land Tirol, in: Arbeiterzeitung, 28.03.1931, 3.
[191] Vgl. Landesschwebebahn, in: Volkszeitung, 26.08.1930, 1f.
[192] Vgl. Tiroler Landtag. Die letzte Sitzung im alten Jahr, in: Tiroler Anzeiger, 19.12.1930, 4.
[193] Entschließung des Finanzausschusses, betreffend die Patscherkofelbahn AG, Beilage der Landtagssitzung am 16.3.1931. Stenographische Berichte des Tiroler Landtages 1931. http://alex.onb.ac.at (Abrufdatum 20.12.2020).
[194] Zur Patscherkofelbahn AG und ihrem Verkauf an die Stadt Innsbruck siehe Sabine Pitscheider, Privat oder Stadt? Die Innsbrucker Verkehrsbetriebe und der öffentliche Personennahverkehr in Innsbruck

Die Geschädigten

Nicht allein die zahlreichen kleinen Gewerbebetriebe, die ihr Geld beim Bau oder beim Ausgleich verloren, sind als Geschädigte anzusehen. Jahrelang unter den Auswirkungen der krassen Fehlentscheidungen ihrer Gemeinderäte und der Landespolitik litten die Bevölkerungen von Schwaz und Igls. Beide Gemeinden mussten die Abgaben drastisch erhöhen und radikal sparen, weshalb Mittel fehlten, der Weltwirtschaftskrise zu begegnen. Die Stadt Schwaz konnte die letzte Rate ihrer für die Patscherkofelbahn aufgenommenen Schulden in Höhe von 2,8 Millionen S übrigens erst im Jänner 1982 tilgen.[195]

Der Gemeinde Igls verblieben nach dem Verzicht auf die Patscherkofelbahn ebenso wie der Stadt Schwaz die für den Bau aufgenommenen Schulden, im Falle von Igls zwei Darlehen über insgesamt 500.000 S bei der Hypothekenanstalt. Bis Anfang Jänner 1934 summierten sich diese auf 766.034 S, wovon allein knapp 182.000 auf Zinsen- und Verzugszinsen entfielen. Trotz erhöhter Gemeindeumlagen – 800 % Aufschlag auf die Landesgrundsteuer, 1.000 % auf die landwirtschaftliche Landesgrundsteuer, 2.000 % auf die Landesgebäudesteuer – war an eine Rückzahlung nicht zu denken und der Haushalt erholte sich nicht. Ein Grund für die fehlenden Einnahmen war, dass etwa die Hälfte der Steuerpflichtigen nicht mehr imstande war, die Abgaben zu entrichten, und sie trotz Exekutionen schuldig blieb. Wegen der Weltwirtschaftskrise stiegen zugleich die Kosten der Armenversorgung. Die Gemeinde müsse „unter solchen Umständen früher oder später zugrunde gehen", hielt der Bürgermeister im September 1934 in einem vertraulichen Aktenvermerk fest. Igls sei nicht einmal mehr in der Lage, die Infrastruktur wie die Wasserleitung oder die Gemeindestraßen aufrechtzuerhalten.[196] Mangelnde Investitionen in die Infrastruktur, besonders die schon 50 Jahre alte Wasserversorgung, bemängelte auch der von der Landesregierung eingesetzte Amtsverwalter, der pensionierte Oberst Udo Smekal,[197] im September 1936.[198]

Als politisches Bauernopfer kann der Innsbrucker Stadtrat und Rechtsanwalt Gottlieb Staudinger gelten. Seit 1919 saß er für die Tiroler Volkspartei im Innsbrucker Gemeinderat, beaufsichtigte als Ausgleichsverwalter im Dezember 1929 die Patscher-

---

1941–1950 (Veröffentlichungen des Innsbrucker Stadtarchivs, Neue Folge 64), Innsbruck 2019, 62–64, 110f.

[195] Zu den sozialen Folgen in Schwaz siehe Horst Schreiber, Zwischen Kaiser und „Führer": Schwaz in der Ersten Republik 1918–1934, in: Stadtgemeinde Schwaz (Hrsg.), Schwaz. Der Weg einer Stadt, Innsbruck 1999, 47–106, hier 65–70.

[196] Vgl. TLA, Landeshauptmannschaft/ATLR Abt. VI, BH Innsbruck-Land, Gemeindeangelegenheiten 1934–1938, Fasz. 742, Mp. Igls, Bürgermeisteramt Igls, Vertrauliches Gedächtnisprotokoll, 26.09.1934.

[197] Am 11.10.1935 beschloss die (ständestaatliche) Landesregierung, in Igls keinen Gemeindetag einzusetzen, sondern den pensionierten Oberst Udo Smekal zum Amtsverwalter zu bestellen. Vgl. TLA, Akten BH Ibk, Rz 8, Jahr 1937, Fasz. 575, Mp. Igls, Akt 969/8/1937, Landeshauptmannschaft an BH Innsbruck, 18.10.1935.

[198] Vgl. TLA, Landeshauptmannschaft/ATLR Abt. VI, BH Innsbruck-Land, Gemeindeangelegenheiten 1934–1938, Fasz. 742, Mp. Igls, Niederschrift Revision der Geschäfts- und Kassagebarung, 30.09.1936.

kofelbahn und fungierte als von der Gläubigerversammlung am 7. März 1930 bestellter Treuhänder. Für seine Aufwendungen pauschalierte er 15.000 S, wogegen die Patscherkofelbahn bei Gericht Einspruch erhob. Das Landesgericht gestand ihm knapp 9.100 S zu,[199] wogegen nun Staudinger seinerseits Rekurs einlegte. Das Oberlandesgericht Innsbruck erhöhte im Mai 1930 seinen Anspruch auf 18.000 S.[200]

In der Öffentlichkeit hinterließ dies keinen guten Eindruck, auch in Parteikreisen regte sich Unmut. Als im Frühjahr 1931 die Tiroler Volkspartei ihre Kandidatenliste für Innsbruck präsentierte, fand sich Staudingers Name nicht mehr darauf. In mehreren Schreiben wandte er sich an Landesrat Hans Gamper – inzwischen Präsident des Verwaltungsrates der neu gegründeten *Patscherkofelbahn AG* – und wehrte sich gegen die Unterstellung, er habe sein Amt als Volksvertreter zur persönlichen Bereicherung genutzt. Der Landesrat könne nicht erwarten, „dass ich deshalb, weil ich zufällig Volksvertreter bin, mich um einen mir als Anwalt zukommenden Lohn bringen lassen soll".[201] Mit seiner Arbeit für die Patscherkofelbahn endete Staudingers politische Laufbahn. Auch die anderen beteiligten Rechtsanwälte mussten noch jahrelang auf ihre Honorare warten.

Nach der Machtübernahme durch das nationalsozialistische Deutsche Reich im März 1938 war der Schuldenstand der Gemeinde Igls immer noch sehr hoch. Im September 1940 schlug Landrat (früher Bezirkshauptmann) Hans Hirnigel vor, Igls und Vill entweder nach Innsbruck einzugemeinden oder mit Reichszuschüssen zu sanieren.[202] Die Gauhauptstadt Innsbruck übernahm schließlich mit Wirksamkeit 1. April 1942 die beiden Mittelgebirgsgemeinden Igls und Vill. Das nationalsozialistische Parteiorgan, die *Innsbrucker Nachrichten*, nannte als Hauptgrund dafür die Schulden der Patscherkofelbahn, deren Finanzierung ein „verunglücktes Experiment der Systemzeit" gewesen sei, das die „Gemeinde vollends zugrunde" gerichtet habe.[203] Mit der Eingemeindung übernahm und bezahlte die Stadt Innsbruck die restlichen Patscherkofelbahnschulden von Igls in Höhe von rund 250.000 Reichsmark (RM). Im Juni 1945 bat Vill und am 25. Oktober 1945 Igls mit Unterstützung der Bezirkshauptmannschaft beim Land Tirol um Ausgemeindung.[204]

---

[199] Vgl. StAI, Igls Varia 1 Patscherkofelbahn, Mp. Igls Patscherkofelbahn (1929/30), Zl. Sa 156 bis 160/29/152, Landesgericht Innsbruck, Beschluss, 12.04.1930.

[200] Vgl. StAI, Igls Varia 1 Patscherkofelbahn, Mp. Igls Patscherkofelbahn (1929/30), Zl. R 252/30/2 Sa 156-160/29/155, Oberlandesgericht Innsbruck, Beschluss, 09.05.1930.

[201] TLA, Landesregierungsakten, Sonderfaszikel 47 1930–1933 Patscherkofelbahn AG, RA Gottlieb Staudinger an Landesrat Hans Gamper, 07.03.1931.

[202] Vgl. TLA, Akten BH Ibk, Rz 8, Jahr 1946, Fasz. 720, Mp. Hötting, Mühlau, Amras, Arzl, Igls, Vill Eingemeindung zur Stadt Innsbruck, Akt 2518/8/1946, Zl. III-3939/23, Landrat Hans Hirnigel an Reichsstatthalterei, 04.09.1940.

[203] Die Gründe der Eingliederung von Igls, in: Innsbrucker Nachrichten, 11.04.1942, 5.

[204] Vgl. TLA, Akten BH Ibk, Rz 8, Jahr 1946, Fasz. 720, Mp. Hötting, Mühlau, Amras, Arzl, Igls, Vill Eingemeindung zur Stadt Innsbruck, Akt 2518/8/1946, Zl. Ia2 200/02 Dr. Kn/Sa, Landeshauptmannschaft an Bürgermeister von Innsbruck und BH, 26.10.1945. Zur Eingemeindung von Igls und Vill siehe Hanna Fritz, „Groß-Innsbruck ist geschaffen!" – Eingemeindungen in den Jahren 1938–1942, in: Matthias Egger (Hrsg.), „… aber mir steckt der Schreck noch in allen Knochen." Innsbruck zwischen Diktatur, Krieg und Befreiung 1933–1950 (Veröffentlichungen des Innsbrucker Stadtarchivs, Neue Folge 71), Innsbruck 2020, 79–111, hier 99–104.

In einer ersten Stellungnahme lehnte der Innsbrucker Bürgermeister Anton Melzer ab. Innsbruck habe „eine weit überschuldete Gemeinde saniert", welche die Stadt weder in ernährungsmäßiger noch finanzieller Hinsicht unterstütze. Igls besitze „keinen nennenswerten Grundbesitz", seine öffentlichen Einrichtungen,

> soweit von solchen überhaupt gesprochen werden kann, entsprachen nicht einmal den primitivsten Anforderungen einer Siedlung, das Gemeindehaus mit der Schule war in fremden Händen, die Wasserversorgung unzulänglich und als Seuchenherd bedenklich, die Stromversorgung mangelhaft ebenso wie die Mullabfuhr und das Friedhofwesen. Ein Kanalisationssystem war überhaupt nicht vorhanden.[205]

Beim Bau der Patscherkofelbahn und schon im Vorfeld begingen die Verantwortlichen – die Gemeinden Igls und Schwaz, der private Finanzier Zimmer, aber auch die Tiroler Landesregierung – derart viele Fehler, dass der Finanzskandal geradezu unvermeidlich schien. Ein Bauprojekt dieser Größenordnung, noch dazu in der teuerstmöglichen Ausführung, ohne ausreichendes Kapital und genügend Reserven, ohne gesicherte Planunterlagen und ohne effiziente Baukontrolle anzugehen, erscheint im Nachhinein unverständlich, geradezu dreist.

---

[205] StAI, Akten MD 1946, Mp. Gemeinde Igls u. Vill Selbständigkeit-Wiederherstellung 99/S/MD/1946, Zl. MD 99/1946, Bürgermeister Anton Melzer an Landeshauptmannschaft, 17.01.1946.

Der Goetheweg.
Ein Gratwanderweg an der Innsbrucker Nordkette im Wandel der Zeit

Eine Dokumentation

Günter Amor

Hungerburgbahn, Höhenstraße, Nordkettenseilbahn, Pfeishütte, Wilde-Bande-Steig und Innsbrucker Höhenweg bzw. Goetheweg oder auch Hermann-Buhl-Weg genannt. Die Anlage dieser Bahnen, Straßen und Wege stand in einem engen zeitlichen und touristischen Zusammenhang. Jedes dieser Bauwerke trug für sich entscheidend zu den Erfolgen der anderen bei. Daher soll ihre Entstehung eingangs streiflichtartig beleuchtet werden, ehe die wechselvolle Geschichte des Goethewegs näher beschrieben wird.

Die Erschließung der Innsbrucker Nordkette in den Jahren 1906 bis 1929

Die **Hungerburgbahn** verdankt ihre Entstehung der zunehmenden Besiedelung des ungefähr 300 Meter über der Stadt Innsbruck liegenden Hochplateaus. Sebastian Kandler (1863–1928) und Ing. Raffael Meinong erhielten im Jänner 1904 die Bewilligung zu den Vorarbeiten für eine Seilbahn auf die Hungerburg. Im Februar 1906 begann Kandler mit dem berühmten Dr. Ing. Josef Riehl (1842–1917) auf eigene Rechnung mit dem Bau der Standseilbahn. Nur wenige Monate später, am 12. September 1906, konnte die Hungerburgbahn den Betrieb aufnehmen.[1]

Die Idee zur Errichtung einer **Höhenstraße** lässt sich bis in das Jahr 1906 zurückverfolgen. Karrenwege, Holzbringewege und die Straße zum Höttinger Steinbruch waren zu diesem Zeitpunkt bereits vorhanden. Für eine komfortablere Straße wurden immer wieder Projekte erstellt und Anträge eingebracht, um das damals schon häufig als „Hoch-Innsbruck" bezeichnete, immer stärker besiedelte Plateau besser zugänglich zu machen. Doch erst in den Jahren 1927 bis 1930 gelang die endgültige Umsetzung. Am 20. September 1930 erfolgte die feierliche Einweihung, damit war das Erholungs-

---

[1] Vgl. Walter Kreutz, Straßenbahnen, Busse und Seilbahnen von Innsbruck (Veröffentlichungen des Innsbrucker Stadtarchivs, Neue Folge 44), Innsbruck–Wien 2011, 229.

und Ausflugsgebiet für den Individualverkehr wie auch für Lastentransporte erschlossen.[2]

Erste Pläne zur Errichtung einer Seilbahn von der Hungerburg zur Seegrube und weiter zum Hafelekar tauchten bereits im Jahr 1909 auf. Die Zeit war jedoch noch nicht reif dafür und nach dem Ausbruch des Ersten Weltkriegs war an solche Bauten ohnehin nicht mehr zu denken. Ab 1925 wurden dann mehrere Seilbahnvorhaben in verschiedenen Varianten ausgearbeitet. Der Bauauftrag für die **Nordkettenbahn** erging am 29. April 1927 an die Firma *Innerebner & Mayer*. Im Juli 1927 wurde mit dem Bau begonnen und bereits ein Jahr später konnten die Abschnitte Hungerburg–Seegrube (am 9. Juli 1928) und Seegrube–Hafelekar (am 21. Juli 1928) eröffnet werden. Der gebürtige Innsbrucker Ing. Helmuth Thurner (1890–1942), der die Bauaufsicht geführt hatte, wurde mit 1. Juli 1928 zum ersten Betriebsleiter der Nordkettenbahn bestellt.[3]

Die **Pfeishütte**, erbaut 1926/27, hatte ebenfalls eine längere Vorgeschichte. Von der Absicht, nördlich der Arzler Scharte eine Schutzhütte zu bauen, bis zum tatsächlichen Baubeginn vergingen ungefähr 25 Jahre.[4] Die Alpe Pfeis wurde von den selbständigen Gemeinden Mühlau, Arzl und Thaur als Weidegrund genutzt. Die Nutzungs-, Grundstücks- und Wasserrechtsverhandlungen mit gleich drei Interessentengemeinden zogen sich erheblich in die Länge. Seit der Eingemeindung von Arzl im Jahr 1940 liegt die Hütte auf Innsbrucker Gemeindegrund, bezog jedoch langjährig ihr Trinkwasser von einer eher schwachen Quelle, die im Thaurer Gemeindegebiet entspringt. Erst kürzlich wurden neue Wasserfassungen erschlossen und seit dem Jahre 2018 ist die Trinkwasserversorgung für die Pfeishütte und gleichzeitig für die im Besitz der Stadtgemeinde Innsbruck befindliche Pfeisalm auch im Sommer gesichert.[5]

Der **Wilde-Bande-Steig** wurde von der *Bergsteigergesellschaft Wilde Bande* aus Innsbruck projektiert und im Jahre 1929 gebaut. Die Einweihung erfolgte am 6. Oktober 1929. Der Steig verläuft östlich und etwas unterhalb des Stempeljoches immer in nahezu gleicher Höhe bis kurz vor dem Lafatscherjoch, wo er in den Weg vom Issanger zum Lafatscherjoch mündet. Er wurde angelegt, um den Zustiegsweg vom Stempeljoch zur Bettelwurfhütte zu verkürzen. Zuvor musste man vom Stempeljoch bis hinunter in den Issanger und dann mühsam wieder hinauf zum Lafatscherjoch steigen. Die Ersparnis in der Gehzeit lag bei über einer halben Stunde.[6]

---

[2] Vgl. Franz-Heinz Hye, Vom „Grauenstain" zur Hungerburg. Geschichte des Stadtteiles Hoch-Innsbruck, Innsbruck 1982, 96–100. Siehe auch: Höhenstraße am nördlichen Innsbrucker Mittelgebirge, in: Allgemeiner Tiroler Anzeiger, 12.02.1909, 5.

[3] Vgl. ausführlich: Roland Kubanda (Hrsg.), Stadtflucht 10m/sec. Innsbruck und die Nordkettenbahn (Veröffentlichungen des Innsbrucker Stadtarchivs, Neue Folge 29), Innsbruck u. a. 2003.

[4] Vgl. Monika Gärtner, „Man ist eigentlich nie ohne Last gegangen!" Alpine Wege auf der Nordkette vor dem Bau der Nordkettenbahn, in: Roland Kubanda (Hrsg.), Stadtflucht 10m/sec. Innsbruck und die Nordkettenbahn (Veröffentlichungen des Innsbrucker Stadtarchivs, Neue Folge 29), Innsbruck u. a. 2003, 243–260, hier 246f.

[5] Vgl. Winfried Schatz (Hrsg.), 150 Jahre Alpenverein Innsbruck – ein Lesebuch für die Zukunft, Innsbruck 2019, 170.

[6] Vgl. Günter Amor, Bergsteigergesellschaft „Wilde Bande" Innsbruck (Veröffentlichungen des Innsbrucker Stadtarchivs, Neue Folge 41), Innsbruck 2010, 125f.

Exkurs: Mandlscharte & Mühlkar

Um späteren Fragestellungen zuvorzukommen, wird hier vorweg die etymologische Erklärung zum Begriff „Mandl" gegeben. Als Mandl wird in der Tiroler Mundart ein kleines Männchen bezeichnet.[7] Daher wird hier „Mandlscharte" als ursprünglicher, orthografisch richtiger Name übernommen. Im Verlauf des 20. Jahrhunderts tauchten aber auch andere Schreibweisen bzw. Bezeichnungen auf. So wird die gegenständliche Scharte in der Alpenvereins-Karte *Karwendel – Mittl. Blatt* (1:25.000) und in der *Umgebungskarte von Innsbruck* des Bundesamtes für Eich- und Vermessungswesen, Wien (1:50.000), Aufn. 1962/1963, als „Mannlscharte" bezeichnet. Neuere Karten (1976) des Bundesamtes für Eich- und Vermessungswesen führen jedoch wieder die Bezeichnung Mandlscharte. In den Wanderkarten von *Kompass* findet sich ebenfalls die Bezeichnung Mandlscharte. Gelegentlich tauchen in Schriftstücken und auf Wegweisern sogar die Schreibweisen „Manndlscharte" und „Mandelscharte" auf. Im Verlauf dieses Textes wird die Bezeichnung „Mandl" in allen Wortzusammensetzungen beibehalten.

Eine weitere Namensverschiedenheit wird in diesem Zusammenhang beschrieben. Im Verlauf des Goetheweges durchschreitet man das „Mühlkarschartl", das nördlich davon gelegene Schuttkar heißt „Mühlkar". Der Name dürfte ursprünglich in Verbindung zum Dorf Mühlau (seit 1938 ein Stadtteil von Innsbruck) gestanden sein. Entlang des Mühlauerbaches befanden sich zahlreiche Mühlen, darunter die heute noch bestehende und sehr bedeutende Rauch-Mühle. Da im darüberliegenden Bereich der Nordkette zahlreiche, aus mehreren Bergflanken stammende Lawinen und Muren zusammenflossen und durch den Mühlauergraben abgingen, sind wahrscheinlich durch die sorgenvollen Blicke in diese Richtung der Name Mühlkar und seine Worterweiterungen entstanden. Die Begriffe „Müllerkar", „Müllerkarscharte", „Müllerkarköpfe" und „Müllerkarspitze" sind umgangssprachlich kaum gebräuchlich, jedoch in verschiedenen Schriftstücken enthalten, so auch in der Goetheweg-Broschüre aus dem Jahr 1932.[8] Ebenso finden sich diese Bezeichnungen in den Berichten über die Bergfeuer, die anlässlich des 50. Geburtstages von Adolf Hitler im Jahr 1939 an der Nordkette abgebrannt wurden.[9] In Heinrich Schwaigers *Führer durch das Karwendelgebirge* werden gleich mehrere Schreibweisen für das Mühlkar verwendet (kl. Müllerkar/Mühlkar).[10]

---

[7] Vgl. J. B. Schöpf, Tirolisches Idiotikon, Innsbruck 1866, 420.
[8] Vgl. Innsbrucker Nordkettenbahn, Der Goethe-Weg (Hafelekar–Pfeis) auf Innsbrucks Nordkette in 2260 Meter Meereshöhe, Innsbruck o. J.
[9] Vgl. Der 20. April in Innsbruck, in: Innsbrucker Nachrichten, 18.04.1939, 3.
[10] Heinrich Schwaiger, Führer durch das Karwendelgebirge, München ⁵1923, 5, 20, 216 und Ortsregister.

Die Entstehung des Innsbrucker Höhenweges

Bis zum Jahr 1929 gab es zur Pfeishütte folgende Zustiegswege:
- von Innsbruck, Mühlau und Arzl aus zur Arzler Alm, weiter hinauf durch die Arzler Reise zur Arzler Scharte und nördlich hinunter zur Hütte;
- von Rum und Thaur aus über die Vintlalm bzw. Thaurer Alm über das Kreuzjöchl und jenseits hinunter zur Hütte;
- von Absam und Hall ausgehend durch das Halltal, über das Stempeljoch und weiter zur Hütte;
- von Scharnitz zuerst durch das Gleirschtal bis zur Amtssäge, dann entlang des Samertales zur Hütte.

Alle diese Wege waren sehr weit und sehr zeitaufwendig. Die Arzler Bauern trieben ihr Vieh traditionsgemäß über die Arzler Scharte und weiter durch das Samertal bis hinunter zur Möslalm auf die Sommerweide.

Ing. Helmuth Thurner und seine Initiativen zur Erschließung der Innsbrucker Nordkette

Ing. Helmuth Thurner wurde am 21. November 1890 in Innsbruck geboren, diente während des Ersten Weltkrieges als Reserveoffizier beim Eisenbahnregiment der österreichisch-ungarischen Armee und war, wie bereits erwähnt, zunächst Bauleiter und dann der erste Betriebsleiter der Nordkettenbahn.[11] Politisch stand Thurner dem völkischen bzw. nationalsozialistischen Gedankengut nahe und zu Anfang der 1930er-Jahre gingen in Innsbruck „Gerüchte um, das Personal der Nordkettenbahn bestehe durchwegs aus Nationalsozialisten, die dabei halfen, Material für die Hakenkreuzmalereien auf die Berge zu bringen."[12] Thurner selbst erhielt 1934 zusammen mit acht weiteren Angestellten der Nordkettenbahn die Kündigung. Vordergründig wurde dies mit Sparmaßnahmen erklärt. Tatsächlich dürfte aber Thurners nationalsozialistische Einstellung den Anlass gegeben haben. Hierfür spricht auch, dass er „1938 um eine Wiedergutmachung [ansuchte], die das NS-Regime jenen zugestand, die wegen ihrer politischen Gesinnung ihre Arbeit verloren hatten."[13] Wie aus der Todesanzeige hervorgeht, war Helmuth Thurner, der zuletzt beim Reichsbahnneubauamt angestellt war, Mitglied der NSDAP. Er starb am 6. Juli 1942 in Innsbruck.[14]

---

[11] Vgl. Stadtarchiv Innsbruck (StAI), Archiv der Nordkettenbahn, Krt. 63 Personalangelegenheiten, Briefe, Dienstlisten 1927–1934, Unterlagen zu Ing. Helmuth Thurner, Aus dem Militärverordnungsblatt, in: Innsbrucker Nachrichten, 23.02.1915, 5–6, hier 6.
[12] Sabine Pitscheider, Von der Demokratie zu Diktaturen – Innsbruck 1933 bis 1938, in: Matthias Egger (Hrsg.), „… aber mir steckt der Schreck noch in allen Knochen." Innsbruck zwischen Diktatur, Krieg und Befreiung 1933–1950 (Veröffentlichungen des Innsbrucker Stadtarchivs, Neue Folge 71), Innsbruck 2020, 11–46, hier 37.
[13] Pitscheider, Von der Demokratie zu Diktaturen, 37.
[14] Vgl. Innsbrucker Nachrichten, 08.07.1942, 5.

Abb. 1: Diese Aufnahme zeigt die Mitglieder der Kollaudierungskommission der Hafelekarbahn, darunter Ing. Helmuth Thurner (4). Quelle: StAI, Ph-22462.

Als Bau- und sodann Betriebsleiter der Nordkettenbahn war Thurner für die Entwicklung und Ausführung weiterer Projekte geradezu prädestiniert. Neben der Errichtung eines gut gangbaren Weges zwischen dem Hafelekar und der Pfeishütte plante er auch eine dampfbetriebene Kleineisenbahn entlang des neuen Weges, worauf noch zurückzukommen sein wird.

Die Eröffnung der Nordkettenbahn im Sommer 1928 führte dazu, dass verschiedene Kreise, darunter der Zweig Innsbruck des Deutschen und Österreichischen Alpenvereins, sich Gedanken über den Ausbau des Wegnetzes an der Nordkette machten. In einer Eingabe an den Seilbahnausschuss der Stadt Innsbruck regte der Zweig Innsbruck die Errichtung „eines Höhenweges vom Hafelekar (Endpunkt der Nordkettenbahn über Manndlscharte [sic] und Stempeljoch zum Lafatscherjoch" in Kooperation mit der Nordkettenbahn an. Der Weg sollte „zu Werbezwecken Innsbrucker Höhenweg genannt werden" und nicht zuletzt „den Bahnverkehr wesentlich steigern".[15] Dass dieser Höhenweg schließlich tatsächlich realisiert werden konnte, war in erster Linie Helmuth Thurner zu verdanken, der nicht nur die Bauleitung übernahm, sondern auch die Trassierung vornahm.[16] Die Strecke verlief beginnend bei der Bergstation Hafele-

---

[15] StAI, Archiv der Nordkettenbahn, Krt. 60, Briefe A–Z (1926–1935), Bericht an Stadtrat Dr. Walter Pembaur v. 26. Juli 1928, 5.

[16] Vgl. StAI, Archiv der Nordkettenbahn, Krt. 63 Personalangelegenheiten, Briefe, Dienstlisten 1927–1934, Unterlagen zu Ing. Helmuth Thurner.

kar nahe der Gratlinie, an der Südflanke der Nordkette entlang, beim Mühlkarschartl an die Nordseite wechselnd immer sehr aussichtsreich bis zur Mandlscharte und von dort hinunter zur Pfeishütte.[17] Da seit dem Jahr 1929 der Wilde-Bande-Steig zwischen dem Stempeljoch und dem Lafatscherjoch bestand, ergab sich in der Verlängerung eine ideale Wegstrecke, die das Hafelekar mit der Bettelwurfhütte verbinden sollte. Ebenso konnte über den von Thurner geplanten Höhenweg das Hallerangerhaus günstig vom Inntal aus erreicht werden.

Die Bauphase

Im Oktober 1928 berichteten die *Innsbrucker Nachrichten*, dass der Bau des ersten Teilstückes des Innsbrucker Höhenweges (Hafelekar bis Gleirschjöchl) bereits angelaufen sei und in Kürze auch die Arbeiten am zweiten Teilstück (Mandlscharte bis Gleirschjöchl) beginnen würden. Für die Ausführung der Strecke Pfeis bis Mandlscharte zeichnete der Alpenvereins-Zweig Innsbruck verantwortlich.[18] Vom Tal aus ließ sich in den folgenden knapp zwei Jahren der Baufortschritt nicht nur gut verfolgen, zog sich das Wegband doch wie eine Gravur durch die Felsen der Nordkette, die Arbeiten hoch über der Stadt waren mitunter auch nicht zu überhören: „Durch Wochen hörte man fast täglich die Detonationen der Sprengungen, die wie Böllerschüsse ins Tal drangen", heißt es dazu in einem Text, der anlässlich der Eröffnung des Weges geschrieben wurde.[19] Allein die Ausgaben für Sprengmittel schlugen mit rund 2.600 Schilling zu Buche.[20]

Im Sommer 1929 war zumindest der Abschnitt vom Hafelekar bis zum Gleirschjöchl schon fertiggestellt,[21] der die Bergwelt des Karwendels nicht nur für weniger bergerfahrene Wanderer zugänglich machte, sondern vor allem auch das Mandltal für Skifahrer erschließen sollte. Wie der *Tiroler Anzeiger* Ende November 1929 berichtete, werde der neue Weg

> ständig in den Wintermonaten offen gehalten [...], um den Skifahrern die Möglichkeit der Abfahrt Gleirschjöchl–Gleirschkar–Mandltal–Pfeis–Halltal, oder Mandltal–Amtssäge–Scharnitz zu geben. Die Schneeverhältnisse sind bereits derzeit schon ausgezeichnete und herrscht deshalb im Mandltal ein reges Skitreiben. Es wurde ferner durch die Betriebsleitung [der Nordkettenbahn] veranlaßt, daß in der Scharte östlich vom Hafelekargipfel, ein Sicherungsdrahtseil

---

[17] Vgl. Eine Promenade in 2200 Meter Höhe, in: Tiroler Anzeiger, 30.08.1930, 9.
[18] Vgl. Der Bau des Innsbrucker Höhenweges vom Hafelekar zum Gleirschjoch, in: Innsbrucker Nachrichten, 10.10.1928, 6.
[19] StAI, Cod-1010 Gästebuch Hafelekar, Eintrag zur Eröffnung des neuen Höhenweges Hafelekar-Pfeis, 29.08.1930.
[20] Vgl. Eröffnung des Innsbrucker Höhenweges auf der Nordkette, in: Innsbrucker Nachrichten, 30.08.1930, 7.
[21] Vgl. Vom Hafelekar und seinen Weganlagen, in: Tiroler Anzeiger, 21.08.1929, 8.

an der Steillehne ins Gleirschkar hinabführt, um gefahrlos schon früher dorthin gelangen zu können. Die Baracke am Gleirschjöchl wird als Unterstand für die Skifahrer hergerichtet.[22]

Gleich nach der Schneeschmelze wurde im Juni 1930 die Bautätigkeit am letzten Wegstück zwischen Gleirschjoch und Mandlscharte wieder aufgenommen. In der überraschend kurzen Zeit von knapp zweieinhalb Monaten stellten sieben Arbeiter unter der Leitung der Herren Hermannsbacher aus Arzl und Fringer aus Tarrenz diesen Abschnitt fertig, sodass der Innsbrucker Höhenweg Ende August 1930 offiziell eröffnet werden konnte. Der neue Weg war insgesamt 2.710 Meter lang, wovon allein 1.283 Meter aus den Felsen gesprengt werden mussten. Die Baukosten beliefen sich insgesamt auf knapp 13.000 Schilling (das entspricht rund 46.000 Euro).

Die Eröffnung am 29. August 1930

Interessanterweise erfolgte die Eröffnung des neuen Weges noch vor dessen endgültiger Fertigstellung. Die Gründe hierfür liegen im Dunkeln. Jedenfalls fanden sich am 29. August 1930 zahlreiche Festgäste am Hafelekar ein, um den Innsbrucker Höhenweg zu eröffnen. Die Lokalpresse berichtete ausführlich, der Tenor war durchwegs positiv. So schrieb etwa der *Tiroler Anzeiger*:

> Die Nordkettenbahn ist um eine Sehenswürdigkeit reicher geworden, die in ihrer großartigen und unerhört kühnen Anlage nirgends ein Gegenstück aufzuweisen hat. Hart am Felsen, an schier unzugänglichen Stellen, über schwindelnde Abhänge in über 2200 Meter Höhe wurde eine Hochgebirgspromenade angelegt. […] Hat man nach herrlicher Wanderung am Südabhang in sanftem Aufstieg das Mühlkarschartel erreicht, bezaubert mit einem Schlage an den Nordabhängen eine Szenerie wunderlichster Kontraste: Die erhabene Einsamkeit des Karwendel. Noch höher, noch wuchtiger türmen sich da die wetterharten Felsen, noch schroffere Unnahbarkeit zeigen seine stolzen Giganten.

In den Reden der Festgäste wurde Helmuth Thurner mit Lob überhäuft. Umso bemerkenswerter scheint es, dass im bereits zitierten Zeitungsartikel Folgendes zu lesen ist: „Ing. Thurner wälzte die Anerkennung, die ihm als Inspirator und Erbauer des Höhenweges gezollt wurden [sic], auf die wackeren sieben Arbeiter ab, welche mit Fleiß und Opfermut das staunenswerte Werk in der kurzen Zeit vollbracht haben."[23] Im Gästebuch der Bergstation Hafelekar wurden Thurners Verdienste ebenfalls besonders hervorgehoben:

---

[22] Von der Nordkettenbahn, in: Tiroler Anzeiger, 22.11.1929, 5.
[23] Eine Promenade in 2200 Meter Höhe, in: TA, 30.08.1930, 9.

So ist ein Werk entstanden, von nicht absehender denkbar günstigster Auswirkung durch die unermüdliche Schaffensfreude des Betriebsleiters der Nordkettenbahn, Herrn Ing. Thurner, der restlos alles erschöpfen will, was sich aus dem schier unerschöpflichen Born [sic] der einzigartigen Schönheiten und Entwicklungsmöglichkeiten der weltberühmten Innsbrucker Nordkette herausholen lässt.[24]

Und einige Zeilen später heißt es:

So sieht jeder Tag einen neuen Fortschritt, eine neue Verbesserung und man darf immer wieder auf Neues und noch Schöneres gefasst sein, denn ein so unermüdlicher Geist, mit so energischem und zielbewußtem Schaffensdrang, wie ihn Herr Ing. Thurner bekundet, rastet nicht, kennt keine Ruhe bis nicht alles zur Tat geworden, was in dem genialen Kopfe zum Gedanken reift.[25]

Im gleichen Eintrag wurde der neue Höhenweg als „eine Hochgebirgspromenade" bzw. als „Salonweg" bezeichnet und sowohl mit dem Tappeinerweg in Meran als auch mit der Strandpromenade in Abbazia verglichen.[26] Thurner selbst betonte wenige Jahre später in einem Bericht die Bedeutung des neuen Höhenweges für die Nordkettenbahn:

Seit [der] Eröffnung dieses einzigartigen Höhenweges (August 1930) hat der einheimische Touristenverkehr zum Hafelekar, insbesondere an Sonn- und Feiertagen, ganz erheblich zugenommen. Prozessionsweise pilgern an herrlichen Sommer-Festtagen die Innsbrucker über diesen Weg […] nach der Pfeis, um über das Stempeljoch ins Halltal oder zum Hallerangerhaus, zum Bettelwurf u.s.w. zu gelangen. Würde dieser Weg, der als der schönste aller Alpenhöhenwege bezeichnet wird, fehlen, so wäre die Frequenz der Bahn durch Einheimische im Sommer und Herbst gleich Null.[27]

Thurners Kleinbahnprojekt

Wenige Wochen nach der offiziellen Eröffnung des Innsbrucker Höhenweges trat Thurner mit einer neuen Projektidee an die Öffentlichkeit. In einem ausführlichen Beitrag in den *Innsbrucker Nachrichten* stellte er die Errichtung einer Liliputbahn vom Hafelekar bis zur Arzler Scharte vor. Nach seiner Ansicht war diese Idee keineswegs utopisch, sondern sehr wohl realisierbar, zumal zumindest zwischen dem Gleirschjöchl

---

[24] StAI, Cod-1010, Eintrag unter dem 29.08.1930.
[25] StAI, Cod-1010, Eintrag unter dem 29.08.1930.
[26] Vgl. StAI, Cod-1010, Eintrag unter dem 29.08.1930.
[27] StAI, Archiv der Nordkettenbahn, Krt. 60, Briefe A–Z (1926–1935), Helmuth Thurner, Die Innsbrucker Nordkettenbahn, Typoskript o. J. [1934].

Abb. 2: Geplanter Streckenverlauf für die Kleinbahn. Quelle: StAI, ohne Sig.

und der Mandlscharte die Schienen direkt auf dem Höhenweg verlegt werden könnten. Konkret dachte er sich den Verlauf der Bahn wie folgt:

> Die Trasse ab Bergstation Hafelekar verläuft zunächst am Südabhang des Hafelekars auf der zur Zeit in Arbeit befindlichen Wegverlegung bis zum Müllerkarschartl, dem Felssattel, der das Hafelekar von den Müllerkarköpfen trennt, durchdringt die Müllerkarköpfeln mittels Tunnel und zieht sich bis zum Gleirschjöchl unterhalb des bestehenden Höhenweges dahin. Vom Gleirschjöchl bis in das Mühlkar ist die Trasse durch den neu ausgebauten Höhenweg bereits gegeben, die vorhandenen vielen Krümmungen werden ausgeglichen, die Mühlkarscharte wird zwischen den bestehenden Serpentinen hüben und drüben mittels eines etwa 70 Meter langen Tunnels unterfahren. Im Mandltal ist die Trasse bis zu dem der Mandlspitze gegen Westen vorgelagerten Felssporn ebenfalls durch den neuen Höhenweg gegeben. Der Felssporn wird tunneliert, worauf die Trasse noch ein kurzes Stück an der Schuttlehne der Roßzähne verläuft, sich jedoch bald mittels eines etwa 200 Meter langen Tunnels ostwärts direkt gegen die Arzlerscharte wendet, wo die vorläufige Endstation dieser nur drei Kilometer langen Liliputbergbahn gelegen ist.[28]

---

[28] Eine Liliputbahn längs des Nordkettengrates. Ein beachtenswertes Projekt von Ing. Helmuth Thurner, in: Innsbrucker Nachrichten, 24.09.1930, 3. Die Bezeichnung „Müllerkarköpfln" ist verwirrend und

Ob diese Idee realistisch oder doch phantastisch war, sei dahingestellt, zumal die Endstation bei der Arzler Scharte eben nur eine vorläufige war. Tatsächlich plante Thurner sogar, die Liliputbahn bis zum Lafatscherjoch weiterzuführen. Im Frühjahr 1932 erteilte ihm das zuständige Bundesministerium für Handel und Verkehr sogar die Bewilligung, die technischen Vorarbeiten für die Realisierung dieser Bahn zu beginnen.[29] Für den Bahnbetrieb sollten zwei Heißdampfloks vom Typ 2C1 (diese verkehrten im Wiener Prater) mit einer Leistung von 50 PS und sechs Waggons mit jeweils 16 Sitzplätzen gebaut werden. Diese Züge würden die Strecke vom Hafelekar bis zur Arzler Scharte in einer halben Stunde bewältigen.[30] Allerdings wurde dann doch nichts aus dem Projekt, zumal Thurner im Dezember 1934 aus bekannten Gründen seinen Posten bei der Nordkettenbahn räumen musste. Zudem ergab sich durch die Verordnung des Landeshauptmannes vom 17. Februar 1928, in der das Karwendelgebirge als Naturschutzgebiet erklärt wird, ein Ausschließungsgrund.

Wie aus dem Innsbrucker Höhenweg der Goetheweg wurde

Im deutschen Sprachraum war es Johann Wolfgang von Goethe (1749–1832), der mit seinen Schilderungen der *Italienischen Reise* (1786) eine beginnende Touristik einleitete. Goethe hielt sich während seiner ersten Reise nach Italien am 8. September 1786 nur einige Stunden lang in Innsbruck auf,[31] bei seinem zweiten Besuch jedoch vom 5. bis zum 7. Juni 1790[32] und übernachtete dabei im Gasthof Zum Goldenen Adler in der Innsbrucker Altstadt. Goethe drückte damals in Wort und Schrift seine Bewunderung für die Stadt Innsbruck mit ihren 9.000 Einwohnern aus. Er selbst war natürlich nie auf der Nordkette!

Das Jahr 1932 war das Jahr, in dem sich der Todestag Goethes zum 100. Mal jährte. Kein Geringerer als der in Innsbruck lebende Bankdirektor und Schriftsteller Karl Emmerich Hirt[33] (1866–1963) machte der Stadt Innsbruck den Vorschlag, den Innsbrucker Höhenweg anlässlich des Goethejahres nach dem großen Dichter zu benennen. Damit wurde wohl das weltweit höchstgelegene Goethedenkmal geschaffen.

Der *Tiroler Anzeiger* berichtete über die Feierlichkeiten zur Taufe des Goetheweges ausführlich. Die Reihe der Festgäste war beachtlich. Allen voran der Innsbrucker Bürgermeister Franz Fischer, Vizebürgermeister Dr. Walter Pembaur, der Lehrer

---

irreführend. Gemeint sind die untergeordneten Zacken nach dem ersten Schartl östlich der Hafelekarspitze, die selten genannt sind und als einziges schriftliches Zeugnis in der Alpenvereinskarte Karwendel, Mittl. Blatt, „Gleirschköpfln" genannt werden.

[29] Vgl. Technische Vorarbeiten für die Kleinbahn am Hafelekar, in: Innsbrucker Nachrichten, 17.03. 1932, 8 sowie Schriftstück der Tir. Lds.reg. Zl. Ia-1168/1 an das Bürgermeisteramt in Hötting v. 20.03.1932.

[30] Vgl. Kreutz, Straßenbahnen, Busse und Seilbahnen, 358.

[31] Vgl. Sepp Meißl, Als Goethe in Innsbruck war. Ein Beitrag zur Goethe-Landesfeier am 6. Mai, in: Tiroler Anzeiger, 04.05.1932, 7.

[32] Vgl. Tiroler Anzeiger, 04.05.1932, 7.

[33] Vgl. Der Goetheweg auf der Innsbrucker Nordkette, in: Tiroler Anzeiger, 07.07.1932, 5.

Abb. 3: *Die Festgäste, darunter Innsbrucks Bürgermeister Franz Fischer und der Initiator Karl Emmerich Hirt, stellen sich vor der Gedenktafel dem Fotografen. Quelle: StAI, Ph-23506.*

und Literat Prof. Dr. Franz Lederer, die Schriftsteller Franz Kranewitter, Sepp Heimfelsen (eigentlich Josef Kerausch) und Karl Emmerich Hirt. Wilde-Bande-Mitglied und Schulrat Wilhelm Berninger brachte eine Gruppe reichsdeutscher Kinder im Rahmen des Jugendaustausches „Alpenland – deutscher Strand" zur Feier mit. Als Besonderheit wurde eine Gedenktafel enthüllt, die von der Steingewerkschaft *Linser und Söhne* unentgeltlich anfertigt wurde und mit folgendem Text versehen ist:

Goetheweg [reell: Goethe Weg]
Erhabner Geist, Du gabst mir, gabst mir alles, worum ich bat, gabst mir die herrliche Natur zum Königreich, Kraft, sie zu fühlen, zu genießen. „Faust" 1932[34]

Eine kurze Mitteilung im *Tiroler Anzeiger* nahm der offiziellen Feierstunde das Lob und den Namen des Weges vorweg und erlaubt einen Seitenblick auf die damalige Wirtschaftslage:

Der Goetheweg am Nordkettengrat. Man schreibt uns: Die Absicht, die hoch über Gelärm und Kümmernis neben den steil niedergehenden Karstwänden des Hafelekars auf der Sonnenseite hinführende Felsenstraße den [sic] Namen Goethes zu weihen, hat überall Beifall gefunden. Diese ausgezeichnete Lösung, die des großen Namens des prometheischen Lichtbringers wahrhaftig würdig

---

[34] Vgl. Tiroler Anzeiger, 07.07.1932, 5.

ist, befriedigt umsomehr, als sie – was für unsere Notlage von Bedeutung ist – keinerlei nennenswerte Unkosten bringt. Um der Stadtkassa auch eine Nebenauslage abzunehmen, hat sich der Altchef der Firma Josef Linser mit anerkennenswertem Bürgersinn bereit erklärt, eine metergroße Marmortafel, welche die Inschrift „Goetheweg" tragen wird und in die Felswand eingelassen werden soll, als Stiftungsgabe beizustellen.[35]

An anderer Stelle wird berichtet, dass die Gedenktafel aus belgischem Granit angefertigt wurde.[36] Die Tafel wurde an der südöstlichen Außenmauer des Bergstationsgebäudes Hafelekar angebracht.

Im Jahr 1949 wurde der 200. Jahrtag der Geburt Goethes gefeiert. Aus diesem Anlass hatte die Firma Linser die inzwischen verblassten Buchstaben erneuern lassen.[37] Auf die Initiative des Landes Tirol und der Stadt Innsbruck wurde entlang dieses einzigartigen Höhenweges eine Fackelbeleuchtung veranstaltet.[38] Die Aussteckung von hundert Fackeln längs des fast zwei Kilometer langen Weges wurde von nur zwei Männern der Bergwacht geleistet. Weiters wurde an einer Bergflanke der Nordkette der Namenszug Goethes von kaum einem Dutzend Bergwachtleuten in einer Ausdehnung von je 140 zu 50 Metern mit hunderten Fackeln ausgesteckt. Erschwerend kam hinzu, dass während der Vorbereitungsarbeiten heftige Gewitterregen niedergingen.

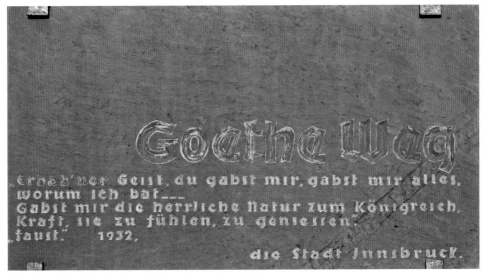

Abb. 4: Gedenktafel „Goetheweg". Foto: Günter Amor 2020.

---

[35] Der Goetheweg am Nordkettengrat, in: Tiroler Anzeiger, 29.02.1932, 9.
[36] Vgl. Der Goetheweg auf der Innsbrucker Nordkette, in: Tiroler Anzeiger, 07.07.1932, 5.
[37] Vgl. Der Goethe-Weg am Hafelekar, in: Tiroler Nachrichten, 16.04.1949, 7.
[38] Vgl. Goethe-Ehrung am Höhenweg, in: Tiroler Nachrichten, 29.08.1949, 4; Goethe-Ehrung auf den Bergen Innsbrucks, in: Tiroler Nachrichten, 30.08.1949, 2.

Der Goetheweg war den Innsbruckern und den Touristen aus aller Herren Länder ein vertrauter Anziehungspunkt. Er unterlag natürlich auch einem gewissen Verschleiß durch die Benützung und die Naturgewalten und wurde – und wird auch heute noch – periodisch durch den Alpenverein Innsbruck (ab 1869 als Section Innsbruck, nach 1913 Zweig Innsbruck genannt) instandgehalten. Ergänzend wird erinnert, dass die Pflege der Steige im alpinen Bereich der Nordkette überwiegend von ehrenamtlichen Mitgliedern aus den alpinen Vereinen durchgeführt wird. Für die Bearbeitung der tiefer gelegenen Steige ist der Innsbrucker Verschönerungsverein zuständig.

Vom Goetheweg zum Hermann-Buhl-Weg und retour

Im Jahr 1977 wurde in alpinen Kreisen des 20. Todestages des berühmten Innsbrucker Bergsteigers Hermann Buhl (1924–1957) gedacht und die Umbenennung des Goetheweges in Hermann-Buhl-Weg erwogen. Der *Tiroler Berglerbund Nordkette* (gegründet 1938) brachte beim Stadtmagistrat Innsbruck den entsprechenden Antrag ein. Im Juni 1977 fasste der Innsbrucker Gemeinderat den Beschluss, den Goetheweg umzubenennen, nachdem es in Innsbruck bereits eine Straße gibt, die nach Goethe benannt ist.[39] Nachfragen beim Berglerbund Nordkette und beim Alpenverein Inns-

Abb. 5: Karikatur „Hermann Buhl-Weg" aus dem Jahr 1977, Farbvergrößerung eines Aquarells von Ph. Nicolodelli. Quelle: StAI, Bi-197.

---

[39] Vgl. StAI, Niederschrift über die 6. öffentliche (allgemeine) Sitzung des Gemeinderates der Landeshauptstadt Innsbruck am 16. Juni 1977. Wie das Sitzungsprotokoll zeigt, war die Umbenennung unter den Gemeinderäten nicht unumstritten.

Abb. 6: Die letzte Aufnahme von Hermann Buhl vor der Abreise in den Karakorum. Quelle: StAI, Fotoarchiv Richard Müller.

bruck über genauere Vorgänge oder über eine besondere Feierlichkeit führten zu keinem Resultat.

Die Begeisterung über diese Umbenennung war bei der Innsbrucker Bevölkerung von Beginn an nicht besonders groß. Für Buhl wäre ein würdigeres, passenderes Denkmal wünschenswert gewesen. Der neue Name konnte sich nicht durchsetzen, landläufig wurde weiterhin vom Goetheweg gesprochen. Eine Zusatzbemerkung erscheint angebracht: Ein ähnliches Schicksal erlitt später der Bereich Nordkette während der krampfhaften Umbenennungsaktion in den ungeliebten Begriff „Nordpark", der glücklicherweise sang- und klanglos wieder unterging.

Nach der Jahrtausendwende kam wieder Be-WEG-ung in die Sache: Hermann-Buhl-Weg oder doch wieder Goetheweg? Der Wunsch, ganz offiziell und amtlich zum alten Namen zurückzukehren, lag seit dem Jahr 2002 nahe, es gab jedoch einige Hindernisse. Das waren nacheinander: 2003, das 50-Jahr-Jubiläum der Erstbesteigung des Nanga Parbat am 3. Juli 1953 durch Hermann Buhl; dann 2004, Buhl wäre 80 Jahre alt geworden; und schließlich 2007, der 50. Todestag von Hermann Buhl. Nein, in diesen Jahren durfte keine Rückbenennung erfolgen, das wäre einer Denkmalschändung gleichgekommen.

Die Eintragung im Buch *Innsbrucker Straßennamen*, wonach im Jahr 2002 die Rückbenennung des Goetheweges stattfand, ist nicht richtig.[40] Die Änderung wurde damals wohl in Erwägung gezogen, es blieb jedoch beim Wunsch. Endlich wurde am 27. November 2009 reiner Tisch gemacht. Der Weg erhielt nun wieder seinen ursprünglichen Namen und heißt seither neuerdings Goetheweg. In einer Art salomonischem Urteil und harmonischem Gerechtigkeitsdenken wurde Hermann Buhl in der Folge eine Ehrentafel in der Seilbahnstation auf der Seegrube gewidmet. Die Enthüllung erfolgte durch Bürgermeisterin Hilde Zach in Anwesenheit der Witwe von Hermann Buhl, „Generl" (Eugenie), und ihrer Töchter. Ehemalige Bergkameraden, darunter Kurt Diemberger, weiters Honoratioren der Stadt Innsbruck, des Alpenvereins und Vertreter des Tourismusverbandes nahmen an der Feier teil. Über diesen Festakt berichteten die Tagespresse, die Alpenvereinszeitschriften *Innsbruck alpin* und *Bergauf* sowie *Innsbruck informiert*.

---

[40] Josefine Justic, Innsbrucker Straßennamen. Woher sie kommen und was sie bedeuten, Innsbruck–Wien 2012, 208.

Die im Seilbahngebäude Seegrube befindliche Ehrentafel für Hermann Buhl enthält ein Foto von Hermann Buhl und folgenden Text in deutscher und englischer Sprache. Die Kosten für die Tafel teilten sich zu je einem Drittel die Innsbrucker Nordkettenbahn, der Tourismusverband Innsbruck und der Gesamtverein des Österreichischen Alpenvereins.[41]

Hermann Buhl
* 21. September 1924 in Innsbruck, † 27. Juni 1957 an der Chogolisa, Pakistan
Als erster Mensch bestieg er 1953 den Nanga Parbat und gehörte vier Jahre später zu den Erstbesteigern des Broad Peak. Er ist [war] damit neben Kurt Diemberger der einzige Bergsteiger der Welt, welcher 2 Achttausender erstbestiegen hat.
Buhl eröffnete und wiederholte eine Vielzahl von schweren Routen in den Alpen. Vor seinem Wirken im Karakorum ist Buhl durch herausragende Leistungen im Alpenraum in Erscheinung getreten, wie z. B. 1952 mit der ersten Alleinbegehung der Piz Badile Nordostwand oder 1953 mit der Alleinbegehung der Ostwand des Watzmann nachts und im Winter.
1953 wurde Hermann Buhl zum österreichischen Sportler des Jahres gewählt. In Fachkreisen gilt er aufgrund seiner Aufsehen erregenden Erstbegehungen in den Alpen und im Karakorum bis heute als einer der bedeutendsten Felskletterer und Höhenbergsteiger aller Zeiten. Buhl war Mitglied des Zweiges Innsbruck des Österreichischen Alpenvereins und der Alpinen Gesellschaft „Karwendler" [vorher von 1942–1948 ÖAV-Jungmannschaft und Alp. Ges. Gipfelstürmer, Anm. d. Verf.].
Da seine Art, Extremalpinismus zu betreiben, mit den nationalen Bergsteigeridealen früherer Jahrzehnte brach und er statt schwerfälliger Materialschlachten am Berg einen leichten Geschwindigkeitsalpinismus ohne künstlichen Sauerstoff vorzog, wird Buhl auch als Wegbereiter Reinhold Messners gesehen.

Erstbesteigung Nanga Parbat
Der bekannteste Gipfelsieg Buhls war die Erstbesteigung des Nanga Parbat (8125 m) im Alleingang am 3. Juli 1953 im Rahmen der Willy-Merkl-Gedächtnis-Expedition, die durch den Münchener Arzt Dr. Karl Herrlingkoffer geleitet wurde. Als Beleg seiner Besteigung ließ Hermann Buhl seinen Eispickel und die pakistanische Flagge am Gipfel zurück (die Tiroler Flagge war nur für ein Foto befestigt). Am Nanga Parbat verlor Buhl zwei Zehen aufgrund von Erfrierungen. 1999 wurde der Pickel von einer japanischen Expedition gefunden und der Witwe Hermann Buhls zurückgegeben.
Der Tiroler erbrachte damit eine bis dahin einmalige Leistung in der Bergsteigergeschichte. Er war der Erste, der einen Achttausender auf dem Schluss-

---

[41] Vgl. Protokoll der Vorstandssitzung des Zweig Innsbruck des Österreichischen Alpenvereins, 14.09.2009, TO 1e) Errichtung einer Gedenktafel für Hermann Buhl (Hafelekar), Kopie im Besitz des Verfassers.

stück allein und ohne künstlichen Sauerstoff bestieg. Buhl war am Nanga Parbat volle 41 Stunden allein unterwegs.

Erstbesteigung des Broad Peak
Vier Jahre später, am 9. Juni 1957 bestieg er zusammen mit Fritz Wintersteller, Kurt Diemberger und Marcus Schmuck als Erster den Broad Peak (8051 m) im Karakorum. Hermann Buhl ist damit neben Kurt Diemberger der einzige Bergsteiger, der zwei Achttausender erstbestieg.

Verschollen an der Chogolisa
Auf jener Expedition stürzte Hermann Buhl wenig später im Juni 1957 bei einem Besteigungsversuch der nahe dem Broad Peak befindlichen Chogolisa (7654 m) mit einer Wechte ab und ist seitdem verschollen.

Abb. 7: Straßenschild „Hermann-Buhl-Platz" auf der Hungerburg. Quelle: StAI.

Noch bei der Feierstunde am 27. November 2009 erschien die gegenständliche Gedenktafel als reichlich sparsam und zudem wurde bemängelt, dass sich die Tafel „zu weit oben", also zu weit weg vom täglichen Geschehen befindet. Unmittelbar nach der Veranstaltung wurde von den Anwesenden mündlich beschlossen, sich um eine markantere Würdigung zu bemühen, man dachte an eine offizielle Straßen- bzw. Platzbezeichnung. Ein Antrag wurde eingebracht und der Innsbrucker Stadtsenat beschloss zwei Jahre später, im Dezember 2011, dass der Platz vor der Bergstation der Hungerburgbahn als Hermann-Buhl-Platz benannt wird. Doch erst am 3. Juli 2013 um 19 Uhr – zur selben Stunde, in der 60 Jahre zuvor Hermann Buhl am Nanga Parbat gestanden war – wurde der Platz offiziell nach ihm benannt. Bei dieser Feierstunde waren neben den Persönlichkeiten aus Politik und Tourismus auch die Witwe Generl Buhl mit ihren Töchtern, die Extremkletterin Helma Schimke und Himalaya-Chronist Normann Dyrenfurth anwesend.

Seitdem steht eine Platzbezeichnungstafel in der derzeit generell üblichen städtischen Ausführung am Hermann-Buhl-Platz und darüber hinaus an der Mauer der Aussichtsterrasse eine Glasscheibe mit einem eingravierten Porträt des Hermann Buhl und einer Kurzbiografie mit folgendem Wortlaut:

Hermann Buhl
(Innsbruck 21.9.1924 – Karakorum 27.6.1957), Erstbesteiger des Nanga Parbat und Broad Peak.
Schon als Jugendlichen zieht es Buhl in die heimatlichen Berge. Bald folgen extreme Touren, zahlreiche Alleinbegehungen und Erstbesteigungen. Am 3. Juli 1953 steht Hermann Buhl als erster Mensch am Gipfel des Nanga Parbat (8.125 m).

Mit Vorträgen und einem Bestseller begeistert der gelernte Kaufmann und Bergführer die Öffentlichkeit. Trotz aller Erfolge bleibt Buhl bescheiden und wird so zum Idol einer ganzen Bergsteigergeneration. Kurz nach der Erstbesteigung des Broad Peak (8.051 m) stürzt der junge Familienvater in Pakistan ab.
Hermann Buhl, der konsequente Grenzgänger, gilt als Pionier des Alpinstils und einer der bedeutendsten Bergsteiger aller Zeiten.

Mittlerweile ist die Normalität wiederhergestellt und die Stadtgeschichte hat ihre Richtigstellung.

Der Goetheweg einst und heute

Die Innsbrucker Nordkettenbahn veröffentlichte im Jahr 1932 im *Tiroler Kunstverlag Chizzali* eine Broschüre im Format DIN A5 mit neun Bildern des Innsbrucker Fotografen Richard Müller. In diesem kleinen Heft gibt es zwei widersprüchliche Angaben und einen Schreibfehler. Einerseits ist auf der Titelseite und durchgehend auf jeder Bildseite die Bezeichnung: „Hafelekar-Pfeis" enthalten, andererseits wird im Untertitel des letzten Bildes der „Endpunkt des Weges" an der Mandlscharte genannt. Tatsächlich gibt es immer wieder Unsicherheiten, auch bei Landkarteneintragungen, ob nun der Goetheweg an der Mandlscharte oder bei der Pfeishütte endet. Ein Gedenkblatt vom 29. August 1930 zur Eröffnung des neuen Höhenweges nennt eindeutig die Strecke vom Hafelekar bis zur Pfeis. Dieses frühe Zeugnis darf wohl allgemein anerkannt werden. Ein Schreibfehler liegt in der gekoppelten Schreibung „Goethe-Weg" statt Goetheweg.

Der Autor beschritt den Weg im Herbst 2020 eigens, um aktuelle Fotos von denselben Standpunkten aus aufzunehmen, die 1932 der Fotograf Richard Müller gewählt hatte. Es ergeben sich dabei interessante Vergleiche.

Abb. 8. Vorsatz und zweite Seite der Broschüre „Der Goetheweg".

Die folgende Serie (Abb. 9 bis 17) stellt neun Aufnahmen des Innsbrucker Fotografen Richard Müller aus eben dieser Broschüre neun Aufnahmen von denselben Standpunkten, fotografiert von Günter bzw. Andreas Amor im Jahr 2020, gegenüber.

Abb. 9: Bergstation Hafelekar, 2.260 Meter.

Abb. 10: An der Ostflanke des Hafelekargipfels, 2.382 Meter, Karwendelblick.

Abb. 11: In den Müllerkarköpfeln [sic], 2.263 Meter, Rückblick auf den Hafelekargipfel. Der Goetheweg verläuft hier nordseitig.

Der Goetheweg

Abb. 12: Der Goetheweg schneidet nach Überquerung des Gleirschjöchels in den Gleirschspitz-Steilhang ein. Inntalblick.

Abb. 13: Im Mandltal, in der Urwelt des wildzerklüfteten Karwendels, 2.199 Meter.

Abb. 14: In der Urwelt des Karwendels, 2.200 Meter.

Abb. 15: Bequemer Serpentinenaufstieg, 2.198 Meter, zur Mandlscharte. An der Westflanke der Mandlspitze und Roßzähne.

Abb. 16: Endpunkt des Goetheweges, Mandlscharte, 2.277 Meter, Stempeljoch, Blick gegen Bettelwurf, rechts Rumerspitze.

Abb. 17: Bei der Pfeishütte, 1.950 Meter, von wo aus man die herrlichsten Karwendelwanderungen unternehmen kann.

Miszellen

Michael Hermann Ambros und das Innsbrucker Fragamt.

Eine Miszelle zur Geschichte des Suchens und Findens in Tirol

Anton Tantner

Das 18. Jahrhundert war für die Habsburgermonarchie auch das Zeitalter der sogenannten Frag- und Kundschaftsämter: Dabei handelte es sich um Adressbüros, die als Stätten der institutionalisierten Informationsvermittlung dienten und den Austausch von Gütern, Immobilien, Kapital und Arbeitsgelegenheiten befördern sollten; wer zum Beispiel ein Gut verkaufen wollte oder Arbeit als Dienstbote suchte, konnte in einem solchen Amt sein oder ihr Begehren gegen Bezahlung einer Einschreibgebühr in ein Protokoll eintragen lassen. Umgekehrt gaben die Bediensteten des Amts gegen Gebühr Auskunft aus diesem Protokoll; in der Regel wurden die Registereinträge auch in einem Anzeigenblatt publiziert, das als Kundschaftsblatt bezeichnet wurde.[1] In Wien war ein solches Fragamt nach französischem und englischem Vorbild bereits 1707 in zunächst engem Zusammenhang mit dem Versatzamt gegründet worden; Prag und Brünn folgten Mitte des 18. Jahrhunderts, Pressburg 1781, Lemberg 1782.[2]

---

[1] Allgemein zu den Adressbüros vgl. Astrid Blome, Vom Adressbüro zum Intelligenzblatt – Ein Beitrag zur Genese der Wissensgesellschaft, in: Jahrbuch für Kommunikationsgeschichte 8 (2006), 3–29; Anton Tantner, Adressbüros im Europa der Frühen Neuzeit, Habilitationsschrift an der Historisch-Kulturwissenschaftlichen Fakultät der Universität Wien 2011. http://phaidra.univie.ac.at/o:128115, gekürzt erschienen unter dem Titel: Die ersten Suchmaschinen. Adressbüros, Fragämter, Intelligenz-Comptoirs, Berlin 2015; zusammenfassend Anton Tantner, Zwischen „policie" und „strengster Verschwiegenheit". Europäische Adressbüros der Frühen Neuzeit im Spannungsfeld obrigkeitlicher und privater Interessen, in: Geschichte und Gesellschaft 42 (2016) 1 (Themenheft „Surveillance Studies", hg. von Christoph Conrad und Sven Reichardt), 34–59, DOI: 10.13109/gege.2016.42.1.34.

[2] Als Übersicht zu den habsburgischen Fragämtern vgl. Anton Tantner, Intelligence Offices in the Habsburg Monarchy, in: Joad Raymond/Noah Moxham (Hrsg.), News Networks in Early Modern Europe. Leiden–Boston 2016, 443–464, DOI: 10.1163/9789004277199_020. Detaillierter zu den einzelnen Fragämtern: Anton Tantner, Das Wiener Frag- und Kundschaftsamt. Informationsvermittlung im Wien der Frühen Neuzeit, in: Wiener Geschichtsblätter 66 (2011) 4, 313–342; Anton Tantner, Die Frag- und Kundschaftsämter in Prag und Brünn. Informationsvermittlung im frühneuzeitlichen Böhmen und Mähren, in: Folia Historica Bohemica 26 (2011) 2, 479–506; Anton Tantner, Das Press-

In Graz, wo bereits 1755 ein Versatzamt – ohne Fragamt – gegründet worden war,[3] suchte Kaspar Heindl Ende 1782 erfolgreich um ein Fragamt an[4] und verlegte ab dem folgenden Jahr ein Frag- und Kundschaftsblatt, das von den Widmannstetter'schen Erben gedruckt wurde; dieses annoncierte Gegenstände, die im Fragamt zu kaufen waren, vermittelte Wohnungen und Dienststellen und veröffentlichte gefundene und verlorene Gegenstände.[5] Zu den Waren, die hier erworben werden konnten, zählten in- und ausländische Zeitungen, Schematismen, Neujahrs-, Glückwunsch- und Visitenkarten sowie Gesellschaftsspiele.[6] Spätestens 1791 wurde dieses Fragamt geschlossen,[7] doch bereits wenige Jahre später, nämlich 1793 bis 1796, erschien wieder ein Kundschaftsblatt,[8] das von dem in dieser Miszelle interessierenden Journalisten und Bänkelliedichter Michael Hermann Ambros (1750–1809) herausgegeben wurde.[9] Ambros betrieb auch ein Frag- und Kundschaftsamt, das mit der 1795 errichteten Grazer Stadtpost, der *kleinen Post*, kooperiert zu haben scheint.[10] Er zählte laut Gustav Gugitz zum „Proletariat der Intelligenz" und war als Sprachlehrer, Zeitungsherausgeber und Buchdrucker tätig;[11] nach seinem Graz-Aufenthalt lebte er kurz in Wien, von wo aus er im Mai 1798 wegen „seine[r] an öffentlichen Oertern geäußerten höchst bedenklichen Reden" in sein Geburtsland Tirol abgeschoben wurde.[12]

In Innsbruck angekommen, suchte Ambros sogleich um die Gründung eines Intelligenzblattes an;[13] dergleichen hatten in Tirol in den vorangegangenen Jahrzehn-

---

burger Frag- und Kundschaftsamt des Anton Martin, 1781–1783, in: Hungarian Studies 25 (2011) 1, 127–142.

[3] Vgl. Albert Starzer, Das k. k. Versatzamt in Wien von 1707 bis 1900, Wien 1901, 8, Anm. 1; Elke Piskernik, Das Versatzamt in Klagenfurt (1756–1853), phil. Diss., Universität Innsbruck 1986, 167–181.

[4] Vgl. Steiermärkisches Landesarchiv, Altes Gubernium, Akt 1783-I-659.

[5] Vgl. Viktor Thiel, Zeitungswesen in Steiermark bis 1848, in: Das Joanneum. Beiträge zur Naturkunde, Geschichte, Kunst und Wirtschaft des Ostalpenraums, Bd. 2: Kunst und Volkstum, Graz 1940, 77–97, hier 90f.; Helmut W. Lang (Hrsg.), Österreichische Retrospektive Bibliographie (ORBI). Reihe 3: Österreichische Zeitschriften 1704–1945, Bd. 1, München 2006, 263, Nr. 3,1:393.

[6] Vgl. Andreas Golob, Grundlagen der Lesekultur zwischen Josephinischem Aufschwung und Franziszeischer Kontraktion. Literaturvermittlung, Buchhandel und Leihbibliotheken im Spiegel der Grazer Medienlandschaft zwischen 1787 und 1811, 2 Bände, phil. Diss., Universität Graz 2004, 40f., 52, 69, 502.

[7] Vgl. Golob, Grundlagen, 52.

[8] Die Titel lauteten: *Allgemeines innerösterreichisches Kundschaftsblatt*, März 1793–29.12.1794; *Innerösterreichisches Kundschaftsblatt*, 05.01.1795–27.06.1795; *Steyermärkisches Kundschaftsblatt*, 02.07.1795–27.06.1796. ORBI, Reihe 3, Bd. 1, 84, Nr. 3,1:52; 348, Nr. 3,1:553; Bd. 2, 296, Nr. 3,2:1307.

[9] Vgl. Gustav Gugitz, Lieder der Straße. Die Bänkelsänger im josephinischen Wien, Wien 1954; Heinrich K. Caspart, Michael Hermann Ambros. Ein österreichischer Journalist zwischen Aufklärung und Reaktion. Ein Beitrag zur österreichischen Mediengeschichte, 2 Bände (Dissertationen der Universität Wien 221), Wien 1991.

[10] Vgl. Heinrich Himmel-Agisburg, Grätzer Klapperpost 1796–1847. Zur Geschichte der k. k. privilegierten kleinen Post in Grätz (Historisches Jahrbuch der Stadt Graz, Sonderband 3), Graz 1970, 37 (Faksimile).

[11] Vgl. Gugitz, Lieder, 66.

[12] Tiroler Landesarchiv (TLA), Jüngeres Gubernium (JG), Fasz. 3504, 1799 Präsidiale Politica, Nr. 99, Nota Polizeihofstelle an Tiroler Polizeidirektion, 24.05.1798.

[13] Vgl. TLA, JG, Fasz. 187, 1797, Nr. 13142 (= Sachgruppe 43, 1797, Nr. 116), Aktenvermerk, 25.07.1798.

ten jeweils nur eine kurze Lebensdauer gehabt: So ist in Innsbruck die Existenz eines Intelligenzblatts in den Jahren 1767 bis 1769 belegt; es hieß zunächst *Intelligenzblatt der gefürsteten Grafschaft Tirol* und ab 1768 *Tirolisches Intelligenzblatt*.[14] In einer seiner ersten Ausgaben wurde eine Anzeige veröffentlicht, die Geldverleihgeschäfte betraf und gemäß der „sich hierumen in dem Intelligenzcomtoir anzumelden" war.[15] Dies blieb allerdings die einzige Erwähnung eines Intelligenzcomptoirs und auch die 1769 in der Trattner'schen Hofbuchdruckerei erschienenen *Tyrolischen Monatblätter*, die ebenfalls Intelligenzblattinhalte wie Verkaufs- und Stellenanzeigen veröffentlichten, erwähnten kein eigenes Adressbüro; als Stelle für nähere, die Anzeigen betreffende Auskünfte wurde nur der Verleger genannt, z. B. in der Form: „Ein Fabrikant ist willens, Gelder zur Verbesserung seines Fabrikstandes unter sicherer Hypothek aufzunehmen. Wer Lust hat, kann sich beym Verleger melden."[16] Als mit September 1795 ein kurzlebiges Versatzamt eröffnet wurde, stand dies ohne Beziehung zu einem Adressbüro.[17]

Konkurrenz gab es für Ambros demnach kaum, und auch, dass drei Jahre vor seinem Ansuchen dem Polizeikommissar Joachim von König ein Intelligenzblatt bewilligt worden war, sollte nicht weiter hinderlich sein, denn dieses war nicht zur Ausführung gekommen.[18] Die Polizeibehörden hatten Ambros allerdings als „zweydeutigen Menschen" in Evidenz und verlangten Beweise für sein Wohlverhalten;[19] Ambros lieferte diese[20] und die Tiroler Behörden befürworteten schließlich sein Ansinnen, da das angetragene Intelligenzblatt „in vieler Hinsicht erwünschlich wäre" und der Antragsteller zu dessen Herausgabe für fähig erachtet wurde.[21] Die Wiener Zentrale jedoch lehnte ab, und somit wurde Ambros Anfang Oktober 1798 davon informiert, dass sein Ansuchen abschlägig beschieden worden sei.[22] Ambros bat daraufhin darum, dass ihm, wenn ihm schon „die Ausgabe eines politischen Blattes unter dem Titel Intelligenzblatt versagt" würde, „wenigstens die Verfassung eines öffentlichen sogenandten Kundschaftsblattes"

---

[14] Intelligenzblatt der gefürsteten Grafschaft Tirol; Tirolisches Intelligenzblatt 1767–1769. Bibliothek des Tiroler Landesmuseums Ferdinandeum, Signatur Dip. 448 (vorhanden: 1767, Nr. 1–12; 1768/69: Nr.1–12; vgl. ORBI, Reihe 3, Bd. 1, 329, 350 (= Nr. 3,1:559, 3,2:1381).

[15] Intelligenzblatt der gefürsteten Grafschaft Tirol 1767, Nr. 4.

[16] Tyrolische Monatblätter 1769. Bibliothek des Tiroler Landesmuseums Ferdinandeum, Signatur Dip. 450/1 (vorhanden: 1769, Nr. 1–6).

[17] Vgl. Bibliothek des Tiroler Landesmuseums Ferdinandeum, Signatur Dip. 1215, III Sammlung Tirolischer Polizeygesetze, Nr. 108, Versatzamts-Plan, 28.07.1795.

[18] Vgl. TLA, JG, Fasz. 186, 1795, Nr. 14719 (= Sachgruppe 43, 1795, Nr. 97), Aktenvermerk 25.08.1795; Tiroler Gubernium an König, 25.08.1795.

[19] Vgl. TLA, JG, Fasz. 187, 1797, Nr. 13142 (= Sachgruppe 43, 1797, Nr. 116), Aktenvermerk, 25.07.1798.

[20] Vgl. TLA, JG, Fasz. 187, 1797, Nr. 13142 (= Sachgruppe 43, 1797, Nr. 116), Aktenvermerk, 14.08.1798.

[21] Vgl. TLA, JG, Fasz. 187, 1797, Nr. 13142 (= Sachgruppe 43, 1797, Nr. 116), Tiroler Gubernium an Hofkanzlei, 14.08.1798.

[22] Vgl. TLA, JG, Fasz. 187, 1797, Nr. 13142 (= Sachgruppe 43, 1797, Nr. 116), Kopie des Hofdekrets an Tiroler Landesgouverneur, 16.09.1798; Aktenvermerk, 06.10.1798; Tiroler Gubernium an Ambros, 06.10.1798; TLA, JG, Fasz. 3489 Präsidiale Publ. Polit. 1798, Nr. 695, Hofdekret an Tiroler Landesgouverneur, 16.09.1798.

Abb. 1: Titelkopf der Nachricht, mit der die Eröffnung des Innsbrucker Fragamts 1798 angekündigt wurde. Quelle: Bibliothek des TLMF, W-8232.

erlaubt werde.[23] Ein solches Kundschaftsblatt wurde offensichtlich wegen seiner inhaltlichen Beschränkung auf Anzeigen und obrigkeitliche Verlautbarungen als politisch unverfänglicher eingestuft, allein, auch damit hatte Ambros keinen Erfolg und seine Bitte wurde abgelehnt.[24] Als letzten Ausweg suchte Ambros nun darum an, dass ihm, „wenn nicht das schon angesuchte Kundschaftsblatt, wenigstens doch ein so genanntes Fragamt mit den nöthigen wöchentlichen Anzeigen in Druck zu legen zu lassen bewilliget werd[e]."[25] Diesmal klappte es und das Tiroler Gubernium gestattete, „dieses Kundschaftsblatt mit den wochentlichen Anzeigen |: unter dem Titel Fragamt :|" zu drucken.[26]

Schnell ging Ambros nun an die Gründung des Fragamts und noch im Jahr 1798 veröffentlichte er eine *Nachricht an das vaterländische Publicum, das neue Innsbrucker Fragamt und seine wöchentlichen Anzeigen betreffend*.[27] Das Fragamt wurde darin „als ein unter höherer Aufsicht stehender, allgemeiner, bequemer und unkostspieliger Mittheilungs-Mittelpunct wechselseitiger Verkehrsbedürfnisse und Anliegenheiten von Obrigkeiten und Privat-Partheyen" bezeichnet. Mit dem Fragamt verbunden sollte ein „geordnetes Anzeigeblatt" sein, das nicht nur Annoncen aus Innsbruck und Tirol, sondern eventuell auch aus anderen österreichischen Kundschaftsblättern veröffentlichen sollte, da dies „für speculirende und unternehmende Köpfe" aus Tirol von Interesse sein könnte. Vielfältig wären die Vorteile eines solchen Blattes, denn bislang hätte der Mangel an derartigen Blättern bewirkt, dass von den Behörden einberufene Erben oder Gläubiger „zu spät oder gar nicht" davon Kenntnis erlangt hätten; „die Bedürfnisse verschiedener Stände und Menschen" könnten nicht nur lokal befriedigt werden, wer danach trachte, Geld auszuleihen, einen Dienst anzutreten, Waren zu kaufen oder eine

---

[23] TLA, JG, Fasz. 187, 1797, Nr. 13142 (= Sachgruppe 43, 1797, Nr. 116), Aktenvermerk, 10.10.1798.
[24] Vgl. TLA, JG, Fasz. 187, 1797, Nr. 13142 (= Sachgruppe 43, 1797, Nr. 116), Tiroler Gubernium am Ambros, 10.10.1798.
[25] TLA, JG, Fasz. 187, 1797, Nr. 13142 (= Sachgruppe 43, 1797, Nr. 116), Aktenvermerk, 10.11.1798.
[26] TLA, JG, Fasz. 187, 1797, Nr. 13142 (= Sachgruppe 43, 1797, Nr. 116), Tiroler Gubernium an Polizeidirektion, 10.11.1798.
[27] Nachricht an das vaterländische Publicum, das neue Innsbrucker Fragamt und seine wöchentlichen Anzeigen betreffend, [1798]. Bibliothek des Tiroler Landesmuseums Ferdinandeum, Signatur W 8232. Dank an Oswald Überegger für die Besorgung der Kopien.

Immobilie zu mieten, brauche „Gelegenheit und Auswahl: Jedes ehrbare menschliche Bedürfniß, jede Anliegenheit, kann mit Vortheil ein Gegenstand öffentlicher Bekanntmachung seyn;" Ambros führte als Beispiel auch die Ankündigung von Lehrveranstaltungen an. Insbesondere für „thätige, fleißige und speculirende Köpfe" seien Kundschaftsblätter „eine unversiegbare Quelle von Vortheilen", die nicht nur passiv, sondern auch aktiv genützt würden, indem

> denkende Männer von sich aus durch öffentliche Anfragen [...] die reichlichsten Erwerbsquellen für sich und für andere [eröffnen] würden. Kurz: Ein wohlgeordnetes wöchentliches Anzeigeblatt setzt alle Bewohner eines Landes [...] in eine fortwährende nutzbare Verbindung; es belebt und erhöht jeden Zweig der Industrie und Cultur eines Landes.[28]

Was die Preisgestaltung für Annoncen anbelangte, so verlangte Ambros für die dreimalige Veröffentlichung von obrigkeitlichen Verlautbarungen einen Gulden 30 Kreuzer; im Falle von Privatanzeigen ging Ambros im Vergleich zu anderen Kundschaftsblättern neue Wege, indem er den für eine Anzeige zu zahlenden Betrag nach deren Länge festsetzte, nämlich nach der Zahl der Wörter: Bei der erstmaligen Einschaltung würde jedes Wort zwei Pfennige, bei der wiederholten Einschaltung einen Pfennig kosten; kurze Nachrichten könnten somit um eine Summe von acht bis 15 Kreuzern bekannt gemacht werden. Der Preis für das Blatt betrug 36 Kreuzer im Quartal; bei dessen Bewerbung bediente sich Ambros auch ungewöhnlicher Methoden, indem er Abonnenten zu Ende des ersten Quartals eine Postkarte Tirols als Prämie versprach und ankündigte, unter den Inserenten ein silbernes Besteck zu verlosen.[29]

Das Anzeigenblatt erschien erstmals am 7. Jänner 1799 und trug den Titel *Innsbrucker Wöchentliche Anzeigen*. Schnell machte Ambros daraus eine regelrechte Zeitung, die nicht nur öffentliche Verlautbarungen und Privatannoncen abdruckte, sondern mit einem redaktionellen Teil ausgestattet war und der bis dahin einzigen Zeitung in Innsbruck, der *Tyroler Zeitung*, Konkurrenz machte. Mit Anfang 1801 sollte Ambros Letztere übernehmen und einstellen, den Titel seines Blatts änderte er daraufhin in *Innsbrucker Wochenblatt*; eine nochmalige Titeländerung erfolgte 1807, als Ambros die Erscheinungsfrequenz auf zweimal wöchentlich umstellte und das Blatt fortan *Innsbrucker Zeitung* nannte.[30] Auch bei der Einwerbung von Artikeln bediente sich Ambros origineller Methoden, indem er Akademiker dazu aufforderte, interessante Provinzialnachrichten einzuschicken; die bravsten darunter würden von ihm, wenn sie sich in Innsbruck aufhielten, „auf köstliche Dampfnudel eingeladen."[31]

---

[28] Nachricht an das vaterländische Publicum [1798].
[29] Vgl. Nachricht an das vaterländische Publicum [1798].
[30] Vgl. Caspart, Ambros, Bd. 2, 404f., 424–426; Innsbrucker Wöchentliche Anzeigen (IWA) 1799–1800; Innsbrucker Wochenblatt (IWB) 1801–1806; Innsbrucker Zeitung (IZ) 1807–1814. Bibliothek des Tiroler Landesmuseums Ferdinandeum, Signatur W 8232-8238, Universitätsbibliothek Innsbruck, Signatur 30.400.
[31] IWB Nr. 38, 22.09.1806.

Abb. 2: 1799 befand sich Ambros' Fragamt im Sterzingerschen Haus in der Neustadt, heute Ecke Maria-Theresien-Straße/Anichstraße. Quelle: StAI, Bi-K-23.

Im Laufe seines Bestehens wechselte das Innsbrucker Fragamt mehrmals seinen Standort und scheint zumeist mit einem von Ambros geführten Kaffeehaus verbunden gewesen zu sein. Zunächst in der Neustadt, im Sterzingerschen Haus Nummer 200 im ersten Stock (heute Maria-Theresien-Straße 30/Ecke Anichstraße 1) untergebracht – „Offen dermal von 9 bis 12, von 2 bis 4 Uhr"[32] –, übersiedelte es im Oktober 1799 ins von-Greifenfelsische Haus (Angerzellgasse 4) und im Juli 1800 in das Feldererische Haus in der Hofgasse;[33] ebenfalls in der Hofgasse befand sich Ambros' Kaffeehaus, das zumindest so reputierlich war, dass dort auch der Innsbrucker Polizeidirektor Moritz von Brahm verkehrte,[34] und für das er im Mai 1799 eine Lizenz zur Aufstellung eines Billards erlangt hatte.[35] Ab Mai 1805 war das Fragamt im ersten Stock des Hölbling-

---

[32] Vgl. Caspart, Ambros, Bd. 2, 402f.; Nachricht an das vaterländische Publicum [1798].
[33] Vgl. Caspart, Ambros, Bd. 2, 417, 424.
[34] Vgl. TLA, JG, Fasz. 3534, 1801, Präsidiale Politica, Nr. 4, Einvernahme von Ambros, 04.01.1801.
[35] Vgl. TLA, JG, Fasz. 3504, 1799, Präsidiale Politica, Nr. 112, Polizeihofstelle an Tiroler Gouverneur Graf von Bissingen, 04.05.1799; vgl. zu diesem Vorgang auch: TLA, JG, Gubernialprotokoll, PR 88 (= 1798/III), S. 1150/3, Nr. 22185, Eingang 07.12.1798; PR 90 (= 1799/I), S. 151/2, Nr. 2762, Eingang 13.02.1799; S. 218/3, Nr. 4049, Eingang 07.03.1799; S. 333/2, Nr. 6266, Eingang 22.04.1799; PR 91 (= 1799/II), S. 377/2, Nr. 7156, Eingang 10.05.1799; S. 467/1, Nr. 8929, Eingang 16.06.1799; JG, Fasz. 3504, 1799, Präsidiale Politica, Nr. 98, Ansuchen Ambros' an Landesgubernium, 19.04.1799; Tiroler Gubernium an Pergen, 22.04.1799; Nr. 99, Polizeipräsidium an Landespräsidium, 20.04.1799; Nr. 131, Polizeihofstelle an Tiroler Gouverneur Graf von Bissingen, 12.06.1799; Nr. 148, Ansuchen Ambros' um einen Pass, 26.07.1799.

schen Hauses am Stadtplatz untergebracht; in ebendiesem Haus befand sich auch wieder das Café von Ambros und in dessen Erdgeschoß war ein Laden situiert, in dem die Wochenblätter abgeholt und „alle Gattungen von Bekanntmachungen abgegeben werden" konnten.[36]

Das Fragamt diente auch als Verkaufsstelle für Waren aller Art, so zum Beispiel für „[n]eumodische Geldbeutel von Leder und Pergament", für „eine gar schöne messingne Kaffee-Maschine auf 8 Schalen, worin der Kaffee eine Stunde warm erhalten werden kann", (sie war um 8 Gulden zu haben) oder für „[z]wey hohe runde ökonomische Leuchter von geschlagenem Messing, worin die Kerze um ein Drittheil länger brennt, und die auch ohne Gefahr als Studierleuchter neben dem Bette gebraucht werden könne, das Stück für 2 fl. 30 kr." Auch eine „schöne Tabackpfeife von gemalltem Wiener Porzellän" wurde um drei Gulden 30 Kreuzer angeboten, wie auch eine etwas kleinere um zwei Gulden 30 Kreuzer. „Diese taugen besonders auch für Frauenzimmer, welche wegen Zahnschmerzen rauchen;"[37] weiters wurden ab 1804 Hardtmuth-Bleistifte verkauft.[38] Überhaupt stand es jedermann „[g]egen eine mäßige Provision […] frey, erlaubte Sachen aller Art zum Verschleiße an das Fragamt in Kommission zu geben."[39] Auch andere Zeitungen und Kundschaftsblätter, wie das *Augsburger Intelligenzblatt*, die *Brünner Zeitung* oder die *Prager Zeitung*, konnten posttäglich im Fragamt abgeholt werden.[40]

Die in der Zeitung zu veröffentlichenden Annoncen konnten auch mittels Dienstboten eingebracht werden, wobei Ambros anbot, kostenlos nicht gut formulierte Anzeigen zu redigieren.[41] Der Zeitungsherausgeber scheint für das Fragamt kein eigenes Protokoll über diese Anzeigen geführt zu haben, zumindest betonte er in Bezug auf die Wohnungsvermittlung, dass das „Fragamt […] nur das [wissen würde], was zum Einschalten im Wochenblatte eingeschickt [würde]."[42] Als Alternative zur Wohnungsvermittlung per Zeitung wurde übrigens auch ein traditionelles, menschliches Medium eingesetzt, nämlich der Austräger der Theaterzettel, der manchen Abonnenten die Zeitung ins Haus lieferte.[43] Dieser „Komödien-Zedelträger" – 1806 hieß er Joseph Keßler und wohnte „in der Kupferschmiedgasse beim Büchsenmacher Schlögl im dritten Stock hintenaus" – scheint sich bei seiner Liefertätigkeit ein Wissen über leerstehende Wohnungen angeeignet zu haben und rief außerdem die Hausherren in der Zeitung dazu auf, ihm zu vermietende Quartiere bekannt zu geben.[44] Schließlich machte er bekannt, „daß sich diejenigen, welche schnell eines Quartiers, oder für ein leeres Quartier eines Einwohners bedürfen, meist mit gutem Erfolge an ihn wenden können."[45]

---

[36] IWB, Nr. 18, 06.05.1806 (Zitat); vgl. Caspart, Ambros, Bd. 2, 439.
[37] Caspart, Ambros, Bd. 2, 402.
[38] Vgl. IWB, Nr. 15, 09.04.1804.
[39] Caspart, Ambros, Bd. 2, 403.
[40] Vgl. Caspart, Ambros, Bd. 2, 407.
[41] Vgl. IWA, Nr. 25, 24.06.1799, Beilage.
[42] IWB, Nr. 27, 02.07.1804.
[43] Vgl. IWA, Nr. 23, 10.06.1799.
[44] Vgl. IWB, Nr. 6, 10.02.1806.
[45] IWB, Nr. 18, 06.05.1806.

Abb. 3: Ab 1805 war das Fragamt im Sebastin-Hölblingschen Haus (Helblinghaus) am Stadtplatz situiert. Quelle: StAI, Ph-7825.

Dieses Zusammenspiel mit traditionellen Mittlern wird auch in der Annonce eines in Wien wohnenden pensionierten Kreisbeamten namens Georg Bader deutlich, der dem „Amte als ein rechtschaffener Mann bekannt" war und sich dazu anbot, für die Leserschaft in Wien zu verrichtende Geschäfte zu erledigen, die er „eben so pünktlich als geschwind zur vollen Zufriedenheit seiner Herren Committenten berichtigen" würde. Wer auch immer wollte, konnte Bader sein Anliegen per Brief nach Wien mitteilen; alternativ dazu bot das Innsbrucker Fragamt an, selbst solche Aufträge entgegenzunehmen.[46]

Arbeitsvermittlung scheint durch das Fragamt nur selten betrieben worden zu sein; einmal verwies Ambros auf einen „vater- und hülflose[n] Knabe[n]" aus Vischgau", der im Fragamt „zu sehen" sei und für den er eine Lehrstelle suchte.[47]

1806, nach der Angliederung Tirols an Bayern, nannte sich Ambros' Adressbüro nunmehr Königlich baierisches Fragamt, Ende 1808 benannte er es in Zeitungskomptoir um und übersiedelte noch einmal, in die Neustadt Nummer 130 in das Handschuhmacher-Sturmische Haus (Maria-Theresien-Straße); knapp vor Ambros' Tod wurde das Büro nochmals umbenannt: Ab Jänner 1809 hieß es königl. baierische Zeitungs-Expedition.[48] Ambros starb im Juli 1809; danach wurde die *Innsbrucker Zeitung* von der Wagner'schen Buchdruckerei übernommen und ab 1813 unter dem Titel *Der Bote von Tyrol* weitergeführt. Hatte der Herausgeber 1801 noch als vermögend gegolten,[49] so war sein Erbe bei seinem Tod stark geschrumpft; in einem Brief des Druckers Casimir Schumacher heißt es: „Bei Michael Ambros fand sich in seiner Verlassenschaft gar nichts vor, als ein Bett, und einige wenige hölzerne Geräthschaften, wohin seine übrige Sachen gekommen sind, weiss ich nicht."[50]

---

[46] IWA, Nr. 12, 23.03.1801.
[47] Caspart, Ambros, Bd. 2, 437.
[48] Vgl. Caspart, Ambros, Bd. 2, 440, 449, 453.
[49] Vgl. TLA, JG, Fasz. 3534, 1801, Präsidiale Politica, Nr. 4, Einvernahme von Ambros, 04.01.1801.
[50] Brief Drucker Casimir Schumachers an Franz Carl Zoller, Innsbruck 07.05.1811, in: Briefe historischen, artistischen und freundschaftlichen Inhalts geschrieben an Franz Carl Zoller. Gesammelt 1831. Bibliothek des Tiroler Landesmuseums Ferdinandeum, Signatur FB 2037, N° 186.

Im Falle des Innsbrucker Fragamts zeigt sich besonders deutlich, wie ein Adressbüro über den Zwischenschritt eines mit einem Anzeigenblatt verbundenen Anzeigenamts zu einer richtigen Zeitungsredaktion umgewandelt wurde,[51] ein Vorgang ähnlich wie in Brünn, wo aus dem Intelligenzblatt des dortigen Fragamts die *Brünner Zeitung* hervorging, die bis zu ihrem Ende 1921 das wichtigste deutschsprachige Tagblatt Mährens war.[52] Ambros war von vornherein mehr Journalist und Zeitungsherausgeber als Fragamtsdirektor und hatte die Gründung des Fragamts vorwiegend deshalb eingeleitet, um seine eigentliche Absicht – die Produktion einer Zeitung – auch gegen den Widerstand der Wiener Zentralbehörden betreiben zu können; zwar wurden an der Stätte des Fragamts noch Verkaufstätigkeiten abgewickelt, die vor Ort betriebenen Vermittlungsakte waren jedoch eindeutig untergeordnet: Das gedruckte Medium war endgültig wichtiger geworden als der Ort seiner Produktion.

[51] Vgl. auch Fritz Olbert, Tiroler Zeitungsgeschichte. Bd. I: Das Zeitungswesen in Nordtirol von den Anfängen bis 1814 (Tiroler Studien 16), Innsbruck 1937, 70.
[52] Vgl. Tantner, Frag- und Kundschaftsämter in Prag und Brünn.

„G'waltwolferl" – der Fall des Wolfgang Fischbacher

Lukas Morscher

Wenige andere historische Kriminalfälle haben sich im Bewusstsein der Bevölkerung dermaßen verankert wie die Taten des Wolfgang Fischbacher, genannt „G'waltwolferl".[1] Noch Jahrzehnte nach seiner Hinrichtung am 11. Dezember 1861 geisterte die Figur durch die Zeitungen in Tirol, ja sogar in der Tiroler Volkssage hat sich der Fall seit langer Zeit etabliert.

Das Vorleben des Wolfgang Fischbacher

Der am 2. April 1823 in Kössen im Unterinntal geborene Wolfgang Fischbacher war gelernter Müller. Angeblich verstand er sich auch auf das Reparieren von Uhren und war des Lesens mächtig, da berichtet wurde, dass er gerne Rittergeschichten las.[2] Nach dem frühen Tod des Vaters kam er als Kind von der offenbar mit der Erziehung überforderten Mutter zu Pflegeeltern, deren Versuche, ihn zu einem rechtschaffenen Menschen zu erziehen, sich bald als erfolglos herausstellten. Seine Mutter bat bereits Anfang der 1840er-Jahre, ihren Sohn in ein Arbeitshaus einzuweisen.[3] Der Volksmund hingegen unterstellt der Mutter, dass sie ihren Sohn zum Stehlen angeleitet und ihn dabei unterstützt habe.[4]

Schon früh wechselten sich Phasen des Arrestes mit denen des Vagabundierens ab. In einer gedruckten Darstellung mit dem Titel *Aktenmäßige Darstellung der von Wolfgang F. verübten Verbrechen des Mordes und der Schändung*[5] heißt es: „Damals wurde in dem kaum elfjährigen Knaben durch böses Beispiel einiger gewissenloser Mitarrestanten der erste Keim zu jener groben Unsittlichkeit gelegt."[6] Was darunter zu verstehen ist, kann dem Text nicht eindeutig entnommen werden, es könnte aber ein Hinweis auf

---

[1] Wie es zu diesem seltsamen Vulgonamen gekommen ist, ist nicht klar. Jedenfalls war Fischbacher bereits vor seiner Verhaftung unter dieser Bezeichnung bekannt.
[2] Vgl. Bothe für Tirol und Vorarlberg, 23.08.1861, 824.
[3] Vgl. Pustertaler Bote, 30.08.1861, 139.
[4] Vgl. Rudolf Sinwel: Der G'waltwolferl in der Volkssage. Ein Beispiel moderner Sagenbildung, in: Tiroler Heimatblätter 9 (1931), 295.
[5] Aktenmäßige Darstellung der von Wolfgang F. verübten Verbrechen des Mordes und der Schändung, Innsbruck 1861. Original im Stadtarchiv Innsbruck (StAI), Signatur VO-1854.
[6] Aktenmäßige Darstellung, 1.

sexuelle Gewalt sein. Vorgefallen dürfte dies in Kitzbühel sein, denn es gibt mehrfach den Hinweis auf diesen Ort als Haftort des Kindes.[7]

Es folgten Brandstiftung und Tierquälerei. Einmal zündete Fischbacher aus Zorn einen Wald seines Dienstherrn an, ein anderes Mal verletzte er eine Kalbin mit einem Metallgegenstand so sehr, dass diese verendete.[8] Für dieses Verbrechen wurde er zu einer mehrjährigen Kerkerstrafe verurteilt. Er soll Rindern und Schafen auch Nägel in den Leib getrieben haben und ihnen die Haut vom lebendigen Leib teilweise abgezogen haben.[9] Die Kombination von solchen Delikten im jugendlichen Alter steht oft am Anfang einer kriminellen „Karriere".[10] Die nächsten Lebensjahre dürften die unstete Lebensweise und damit die soziale Ausgrenzung weiter verstärkt haben. In den zeitgenössischen Quellen wird von Wolfgang Fischbacher als von einem arbeitsscheuen Bettler gesprochen, der in einsamen Heustadeln und Höhlen hauste und sich mit kleinen Eigentumsdelikten am Leben hielt. Die Flugschrift *Aktenmäßige Darstellung* bemerkte dazu, „er lebte beinahe unausgesetzt vom Almosen, wilden Beeren und Nüssen und übernachtete sehr oft in einsamen Scheunen."[11]

Zur Mitte des 19. Jahrhunderts gab es in Tirol zahlreiche umherziehende Bettler, aber auch Beschäftigungslose und unversorgte Kriegsveteranen. Grund dafür war unter anderem, dass es damals noch keine gesetzlich geregelte Armenfürsorge gegeben hat. Das schwach ausgeprägte öffentliche Sicherheitswesen auf dem Land sorgte zusätzlich dafür, dass viele Bauern aus Angst vor Rache nicht wagten, bei Problemen eine Anzeige zu erstatten.

> Jedem Reisenden durch Unterinnthal, namentlich wenn er die Alpengegenden durchwandert, fällt die Menge von Bettlern auf, welche Berg und Thal durchziehen und auf den abgelegensten Orten und Alpengegenden herumstreifen. Das Ziel dieser Wanderbettler sind insbesonders die einsamen Bauernhöfe und die Alpenhütten, wo sie Almosen und Herberge suchen.[12]

Die äußere Erscheinung Wolfgang Fischbachers wird bei Rudolf Sinwel beschrieben, wobei dessen Haltung gegenüber den Überlieferern ebenso hinterfragenswürdig ist wie die genaue Beschreibung in den zeitgenössischen Berichten. Zu sehr stellt er die Auskunftspersonen als naive Landleute dar. 1931, also 70 Jahre nach der Hinrichtung, waren die wenigen noch verfügbaren Augenzeugen schon sehr alt und womöglich unzuverlässig. Dennoch wird der Täter so beschrieben, dass „seine auffallend kleinen und geschonten, auf Arbeitsscheu hindeutenden Hände" bemerkenswert waren.

---

[7] Vgl. z. B. Bozner Zeitung, 29.08.1861, 3; Politisches und Nichtpolitisches aus der Tagesgeschichte, in: Volks- und Schützen-Zeitung, 23.08.1861, 655.
[8] Ob aus dem ausdrücklichen Hinweis in den zeitgenössischen Quellen, dass es sich um eine Kalbin gehandelt hat, auf eine sexuelle Komponente der Tierquälerei geschlossen werden kann, ist reine Spekulation.
[9] Vgl. Simon Marian Prem, Über Berg und Thal. Schildereien aus Nordtirol, München 1899, 100.
[10] Vgl. beispielsweise Gabriele Stache, Häufigkeit von Tierquälerei und Komorbidität mit Verhaltensauffälligkeiten bei Heranwachsenden, med. Diss., Universität Regensburg 2013.
[11] Aktenmäßige Darstellung, 2.

Leute, die ihn noch gekannt haben, schildern ihn als von mittlerer Größe (nur vereinzelt wird er als groß bezeichnet), mit einem großen, wüsten Vollbart, schnellen Blickes, verlegen in seinen Worten und im Ganzen von einem so widerlichen Eindruck, daß ihnen heute noch die Erinnerung daran unangenehm ist.[13]

Wesentlich näher am Verfahren war der „Gerichtsreporter" des *Bothen für Tirol und Vorarlberg*. In einem umfangreichen Artikel, der sich über mehrere Ausgaben in Fortsetzungen erstreckte, wird jedenfalls die äußere Erscheinung des Täters genau beschrieben:

> Wolfg. F. ist led. Standes, am 2. April 1823 geboren, daher noch nicht 39 Jahre alt, sieht jedoch viel älter aus, ist von mittlerer hagerer Statur, hat ein ziemlich abgemagertes, farbloses, mit lichtbraunem, stellenweise grauem Barte wüst überdecktes Gesicht, und blickt aus seinen tiefliegenden Augen, die er häufig niederschlägt, düster hervor. Seine kleinen und zarten Hände beweisen, daß er sich mit harter Arbeit wenig oder gar nicht befaßte, er schreitet mit gebeugtem Rücken, nach vorne gedrängten Knien und hängendem Kopfe langsam und schleppenden Ganges einher. Er spricht mit schwacher und hohler Stimme und bietet in seinem Ganzen das Bild eines durch die gröblichsten und widernatürlichsten Unsittlichkeitshandlungen entnervten, physisch und moralisch gänzlich heruntergekommenen Menschen.[14]

Fischbacher hatte auf Bauernhöfen Umgang mit Kindern, „von denen leider manche kindliche Unschuld seiner sittlichen Verdorbenheit zum Opfer fiel".[15] Hier ist aber weniger von serienmäßigen Sexualdelikten auszugehen, sondern eher von Betrügereien und Ähnlichem, weil es ansonsten am Land sicherlich zu einer raschen, eigenständigen Verfolgung des Täters gekommen wäre. Entweder durch die Behörden oder durch die empörte Bevölkerung. Darüber hinaus hätten Eltern ihre Kinder wohl nicht alleine durch den Wald gehen lassen. Auch Fischbachers Kleidung macht einen eher abschreckenden Eindruck:

> Seine Kleidung – ein abgenützter lodener Spenser, abgeschabte bis zum Knöchel reichende Hosen, blaue Strümpfe und breitgetretene Schuhe, auf dem Kopfe ein verwitterter Hut mit aufstehenden Krämpen, an welche Gegenstände sich, so lange er in Freiheit war, noch ein Schnappsack und langer Stock gesellte, lassen in ihm den herumziehenden, nur auf Kosten Anderer lebenden Bettler und Landstreicher auf den ersten Blick erkennen.[16]

---

[12] Politisches und Nichtpolitisches aus der Tagesgeschichte, in: Volks- und Schützen-Zeitung, 23.08.1861, 655.
[13] Sinwel, Der G'waltwolferl in der Volkssage, 295.
[14] Bothe für Tirol und Vorarlberg, 23.08.1861, 823f.
[15] Aktenmäßige Darstellung, 2.
[16] Bothe für Tirol und Vorarlberg, 23.08.1861, 824.

Die nachweislichen Taten

Am 31. Mai 1860 wurde die 14-jährige Elisabeth Berger vom „Wallner-Hof" auf dem Eiberg – Niederndorferberg bei Kufstein – von ihrer Mutter den etwa drei Kilometer langen Weg nach Niederndorf geschickt, um dort Einkäufe für das nahe Fronleichnamsfest, nämlich ein Antlass-Fürtuch, zu tätigen. Das Mädchen nahm die Abkürzung über den steilen Waldweg beim Riedhäusl. Da das Kind auch nach Stunden noch nicht zurückgekehrt war, wurde die vier Jahre jüngere Schwester nach Niederndorf und Ebbs losgeschickt, um nach der Schwester zu suchen, was aber erfolglos blieb. Erst auf dem Heimweg durch den Wald entdeckte Theres Berger den im Blut liegenden Leichnam ihrer Schwester.

Neben einer tiefen Stichwunde am Hals wurde festgestellt, dass der gesamte Unterleib des Opfers „von unten nach oben derart aufgeschlitzt war, daß die Wundränder mehrere Zoll weit auseinanderklafften".[17] Es wurde angenommen, dass diese Verstümmelungen dem Opfer erst postmortal zugefügt wurden.[18] Eine Zahl weiterer Verletzungen wurde an der Leiche festgestellt.[19] Da sich aber das Geld für die Einkäufe noch im Rucksack befand, konnte ein Raubmord mit Sicherheit ausgeschlossen werden.[20]

Trotz intensiver Nachforschungen der Behörden konnte der Täter über Monate hinweg nicht gefasst werden, obwohl davon auszugehen war, dass er im näheren räumlichen Umfeld gelebt haben dürfte. Es ist bemerkenswert, dass die Bettler offenbar weitgehend standorttreu waren. Sie waren wahrscheinlich den Bauern mehr oder weniger bekannt. Diese Tatsache wurde dem „G'waltwolferl" dann auch zum Verhängnis. Die Zeitung, die am meisten das Vagabundieren und Betteln anprangerte, weist empört darauf hin, dass aber auch Bettler aus dem benachbarten Pinzgau im Tiroler Unterland umherziehen würden.[21] Umso verwunderlicher ist, dass der Täter nicht schon nach dem ersten Mord gefasst werden konnte.[22]

Anna Grat, eine Bewohnerin von Niederndorf, gab zu Protokoll, dass sie auf dem Eiberg einem unbekannten Bettler begegnet war. Dieser konnte aber trotz aller Bemühungen nicht ausgeforscht werden.[23] In einer späteren Zeitungsnotiz findet sich der Hinweis, dass er bei einem Angriff auf eine erwachsene Bauernmagd von dieser einfach über den Wegesrand geworfen wurde und die Magd im Anschluss daran Anzeige erstattete.[24] Der Volksmund berichtet, dass

---

[17] Otto Zimmeter, Die Mordtaten des G'waltwolferl. Zur Geschichte der letzten öffentlichen Hinrichtung in Innsbruck, in: Tiroler Heimatblätter 9 (1931), 84.
[18] Vgl. Bothe für Tirol und Vorarlberg, 24.08.1861, 829.
[19] Vgl. Aktenmäßige Darstellung, 2.
[20] Vgl. Zum Tathergang: Bothe für Tirol und Vorarlberg, 26.08.1861, 838.
[21] Vgl. Politisches und Nichtpolitisches aus der Tagesgeschichte, in: Volks- und Schützen-Zeitung, 23.08.1861, 655; Politisches und Nichtpolitisches aus der Tagesgeschichte, in: Volks- und Schützen-Zeitung, 02.09.1861, 685.
[22] Zur Kriminalitätsgeschichte Tirols vgl. Elisabeth Dietrich, Übeltäter – Bösewichter. Kriminalität und Kriminalisierung in Tirol und Vorarlberg im 19. Jahrhundert, Innsbruck–Wien 1995.
[23] Vgl. Zimmeter, Die Mordtaten des G'waltwolferl, 85.
[24] Vgl. Alt-Innsbrucker Allerlei, in: Tiroler Anzeiger, 15.06.1929, 12.

er die zum Opfer ausersehenen Kinder mit „Boxelen", Zuckerln u. dgl. Leckereien in den Wald gelockt und dort überfallen, ihnen den Mund verstopft, Hände und Füße zusammengebunden und dann das Herz aus dem Leibe geschnitten habe, um es noch warm zu verzehren [nach anderen, um es aufzubewahren]. Einmal habe er sogar einem Opfer den Kopf abgeschnitten. Die Leichen habe er dann im dichten Gebüsch oder unter Reisig versteckt oder – in zwei Fällen – in den Inn geworfen. Von all dem wissen die Gerichtsakten nichts.[25]

Vermutlich greift hier die eigene Phantasie der Berichtenden in das real Beobachtete oder aus erster Hand Gehörte ein und schmückt die Verbrechen weiter aus. Beachtenswert bleibt jedenfalls, dass die weiteren potentiellen Taten vor Gericht und in der Presse recht wenig Beachtung fanden, obwohl der Angeklagte offenbar durchaus bereit gewesen wäre, über seine Verbrechen zu berichten.

Ein weiteres Verbrechen verübte Wolfgang Fischbacher am 26. März 1861 an der achtjährigen Anna Foidl, Tochter des Johann Foidl, Hauseigentümer in Linderbrand[26]. Das Mädchen war um 7 Uhr Früh auf einem Waldweg zur Volksschule Oberndorf unterwegs, kam aber weder in der Schule noch bei ihrer Großmutter im Uhrhäusl

Abb. 1: Ein Blick auf Oberndorf in Tirol 1927. Quelle: StAI, KR/Pl-3862.

---

[25] Sinwel, Der G'waltwolferl in der Volkssage, 296.
[26] Wahrscheinlich Hof bei Oberndorf in Tirol.

an. Das Kind hätte bei der Großmutter Lebensmittel abgeben sollen, aus denen ihr diese nach dem Schulbesuch das Mittagessen zubereiten wollte. Der Vater fand die Leiche seiner Tochter am späteren Abend am Waldrand auf.[27] Das Tatbegehungsmuster war ident mit dem Verbrechen an Elisabeth Berger. Anna Foidl erlitt vier Stich- und Schnittwunden am Hals, war am Unterleib von unten nach oben aufgeschnitten, aber im Unterschied zum Verbrechen an Elisabeth Berger fehlten mehrere Organe, die herausgeschnitten oder -gerissen worden waren.[28] Wiederum war aber nichts an Hab und Gut verschwunden, was einen Raubmord ausschloss.

Die Cousine des Opfers, Elisabeth Aschaber aus dem Uhrhäusl, war kurz vor Anna Foidl im Wald unweit des Tatortes einem Bettler begegnet, den sie im Hause ihres Schwagers Christian Foidl kürzlich gesehen hatte und der damals in Richtung Linderbrand wegging.[29] Dieser war auch am gleichen Tag in Oberndorf gesehen und identifiziert worden.[30] Die Fahndung nach dem Verdächtigen war intensiv und der Finanzwachmann Lampl des Postens Fürhag in Landl am sogenannten Hohen Ort zu Riedenberg[31] konnte bereits wenige Tage später, am 6. April 1861, Wolfgang Fischbacher anhalten und verhaften.[32] Er wurde zunächst in das Bezirksgericht Kitzbühel eingeliefert und am 25. April 1861 an das Gericht in Rattenberg überstellt.

Rudolf Sinwel berichtet von einer 1931 noch lebenden alten Hebamme mit dem Namen Magdalena Lechner, die im Frühjahr 1861 mit ihrer Freundin A. Sieberer Ziegen und Kühe hütete. Dabei versuchte ein Bettler, vermutlich Wolfgang Fischbacher, erfolglos, die beiden Mädchen in den tiefen Wald zu locken. Dies war zwei Tage vor der Verhaftung des „G'waltwolferl".[33]

Im Zuge der Vernehmungen gestand der Verdächtige beide Taten vollumfänglich und mit einer enormen Detailgenauigkeit und umfassendem Täterwissen, sodass an seiner Täterschaft kein Zweifel aufkommen konnte.[34] Fischbacher gab zu Protokoll, dass er die Mädchen am Hals gepackt und ihnen den Mund zugehalten hatte, damit sie nicht schreien konnten, sie dann gewaltsam zu Boden geworfen und ihnen mit einem kleinen Taschenmesser einen Stich in den Hals versetzt hatte, worauf sie bald gestorben seien.[35] Anschließend schnitt er die Kinder mit einem anderen Messer auf. Fischbacher gab weiter an, dass er sich danach noch an beiden Leichen sexuell vergangen hatte. In der Presse wurde weitum berichtet.[36] Besonders die Berechnung und

---

[27] Vgl. Zimmeter, Die Mordtaten des G'waltwolferl, 85.
[28] Vgl. Aktenmäßige Darstellung, 3.
[29] Vgl. Zimmeter, Die Mordtaten des G'waltwolferl, 85.
[30] Vgl. Die Mordtaten des „G'waltwolferl". Zur Geschichte der letzten öffentlichen Hinrichtung in Innsbruck, in: Tiroler Anzeiger, 11.04.1931, 7.
[31] Vgl. Zimmeter, Die Mordtaten des G'waltwolferl, 85. Die hier genannten Orte und Weiler können heute aber nicht mehr in natura nachgewiesen werden. Es dürfte sich um Örtlichkeiten bei Oberndorf in Tirol handeln.
[32] Eine Notiz dazu findet sich u. a. auch in: Wiener Zeitung, 18.04.1861, 1412.
[33] Vgl. Sinwel, Der G'waltwolferl in der Volkssage, 297.
[34] Darüber berichtete u. a.: Fremden-Blatt, Wien, 19.04.1861, 5.
[35] Vgl. Zimmeter, Die Mordtaten des G'waltwolferl, 86.
[36] Vgl. u. a.: Das Vaterland, 18.04.1861, 2.

Kaltblütigkeit des Verdächtigen empörte.[37] Die bereits genannte Flugschrift umschreibt dies wie folgt:

> Mit diesen Mordthaten würde auch das Verbrechen der Schändung zusammengetroffen sein, wenn ein solches nach dem Gesetze an Leichen hätte begangen werden können. F. hat sich jedoch desselben in drei[38] andern Angriffen gegen unmündige und wehrlose Mädchen schuldig gemacht.[39]

In der mündlichen Tradition des Unterinntales sind weitere Angriffe auf alleinstehende Mädchen und junge Frauen überliefert.[40] Dazu zählten unter anderem Sennerinnen, Hirtinnen und andere Mädchen, die meist allein im landwirtschaftlichen Bereich tätig waren.

Besonders kurios ist die Tatsache, dass die Verstümmelungen an den Mädchen derart fachkompetent vorgenommen worden waren, dass man im Falle der Ermordung von Elisabeth Berger längere Zeit hindurch den Wundarzt von Niederndorf, Albin Lorenz (1811–1873), verdächtigte, der Mörder zu sein.[41]

Es tauchte später auch der Hinweis auf, dass der Mörder meinte, unsichtbar werden zu können, wenn er die Herzen von sieben unschuldigen Mädchen roh verzehre.[42] Dieses Motiv findet sich jedoch in zahlreichen Volkssagen bzw. im Volksaberglauben sehr häufig.[43] Es soll das Grausame, Unerklärliche und Brutale eines solchen Verbrechens für die einfache Bevölkerung „erklären".

Im Tiroler Unterland überlebten die Geschichten und vermeintlichen Berichte über Jahrzehnte:

> Die Phantasie des Volkes hat im Laufe der Zeit um seine Persönlichkeit, sein Leben und seine Taten ein ganzes Gestrüpp von sagenhaften Erzählungen und abergläubischen Meinungen gewoben, so daß Wahrheit und Dichtung kaum mehr unterschieden wird.[44]

Oder noch konkreter: „Die Gegend ist düster und rief mir daher leicht die Erinnerung an eine Schreckgestalt meiner ersten Jugend wach, an den Mörder Wolfgang Fischbacher aus Kössen, genannt ‚G'waltwolferl'."[45]

---

[37] Besonders markant: Fremden-Blatt, Wien, 25.08.1861, 3f.
[38] In anderen zeitgenössischen Quellen ist von angeblich gestandenen 30 Überfällen auf kleine Mädchen an einsamen Orten die Rede. Vgl. Fremden-Blatt, Wien, 25.08. 1861, 3f.
[39] Aktenmäßige Darstellung, 3.
[40] Näheres bei: Sinwel, Der G'waltwolferl in der Volkssage, 296f.
[41] Vgl. Zimmeter, Die Mordtaten des G'waltwolferl, 86.
[42] Vgl. Alt-Innsbrucker Allerlei, in: Tiroler Anzeiger, 15.06.1929, 12.
[43] Vgl. Sinwel, Der G'waltwolferl in der Volkssage, 297.
[44] Vorbemerkung zum Artikel von Zimmeter, Die Mordtaten des G'waltwolferl, 84.
[45] Prem, Über Berg und Thal, 100.

Das Verfahren

Das fällige Strafverfahren vor dem k. k. Landesgericht in Innsbruck fand unter beschränkter Zulassung der Öffentlichkeit am 21. und 22. August 1861 statt. Leider ist der Gerichtsakt von damals (Zahl 1668) verloren gegangen oder er wurde aufgrund der Skartierordnung vom 24. Oktober 1869 vernichtet. Es lag ein Geständnis vor, das nach den zeitgenössischen Quellen ohne größeren Druck oder Gewalt erlangt wurde. Während in den Zeitungen berichtet wurde, dass das Verhalten des Angeklagten „geständig und reumütig" war, gibt es Berichte aus dem Tiroler Unterland, wonach „er bis zum letzten Augenblicke verstockt geblieben sei und sich noch auf dem Richtplatze seiner Missetaten gerühmt und seiner Wollust über die letzten Verzweiflungsschreie seiner Opfer höhnisch Ausdruck gegeben habe."[46] Vermutlich liegt in dieser Divergenz der überlieferten Berichte auch ein Teil der Faszination dieser nur schwer greifbar erscheinenden Figur. Ein Augenzeuge berichtete: „Im Uebrigen verfolgte er den Gang der Verhandlung mit geringer Aufmerksamkeit, und saß mit gekreuzten Beinen, den Arm auf denselben, den Kopf auf die Hand gestützt, gesenkten Blicks und still vor sich hinbrütend auf der Anklagebank."[47]

Es wurde ein Lokalaugenschein durchgeführt, bei dem der Angeklagte die Stelle, an der das Opfer Elisabeth Berger gelegen hatte, genau bezeichnen konnte. Bei dieser Gelegenheit wurde auch das zweite Messer aufgefunden, das bisher den Untersuchungsbehörden nicht bekannt war.[48] Das Gleiche gilt übrigens auch für den zweiten Tatort.[49]

An der geistigen Zurechnungsfähigkeit wurde aufgrund des Verhaltens und der Äußerungen des Angeklagten nicht weiter gezweifelt.

> Ueber die Zurechnungsfähigkeit scheinen keine Zweifel obzuwalten. Seine Geständnisse, die er auch in ruhiger, zusammenhängender Weise ablegte, zeigen, daß er mit Bewußtsein und Ueberlegung handelte. Nach seinem Geständnisse hat er in früherer Zeit noch wenigstens an die dreißig kleine Mädchen an einsamen Orten überfallen.[50]

In der überregionalen Presse aber war die Klarheit, mit der der Angeklagte seine Taten einräumte, ebenso ein großes Thema[51] wie die Kälte, mit der Fischbacher das Urteil entgegennahm. Gegen die Verurteilung zum Tode durch den Strang wegen des vollbrachten Mordes an Elisabeth Berger und Anna Foidl und des Verbrechens der teils versuchten, teils vollbrachten Schändung in drei weiteren Fällen legte Wolfgang Fischbacher Berufung ein.

---

[46] Sinwel, Der G'waltwolferl in der Volkssage, 297.
[47] Bothe für Tirol und Vorarlberg, 23.08.1861, 824.
[48] Vgl. Bothe für Tirol und Vorarlberg, 26.08.1861, 838.
[49] Vgl. Bothe für Tirol und Vorarlberg, 26.08.1861, 838.
[50] Wiener Zeitung, 27.08.1861, 1.
[51] Vgl. beispielsweise Wiener Zeitung, 27.08.1861, 1.

Bereits am 14. September 1861 fand die Berufungsverhandlung statt. Das k. k. Oberlandesgericht Innsbruck bestätigte den Urteilsspruch der ersten Instanz. Nach § 308 des StGB wurde das Urteil mit allen Akten dem k. k. Obersten Gerichtshofe vorgelegt. Auch dieser bestätigte am 3. Dezember 1861 das Erkenntnis des Oberlandesgerichtes, demgemäß Wolfgang Fischbacher des Verbrechens des zweifachen vollbrachten gemeinen Mordes (§§ 134 und 135 Abs. 4 StGB), des Verbrechens der versuchten Schändung (§§ 8 und 128 StGB), des Verbrechens der vollbrachten Schändung (§ 128 StGB) als unmittelbarer Täter schuldig war und zum Tode durch den Strang (§§ 34 und 136 StGB) verurteilt wurde. Der Oberste Gerichtshof versagte die Möglichkeit der Abänderung des Urteils in eine lebenslängliche Kerkerstrafe und ordnete den Vollzug der Todesstrafe an. Das letztinstanzliche Urteil im Fall Wolfgang Fischbacher lautete:

Urtheil. Z. 1513.
Das k. k. Oberlandesgericht für Tirol und Vorarlberg hat kraft der ihm von Sr. Apostolischen Majestät verliehenen Amtsgewalt das von dem k. k. Landesgerichte in Innsbruck gegen Wolfgang Fischbacher, insgemein G'waltwolferl, ledigen Bettler und Vaganten von Kranzach, Gemeinde Kössen, am 22. August 1861, Zahl 1668, geschöpfte Strafurtheil, womit zu Recht erkannt wurde: Wolfgang Fischbacher ist des Verbrechens des vollbrachten gemeinen Mordes an Elisabeth Berger und Anna Foidl nach §§ 134 und 135, Absatz 4 des Strafgesetzbuches, sowie des Verbrechens der versuchten Schändung an M. M. gemäß §§ 8 und 128 St.G.B. und des Verbrechens der vollbrachten Schändung nach § 128 des St.G.B. als unmittelbarer Thäter schuldig und wird mit Anwendung des § 34 nach § 136 des St.G.B. zum Todes durch den Strang verurtheilt, auch hat derselbe nach § 341 St.P.O. die Kosten des Untersuchungsverfahrens zu tragen –, über die vom Verurtheilten dagegen eingelegte Berufung am 14. September 1861, Zahl 1058, von Rechtswegen bestätigt und das bestättigende Urtheil nach § 308 St.P.O. mit allen Akten dem k. k. Obersten Gerichtshofe vorgelegt. Gemäß Eröffnung vom 3. ds. Monats, Zahl 8115, hat der Oberste Gerichtshof das oberlandesgerichtliche Erkenntnis aus denselben beigefügten Gründen dem vollen Inhalte nach von Rechtswegen zu bestätigen befunden. Über die nach Anordnung des § 310 der St.P.O. erfolgte weitere Vorlage dieses Todesurtheiles hat das k. k. Justizministerium mit Zuschrift vom 30. November 1861, Zahl 11.174, dem k. k. Obersten Gerichtshofe eröffnet, daß Se. k. k. Apostolische Majestät mit Allerhöchster Entschließung vom 27. November d. J. dem Obersten Gerichtshofe zu überlassen geruht haben, gegen den wegen der Verbrechen des Mordes und der Schändung zum Tode verurtheilten Wolfgang Fischbacher sein oberstrichterliches Amt nach dem Gesetze zu handeln.
Hofer e.h. – Teit e.h.[52]

---

[52] Zimmeter, Die Mordtaten des G'waltwolferl, 86f.

§ 310 der StPO bestimmte, dass ein Todesurteil dem Kaiser vorzulegen ist. Mit Schreiben vom 30. November 1861 teilte das k. k. Justizministerium mit, „daß seine k. k. apostolische Majestät mit allerhöchster Entschließung vom 27. November d. Js. dem obersten Gerichtshofe zu überlassen geruht haben […] sein oberstrichterliches Amt nach dem Gesetze zu handeln."[53] Damit stand der Vollstreckung des Urteils nichts mehr im Wege. „In Folge dieses mit oberlandesgerichtlichem Dekret vom 11. ds. Monats Zahl 1513 herabgelangten hohen Auftrages wurde heute Vormittags 9 Uhr die Todesstrafe an Wolfgang F. auf dem Prügelbauplatze zu Innsbruck vollzogen. Innsbruck, den 14. Dezember 1861."[54]

Die Vollstreckung

Das rechtskräftige Urteil wurde Wolfgang Fischbacher am 12. Dezember 1861 um 9 Uhr morgens in seiner Zelle im damals noch bestehenden Kräuterturm verkündet.

> Seine Gleichgültigkeit und Kälte verlor er auch im Momente der Urteilsverkündung nicht. Ruhig wie er seine Verbrechen gestand, hörte er auch den Spruch der Richter an. Man kann glauben, daß es ihm Ernst war, als er in seinem Untersuchungsarreste den Wunsch ausdrückte vor seinem letzten Gange noch gut mit Speise bedient und an einem schönen Tag gehenkt zu werden. Die Zumuthungen als habe er, wie man anfangs aus einem gewissen Umstande zu entnehmen versucht war, in einem abergläubischen Wahne den Mord begangen, wies er entschieden und mit dem zurück, daß er „nichts glaube".[55]

Der weitere Fortgang ist vorgezeichnet.

> Das Todesurteil gegen W. Fischbacher, bekannt unter dem Namen G'waltwolferl ist von Sr. Majestät dem Kaiser bestätigt, und ihm dasselbe gestern verkündigt worden. Die Hinrichtung findet morgen Samstag statt, welche zu vollziehen der Scharfrichter sammt Gehilfen aus Prag requirirt worden ist.[56]

Es entsprach der damaligen Rechtstradition, den zum Tode Verurteilten einige Tage „auszusetzen", d. h. diesen unter schwerer Bewachung zur „Besichtigung auszustellen". Es dürften hunderte Innsbruckerinnen und Innsbrucker die Gelegenheit genutzt haben, den Verbrecher mit eigenen Augen zu sehen. Obwohl es offenbar keine Ankündigung in den Zeitungen gegeben hat, war der Andrang enorm. Der von drei

---

53 Aktenmäßige Darstellung, 4.
54 Carl Unterkircher, Chronik von Innsbruck, Innsbruck 1897, 431, Nr. 3229.
55 Politisches und Nichtpolitisches aus der Tagesgeschichte, in: Volks- und Schützen-Zeitung, 23.08.1861, 655.
56 Innsbrucker Nachrichten, 13.12.1861, 2503.

Abb. 2: *Der Kräuterturm am Inn an der Nordost-Ecke der ehemaligen Stadtbefestigung um 1890. Quelle: StAI, Ph-M-8134.*

Kaiserjägern schwer bewachte Fischbacher bereute – entgegen anderen Berichten – seine Tat angeblich sehr. Geistlich betreut wurde er vom Kapuzinerpater Johannes Qualbert.[57]

Die Hinrichtung fand am sogenannten Prügelbauplatz[58] statt. Am Tag der Hinrichtung, dem 14. Dezember 1861, fand auch der Wochenmarkt statt und es war der letzte Werktag vor dem sehr bedeutenden Thomasmarkt, sodass sich viel Landbevölkerung in Innsbruck befand. Bereits seit dem Morgengrauen versammelte sich viel neugieriges Volk an der Richtstätte. „Der Delinquent wurde in einem geschlossenen Wagen zum Richtplatz geführt, umgeben von zway Compagnien vom Regimente Erzh. Ernst und einigen Gendarmen als Escorte."[59] Begleitet zum Richtplatze wurde der Verurteilte um 8 Uhr Früh von seinem Beichtvater Johannes Qualbert und dem Pfarrkooperator von Gilm. „Der Menschenzudrang zu diesem erschütternden Akt der Gerechtigkeit war wieder ein ungeheurer, was eigenthümliche, und keineswegs tröstliche Gedanken über

---

[57] Vgl. Zimmeter, Die Mordtaten des G'waltwolferl, 87.
[58] Auch als Briglbauplatz, Brieglbauplatz o. Ä. bezeichnet. Dieser befand sich etwa an der Stelle des heutigen Finanzamtes.
[59] StAI, Cod-136/10 Gottfried Pusch, Chronik von Innsbruck 1861–1865, Bd. 10, Teil 1, 199 (unveröffentlicht).

Abb. 3: Der Prügelbauplatz, auch Briglbauplatz oder Brieglbauplatz, etwa in der Gegend des heutigen Finanzamtes am Innrain. Quelle: TLA, L7, Sammelmappe 7.

menschliche Neugier und Schaulust zu wecken geeignet ist."[60] Klarer und auch für unsere Zeit treffender könnte es nicht gesagt werden.

Bereits eine halbe Stunde später war das Urteil vollstreckt. Der Akt selbst soll weniger als eine Minute gedauert haben. Danach hielt Pater Johannes eine Predigt. Anschließend wurde das Totenglöcklein in der Pfarrkirche geläutet.[61] Unter den in Innsbruck Verstorbenen wurde Fischbacher in den *Innsbrucker Nachrichten* allerdings nicht angeführt.[62] Sein Leichnam wurde für diesen Tag am Galgen hängen gelassen und am Abend abgenommen und in aller Stille beerdigt. Auf welchem Friedhof bzw. ob innerhalb oder außerhalb der Friedhofsmauern, ist allerdings nicht bekannt.[63]

Etwas kurios erscheint in diesem Zusammenhang das Dankesschreiben, das der Präsident des k. k. Landesgerichts Innsbruck an Pater Johannes und den Kapuzinerorden in Innsbruck übermittelte:

> Das gefertigte Präsidium fühlt sich verpflichtet, Euer Hochwürden seinen wärmsten Dank für die aufopfernde Liebe abzustatten womit Euer Hochwürden dem zum Tode verurtheilten Wolfgang Fischbacher in den letzten Tagen seines Lebens und in seinen letzten Augenblicken beigestanden sind. Der Hirt, welcher seine neunundneunzig Schäflein verlässt und dem Einen verirrten nachgeht, wird Ihnen Ihre Hingebung, Ihre Mühe und Opfer, womit Sie dieses verirrte Schäflein aufsuchten und wieder in seine Arme zurückführten, gewiss vergelten. In Ihrem eigenen Bewußtsein bei Erfüllung dieser schweren Priesterpflicht,

---

[60] Bothe für Tirol und Vorarlberg, 14.12.1861, 1229.
[61] Vgl. Zimmeter, Die Mordtaten des G'waltwolferl, 87; Heinz Moser, Die Scharfrichter von Tirol. Ein Beitrag zur Geschichte des Strafvollzuges in Tirol von 1497–1787, Innsbruck 1982, 198.
[62] Vgl. Innsbrucker Nachrichten, 16.12.1861, 2525.
[63] Eine Nachfrage beim Friedhofsreferat der Stadt Innsbruck im Dezember 2017 hat kein Ergebnis gebracht.

werden jedoch Euer Hochwürden einen größeren Lohn finden, als es meine schwachen Worte vermögen, wenn sie auch aus meiner tiefsten Seele kommen. Innsbruck am 17. December 1861. – Scheuchenstuel.[64]

Zwischen der Verhaftung am 6. April 1861 und der Vollstreckung des Todesurteils vergingen etwa acht Monate. Beachtenswert ist dabei, dass die oft gescholtene Verwaltung der Monarchie zumindest bei diesem Kapitalverbrechen sehr rasch gearbeitet hat. Der Instanzenzug wurde eingehalten und die Urteile erfolgten binnen weniger Tage. Ob dabei eine entsprechende Würdigung der Beweismittel möglich war, bleibt dahingestellt. Schlussendlich wurde das Urteil drei Tage nach der endgültigen Bestätigung vollstreckt. Aus Gründen der Generalprävention wurde noch am Tag der Hinrichtung die hier mehrfach zitierte Flugschrift in Druck publiziert. Üblicherweise wurden solche Schriften noch während oder unmittelbar nach der Hinrichtung unter dem zuschauenden Volk verteilt. Entsprechend wenige Exemplare sind davon bis heute erhalten.

Ebenfalls zur generalpräventiven Abschreckung wurde der Leichnam des Gehenkten den ganzen Tag über am Galgen belassen und erst am Abend abgenommen. In den vorangegangenen Jahrhunderten wurden die Körper der Toten oft lange Zeit am Galgen belassen.

Diese Hinrichtung war die letzte in Innsbruck, die öffentlich vollstreckt wurde.[65] Alle späteren Hinrichtungen erfolgten ausschließlich vor „geladenen Gästen".

Angeblich hielt der Verurteilte unter dem Galgen eine kurze Ansprache an die Umstehenden, die von einer alten Frau aus Schwoich im Unterinntal überliefert wurde: „Seht's, so weit kommt es, wenn an den Kindern mit der Rute zu viel gespart wird."[66]

Interessanterweise wurde danach in den *Innsbrucker Nachrichten* nicht mehr von der Hinrichtung berichtet, was umso verwunderlicher ist, als es eines der wichtigsten Gesprächsthemen in der Stadt gewesen sein dürfte.

Das „Fortleben"

Es ist bemerkenswert, dass die Beiträge in den verschiedenen zeitgenössischen Tageszeitungen größtenteils wortgleich sind, aber trotzdem am gleichen Tag oder am Folgetag erschienen. Damit war eine weitgehend einheitliche Vermittlung des Handlungsablaufes, des Verfahrens und der Hinrichtung im deutschsprachigen Gebiet der Monarchie gegeben. Dieser Umstand war sicherlich eine Voraussetzung für das Sich-Verselbständigen der Geschichte des „G'waltwolferl". Wie allerdings im Jahr 1861 – also vor der Erfindung des Telefons – die Informationen so rasch verteilt werden konnten, ist nicht eindeutig zu klären, am wahrscheinlichsten ist aber, dass die Beiträge telegrafiert wurden.

---

[64] Michael Hetzenauer, Das Kapuziner-Kloster zu Innsbruck: Das erste dieses Ordens in Deutschland, Innsbruck 1893, 173.
[65] Vgl. Eine Stunde bei den „Barackelern", in: Tiroler Anzeiger, 13.04.1937, 7.
[66] Sinwel, Der G'waltwolferl in der Volkssage, 295.

Abb. 4: Diese Flugschrift über die Taten wurde während der Hinrichtung unter den Zuschauern verteilt. Quelle: StAI, VO-1854.

In den 1920er- und 1930er-Jahren scheint es zu einem Aufleben der Geschichte und der Erinnerung der Taten des Wolfgang Fischbacher gekommen zu sein. Nach Jahrzehnten mit geringer publizistischer Resonanz erschienen einige Beiträge in Zeitschriften und Zeitungen.[67]

Eine weitere bemerkenswerte Ausdrucksform des Fortbestehens der „Geschichte" des Wolfgang Fischbacher ist seine Verankerung in der Tiroler Volkssage.[68] „Sie ist in ihrem Reichtum und in ihrer Vielseitigkeit nicht nur ein glänzendes Zeugnis für die große Regsamkeit und Unerschöpflichkeit der dichterisch gestaltenden Phantasie des sittlich-religiös empfindenden und naiv philosophierenden Volkes."[69] Und später meint Sinwel:

> Natürlich ergeben sich da manche bedeutende, mit dem nachweisbaren Tatbestand nicht vereinbare Abweichungen; andererseits wird aber gewiß die mündliche Überlieferung neben den Erzeugnissen freigestaltender Phantasie auch manchen Umstand in Erinnerung bewahrt haben, welcher der Wirklichkeit entspricht und das geschichtliche Bild des G'waltwolferl zu ergänzen geeignet ist.[70]

Aber auch auf anderem Gebiet „lebte" Wolfgang Fischbacher fort. Vor allem in der *Volks- und Schützen-Zeitung* wird in einigen Leitartikeln in Bezugnahme auf die von ihm begangenen Verbrechen auf die schlechte Sicherheitslage auf dem Land, speziell auf einsamen Bauernhöfen, vehement aufmerksam gemacht.

> Es wurde schon vor Jahren in diesen Blättern darauf hingewiesen, welche Verdienste sich die damals so zahlreiche Gensdarmerie [sic] durch Säuberung des Landes von Vagabunden, Landstreichern und Bettlern hätte erwerben können, allein zu dieser Lebensthätigkeit, für die man dem Institute der Gendarmerie so viel Dank gewußt hätte, vermochte sich dieselbe nicht herab zu lassen. – Die Geschichte des oberwähnten Verbrechers, welcher durch so viele Jahre in diesen Gegenden sein Unwesen trieb, hatte im Unterinnthale eine ungeheure Sensation, insbesondere aber unter den Kindern einen panischen Schrecken hervorgebracht. Viele derselben waren zum Besuche der Schule, wenn sie etwas entfernt lag, gar nicht mehr zu bringen. Durch die Verurtheilung desselben zum Tode findet sich der durch jene Verbrechen aufs höchste erbitterte Unterländer einigermaßen beruhigt. (Ein Unterländer kam bereits letzten Freitag[71] nach Innsbruck um der Exekution beizuwohnen.)[72]

---

[67] Dazu siehe auch oben unter Fn. 30.
[68] Vgl. Sinwel, Der G'waltwolferl in der Volkssage, 294.
[69] Sinwel, Der G'waltwolferl in der Volkssage, 294.
[70] Sinwel, Der G'waltwolferl in der Volkssage, 295.
[71] Kurioserweise erschien der Unterländer zur Verkündung des Urteils erster Instanz.
[72] Politisches und Nichtpolitisches aus der Tagesgeschichte, in: Volks- und Schützen-Zeitung, 02.09.1861, 685.

In Erinnerung an die schrecklichen Taten wurden in der Nähe beider Tatorte Marterl errichtet. Der Text des ersten lautet: „Dem frommen Gebete wird empfohlen die tugendsame Jungfrau Elisabeth Berger, Wallnerstochter vom Eiberg, welche im 14. Lebensjahre am 30. Mai 1860 auf dem Wege nach Niederndorf von ruchloser Hand ermordet wurde. R.I.P."[73] Dieses Marterl ist höchstwahrscheinlich nicht mehr vorhanden. Zuvor fand sich an dieser Stelle in der Nähe vom Wallnerhof eine kleine Kapelle, die aber bereits 1930 wieder verschwunden war. Das zweite Marterl befand sich neben dem Uhrhäusl und „meldet mit seiner Inschrift, daß unweit ein Schulmädchen, Anna Foidl, 8 Jahre alt, am 26. März 1861 grausam ermordet und um 10 Uhr abends vom armen Vater aufgefunden wurde."[74]

Schlussendlich lebte Wolfgang Fischbacher in Redewendungen fort wie „Fürchtest dich nit vorm G'waltwolferl?" oder „Gib acht, daß d'n G'waltwolferl nit begegnest!", die man jungen Mädchen gegenüber verwendete, die allein unterwegs waren.[75]

---

[73] Sinwel, Der G'waltwolferl in der Volkssage, 298.
[74] Sinwel, Der G'waltwolferl in der Volkssage, 298.
[75] Vgl. Sinwel, Der G'waltwolferl in der Volkssage, 299.

„Innsbrucker Gaststätten – sie standen einmal ..."

Gasthof Schöne Aussicht (Stettnerhof)

HANNA FRITZ

Biegt man hinter der alten Höttinger Pfarrkirche in die Steinbruchstraße ab, so gelangt man nach einem kurzen, aber steilen Fußmarsch in Richtung Osten vorbei an der „Hans-Krug-Ruhe" zum ehemaligen Gasthof „Schöne Aussicht", Steinbruchstraße 8, auch als „Stettnerhof" bekannt. An der Südseite der Straße gelegen thront das beinahe monumental wirkende Gebäude, das heute ein Wohnhaus ist, über Innsbruck. Von der Straßenseite aus lässt sich der Blick über die Landeshauptstadt, den die Terrasse den Gästen bot, nur erahnen. Das Gasthaus war ein beliebtes Ziel für Ausflügler: In nur 15 Minuten erreichte man von der Innbrücke aus den „schönsten Ausflugsort der Umgebung".[1] Sowohl Einheimische als auch auswärtige Gäste genossen die schöne Aussicht von der Sonnenterrasse.

Dass der „Stettnerhof" seinen Namen erst dadurch erhielt, als er Ende des 19. Jahrhunderts in den Besitz des Josef Stettner kam, zeigt, dass sich „Vulgonamen" über die Zeit ändern können. So hatte der Hof im Volksmund zuvor bereits andere Namen, etwa „Musl-" oder „Musselhof", oder später „Villa Vogelrast", möglicherweise ein Anklang an die Vogeltenne, die sich hier einmal befunden haben soll. Die Bezeichnung „Villa" weist darauf hin, dass es sich um ein durchaus ansehnliches Anwesen gehandelt haben dürfte. Auch verschiedene Flurnamen tauchen in der Umgebung des Hofes auf: Neben dem heute noch allgemein geläufigen „Burgstadl" ist für das Grundstück des Stettnerhofs auch die Bezeichnung „Geierfeld" belegt. Den für sich sprechenden Namen „Schöne Aussicht" erlangte der Hof wohl erst mit Eröffnung des Gastbetriebes zu Beginn des 20. Jahrhunderts.

Vorgeschichte

Für seine *Beiträge zur Geschichte von Hötting* erforschte Hans Katschthaler sehr gründlich die Historie ausgewählter „Höfe des Höttinger Ried". Aus seinen Untersuchungen geht hervor, dass an der Stelle des Hofes früher offenbar ein sogenannter „Vogelherd", oder „Vogeltennen" stand, welcher dem beliebten Zeitvertreib des Vogelfangs diente.

---

[1] Innsbrucker Nachrichten, 27.11.1915, 16.

Solche Vogelherde waren keine Seltenheit, erinnern vielerorts doch noch zahlreiche Flurnamen – in Innsbruck beispielsweise heute noch das Areal der „Vogelhütte" oberhalb der Höhenstraße oder auch die sogenannte „Taxburg" in Igls, ehemals „Vogelhütte" – an den dort praktizierten Vogelfang. Hötting hatte bekanntlich einen ganz besonderen Ruf als Vogelfanggebiet, woran heute noch der *Höttinger Voglfächer* in Liedform erinnert.

Die Erwähnung des besagten Vogelherdes erfolgte in einem Kaufvertrag des Matheus Griesser, der als Begründer des dem Stettnerhof in östlicher Richtung benachbarten Griesserhofes (Höhenstraße 21) angesehen wird.[2] Griesser kaufte im Jahr 1665 einen „Pichl von ½ Jauch", auf dem ein gewisser Georg Rämb bereits 1654 ein Haus errichtet hatte – den späteren Griesserhof. Vor der Errichtung des Hauses stand ebendort eine Vogeltenne, welche im Zuge des Hausbaues auf den westlich folgenden Bühel übersetzt wurde – also die Erhebung, wo später der Stettnerhof errichtet wurde.[3] Der Vogelherd taucht später noch einmal in Zusammenhang mit den Grundverhältnissen des Griesserhofes auf. Im Jahr 1751 gelangte der Griesserhof wiederum zum Verkauf. In dem Kaufvertrag ist festgehalten, dass auf dem „Pichl zu ½ Jauch", der oben bereits erwähnt wurde, „vorzeiten der Vogelherd gestanden, der nun auf dem Besitz des Georg Portner steht".[4] Demnach war also der Grund, auf dem später der Stettnerhof entstehen sollte, mit zugehörigem Vogelherd Mitte des 18. Jahrhunderts im Besitz des Georg Portner. Auch in der Steuerfassion des Andree Villod, die im theresianischen Kataster von 1775 angeführt ist, wird der Vogelherd genannt. Villod ist ebenfalls Besitzer des Griesserhofs, der Vogelherd wird wiederum auf dem benachbarten Besitz des Georg Portner lokalisiert.[5] Im selben Kataster ist auch der Besitz Portners beschrieben, in dem zwar ein entsprechendes Grundstück am Burgstadl verzeichnet ist, jedoch weder ein Vogelherd noch Andree Villod als angrenzender Nachbar genannt werden.[6] Wie es zu dem Zeitpunkt also tatsächlich um den Vogelherd stand, ist nicht klar.

Die Frühzeit des Hofes

Der Hof selbst lässt sich in den Verfachbüchern bis in das erste Drittel des 19. Jahrhunderts zurückverfolgen. Die früheste Quelle ist ein Kaufvertrag aus dem Jahr 1833, laut dem ein gewisser Josef Heis anlässlich einer Versteigerung das Grundstück von 2 ½ Jauch[7] mit Cat. Nr. 518 erwarb.[8] In diesem Vertrag werden noch keine Gebäude auf

---

[2] Vgl. Hans Katschthaler, Zur Geschichte von Hötting (Innsbruck). Das Maximilian-Venusbad am Fallbach und die Höfe des Höttinger Ried (Schlern-Schriften 245), Innsbruck 1966, 129.
[3] Vgl. Katschthaler, Zur Geschichte von Hötting (Innsbruck), 129.
[4] Katschthaler, Zur Geschichte von Hötting (Innsbruck), 135.
[5] Vgl. Stadtarchiv Innsbruck (StAI), Cod. Hötting 42/2, Kataster Hötting 1775, Nr. 652, 478; Katschthaler, Zur Geschichte von Hötting (Innsbruck), 136.
[6] Vgl. StAI, Cod. Hötting 42/2, Kataster Hötting 1775, 371.
[7] Dies entspräche heute einer Fläche von ca. 9.000 m². Ein Jauch in Innsbruck entspricht 1.000 Wiener Quadrat-Klaftern. Der Wiener Quadrat-Klafter entspricht wiederum 3,5979 m². Quellen: https://de.wikipedia.org/wiki/Jauch_(Einheit); https://de.wikipedia.org/wiki/Klafter (Abrufdatum 26.01.2021).
[8] Vgl. Tiroler Landesarchiv (TLA), Verfachbuch des Landgerichts Sonnenburg 1833, fol. 449.

dem Grundstück erwähnt, vermutlich erfolgte der Bau des Stettnerhofes erst etwas später. Um das Jahr 1840 entsteht auch das älteste auf uns gekommene Kartenmaterial, auf dem an der Stelle tatsächlich ein Hof abgebildet ist. Es handelt sich dabei um die Innsbruck-Karte vom Verlag *Johann Gross*, die auf den Zeitraum 1835/1840 datiert ist, und eine Karte von *Carl Urban und Mitarbeiter* (ca. 1840).[9] In diesen beiden Karten ist der Hof unter dem Hausnamen Mussel-Hof oder Musl-Hof genannt.[10] Das Kartenmaterial schränkt den möglichen Zeitraum für den Bau des Hofes auf vor 1835–1840 ein. Ein exaktes Datum für die Erbauung lässt sich anhand der Karten aber nicht festlegen, da zwischen den Jahren 1800 und 1835 keine Karte entstand, die den Bereich abbildet.

Im Jahr 1856 ist der Hof im Grundparzellenprotokoll der Gemeinde Hötting ebenfalls unter dem Hausnamen Musl-Hof verzeichnet.[11] Besitzer sind zu diesem Zeitpunkt

Abb. 1: Karte vom Verlag Johann Gross. Die Achse Plattenhof–Griesserhof–Probstenhof ist gut zu erkennen. Etwas links davon der sogenannte Musselhof. Quelle: Privatarchiv Josef Schönegger.

---

[9] Bemerkenswert ist hierbei, dass die Lagegenauigkeit der Planinhalte nordöstlich der alten Höttinger Kirche oft stark abnimmt. Um das Jahr 1840 entstanden zwei weitere Karten, die denselben Bereich abbilden. Allerdings sind hier nur Wald und Wiesen als eine Art „Fade-out" der Karte zu sehen (vgl. Historische Karten – HIK.tirol.gv.at, Karte von Carl Prissmann 1843 und Karte von Philipp Miller, um 1840).

[10] Die Schreibweise „Mussel-Hof" ist in der Karte von Johann Gross belegt, „Musl-Hof" in der Karte von Carl Urban und Mitarbeiter (beide um 1840). „Musl" ist als Vulgobezeichnung bei mehreren Höttinger Hausnamen geläufig, etwa „Museldurrer" (heute Schneeburggasse 10) oder „Muslspitzer".

[11] Vgl. StAI, Cod-Hötting 47. Kronland Tirol N. 84, Original Grund-Parzellen-Protokoll der Gemeinde Hötting, Im Innsbrucker Kreis, Steuerbezirk Innsbruck 1856, Parz. 262 f. Im *Familienbuch der Gemeinde Hötting* ist die Bezeichnung „Muslpitzer" vermerkt, es dürfte wohl „Muslspitzer" gemeint gewesen sein. Vgl. Pfarrarchiv Hötting, Familienbuch der Gemeinde Hötting, HNr. 71/82.

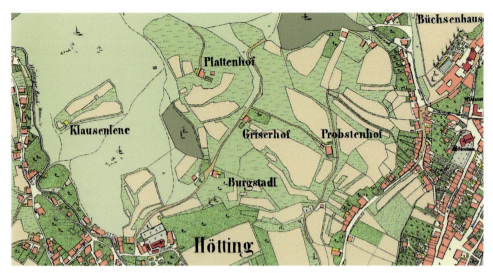

Abb. 2: Franziszeischer Kataster: Plattenhof, Griesserhof und Probstenhof sind namentlich gekennzeichnet, die Bezeichnung „Musl-Hof" scheint jedoch nicht auf. Quelle: Historische Karten – HIK.tirol.gv.at.

Josef Heis' Erben vulgo „Musl", als Berufsstand ist „Bauer" angegeben. Zum Hofbesitz innerhalb des Ortsriedes gehören sieben Grundparzellen (Nr. 262–268), von denen vier als „Acker", zwei als „Wiese" und eine als „Wiese mit Obstbäumen" ausgewiesen sind. Die Gesamtgröße belief sich auf 5.469 Quadrat-Klafter – das entspräche heute in etwa einer Fläche von 1,97 ha.[12] Zudem ist eine Parzelle mit Waldbesitz angegeben, die sich etwas oberhalb des Hofes in Richtung Gramartboden befindet.[13]

Der Hausname Musl verschwindet schnell wieder aus den kartografischen Quellen. Im franziszeischen Kataster, der in den Jahren von 1855 bis 1857 entstand, ist im Bereich des Hofes nur der Flurname Burgstadl angegeben. Das Verschwinden des Vulgonamens geht mit dem Verkauf des Hofes einher. Am 13. Juli 1860 verstarb Josef Heis und hinterließ seine Witwe Kreszenz Heis, geb. Gschnitzer, sowie sechs Kinder aus zwei Ehen. Als Erben des Grundstücks von 2 ½ Jauch mit darauf erbauter Behausung, Stadl, Stall und Frühgarten setzte er seinen Sohn Sebastian Heis ein.[14] Dessen Mutter verkaufte den geerbten Bestand im Namen ihres Sohnes noch im selben Jahr an Josef Wieser.[15] Der Waldbesitz wird im Kaufvertrag nicht genannt, scheint jedoch später im Grundbuch wieder als Teil des Besitzes auf.[16]

---

[12] Vgl. StAI, Cod-Hötting 47. Kronland Tirol N. 84, Original Grund-Parzellen-Protokoll der Gemeinde Hötting, Im Innsbrucker Kreis, Steuerbezirk Innsbruck 1856, Parz. 262 f.

[13] Dabei handelt es sich um die Gp. 3212 der KG Hötting. Vgl. Bezirksgericht (BG) Innsbruck, Grundbuch KG Hötting, EZ. 17/I. StAI, Cod-Hötting 52. Provinz Tirol Nr. 84, Alphabetisches Verzeichnis der Gemeinde Hötting, Im Innsbrucker Kreis, Steuerbezirk Innsbruck 1856, Fortl. Nr. 150.

[14] Vgl. TLA, Verfachbuch des Bezirksgerichts Innsbruck 1860, fol. 493.

[15] Vgl. TLA, Verfachbuch des Bezirksgerichts Innsbruck 1860, fol. 773.

[16] Vgl. BG Innsbruck, Grundbuch KG Hötting, EZ. 17/I; TLA, Grundbuchanlegungsprotokoll der Katastralgemeinde Hötting, Post Nr. 82, Bezirksgericht Innsbruck – Grundbuchanlegungsprotokoll 17.

In diesem Kaufvertrag zwischen Heis und Wieser taucht für das Grundstück die Bezeichnung Geierfeld auf. Ansonsten ist über die Ära Wieser jedoch kaum etwas bekannt. Josef Wieser starb am 7. Mai 1889 und hinterließ fünf Kinder.[17] Das Grundstück von 2 ½ Jauch mit der Bezeichnung Geierfeld, nach wie vor bestehend aus Behausung, Stadl, Stallung und Frühgarten, wurde von Josef Wiesers Erben knapp zwei Monate nach dessen Tod an Josef Stettner verkauft.[18]

Zur Adresse des Stettnerhofes

Einen kleinen Exkurs verdient an dieser Stelle auch die Adressgeschichte des Hauses, da das Gebäude mehrere Adressänderungen durchlief. Vor dem Einzug der Straßennamen in Hötting im Jahr 1901 waren alle Häuser schlicht mit der Bezeichnung Hötting und einer Nummer versehen. Mit Einführung der Straßennamen gehörte der Stettnerhof zuerst zur Kirchgasse (heute Daxgasse) und später zur Steinbruchstraße.

Adresse	Datum der Änderung	Belegstelle
Hötting Nr. 71	unbekannt	Grundparzellenprotokoll 1856[19]
Hötting Nr. 90	unbekannt	Grundbuchanlegungsprotokoll 1900[20]
Kirchgasse Nr. 23	1901	Adressbuch der Stadt Innsbruck, 1901[21]
Steinbruchstraße Nr. 2	1. Februar 1910	Grundbuch der KG Hötting, EZ 17/1[22]
Steinbruchstraße Nr. 8	21. November 1921	Ebd.

Tab. 1: Übersicht über die Adresse des Stettnerhofes im Wandel der Zeit. Erstellt von der Verfasserin.

Josef Stettner und der Beginn des Wirtsbetriebes

Josef Stettner wurde im Jahr 1846 als Sohn des gleichnamigen Wundarztes im Achental geboren. Infolge eines Arbeitsplatzwechsels seines Vaters übersiedelte er im Alter von zwölf Jahren nach Hall in Tirol und war später als Handelsmann in Innsbruck tätig.[23] Am 8. November 1874 heiratete er die Kaufmannstochter Auguste Flory.[24] Stettner

---

[17] Vgl. TLA, Verfachbuch des Bezirksgerichts Innsbruck 1889, fol. 460.
[18] Vgl. TLA, Verfachbuch des Bezirksgerichts Innsbruck 1889, fol. 460.
[19] StAI, Cod-Hötting 47, 29. Bei Kaufverträgen wird die noch ältere Cat. Nr. 518 bzw. 518/598 für das Grundstück angegeben.
[20] TLA, Grundbuchanlegungsprotokoll der Katastralgemeinde Hötting, Post Nr. 82, Bezirksgericht Innsbruck – Grundbuchanlegungsprotokoll 17.
[21] StAI, Adressbuch der Stadt Innsbruck 1901, 35. Die Adresse „Kirchgasse Nr. 23" wurde auch in einem Nachtrag im Grundbuchanlegungsprotokoll eingetragen.
[22] BG Innsbruck, Grundbuch KG Hötting, EZ. 17/I.
[23] Zur Übersiedelung der Familie Stettner von Achenkirch nach Hall siehe Volks- und Schützen-Zeitung, 26.11.1858, 3.
[24] Vgl. Innsbrucker Nachrichten, 12.11.1874, Extra-Beilage, 3137. Auguste Florys Vater Alfons betrieb ein Spezereigeschäft in der Seilergasse 16, vgl. Innsbrucker Nachrichten, 23.10.1879, 15.

betrieb eine Spezereihandlung im sogenannten Hofschmied-Pichler-Haus (Innrain Nr. 2), das sich gleich neben der Fleischbank am Marktplatz befand.[25] Zahlreiche großformatige, gut platzierte Inserate in der Zeitung und der Standort am Marktplatz lassen ein florierendes Geschäft vermuten. Im Juli 1892 ließ Stettner seine Handlung jedoch auf.[26] Dieser Schritt bedeutete offensichtlich gleichzeitig den beruflichen Ruhestand, denn obwohl Stettner erst 46 Jahre alt war, scheint er keinen Beruf mehr ergriffen zu haben. In Zeitungen oder Adressbüchern wurde er in der Folge stets als „Privater" oder „ehemaliger Handelsmann" angeführt.

Über die Gründe, die Stettner dazu veranlassten, seine Geschäftstätigkeit zurückzulegen, kann nur spekuliert werden. Denkbar wäre etwa, dass sein Geschäft so lukrativ war, dass er und seine Frau sich zur Ruhe setzen konnten. Da die Ehe kinderlos war, waren auch keine Nachkommen zu versorgen.[27] Möglich wäre aber auch ein Rückzug aus gesundheitlichen Gründen, da Stettner gegen sein Lebensende an einer schweren Krankheit litt.[28]

Bereits drei Jahre bevor Stettner sich zur Ruhe setzen sollte, hatte er den Hof oberhalb der alten Höttinger Kirche von Josef Wiesers Erben erworben. Der bereits erwähnte Kaufvertrag datiert auf den 24. Juli 1889.[29] Aufschluss über den Hofbesitz gibt die Anlegung des Grundbuchs im Jahr 1900. Zu den ursprünglichen Parzellen 262 bis 268 mit „Wohnhaus nebst Wirtschaftsgebäude, Hofraum, Schupfe,"[30] Garten, einer Wiese mit Sommerhaus und einem Acker kamen zwei Ackerparzellen in der Höttinger Au,[31] eine Parzelle im „Stadtwald" und drei im „Höttinger Wald".[32] Unklar ist, ob bzw. inwiefern Stettner den landwirtschaftlichen Betrieb weiterführte. Sein Werdegang lässt jedoch vermuten, dass er zumindest selbst nicht als Landwirt in größerem Ausmaß tätig wurde. Ein Stall ist für das Haus allerdings bis in die 1940er-Jahre belegt.[33] Stettner beteiligte sich offenbar rege am gesellschaftlichen Leben in Hötting: Er war Gründungsmitglied des Höttinger Verschönerungsvereins[34] und in der Armenverwaltung als Vorsteher des Armenhauses tätig.[35]

Deutlich zeigt sich auch Stettners Interesse, einen Gastbetrieb am Hof aufzubauen. Zwei Vermerke in den Höttinger Gemeinderatsprotokollen des Jahres 1900 berichten

---

25 Hier gibt es zahlreiche Zeitungsannoncen, vgl. z. B. Innsbrucker Nachrichten, 10.10.1876, 2898.
26 Vgl. Innsbrucker Nachrichten 11.07.1892, 15.
27 Es deuten einige Indizien darauf hin, dass die beiden keine Kinder hatten: Weder vorhandene Meldezettel noch der Grabstein oder Todesanzeigen erwähnen Kinder. Vgl. TLA, Meldezettel der Augusta Stettner, geb. Flory; Innsbrucker Nachrichten, 28.01.1909, 14; Innsbrucker Nachrichten, 10.12.1925, 11; Friedhof Hötting, Grabfeld Wd, Grab 5-5a.
28 Vgl. Innsbrucker Nachrichten, 28.01.1909, 14.
29 Vgl. TLA, Verfachbuch des Bezirksgerichts Innsbruck 1889, fol. 460.
30 BG Innsbruck, Grundbuch KG Hötting, EZ. 17/I.
31 Die Parzellen in der Höttinger Au scheinen im Grundbuchanlegungsprotokoll auf, im Grundbuch jedoch nicht mehr.
32 Die Waldparzellen befinden sich am Burgstadl bzw. nahe der Umbrückler Alm (sogenannte „Zieglladstatt"). Vgl. TLA, Grundbuchanlegungsprotokoll der Katastralgemeinde Hötting, Post Nr. 82, Bezirksgericht Innsbruck – Grundbuchanlegungsprotokoll 17. Vgl. auch den Grundbesitz im Grundbuch, BG Innsbruck, Grundbuch KG Hötting, EZ. 17/I.
33 Vgl. Stadtmagistrat Innsbruck, Baurecht, „Steinbruchstraße 8", GZ. 2304, VI-2416/1949.
34 Vgl. Innsbrucker Nachrichten, 01.09.1902, 3.
35 Vgl. Innsbrucker Nachrichten, 07.10.1908, 7; Innsbrucker Nachrichten, 28.01.1909, 5.

„Innsbrucker Gaststätten …" – Gasthof Schöne Aussicht (Stettnerhof)   235

Abb. 3: Das große Bild, der Blick vom Hof über die Stadt, dürfte vor 1901, also möglicherweise sogar noch vor Aufnahme des Gastbetriebes, aufgenommen worden sein. Ein Indiz für den Aufnahmezeitpunkt bilden die beiden Fassadentürme der Jesuitenkirche, die im Laufe des Jahres 1901 errichtet wurden und auf diesem Bild noch nicht zu sehen sind. Diese Postkarte könnte also eine der frühesten sein, die aus der Gasthaus-Zeit des Stettnerhofes existieren. Quelle: StAI, Sommer-7-43.

von seinen Ansuchen um die Wirtshauskonzession. Beide wurden jedoch aufgrund von „Nichtvorhandensein des Lokalbedarfs" abgewiesen.[36] Zur Verleihung der Gewerbekonzession sind keine weiteren Quellen erhalten, allerdings scheint sie auch nicht unbedingt Voraussetzung für einen aufrechten Gastbetrieb gewesen zu sein. Spätestens im Jahr 1902 lief ein solcher am Stettnerhof an, denn im Juli des Jahres wird in den *Innsbrucker Nachrichten* die „Restauration ‚zur schönen Aussicht' – Stettner-Hof in Hötting" beworben.[37] Geboten wurden Getränke und kalte Speisen sowie eine „prachtvolle Aussicht".[38] In Folge kam es zu mehreren Adaptierungen der Räumlichkeiten: Ein nicht näher definierter „Zubau" erfolgte im Jahr 1903, im Jahr 1908 wurden ein „Weinkeller und zwei Zimmer" hinzugefügt.[39] Auch dürfte in diesem Jahr eine Gartenveranda errichtet worden sein.[40]

---

[36] Vgl. StAI, Cod Hötting 18, Ratsprotokolle der Gemeinde Hötting 1898–1910, 40, 52.
[37] Innsbrucker Nachrichten, 08.07.1902, 7.
[38] Innsbrucker Nachrichten, 08.07.1902, 7.
[39] Vgl. Stadtmagistrat Innsbruck, Baurecht, „Steinbruchstraße 8", GZ. 2304, Hötting Zl. 3079/1903 und Hötting Zl. 1542/1908.
[40] In den Bauakten wird eine Veranda zwar nicht erwähnt, allerdings ist im Grundbuch eine Parzellenteilung mit Anmeldungsbogen aus dem Jahr 1908 vermerkt, welche eine neue Bauparzelle für die Veranda ersichtlich macht. Vgl. BG Innsbruck, Grundbuch KG Hötting, EZ. 17/I.

Stettner war selbst nicht Betreiber, sondern verpachtete die Gastwirtschaft. Im Jahr 1902 wird als vermutlich erster Pächter ein gewisser Josef Eigentler genannt, er starb jedoch bereits im Jänner des Folgejahres.[41] In weiterer Folge pachteten zuerst Ignaz Dollinger mit seiner Familie und später Johann Volderauer das Gasthaus.[42] Josef Stettner verstarb nach langer Krankheit am 27. Jänner 1909 im Alter von 62 Jahren und wurde am neuen Friedhof in Hötting beigesetzt. Seine Frau Auguste lebte bis zu ihrem Tod am 8. Dezember 1925 in der Steinbruchstraße 8.[43]

Von der „Ära Angermair" bis zum Ende des Gastbetriebs in den 1960er-Jahren

Im Jahr 1915 pachteten Hugo und Maria Angermair aus Hötting den Stettnerhof.[44] Hugo Angermair, eigentlich gelernter Buchdrucker, führte ursprünglich ein Geschäft für Papier-, Spiel- und Galanteriewaren und Announcenbüro in der Höttinger Gasse.[45] Neben seiner Tätigkeit als Kaufmann machte er sich auch in der Gastwirtsbranche einen Namen: Im Jahr 1911 hatte er das neue Alpengasthaus Rauschbrunnen eröffnet,[46] jedoch bereits 1914 wieder verkauft.[47] Die Eheleute Angermair pachteten daraufhin eine Saison lang die Mersi-Hütte oberhalb des Rechenhofs, bevor sie den Stettnerhof übernahmen.[48] Dieses Pachtverhältnis war von längerer Dauer: Bis 1924 blieben die Angermairs Pächter des Hofes. Das Verhältnis zur Hausbesitzerin Auguste Stettner war offensichtlich ein gutes, denn knapp ein Jahr vor ihrem Tod übertrug Stettner den Hof an die langjährigen Pächter.[49] Und auch nach dem Tod blieb die enge Verbindung bestehen: Der gemeinsame Grabstein der Ehepaare Stettner und Angermair sowie von deren Sohn Karl mit Gattin Karolina ist heute noch am neuen Höttinger Friedhof zu finden.[50]

Ein Jahr nach Auguste Stettners Tod wurde am Hof die bestehende Gartenveranda, die sich auf der südöstlichen Seite des Grundstücks erstreckte, durch eine größere, offene Veranda ersetzt.[51] Die Gäste konnten die Gaststube, die geschlossene Veranda beim Haus sowie den Außenbereich nutzen. Angeboten wurden kalte und warme Speisen sowie Bier und Weine aus Südtirol. Einen zusätzlichen Anreiz boten die eigens abgehaltenen Konzertabende, Silvesterfeiern und Vereinsabende.[52]

---

[41] Vgl. Innsbrucker Nachrichten, 08.07.1902, 7; Innsbrucker Nachrichten, 30.01.1903, 12.
[42] Zu Dollinger siehe Innsbrucker Nachrichten, 17.07.1907, 12. Zu Volderauer siehe Innsbrucker Nachrichten, 23.02.1914, 12.
[43] Vgl. Tiroler Anzeiger, 10.12.1925, 11.
[44] Vgl. Innsbrucker Nachrichten, 27.11.1915, 16.
[45] Vgl. StAI, Adressbuch der Stadt Innsbruck 1908, 37.
[46] Vgl. Innsbrucker Nachrichten, 21.03.1911, 3.
[47] Vgl. Innsbrucker Nachrichten, 11.11.1914, 6.
[48] Vgl. Innsbrucker Nachrichten, 15.05.1915, 16.
[49] Datum der Übertragung war der 11.01.1924. Vgl. BG Innsbruck, Grundbuch KG Hötting, 17/I.
[50] Friedhof Hötting, Grabfeld Wd, Grab 5-5a.
[51] Vgl. Stadtmagistrat Innsbruck, Baurecht, „Steinbruchstraße 8", GZ. 2304, Hötting Zl. 642/2 1925.
[52] Vgl. Innsbrucker Nachrichten, 31.12.1932, 20; Tiroler Anzeiger, 11.08.1926, 9.

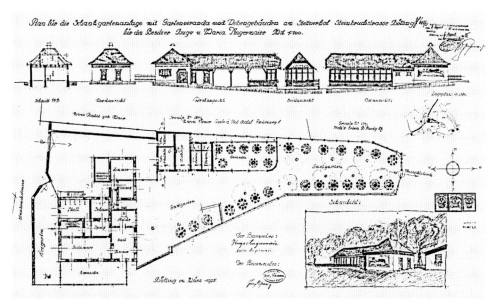

Abb. 4: *Ansichtsplan der neuen Veranda. Bauamts-Registratur. Quelle: Stadtmagistrat Innsbruck, Baurecht, GZ. 2304, VI-642/2/1925.*

Spätestens ab dem Jahr 1932[53] verpachtete die Familie Angermair den Hof an das Ehepaar Rudolf und Josefine Kern. Im Jahr 1935, nach über 20 Jahren am Stettnerhof, endete die Ära Angermair. Der Hof ging per Versteigerung an die beiden Eheleute Kern über, die somit jeweils zur Hälfte Besitzer wurden.[54] Die näheren Umstände, die zur Versteigerung führten, sind leider nicht bekannt.

Aus der Zeit der Familie des Ehepaars Kern sind verhältnismäßig wenig Quellen fassbar: Anfangs betrieben die beiden selbst noch die Gastwirtschaft, Konzessionsinhaberin war Josefine Kern. Als Rudolf Kerns Berufsstand wird „Bauer" angegeben, offensichtlich wurde zu diesem Zeitpunkt Landwirtschaft am Stettnerhof betrieben.[55] Der Hof war nach wie vor ein beliebter Veranstaltungsort für Vereinsabende und andere Unterhaltungen. Ausschlaggebend hierfür war unter anderem der Einbau einer Kegelbahn in die bereits bestehende Veranda, der noch im Jahr 1935 ausgeführt wurde.[56] Seitdem war der Stettnerhof wohl ein Austragungsort regelmäßig stattfindender Kegelturniere.[57] In den Jahren des Zweiten Weltkrieges wurde es jedoch still um das Gasthaus. Rudolf Kern war ab 1938 Mitglied der NSDAP, wurde nach 1945 jedoch als „minderbelastet" eingestuft.[58]

---

53 Die Pächter Rudolf und Josefine Kern werden erstmals im Adressbuch des Jahres 1933 genannt, vermutlich begann die Pacht im vorhergehenden Jahr.
54 Vgl. BG Innsbruck, Grundbuch KG Hötting, EZ. 2139.
55 Vgl. StAI, NS-Registrierungsakten zu Rudolf Kern, 110-272.
56 Vgl. Stadtmagistrat Innsbruck, Baurecht, „Steinbruchstraße 8", GZ. 2304, Hötting Zl. 1774/1935.
57 Vgl. z. B. Innsbrucker Nachrichten, 15.07.1937, 7.
58 Vgl. StAI, NS-Registrierungsakten zu Rudolf Kern, 110-272.

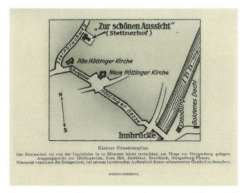

Abb. 5: Diese Broschüre entstand nach dem Umbau im Jahr 1925. Vor allem vom Bau der neuen Höhenstraße erhofften sich die Besitzer einen Zugewinn an Attraktivität. Quelle: StAI, FW-UG-7.

Nach dem Zweiten Weltkrieg baute das Ehepaar Kern das Gasthaus, wohl aufgrund des bald wieder anwachsenden Tourismus, in einen Beherbergungsbetrieb um.[59] Dabei wurde das Gebäude um ein Stockwerk erhöht und beherbergte nunmehr 16 Fremdenzimmer, eine Privatwohnung sowie ein Zimmer für das Stubenmädchen. Der ehemalige Stall fungierte nun als Kühlraum und eine Portierloge wurde eingerichtet. Josefine Kern, damals bereits über 50 Jahre alt, übergab den Betrieb jedoch bald darauf aus Alters- und Gesundheitsgründen an Maria Brandl, die ab 1954 als Pächterin, ab 1960 selbst als Konzessionsinhaberin aufscheint. Trotz aufblühendem Tourismus war dem Betrieb jedoch kein Fortbestehen vergönnt: Brandls Konzession wurde im Jahr 1964 gelöscht – zu diesem Zeitpunkt war sie bereits 64 Jahre alt.[60] Schon zuvor hatte sich in Schritten das Ende des Gastbetriebes angekündigt: Im Jahr 1959 erwarb der spätere Alleineigentümer Dr. Peter Penn den Anteil von Josefine Kern an dem Grundstück. Im selben Jahr wurde in der Gartenveranda bereits ein Bildhaueratelier für den Künstler Helmut Millonig geplant.[61] Im Jahr 1963 gelangte schließlich auch der restliche Teil des Grundstücks mitsamt der Gastwirtschaft, die zu diesem Zeitpunkt bereits „ziemlich verwahrlost"[62] gewesen sein soll, durch Verkauf an Dr. Penn, der nunmehr Alleineigentümer war und das Gebäude zu einem Wohnhaus umgestalten ließ.[63] Das Haus blieb im Besitz der Familie Penn, die keine größeren Veränderungen daran vornahm. Dr. Penns Ehefrau Rosa wohnte bis zu ihrem Tod im Jänner 2021 in der Steinbruchstraße.

---

[59] Vgl. Stadtmagistrat Innsbruck, Baurecht, „Steinbruchstraße 8", GZ. 2304, VI-2416/1949.
[60] Vgl. StAI, I-1964/10970/5.
[61] Vgl. Stadtmagistrat Innsbruck, Baurecht, „Steinbruchstraße 8", GZ. 2304, VI-579/1959.
[62] Vgl. hierzu Peter Walder-Gottsbacher, Vom Wirtshaus zum Grand Hotel, Innsbruck 2002, 174.
[63] Vgl. BG Innsbruck, Grundbuch KG Hötting, EZ. 2139.